Le Siècle.

ÉLIE BERTHET.

NOUVELLES ET ROMANS CHOISIS

LE

DERNIER IRLANDAIS

PARIS

BUREAUX DU SIÈCLE

RUE DU CROISSANT, 16.

A. VIALON. DEL.   J. GUILLAUME SC.

On trouve encore dans les bureaux du Siècle

HISTOIRE DES DEUX RESTAURATIONS (DE 1813 A 1830), par M. ACHILLE DE VAULABELLE.

Huit volumes .n-8°. — Prix : 40 fr., et 20 fr. seulement pour les abonnés du journal *le Siècle*.

Ajouter 50 c. par volume pour recevoir l'ouvrage *franco* par la poste.

N. B. — Afin de faciliter aux abonnés l'acquisition de cet ouvrage important, il leur sera loisible de se le procurer par parties de deux volumes chaque, au prix de 5 fr. pris au bureau, et de 6 fr. par la poste

Clie Berthet.

LE

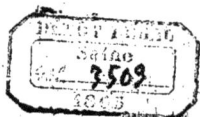

DERNIER IRLANDAIS

LA MESSE.

Toute la population catholique de la paroisse de Neath, gros village situé dans les montagnes, à l'extrémité méridionale du comté de Wiclow, était réunie pour entendre la messe un dimanche de mai 184.. L'office divin se célébrait dans une église en ruines, dernier débris d'un monastère dédié à saint Patrick, le patron de l'Irlande. Le monastère qui s'élevait sur cette colline escarpée, au-dessus du village, avait été détruit depuis plusieurs siècles, soit par les Danois qui ravagèrent le Munster, soit par les *undertakers* de Raleigh ou par les *invincibles* de Cromwell, non moins féroces et non moins sauvages. Les vastes bâtimens qui le composaient jadis avaient entièrement disparu, et chaque jour les petits enfans de Neath s'amusaient à continuer l'œuvre du temps et des anciens dévastateurs, en faisant rouler au fond de la vallée les pierres sculptées, les chapiteaux de colonnes qui jonchaient encore le sommet de la colline.

L'église seule avait survécu au reste de l'édifice, mais elle était elle-même dans un état d'affreux délabrement; en Irlande seulement on avait pu songer à utiliser pour le service divin cette ruine menaçante. Un côté tout entier s'était écroulé, entraînant avec lui les piliers et les contre-forts; sur cette large brèche, le temps étendait son manteau de lierre et de ronces. Les grandes fenêtres en ogive n'avaient plus ni châssis ni vitraux; le vent et la pluie pénétraient librement dans cette enceinte consacrée au recueillement et à la prière. Les murs nus, sans ornemens, étaient couverts d'une moisissure verdâtre; l'eau pluviale restait stagnante entre les dalles disjointes où s'agenouillaient les fidèles. Quant à la voûte, toute lézardée et pendante, elle semblait se soutenir en l'air par un miracle de Dieu, qui voulait épargner ses humbles adorateurs.

On se fera sans peine une idée de ce qu'était l'appareil du culte dans une pareille église, où l'on ne voyait ni tableaux, ni statues, même du genre de ceux qui décorent nos plus humbles chapelles de village. L'autel consistait en une table de bois à peine équarri sur laquelle on avait étendu une serviette blanche. Des gobelets d'étain, contenant des fleurs des champs, étaient déposés de chaque côté d'un crucifix en plâtre; le calice destiné à contenir l'hostie consacrée était un verre de cristal. Les ornemens sacerdotaux, toujours si brillans et si somptueux dans les autres pays chrétiens, se composaient d'étoffes grossières. C'était une pauvreté qui rappelait les premiers âges du christianisme, les réunions des premiers fidèles dans les cryptes et dans les ruines des environs de Rome, au temps des persécutions.

L'assistance était en harmonie avec cette pompe misérable d'un culte à peine toléré. Plus de douze cents personnes se pressaient dans l'enceinte trop étroite de Saint-Patrick, et tous les vêtemens réunis de cette foule catholique ne valaient pas le galon d'argent qui ornait la livrée d'un groom protestant du voisinage. On ne voyait que haillons et guenilles. Hommes et femmes avaient les jambes et les pieds nus. De charmans enfans, aux cheveux blonds et bouclés, aux yeux bleus, à l'air vif et intelligent, « les plus beaux enfans du monde entier, » comme disait O'Connell au meeting de Dublin, étaient vêtus seulement d'une petite chemise en lambeaux. Les habits et les redingotes des hommes n'offraient plus trace de la couleur primitive; les pantalons, frangés par le bas, se découpaient en sordides festons. La misère des femmes était moins apparente, drapées qu'elles étaient dans de grosses mantes brunes dont le capuchon, rejeté en arrière, laissait voir leur tête parée uniquement de longs cheveux; mais au soin que prenaient plusieurs d'entre elles de s'envelopper dans cette mante, on devinait que sous ce vêtement extérieur le reste du costume recouvrait à peine leur nudité. Et cependant ceux qui assistaient ce jour-là au service divin étaient les riches, les privilégiés de la paroisse; les deux tiers des habitans n'avaient pu s'y rendre faute d'habits, et priaient nus, dans leurs bouges infects, à cette heure consacrée à la prière.

Malgré tout cela, on remarquait dans les rangs serrés des assistans de nobles et fières figures de jeunes gens, de ravissantes jeunes filles aux traits nobles et purs de la belle race milésienne, aux bras nus et blancs, aux épaules dignes d'être enchâssées dans la soie ou le velours, et que souillaient de leur contact d'ignobles haillons.

La foi sincère, la ferveur religieuse se manifestaient avec des transports et des élans inconnus dans nos temples éblouissans d'or et de lumières. A genoux sur la pierre, même dans cette eau boueuse qui croupissait entre les dalles, chaque famille formait un groupe dont l'aïeul ou le père était le centre. Les visages exprimaient la plus vive piété; les yeux étaient tournés vers le ciel. Par intervalles aussi, les pauvres Irlandais élevaient les mains au-dessus de leurs têtes ou se frappaient la poitrine en poussant de gros soupirs. Rien de navrant comme leur attitude, à la fois suppliante et résignée. On devinait que, après avoir épuisé la coupe des douleurs humaines, après avoir attendu vainement et bien long temps la fin de leurs maux, ils étaient à bout de force et de courage. Ils n'avaient plus d'espoir que dans la puissance d'en haut, et on les entendait répéter à demi-voix, avec un accent d'indicible tristesse : « Ayez pitié de nous ! ayez pitié de nous ! »

Cette scène de désolation empruntait encore un caractère plus sombre à ces murs crevassés, à ces piliers déchirés, à cette voûte menaçante qui en formait le décor. Au dehors, la nature elle-même semblait s'associer au deuil de cette malheureuse population : le ciel était chargé de nuages épais. A travers l'écroulement dont nous avons parlé, et l'ouverture béante des fenêtres, l'œil embrassait un espace immense. D'un côté, c'était un vallon verdoyant tout parsemé de shamrock, du beau trèfle dont la verte Erin avait pris le symbole ; puis des tourbières aux eaux plombées, des landes incultes, de stériles bruyères. De l'autre côté, l'aspect était plus lugubre encore : d'âpres montagnes, des rochers arides, entassés les uns sur les autres, se perdaient de toutes parts et allaient se perdre dans un bleuâtre éloignement. Une déchirure des falaises permettait d'apercevoir la mer à l'horizon, la mer d'Irlande, toujours si agitée, que l'on redoutait, et dont le vent du nord soulevait en ce moment les vagues écumantes.

Dans la partie du temple qui avait été autrefois le chœur, une jeune fille se distinguait par l'excès de son émotion et par ses démonstrations pieuses. C'était une charmante créature de dix-huit ans à peine, blonde, rose, aux lèvres vermeilles, à la taille svelte ; elle se frappait la poitrine avec plus d'ardeur encore que les autres fidèles ; des larmes brûlantes inondaient son visage. Son extérieur annonçait cependant qu'elle était fort au-dessus des assistans par rapport au rang et à la fortune. Non-seulement elle avait les bas et des souliers, luxe rare dans les campagnes d'Irlande, mais encore ses ajustemens trahissaient par leur gracieuse simplicité une sorte d'élégance. Un chapeau de paille, une robe blanche et une écharpe de crêpe composaient cette toilette, qui, en tout autre lieu, eût convenu à la fille d'un modeste bourgeois ou d'un petit rentier. Cette belle personne n'était donc pas la fille ou la sœur d'un paddy du voisinage ; elle ne paraissait pas avoir à redouter pour elle-même la pauvreté, le froid, la faim et le mépris, comme ceux qui l'entouraient. D'où venait donc que son affliction paraissait surpasser leur affliction, et qu'elle adressait au ciel de si ardentes prières ?

Les regards de l'assemblée se tournaient fréquemment vers elle, avec un mélange de tendresse et de vénération. Pas une physionomie qui ne s'adoucît et ne parût s'éclairer quand l'attention se portait sur cette jeune fille prosternée. On avait laissé un vaste espace vide autour d'elle, comme si ces haillons eussent craint de froisser sa fraîche parure. Une fois, le livre d'heures qu'elle tenait à la main tomba par terre; aussitôt on s'élança pour le relever. Un grand garçon, maigre et blond, revêtu d'un vieil uniforme déchiré dont il ne paraissait pas peu fier, eut le bonheur de s'en saisir le premier. Il prit délicatement le livre du bout des doigts, comme s'il eût craint de le souiller, déposa un bai-

ser sur la couverture avec de grandes démonstrations de respect, et le présenta à la jeune fille, qui remercia distraitement d'un signe de tête.

— Que Dieu vous bénisse, miss O'Byrne !—dit le pauvre garçon, rouge de plaisir et d'orgueil.

Et il regagna sa place, envié de tous ses voisins.

Le même respect avait accueilli à son arrivée le prêtre qui célébrait en ce moment l'office divin. Il était âgé d'environ trente ans ; il avait une taille haute et majestueuse, des traits graves, dont une expression de bonté corrigeait le caractère un peu rigide. Quand il avait traversé la foule pour se rendre à la sacristie, on s'était prosterné sur son passage avec une humilité presque orientale. A peine si quelques vieillards avaient osé lui baiser la main, lui adresser un mot de politesse à voix basse : les enfans le regardaient de loin avec un mélange d'admiration et de terreur ; les femmes se trouvaient heureuses d'avoir pu toucher les vêtemens de Sa Révérence. Mais, disons-le tout d'abord, quel que soit le respect des Irlandais pour la jeunesse et la beauté, pour le caractère sacré du prêtre, ces démonstrations ferventes avaient d'autres motifs. La jeune fille et l'ecclésiastique étaient frère et sœur. Tous les deux, avec un frère aîné, absent depuis plusieurs années, étaient descendans et héritiers directs d'une royale famille qui avait longtemps régné sur le Munster. Or, en Irlande, rien ne s'oublie. Après cinq siècles, on se souvient encore des actions d'éclat et des victoires, des spoliations et des assassinats, des alliances et des querelles de races, comme si ces événemens s'étaient accomplis hier. Aussi les pauvres paddies de Neath, en honorant leur ministre et sa jeune sœur, honoraient-ils en même temps les enfans de leurs anciens rois, leurs maîtres de droit divin suivant la hiérarchie féodale, que ni le temps, ni les violences n'avaient pu abroger à leurs yeux.

La messe fut écoutée avec le plus profond recueillement ; puis le révérend monsieur O'Byrne monta sur un reste de pilier qu'un charpentier voyageur avait surmonté d'une chaire informe, et commença le sermon d'une voix onctueuse. Le sujet était bien de nature à captiver l'attention des auditeurs : il s'agissait, comme toujours, des malheurs de l'Irlande, car les souffrances de cet infortuné pays sont telles qu'il ne saurait s'occuper que de lui-même. Le curé de Saint-Patrick, selon l'usage du clergé catholique, exhorta ses paroissiens à la patience, à la résignation chrétienne. Dans sa vive et éloquente allocution, il ne laissa pas échapper une parole de haine et de révolte contre les oppresseurs de son pays. Le règne des justes n'était pas de ce monde ; dans l'autre vie seulement ils connaîtraient les joies et les félicités des élus ; plus leurs souffrances auraient été grandes sur la terre, plus leur béatitude devait être grande dans le ciel. Les fidèles écoutaient ces consolations avec avidité ; on voyait que pour eux elles n'étaient pas de vains mots, de banales redites, surtout sortant d'une pareille bouche. Leur poitrine semblait se dégonfler de soupirs ; un vague sourire d'espérance se jouait sur leur visage, les larmes se séchaient machinalement dans leurs yeux. Mais quand le prédicateur, en terminant, eut fait allusion à des jours meilleurs, dès cette vie, pour la malheureuse Irlande ; quand, sans prononcer toutefois le nom du libérateur, il eût rappelé que Dieu allait peut-être se servir d'un grand et généreux citoyen pour délivrer son peuple persécuté, l'émotion devint suprême. Un frémissement électrique parcourut l'auditoire. Tous les assistans tendirent les mains vers le prêtre, toutes les lèvres remuèrent comme pour dire : N'est-ce pas, oh ! n'est-ce pas que O'Connell nous sauvera ?

Mais la fin de ce discours pathétique fut légèrement troublée par une circonstance singulière.

L'église regorgeait de monde, et bon nombre de retardataires avaient dû rester en dehors, saisissant de loin ce qu'ils pouvaient de la parole sacrée. L'un d'eux cependant, plus fervent ou plus hardi que les autres, avait grimpé, au péril de sa vie, sur les décombres entassés par l'écroulement que nous connaissons, et était apparu tout à coup en haut de la brèche. Là, s'agenouillant sur une corniche étroite, refuge ordinaire des corbeaux et des oiseaux de nuit, il était resté immobile comme une statue oubliée dans ce vieux monument. On eût dit d'un homme de grande taille, robuste, bien proportionné; il était enveloppé d'une sorte de manteau de voyage dont le pan retombait sur l'épaule. Il avait la tête découverte; une profusion de cheveux noirs flottaient sur son col. Malgré la distance, son visage mâle paraissait bruni par l'action d'un soleil méridional. Cette sombre silhouette, qui se détachait sur le ciel lumineux, à quarante pieds au-dessus du pavé de l'église, avait attiré un moment l'attention des fidèles; mais bientôt le sentiment de la sainteté du lieu avait étouffé cette velléité de distraction, et les paroissiens s'étaient absorbés de nouveau dans leurs prières.

Pendant une partie du sermon, l'inconnu resta impassible à son poste élevé, et on avait fini par l'oublier tout à fait. Ce fut seulement quand le prédicateur s'étendit sur la nécessité de se soumettre avec résignation aux volontés de la Providence, que le personnage mystérieux donna les signes d'une vive émotion. On le voyait s'agiter, et ses yeux brillaient d'en bas comme deux escarboucles. Mais au moment où le prêtre, en finissant, exprima l'espoir d'une prochaine délivrance par le secours d'O'Connell, l'inconnu sembla ne plus pouvoir se contenir; il se leva debout, étendit le bras avec énergie, et poussa un cri de protestation qui retentit dans toutes les parties de l'église.

L'assistance entière chercha des yeux l'auteur de ce scandale; mais, prompt comme la pensée, il avait déjà disparu, honteux sans doute de s'être laissé entraîner par la violence de ses passions; on ne voyait plus que les plantes sauvages agitées par le vent à la crête des ruines. La plupart des fidèles crurent avoir entendu le cri d'un épervier; mais d'autres hochèrent la tête et se signèrent comme pour éloigner un sinistre présage.

L'office terminé, l'église se vida lentement. En avant du porche à demi renversé s'étendait une petite place gazonnée où s'arrêtèrent un certain nombre de familles, pendant que d'autres s'éloignaient dans diverses directions afin de regagner leurs cottages. De cette plate-forme, on dominait tout le village de Neath, qui s'étageait, comme nous l'avons dit, sur le penchant de la colline. Il consistait en plusieurs centaines de huttes de terre, avec un trou au toit de chaume pour laisser passer la fumée; les étables n'avaient même pas de toit; par-dessus les brèches des murs, on voyait le poney poussif ou la petite vache étique allonger sa tête étonnée. Derrière chaque habitation, un clos chétif, ensemencé de pommes de terre, était séparé des clos voisins par une rangée de pierres mobiles. En regard de cette pauvreté, on distinguait dans la vallée, à quelques centaines de pas du village, de beaux massifs d'arbres exotiques au-dessous desquels s'élevaient des toits en terrasse, ornés de vases de marbre et de girouettes dorées. Là demeurait le seigneur, le landlord de Neath et d'une foule d'autres villages, bourgs et hameaux à dix lieues à la ronde; mais une grille de fer et une solide muraille qui entourait le parc défendaient au vulgaire l'approche de ce lieu de délices, et semblaient tracer la ligne de démarcation entre l'orgueil et l'humilité, entre le maître et les serfs, entre le luxe le plus effréné et la plus hideuse misère.

Cependant, au milieu des masures basses et fétides de Neath, on remarquait divers édifices qui contrastaient avec elles : d'abord la maison du prêtre catholique, exiguë mais blanche et proprette; puis celle du ministre protestant, beaucoup plus ample et surtout plus somptueuse; puis enfin une grande église toute neuve où l'architecture avait prodigué les ornemens. Ce temple eût contenu avec facilité la foule considérable qui se pressait un moment auparavant dans les ruines de Saint-Patrick; mais il était consacré au culte dominant. Quoique fût l'heure de l'office, une trentaine de personnes seulement occupaient cette nef vaste et sonore : c'était toute la congrégation protestante du pays. À la vérité, ces trente sectateurs de la religion inven-

tée par Henri VIII compensaient leur petit nombre par leur haut rang; ils se composaient de la famille et des domestiques du comte Avondale, le landlord de la terre. Le comte lui-même assistait ce jour-là aux exercices religieux, et pendant que les paddies catholiques sortaient en foule de la messe, ils pouvaient admirer plusieurs splendides voitures arrêtées devant la porte du temple, et dont celle du ministre anglican n'était pas la moins brillante.

Parmi ceux qui avaient fait halte sur la plate-forme de Saint-Patrick, se trouvait un vieil aveugle pour lequel les gens du pays manifestaient une grande vénération. Son vêtement consistait en une sorte de longue houppelande qui ressemblait à une robe; ses pieds étaient nus, comme ceux de ses compatriotes ; sa tête n'avait d'autre coiffure que ses cheveux blancs, qui venaient rejoindre sa barbe et retombaient avec elle sur sa poitrine. Sa figure, belle et grave, rayonnait d'intelligence. Ce vieillard avait été le ménétrier du pays ; il connaissait tous les chants nationaux de sa patrie, et au besoin il pouvait composer lui-même un *song* ou un *lament* dans l'idiome gaélique. Il descendait des anciens bardes des clans d'O'Kelly et d'O'Byrne, et conservait les traditions de ces poètes vigoureux d'Irlande dont Mac-Pherson a pillé les œuvres pour en enrichir son fabuleux Ossian.

Mais depuis bien des années déjà William Sullivan, c'était le nom du vieillard, avait renoncé à la musique et à la poésie ; le violon, qui avait remplacé dans ses mains la harpe mélodieuse de ses ancêtres, ne jouait plus aux fêtes de village les airs de *Shanebuy* et de *Patrickday*, si chers aux enfans d'Erin. William avait été détenu longtemps dans les prisons d'Angleterre pour avoir pris part à l'insurrection irlandaise de 1798, et il avait contracté pendant sa captivité les germes de cette cécité qui vint l'affliger plus tard. Devenu tout à fait aveugle, il prit prétexte de son infirmité pour imposer silence à son archet et à ses chants patriotiques; mais on disait tout bas qu'en réalité le vieux Sullivan, désespéré des malheurs de sa patrie, avait horreur de tout ce qui pouvait ressembler à des délassemens ou à des fêtes. Il habitait un lieu solitaire, à quelque distance de Neath, et il y vivait dans un isolement absolu. Là il n'avait d'autres ressources que les dons volontaires des fermiers, qui venaient parfois le visiter sur leurs affaires, et les aumônes de la famille O'Byrne, qui rêvaient en lui le fils des anciens bardes de son clan. Cependant il jouissait dans sa retraite d'une aisance relative qui excitait l'envie de ses voisins ; il lui fallait si peu ; et la générosité des protecteurs de l'aveugle ne devait pas être mise à de bien rudes épreuves.

Sullivan s'était assis sur une pierre moussue, comme pour profiter d'un pâle rayon du soleil, dont à longs intervalles s'échappait entre les nuages. Il était plongé dans une profonde méditation ; ses yeux ternes et vitreux s'agitaient dans leurs orbites, et la foule, en passant, s'étonnait de ces signes d'émotion, sans oser lui demander la cause.

Un paddy, qui sortait de l'église avec trois ou quatre marmots en guenilles, tandis que sa femme, pauvre créature, serrait contre sa poitrine son dernier né, enveloppé de chiffons insuffisans, fut moins timide et moins scrupuleux.

—Och ! monsieur Sullivan,—dit-il en s'approchant cauteleusement et en congédiant sa femme du geste,—vous voilà tout seul comme la reine de Kiculah ! Est-ce que vous n'avez pas votre chien Brann pour vous conduire à Lady's-Church ? Vous verrez que le libertin aura voulu en conter aux levrettes de milord, et qu'il sera allé faire ses fredaines !... Eh bien ! prenez mon bras, voisin, nous descendrons ensemble la rampe de Neath ; elle n'est pas tendre, voyez-vous, et, même avec deux bons yeux, il est aussi facile de se casser le cou que de ramasser une pièce de six pence.

La vieillard se redressa lentement.

— Merci, voisin Tom Irwing, — répliqua-t-il, — mais vous savez qu'au besoin je pourrais descendre la rampe seul tout comme un autre. Ensuite, Brann ne peut être loin ; je l'ai renvoyé au moment où j'entrais à Saint-Patrick, car Sa Révérence monsieur O'Byrne a défendu expressément de laisser les chiens pénétrer dans l'église pendant la messe.

Ces paroles avaient été dites avec distraction, comme si l'interlocuteur eût eu hâte d'en revenir à ses réflexions. Mais le voisin Tom ne se rebutait pas facilement.

— Les chiens ! — répéta-t-il ; — du diable s'il y a d'autres chiens dans la paroisse que la vôtre et ceux de milord ! Il faudrait avoir des pommes de terre de reste pour les donner à ces bêtes, lorsque tant de pauvres chrétiens n'en mangent pas leur saoul une fois par semaine ! Ce que j'en dis n'est pas pour votre Brann, monsieur Sullivan ; on sait bien que vous ne pouvez pas vous conduire. Cependant, pour un penny ou deux par jour, ou pour ce que vous voudriez, vous pourriez trouver un enfant chrétien qui ferait cette besogne ; et si jamais cette idée vous venait, monsieur Sullivan, je vous demanderais la place pour Pat, mon aîné, un brave enfant qui vous conduirait toujours dans le droit chemin.

— Merci, voisin Tom Irwing, — répliqua l'aveugle avec quelque impatience, — Brann me suffit.

— C'est que vous ne connaissez pas mon petit Pat, mon bijou de fils ! — répliqua le paddy avec ténacité ; — Brann, tout adroit qu'il est (car Dieu me garde d'en dire du mal !), ne lui va pas à la cheville. Et tenez, — ajouta-t-il en apercevant à quelques pas le grand jeune homme à l'uniforme déchiré qui avait ramassé le livre d'heures de miss O'Byrne, — voici précisément monsieur John Morris, le maître d'école de la paroisse ; il pourra vous dire si Pat, qui fréquente l'école de Neath, est un enfant ordinaire.

Ainsi interpellé, John Morris, qui traversait la place à pas lents, en retournant fréquemment la tête du côté de l'église comme s'il se fût attendu à en voir sortir quelqu'un, s'approcha des deux interlocuteurs.

— Eh ! Tom Irwing, — dit-il avec un soupir mélancolique, sans cesser de regarder la porte de l'église, — vous vantez votre fils à monsieur Sullivan comme si vous vouliez le lui vendre... C'est assurément un enfant intelligent, qui sait déjà lire et qui crie comme il faut : « Hourra pour le rappel ! » mais il est espiègle, opiniâtre, indocile et...

— Och ! Naboclisch ! — s'écria Tom en se hâtant d'interrompre cette énumération alarmante ; — il en saura toujours bien assez pour conduire monsieur Sullivan mieux que Brann, un chien, une créature brute et sans raison.

— Cela n'est pas bien sûr, — répliqua le jeune maître d'école, qui parut faire effort sur lui-même pour montrer une apparence d'enjouement ; — avec Brann, monsieur Sullivan est toujours sûr de trouver la bonne volonté... Et puis quand l'excellente bête a congé, comme en ce moment, elle ne revient jamais sans quelque râle qu'elle a gueulé dans les tourbières ou quelque jeune lapin étranglé au gîte, et la cuisine de monsieur Sullivan ne s'en trouve pas plus mal, n'est-ce pas, monsieur William ?... Mais il n'est pas bon de parler de ça trop haut, — ajouta-t-il en baissant la voix, — car si Sa Seigneurie le comte Avondale ou sir George Clinton se doutaient du fait, ni la protection de Sa Révérence monsieur O'Byrne ni celle de miss Julia ne pourraient sauver le pauvre Brann.

— Eh bien ! si cela arrivait, — reprit le tenace Irwing. — Son Honneur monsieur Sullivan se souviendrait de Pat. Les temps sont si durs et les pommes de terre sont si chères ! J'ai cinq enfans, John Morris, et j'ai grand besoin que les bonnes âmes m'assistent un peu. Avec ça, je dois plusieurs termes au bailli de milord, pour les fermages échus, et le collecteur des dîmes du ministre m'a menacé déjà de saisir mon cochon et mon poney.

— Bah ! bah ! mon pauvre Tom, tous les tenanciers du comté n'en sont-ils pas au même point ? — dit John avec un sourire triste ; — quand on parle d'arrérages, il y a de l'écho dans cette paroisse ; mais ne savez-vous pas que c'est

l'usage des landlords d'augmenter les baux dès qu'on a pu payer une fois ?

— Vous avez bien raison, Morris, et aux dernières enchères, quand j'ai obtenu l'adjudication de mon lopin de terre de deux acres, je savais bien que je ne parviendrais pas, même en m'exténuant de travail, à gagner de quoi payer mon fermage ; mais, que voulez-vous ! on ne fait pas les conditions, et il faut vivre... Eh bien ! vous me croirez si vous voulez, John, mais ce n'est pas monsieur Jameson, le bailli de milord, qui m'irrite le plus par ses exigences ; milord est maître de la terre, après tout, quoiqu'il y ait peut-être bien des choses à dire là-dessus, et on comprend qu'il soit rude pour ses fermages ; mais que moi, catholique romain et bon catholique (et Tom se signa), je sois obligé de payer la dîme, comme tous les autres catholiques de cette paroisse, à ce vieux ladre de ministre protestant, monsieur Bruce, voilà ce qui m'exaspère et me fait bouillir le sang.

— En effet, Tom Irwing, c'est là une des monstrueuses injustices que nous puissions reprocher aux sassenachs d'Angleterre ; mais il faut prendre patience : des temps meilleurs viendront, comme disait aujourd'hui Sa Révérence, et, vous savez : Hourra pour le rappel, et O'Connell pour toujours !

— C'est bon, c'est bon, monsieur Morris, — répliqua le paddy avec un peu d'humeur, — vous êtes le chef des repealers de cette paroisse, et vous prêchez pour votre saint... mais voici monsieur Sullivan, un homme d'âge et d'expérience, qui vous dira si master O'Connell, avec ses meetings et ses cotisations, pourra nous tirer bientôt des griffes des gens de justice, des middlemen et des collecteurs de dîmes.

Les interlocuteurs se tournèrent vers le vieil aveugle, attendant respectueusement son avis ; mais Sullivan resta muet et rêveur, comme s'il n'eût pas entendu la question.

— Oui, — reprit Tom en hochant la tête, — depuis bien longtemps master O'Connell nous promet des merveilles dans ses beaux discours, et nous sommes toujours misérables... Vous en parlez fort à votre aise, vous, John Morris ; vous êtes maître d'école de Neath, et vous recevez pour cela deux bonnes livres sterling par an, sans compter qu'il y a des parens riches qui vous apportent parfois des sacs d'avoine ou de pommes de terre.

— Et croyez-vous, Irwing, — reprit le maître d'école d'un air piqué, — que ce soit là un salaire suffisant pour un élève du training-schools, de Dublin. Cependant je n'ose me plaindre, quand je vois tant autour de moi qui sont plus malheureux... Mais laissons la politique, car vous savez que nous ne pouvons nous entendre. Avez-vous remarqué, Irwing, — continua-t-il, — comme miss Julia paraissait affligée ce matin, à l'église ? Elle pleurait à sanglots, et je me creuse la tête pour deviner d'où provenait cette grande douleur. Aurait-on reçu par hasard quelque mauvaise nouvelle de l'Inde ?

— C'est ce que vous pouvez savoir mieux que moi, John, car il ne m'appartiendrait pas de demander pareille chose au ministre ou à miss Julia, d'autant moins que le révérend monsieur O'Byrne m'en veut un peu, à cause d'une certaine affaire de cabaret et de whiskey. Mais que l'on ait reçu ou non des nouvelles, tout à l'heure, à la chapelle, j'ai vu de mes yeux et entendu de mes oreilles une personne que l'on croit bien loin d'ici.

L'aveugle William, qui n'avait pris aucune part à la conversation, releva vivement la tête.

— De qui parlez-vous, Tom ? — demanda-t-il avec chaleur ; — qui avez-vous vu ? qui avez-vous entendu ?

— Ce que j'ai vu, tout le monde a pu le voir comme moi, excepté ceux qui, comme vous, William Sullivan, sont privés de leurs yeux ; j'ai vu un grand et bel homme avec des yeux de feu, qui s'est montré tout en haut de Saint-Patrick pendant l'office ; quand monsieur O'Byrne a eu terminé son sermon, l'homme a poussé un cri perçant et s'est évanoui dans les nuages... N'est-il pas vrai, Morris ?

— J'ai entendu le cri, mais je n'ai rien vu ; je regardais miss Julia qui pleurait.

— Et que concluez-vous de ceci, Tom Irwing ? — continua l'aveugle avec véhémence. — Quel était cet homme ? L'avez-vous reconnu ?

— Réflexion faite, je n'oserais l'affirmer, — répondit Irwing, intimidé par la vivacité toujours croissante de William ;—mais il m'a semblé d'abord... je croyais... Enfin, puisqu'il est dans l'Inde, à des centaines de mille milles, m'a-t-on dit...

— N'est-ce pas de Richard O'Byrne, le chef de la famille, l'héritier de Brondhub et des rois du Munster, le chieftain des clans d'O'Kelly et d'O'Byrne ; n'est-ce pas de celui-là que vous parlez, Irwing ?

— Eh bien ! s'il faut l'avouer, c'est en effet le capitaine O'Byrne, le grand comte, comme on l'appelle, que je pensais avoir vu sur la voûte de l'église.

— Ainsi donc, — s'écria l'aveugle dans une agitation extrême, — ce n'était pas une erreur de mes sens ! Ce cri que j'avais entendu et où j'avais cru reconnaître sa voix... Mais non, non, c'est impossible, — reprit-il aussitôt ; — le grand comte O'Byrne ne peut être de retour en Irlande ; les yeux ont mal vu, les oreilles ont mal entendu. Ceci est un triste présage ! Richard sera mort dans l'Inde, et il revient pour avertir sa famille et ses amis ; c'est son spectre, son double qui s'est montré près des ruines de Saint-Patrick. Chaque fois qu'un malheur va frapper les O'Byrne, le ciel permet ces signes et ces apparitions. Ah ! sans doute les mauvais jours ne sont pas finis pour les descendans de Brondhub !

Le paddy et Morris écoutaient ces paroles du barde, du vates de la famille O'Byrne, avec une déférence respectueuse, mais sans paraître s'en étonner beaucoup, comme s'ils eussent été habitués depuis longtemps aux divagations mystiques du vieillard. Du reste, celui-ci, le premier mouvement passé, était retombé dans son mutisme et ses méditations.

— Och ! monsieur Sullivan pourrait avoir raison, — murmura Tom à l'oreille du jeune maître d'école, — il a le second sight (la double vue), et tout ceci en effet ne présage rien de bon... Mais bah ! un malheur de plus ou de moins dans le nombre, on s'y habitue !.. Tenez, ami John, — continua-t-il en baissant la voix, — on m'a prévenu qu'un distillateur clandestin avait passé à Neath la nuit dernière, et qu'il avait laissé une bonne provision de whiskey chez la veuve Flanagan. Un certain nombre de braves garçons doivent déjà être réunis dans le cabaret ; et comme j'ai été l'ami de feu Flanagan autrefois, je suis sûr que sa veuve ne me refusera pas crédit pour une mesure ou deux. Voulez-vous venir avec moi chez la bonne femme ? Nous nous cacherons dans quelque coin, car Sa Révérence monsieur O'Byrne n'entend pas raillerie sur ce chapitre, et nous oublierons un moment les malheurs présens et passés, si faire se peut... Le souci tuerait un chat !

Morris, quoique d'une condition un peu plus relevée que celle de son interlocuteur, ne s'offensa nullement de cet appel à ses instincts d'ivrognerie, le vice, hélas ! dominant de la malheureuse Irlande. Il se contenta de répondre distraitement :

— Merci, Irwing ; miss Julia n'est pas encore sortie de l'église, et je voudrais me trouver sur son passage.

— Eh ! vous ne pensez qu'à miss Julia ! — reprit Irwing d'un air narquois ; — on croirait vraiment que vous osez... Mais, allons ! allons ! je ne veux pas fourrer mes doigts dans le porridge du voisin sans y être invité. Je trouverai ici plus d'un honnête homme qui profitera volontiers de mon crédit chez la veuve O'Flanagan ! Adieu, John Morris, et souvenez-vous de ceci : Vous seriez plus sage de vider un verre de whiskey que de penser à ce qui vous trotte dans la cervelle.

En même temps il s'éloigna en ricanant du maître d'école tout confus ; et, après avoir recruté dans la foule deux ou trois paddies, qui le suivirent sans se faire prier, il descendit rapidement la rue longue et sinueuse du village.

Ils étaient entrés depuis quelques instans dans un cottage dont la porte s'était ouverte au premier coup frappé discrètement et s'était ensuite refermée sur eux, quand un grand bruit s'éleva de la plaine. C'étaient des cris furieux, mêlés d'aboiemens lamentables ; puis deux coups de feu retentirent. Morris, qui était resté près de l'aveugle, aperçut en bas du village un animal blessé qui fuyait ; un garde-chasse à la livrée du comte le poursuivait avec acharnement, et tous les deux se dirigeaient vers la place de l'Église.

— Ma foi ! William, — dit John tristement, — je crois que vous avez eu raison de ne pas rejeter trop loin la proposition de Tom Irwing au sujet de son petit Pat !... Voilà Brann qui vous revient en assez mauvais état, la pauvre bête ! et ce maudit apostat de Donnagh, qui a renié son baptême pour obtenir la place de garde de milord, ne paraît pas disposé à lui faire grâce. Nous verrons si le drôle, avec ses beaux habits galonnés, osera se montrer ici au milieu des chrétiens.

Aux premiers cris de détresse poussés par l'animal, Sullivan s'était levé :

— Brann ! mon dernier, mon seul ami ! — dit-il d'une voix suppliante, — ne frappez pas, ne le tuez pas, au nom de Dieu !

Un magnifique chien noir, mais haletant, couvert de sueur et de sang, atteignit enfin le plateau. A la vue de son maître, il fit un effort suprême pour bondir vers lui ; il déposa à ses pieds un peu d'eau qu'il portait dans sa gueule, lécha une dernière fois les mains du vieil aveugle et retomba mort : il avait le corps traversé de deux balles.

Tous les paddies réunis devant l'église poussèrent des cris d'indignation ; mais ces cris prirent l'accent de la rage quand le garde-chasse, le chapeau sur l'oreille et le fusil sur l'épaule, s'avança vers les groupes d'un air menaçant.

— Un grognement pour Donnagh le traître, pour Donnagh le renégat, pour Donnagh le tueur de chiens !— dit une voix dans la foule.

Et aussitôt les assistans lancèrent avec un merveilleux ensemble ce cri rauque et guttural qui, en Irlande comme en Angleterre, est l'expression du mépris populaire.

II

LA PLACE DE NEATH.

Le garde Donnagh, qu'on accueillait avec de pareilles marques de réprobation, méritait bien la haine de ses compatriotes. Il appartenait à une vieille et ancienne famille catholique. Orphelin de bonne heure, il avait été élevé par la charité des habitans de Neath, qui, comme tous les catholiques d'Irlande, préfèrent se soumettre aux plus dures privations pour nourrir les enfans abandonnés que de les envoyer à l'hospice, où on leur imposerait la foi protestante. Cependant Donnagh, devenu grand, avait manqué de résignation pour supporter la pauvreté, et s'était laissé séduire par l'éclat que l'aristocratie anglaise donne à la domesticité. Précisément, alors qu'il rêvait aux moyens d'entrer dans la maison du comte Avondale, le ministre anglican qui desservait la paroisse se dépitait de l'inutilité de ses tentatives pour convertir les paddies de Neath à la religion dominante. Malgré ses efforts, la belle église neuve ne pouvait réunir le dimanche plus de trois ou quatre fidèles, outre le landlord, sa famille et ses valets.

Une brebis de plus dans ce trop petit troupeau devait prouver au plus haut point l'excellence du protestantisme et flatter singulièrement l'amour-propre du pasteur. Aussi le ministre influent et le paddy ambitieux ne tardèrent-ils pas à s'entendre. Donnagh abjura le catholicisme, et, pour prix de sa complaisance, il reçut les insignes de garde. Huit jours après, les journaux des trois royaumes retentissaient de la conversion merveilleuse opérée sur un Irlandais catholique par le révérend monsieur Bruce, ministre de Neath, comté de Wiclow, et les béates congrégations se félicitaient d'avoir arraché une victime au papisme et à *la grande prostituée qui s'assied sur sept collines.*

A partir de ce moment, Donnagh avait manifesté une hostilité constante à ses anciens compagnons de misère, qui de leur côté ne pouvaient dissimuler leur mépris à son égard. Il les vexait en toute occasion, et n'hésitait jamais à recourir contre eux aux moyens violens. Mais ce qui avait contribué particulièrement à porter au comble la haine qu'il inspirait, c'était sa conduite envers un malheureux paddy dont il avait voulu épouser la fille. La jeune personne ayant refusé, malgré son indigence, de donner sa main à un homme qui avait renié la religion de ses pères, Donnagh, irrité, était parvenu à la faire chasser, elle et sa famille, du misérable cottage qu'elle occupait dans le village. Les pauvres gens avaient été renvoyés, par une froide nuit d'hiver, sans qu'on leur permît d'emporter les moindres provisions, les moindres bagages. L'horreur qu'inspirait cet acte d'inhumanité si commun en Irlande, au lieu de remonter plus haut, s'était arrêtée sur le garde Donnagh, et avait laissé une sourde et profonde rancune contre lui dans la population du voisinage.

Mais Donnagh savait trop quelle était sa force en ce moment pour s'effrayer de cette explosion de sentimens ennemis. Il comptait que cette population, tant catéchisée par O'Connell, le vieux légiste, tant façonnée à une patience et à une résignation sans bornes par le clergé catholique, n'oserait jamais, si exaltée qu'elle fût, résister publiquement à la loi et à l'autorité légale. Aussi ne se montra-t-il pas inquiet de ces démonstrations menaçantes. Le front haut, le sourire sur les lèvres, il dit d'un ton insolent :

— Oui, oui, grognez, pourceaux mangeurs de pommes de terre pourries, grognez... mais voyons si vous aurez le courage de m'insulter en face. Qu'un de vous ose répéter ce cri de tout à l'heure : je l'en défie, entendez-vous bien, je l'en défie !... Allons, sera-ce toi, Dik Cullock, le damné boxeur ? ou bien toi, Willi Mac-Borough, fraudeur de whiskey ? Voyons, qu'un seul de vous dise un mot, élève la voix ou remue seulement la main, et vous saurez ce qu'il en coûte d'insulter un agent de Sa Seigneurie le comte Avondale, pair d'Angleterre ! — Un morne silence s'établit dans la foule. Ceux à qui le garde avait adressé nominativement la parole se taisaient et baissaient la tête. — A la bonne heure, donc ! — reprit Donnagh d'un air railleur ; — vous ressemblez à ces chiens de village qui aboient de loin, mais qui se taisent quand on est près d'eux et quand on les regarde... Et, à propos de chiens, qu'est devenue cet e bête galeuse qui ose chasser le gibier de Sa Seigneurie ? J'espère qu'elle est tout à fait morte, et que je n'aurai pas à brûler ma poudre pour achever cette sale besogne.

Jusque-là William Sullivan était resté penché sur le pauvre animal, épiant inutilement un dernier battement de cœur ; il se redressa alors, et fixa sur le garde ses yeux vitreux.

—Tu n'as pas manqué ton coup, Donnagh, — lui dit-il d'une voix sourde ; — tu as bien tué le chien de l'aveugle, le seul ami du mendiant... Puisses-tu, pour cette action, devenir si odieux et si misérable, que tu n'aies pas même un chien pour suivre ton corps le jour que tu retourneras dans la terre d'où tu es sorti ! Tu as déjà renié ton peuple et ton Dieu ; tu as pactisé, toi enfant de la prière, avec les *sassanachs* orgueilleux qui oppriment ton pays ; tu es devenu entre leurs mains un instrument de violence et de colère, le fouet qui cingle les maigres épaules de la pauvre Irlande... Et pourtant, Mac-Donnagh Glendoré, tu étais de bonne race ; un de tes aïeux fut tué pour la foi à la bataille

de Clontarf contre les païens du Nord ; aux côtés du vaillant roi de Munster Brian-Boru ; un autre fut pendu avec une branche de saule par les *undertakers* d'Elisabeth, parce qu'il ne voulut pas reconnaître pour chef de sa religion cette reine impudique ; un autre mourut bravement en combattant les fanatiques têtes-rondes de Cromwell... Qu'as-tu fait, toi Mac-Donnagh Glendoré, afin de te montrer digne de tes saints et généreux ancêtres ? tu t'es vendu au démon pour la livrée que tu portes, et tu as tué le chien d'un vieil aveugle.

Le garde-chasse devenait tour à tour rouge et blême ; toutes sortes de passions haineuses se reflétaient sur son visage. On faisait cercle autour d'eux ; les paddies grillaient d'applaudir à cette nouvelle humiliation de leur persécuteur, mais ils ne l'osaient pas.

— Allons, bonhomme ! — reprit Donnagh avec rudesse, — en aurez-vous bientôt fini avec vos histoires sempiternelles du temps passé ! Qu'ont à voir mes ancêtres, morts il y a mille ans, dans les affaires de la chasse de milord ? Quant à moi, pas me soucie de vos radotages comme des neiges de l'an passé.

— Alors, Mac-Donnagh Glendoré, — reprit Sullivan avec véhémence, — tu es encore plus lâche et plus dégradé que je ne pensais. Honte à celui qui renie ses pères, et leurs grandes actions, et leur gloire ! les morts se lèveront un jour contre lui ; les *daoine-maithe* sortiront de leurs *rathes* pour le tourmenter, et Satan tient déjà étendu sur lui sa griffe brûlante.

Pour la plupart des assistans, ces sinistres paroles avaient un sens prophétique, Donnagh parut enfin s'en effrayer lui-même.

— Ah çà, vieux corbeau ! — s'écria-t-il en colère, — allez-vous me porter malheur, avec vos croassemens de mauvais augure ? Allez-vous me jeter un sort ? Je sais bien que vous avez vos priviléges, parce qu'une fois ou deux vous avez amusé cette Nelly, la fille de milord, avec vos chansons et vos contes de l'ancien temps ; mais il y a des lois pour punir les sorciers comme vous. On leur fait faire un plongeon dans la mare, et leurs épaules reçoivent le fouet, entendez-vous ? Je ne souffrirai pas qu'on insulte en ma personne *l'honorable* livrée de milord.

Ces menaces excitèrent une vive agitation parmi les paddies.

— Le fouet !... le plongeon à William Sullivan ! — dit un vieillard, contenant à peine son indignation ; — monsieur Donnagh, vous n'y pensez pas !... c'est le saint du pays !

— Si justice était rendue, — reprit le garde exaspéré, — les saints de cette espèce n'embarrasseraient plus le sol de l'Irlande. Sont eux qui vous tournent la tête avec leurs sottes histoires et leurs rapsodies contre Sa Très-Sacrée Majesté la reine (que Dieu la bénisse !). C'est à faire regretter le temps où la tête d'un de ces fainéans était payée une bonne livre sterling, comme celle d'un de vos prêtres... Mais ce temps-là reviendra, grâce à Dieu ! et, comme le disait le révérend monsieur Bruce dans son sermon de dimanche dernier, les temps sont proches où le dragon du papisme sera foulé aux pieds et ses adhérens seront exterminés par le fer et le feu.

L'audace de cette provocation fût restée impunie si, en ce moment, quelques hommes attirés par le bruit ne fussent sortis du cottage de la veuve Flanagan. Autant l'Irlandais est patient quand il est sobre, autant il est irascible et fougueux quand il a bu. Or les nouveaux venus, parmi lesquels se trouvait le paddy Tom Irwing, venaient d'avaler coup sur coup plusieurs grands verres de whiskey de contrebande, et leur teint enluminé témoignait déjà d'un commencement d'ivresse. Aux derniers mots prononcés par le garde ils s'élancèrent sur lui.

— Le chien maudit a blasphémé Dieu et les saints ! — s'écraient-ils ; — gap for ever ! Allons, les garçons d'O'Byrne et d'O'Kelly, hourra pour la vieille Irlande !

En un instant Donnagh fut entouré, tiraillé en tous sens, tandis qu'une grêle de coups de bâton et de coups de poing tombait sur lui. On sait avec quelle rapidité élec-trique se propage l'humeur querelleuse sur les champs de foire irlandais : la lutte commence entre deux individus isolés, et en un clin d'œil des milliers de gens y prennent part. Il en fut de même sur la place de Saint-Patrick. D'a-bord les ivrognes seuls avaient osé lever la main sur l'agent du redoutable landlord ; mais quand Donnagh fut par terre, les plus faibles et les plus lâches voulurent lui apporter leur part de supplice. Les hommes se glissaient sournoisement par derrière pour le frapper sans être vus; des femmes, des enfans même, se hasardaient au milieu de la mêlée pour tâcher de l'atteindre du pied ou du poing. Le garde, néanmoins, s'efforçait de se défendre avec la crosse de son fusil ; mais les adversaires se multipliaient autour de lui, et le malheureux, étourdi, les vêtemens déchirés, le visage sanglant, commençait à perdre la tête.

Deux personnes cependant élevèrent la voix pour le protéger : c'étaient l'aveugle Sullivan, cause première de la lutte, et le maître d'école John Morris. William conjurait ses compatriotes de se calmer, d'abandonner le coupable à la vengeance divine, qui tôt ou tard le punirait de ses apostasies et de ses blasphèmes. Mais cette voix, toujours si respectée, n'était pas entendue au milieu de cette effroyable vacarme. Morris, de son côté, s'épuisait à crier au milieu des groupes :

— La paix ! la paix ! au nom de l'Irlande !... A moi les bons *repealers* ! Souvenez-vous de ce que vous a recommandé master O'Connell au meeting de Galway : « N'ayez pas de querelle avec les tories... » Vous l'avez promis, vous l'avez juré... le rappel toujours !

Mais que pouvaient des promesses politiques déjà anciennes sur cette populace enivrée de colère et de haine? On n'écoutait pas plus le repealer que la barde. Tom Irwing, sorti de la foule où il avait laissé le dernier pan de sa fragile redingote, dit au maître d'école avec un sourire moqueur :

— Bah ! bah, monsieur Morris, tout est bien comme il faut... Nous avons promis de ne pas attaquer les Anglais; mais ce Donnagh est des nôtres, quoique renégat, et l'on peut s'arranger en famille... Och ! — continua-t-il en essuyant avec sa manche son front couvert de sueur, — j'ai appliqué mon petit horion tout comme un autre sur la nuque de ce coquin, et, pour comble de bonheur, je suis sûr qu'il ne m'a pas vu... Quel dommage de ne pouvoir en faire autant à ce scélérat de bailli, au collecteur des dîmes, et... I mais il ne faut pas viser trop haut, parce que l'ambition perd des hommes, comme dit Sa Révérence.

— Tom, — répliqua Morris, — ceci est une grosse affaire qui retombera sur la tête de bien des gens, sans compter que monsieur O'Byrne en sera très affligé. Dans votre intérêt, vous devriez m'aider à dégager ce pauvre diable; ils vont le tuer ! il est déjà renversé !

— C'est un miracle, en effet, aussi grand que ceux de saint Kévin dans la vallée de Glendalough, qu'aucun des garçons n'ait pensé encore à planter son couteau entre les côtes de cet enragé .. Avec la crosse de son fusil, il a cassé à moitié la tête du pauvre Dick Morton, et l'oreille du petit Joë est devenue grosse comme le poing... Mais tenez, je crois que quelqu'un là-bas s'est ravisé. N'est-ce pas le gros Mac-Toole qui s'avance avec son couteau ouvert ? Je le reconnais bien là... Ma foi ! s'il fait ce beau coup, il pourra se réfugier au plus vite dans le Cunnemara.

— Ne souffrons pas ce crime ! — s'écria Morris en s'élançant vers le théâtre de la lutte.

— Och ! nous n'avons pas besoin de tant nous presser... Nous aurons l'air de venir à son secours quand on nous regardera... Ce n'est qu'un maudit païen, après tout.

Cependant, entraîné par l'exemple de Morris, le paddy allait intervenir en faveur du garde, quand tout à coup s'opéra un changement merveilleux. Les cris forcenés cessèrent autour de Donnagh; les pieds qui le foulaient, les mains qui le traînaient se retirèrent brusquement; les couteaux disparurent. Les plus acharnés contre la victime

prirent la fuite du côté du village, tandis que d'autres affectaient un air contrit ou indifférent, comme s'ils eussent été étrangers à la scène qui venait de se passer.

Morris et le paddy ne savaient à quoi attribuer ce revirement inattendu ; mais en tournant la tête vers l'extrémité de la place, ils eurent l'explication de tout.

Monsieur O'Byrne, le curé de Saint-Patrick, sortait en ce moment de l'église avec sa sœur Julia. Il était vêtu d'un simple habit noir et d'un chapeau rond, l'intolérance protestante ne permettant aux ecclésiastiques catholiques de porter aucun insigne hors de l'exercice de leur ministère. Julia, qui marchait à son côté, avait rabattu un grand voile vert sur son visage, sans doute pour cacher la trace de ces larmes qu'elle répandait avec tant d'abondance peu d'instans auparavant. Tous les deux s'avançaient vers la foule, lui calme et imposant, elle triste et timide. La seule présence de ce prêtre et de cette jeune fille avait imposé silence instantanément aux passions furibondes de la populace de Neath.

Monsieur O'Byrne ignorait de quoi il s'agissait quand il vit les assaillans s'enfuir à son approche.

— Qu'est ceci ? — dit-il à sa sœur en tressaillant ; — il vient de se commettre encore quelque méfait... Malheureux peuple ! malheureux pays !... Ne voyez-vous rien, Julia ? — Pour toute réponse, la jeune fille lui montra du doigt, au milieu du cercle qui s'entr'ouvrait devant eux, le corps presque inanimé de Donnagh. — Grand Dieu ! un homme assassiné ! — s'écria le prêtre.

— Et il porte la livrée de milord ! — ajouta Julia épouvantée.

— Qui a commis ce crime ? — demanda monsieur O'Byrne avec autorité, en s'adressant à la foule muette et tremblante ; — qui a tué cet homme ?

— Avec la permission de Votre Révérence, — répliqua Tom Irwing, qui s'approcha d'un air insinuant, en traînant la jambe, — le tory n'est pas mort, mais seulement étourdi. Ce que Votre Révérence voit là est l'effet de quelques passes de *boxing* entre camarades. Tout à l'heure, le gaillard va lever la crête comme un coq sur son fumier.

— Eh bien ! alors, qu'attendez-vous pour lui porter secours ?

— Oh ! Votre Révérence, — dit un des assistans, — c'est un enfant du démon ; vous ne l'avez donc pas regardé ? C'est ce renégat de Donnagh, qui a été un si grand sujet de scandale pour la paroisse.

Alors seulement monsieur O'Byrne reconnut le garde, et il ne put retenir un mouvement de mépris. Mais, surmontant aussitôt cette première impression :

— Ne vous ai-je pas dit cent fois, — reprit-il d'un ton sévère, — que la charité chrétienne ne faisait pas de distinctions entre les whigs et les tories, les hérétiques et les fidèles ?

Tout en parlant, il s'est baissé, et, avec l'aide de Julia, il avait entouré de son mouchoir le front sanglant du garde-chasse. Mais les spectateurs ne voulurent pas souffrir que le frère et la sœur s'acquittassent de pareils soins, indignes de leur rang. Ils s'empressèrent eux-mêmes de soulager le blessé avec d'autant plus de zèle que la plupart, comme Tom Irwing, avaient contribué à le mettre dans ce pitoyable état. L'un lui soulevait la tête délicatement, l'autre lui frictionnait les membres ou desserrait ses vêtemens. Grâce à ces secours intelligens, Donnagh commença à se mouvoir et à rouvrir les yeux. Le premier signe de connaissance qu'il donna fut d'allonger un coup de poing dans la direction où se trouvait Irwing, l'un de ses chirurgiens improvisés.

— Hem ! — dit le paddy, — je savais bien qu'il ne tarderait pas à relever la crête ! Je ne crois pas que la leçon lui serve beaucoup, à en juger par ce geste de repentance.

Cependant le ministre s'enquérait auprès des assistans des causes de l'événement. Vingt bouches s'ouvrirent à la fois pour raconter la mort de Brann, la discussion survenue entre l'aveugle et Donnagh, et finalement la punition infligée au garde pour ses provocations et ses blasphèmes. Monsieur O'Byrne avait écouté ce récit d'un air consterné.

— C'est une fâcheuse affaire, Julia, — dit-il à sa sœur, — quelle couleur donner à cette collision devant milord ? Vous savez combien il a été irrité dernièrement au sujet de ce constable qui.avait eu un œil crevé dans une rixe. Cette fois Sa Seigneurie aura bien d'autres motifs de s'emporter, et son parent, sir Georges, si fier, si jaloux de ses droits de chasse, ne contribuera pas sans doute à l'adoucir. Il y aura des familles chassées de leurs pauvres habitations, des malheureux punis de l'amende et de la prison... Le cœur me saigne d'y penser, d'autant plus que les méchans rapports ne se feront pas attendre, et milord, vous le savez, ne revient jamais d'une prévention.

— Eh bien ! Angus,—reprit la jeune fille avec empressement, — il ne faut pas laisser à ces préventions le temps de se former. Milord et sa famille sont au temple; vous pouvez voir d'ici leurs voitures arrêtées en bas du village ; allons les attendre...Vous parlerez à milord et à sir Georges; vous leur conterez comment les choses se sont passées, et vraiment les insolences de ce Donnagh devenaient intolérables... Moi, de mon côté, je m'entendrai avec miss Nelly, quoique Anglaise, elle a toujours eu beaucoup de sympathie pour nos idées, pour nos traditions, pour nos usages; je tâcherai d'obtenir sa puissante intercession auprès de son père. Peut-être aussi, — ajouta-t-elle en rougissant, — pourrais-je glisser un mot à sir Georges lui-même et le disposer à l'indulgence.

— Oui, oui, vous avez raison, Julia, — reprit monsieur O'Byrne, — il n'y a pas un moment à perdre pour prévenir milord ; nous allons partir. — Puis, s'adressant aux paddies qui attendaient avec anxiété le résultat de cet entretien. — Mes amis, transportez cet homme chez moi, et dites à Katy de lui donner tous les secours possibles; en même temps, James, le sacristain, montera à cheval et ira prévenir le docteur Murray... Pour moi, je vais voir milord et tenter de l'apaiser... si c'est possible.—Mille bénédictions accueillirent cette annonce, et quatre robustes paddies se mirent en devoir d'obéir, en prenant le blessé dans leurs bras pour le transporter à la manse. — Mais, un moment ! — reprit le ministre d'un ton ferme, — on ne m'a pas nommé encore les auteurs de l'acte de férocité qui vient de se commettre. Milord ne m'écoutera pas si je ne puis désigner ceux sur qui doit légitimement retomber sa colère... Voyons, mes amis, — ajouta-t-il d'un ton plus doux, — nommez-m'en un, un seul; le plus coupable, et je tâcherai d'obtenir que les autres ne soient pas poursuivis. — Tout le monde se tut, malgré le proverbe anglais qui dit : « Mettez un Irlandais à la broche, vous trouverez toujours un autre Irlandais pour le retourner. » Il y avait parmi les habitans de Neath une solidarité qui ne leur permettait pas de se trahir les uns les autres. — Ah ! est-ce ainsi ? — reprit le prêtre, dont les noirs sourcils se froncèrent; — je saurai la vérité pourtant... Tom Irwing, je vous ordonne de me dire ce que vous avez vu.

Irwing, qui s'était déjà emparé triomphalement d'une jambe du blessé pour aider à le transporter, répondit d'un ton embarrassé :

— Och ! je ne saurais dire, Votre Révérence... J'ai vu seulement que le petit Joë avait l'oreille arrachée et Dick Norton la tête fendue... Voilà tout ce que j'ai vu.

— Oui-dà ! vous n'êtes guère clairvoyant aujourd'hui, — reprit monsieur O'Byrne avec ironie; — eh bien ! et vous, monsieur Morris, vous êtes maître d'école et chef du rappel dans cette paroisse, vous connaissez le danger de ces querelles pour la cause de l'Irlande, vous savez de quelle importance est la répression de semblables délits; je vous adjure donc...

Morris regarda miss O'Byrne, qui était distraite et comme impatiente. Il salua profondément le ministre.

— Mon Révérend, — dit-il, — Donnagh paraît être en état de parler, et il pourra mieux que personne désigner ses agresseurs. Si par malheur il se trompait dans ses

indications, on ne manquerait pas de témoins pour les rectifier.

— A merveille, monsieur,—dit le prêtre avec ironie; — vous êtes un adroit logicien, John Morris. Il n'est pas possible de me dire plus poliment que vous ne voulez pas répondre. Au fait, ce sera la besogne de milord et du révérend monsieur Bruce, tous les deux juges de paix, de découvrir les coupables. Je souhaite pour mes paroissiens que ces magistrats soient aussi disposés que moi à l'indulgence...

Et il tourna le dos à Morris. Celui-ci était d'abord un peu confus de cette rebuffade ; mais il rencontra un regard approbateur de Julia O'Byrne, et son cœur bondit de joie.

L'ecclésiastique fit signe aux paddies de s'éloigner avec leur fardeau, et, conduits par Irwing, qui craignait quelque nouvelle question, ils partirent au galop, sans s'inquiéter de secouer un peu rudement le blessé. Monsieur O'Byrne se préparait lui-même à se rendre auprès du comte Avondale avec sa sœur, quand une voix grave et vibrante lui dit :

— Vous cherchez quel est le coupable? Quoique aveugle, je puis vous le dire.

— Vous, mon cher Willi ! et qui est-ce donc ?

— Un ennemi, — reprit le vieillard avec amertume, — que vous avez bien souvent combattu, et qui sera toujours plus fort que vous, plus fort que votre zèle, votre éloquence et votre courage.

— Allons, vieux songeur, allez-vous me parler par énigmes ? Je ne vous comprends pas; quel est cet ennemi qui a frappé le garde Donnagh ?

— Ce n'est pas un homme ; les hommes rampent et obéissent... c'est cette liqueur traîtresse qu'ils appellent poothen ou whiskey.

— Whiskey ! — répéta le prêtre, dont les yeux brillèrent: — que signifie ce radotage ? Voyons, parlez clairement ; voulez-vous dire, Sullivan, que les agresseurs de Donnagh étaient ivres ?

— Croyez-vous donc qu'ils eussent osé châtier l'insolence et les impiétés d'un valet de leur maître s'ils ne l'avaient pas été ? croyez-vous que les lamentations d'un vieil aveugle eussent été capables de réveiller ces âmes engourdies, façonnées à l'insulte et à l'humiliation ?

— Ivres ! ah ! ils étaient ivres !—répéta le curé de Neath, sans remarquer l'accent particulier de l'aveugle en prononçant ses dernières paroles ; — c'est juste, l'ivresse seule a pu les porter à de pareils excès. Mais comment se sont-ils enivrés ? Il y a donc encore du whiskey à Neath, malgré mes défenses ? Qui leur en a vendu ? et un dimanche, encore ! — La foule, fidèle à son système de non-révélation, resta muette ; mais un des assistans, qui était membre d'une société de tempérance (membre unique dans la paroisse !), se crut obligé par son serment de nommer la veuve O'Flanagan. — Flanagan ! dit monsieur O'Byrne,— la vieille hypocrite ! Hier encore elle me jurait qu'elle n'avait chez elle que de la petite bière, brassée dans sa maison.

— S'il plaît à Votre Révérence, — répliqua le dénonciateur inquiet du murmure des assistans, — peut-être la vieille disait-elle vrai, car on prétend que les fraudeurs n'ont passé par ici que la nuit dernière.

Mais monsieur O'Byrne n'écouta pas cette sorte de justification. Il était pourpre d'indignation et de colère. Il invita sa sœur à le suivre, et se dirigea vers les premières maisons du village, parmi lesquelles se trouvait celle de la délinquante.

— Angus, — dit timidement la jeune fille, — on sort déjà du temple, et les valets ouvrent les marchepieds des voitures.

— Nous avons le temps, ma sœur, — répliqua le prêtre d'un ton bref.

Les paysans soupçonnaient ce qui allait se passer et suivaient à distance. Devant le logis de la veuve O'Flanagan, affreux bouge enfumé, miss O'Byrne s'arrêta, tandis que son frère entrait brusquement. Presque aussitôt on vit deux ou trois individus sortir du cabaret et s'enfuir en chancelant; puis des brocs et des verres s'envolèrent par les fenêtres et résonnèrent sur le pavé, tandis qu'une voix perçante, s'élevant de l'intérieur du logis, parcourait toutes les gammes de la douleur et du désespoir.

Tout à coup la porte du cottage se rouvrit ; le prêtre parut, portant avec effort un objet très volumineux et très lourd. Derrière lui venait une vieille femme en guenilles, sans coiffure, se tordant les mains, criant et se lamentant. Sans l'écouter, monsieur O'Byrne lança son fardeau sur la pente de la montagne. C'était un baril d'une forme particulière, et dont le fond plâtré avait une marque bien connue des habitans de Neath ; il contenait toute la provision de whiskey de la veuve Flanagan.

Les assistans suivirent de l'œil avec anxiété le précieux baril. Grâce à la solidité de sa construction, il résista aux premiers chocs et rebondit vaillamment sur le gazon; mais, au bas de la pente, il rencontra une pointe de roc qui le brisa en mille éclats.

La liqueur qu'il renfermait, se répandant à flots sur les cailloux, exhala une odeur forte qui vint chatouiller le nerf olfactif des pauvres diables restés sur la hauteur.

Un soupir s'échappa des poitrines à la vue de cette catastrophe.

— Perdre ainsi le bien du bon Dieu ! — dit un paddy les larmes aux yeux ; — il y avait là de quoi réconforter bien des braves gens après le travail, et leur faire prendre en patience leur misère. Si encore c'était un douanier qui eût fait ce beau coup-là ; mais Sa Révérence, qui se dit notre ami, notre protecteur !

— C'est bien fait, — dit une bonne femme qui tenait constamment sa mante fermée par devant, afin de cacher le piteux état de sa robe ; —il n'y aura pas de whiskey dans la taverne, mais il y aura un peu plus de pommes de terre pour les enfans dans les cottages.

Et toutes les pauvres ménagères d'applaudir.

Mais les hommes continuaient à soupirer et à se lamenter. Cet acte de leur pasteur était à leurs yeux un vrai désastre public. Plusieurs d'entre eux, profitant du moment où on ne les observait pas, se glissèrent sur le penchant de la montagne et allèrent s'assurer si, entre les douves disloquées, dans les légères cavités du roc, ils ne pourraient pas recueillir encore quelques gouttes de la précieuse liqueur pour s'enivrer.

Cependant la *dame de ces biens*, la veuve O'Flanagan, remplissait le village de ses doléances. Jamais douleur ne fut plus bruyante; monsieur O'Byrne lui-même, malgré son indignation, en était assourdi.

— Ah ! Votre Révérence, — disait la cabaretière, en se frappant la poitrine et en s'arrachant les cheveux, — avez-vous pu causer un semblable dommage à une pauvre veuve qui déjà peut à peine payer sa dîme, l'impôt, les redevances et tout? Je suis ruinée, ruinée sans ressources... Il ne me restera plus qu'à aller tendre la main de porte en porte, et c'est bien dur à mon âge, après avoir eu un mari qui était le coq de la paroisse, et trois beaux garçons, dont l'un est encore sur les vaisseaux de Sa Majesté, notre digne reine ! Je sais bien que j'ai eu tort; je ne devais pas vendre du whiskey malgré vos ordres, et surtout le jour du Seigneur... mais, Votre Révérence, on ne voulait plus de ma petite bière, que l'on trouvait trop sure, et puis c'est dans deux jours la grande foire de Neath, tout le pays y sera; ne fallait-il pas acheter quelques provisions ?... D'ailleurs, Votre Révérence n'y songe pas, comment pourra-t-on faire les veillées des morts si l'on ne trouve plus de whiskey pour se donner la force de pleurer et de se lamenter ! De si bon whiskey ! et le baril était encore plein !... Dire que tout est perdu maintenant ! Dire que mon bon whiskey est en bas, qui coule comme de l'eau sur la terre, et qu'il me faudra pourtant le payer aux fraudeurs, absolument comme s'il m'avait rapporté des schellings et des couronnes ! Bon Dieu, ayez pitié de moi ! saint

Kévin, saint Patrick, venez-moi en aide !... je suis ruinée, je ne suis plus qu'une mendiante ! Trouverai-je un cottage où l'on me permettra de m'asseoir au coin du feu pour fumer ma *loudine*, ou une étable pour me coucher la nuit sur la fougère, avec la vache et le poney ?

La vieille femme qui se désolait ainsi était hideuse avec ses vêtemens débraillés, ses cheveux gris en désordre et son visage barbu, dont la couleur rendait les rides plus profondes et plus heurtées. D'ailleurs, elle regrettait son *bon whiskey* autant pour elle-même que pour ses pratiques, car son haleine répandait à trois pas autour d'elle une odeur alcoolique très significative. Cependant, monsieur O'Byrne ne se dissimulait pas qu'il y avait quelque chose de fondé dans ses réclamations ; les pertes de mistress Flanagan dans cette journée pouvaient vraiment entraîner sa ruine. Aussi le digne homme, maintenant que justice était faite, montrait-il un peu de confusion en écoutant les jérémiades de la cabaretière.

— Vous avez commis une grande faute, Baby, — dit-il avec un reste de sévérité, — et votre désobéissance causera peut-être d'irréparables malheurs ; vous viendrez me trouver demain à la messe, et je tâcherai de vous faire comprendre l'énormité de votre péché. En attendant, comme je vous ai causé un tort réel, et comme en effet vous n'êtes pas assez riche pour supporter cette perte, je voudrais pouvoir vous dédommager.—Tout en parlant, le prêtre catholique fouillait dans ses poches avec une anxiété visible, mais il n'y trouvait rien. — Ma sœur, — demanda-t-il à Julia, — n'auriez-vous pas quelque argent sur vous pour cette pauvre Baby Flanagan ?

— Rien, Angus, — répliqua la jeune fille en souriant tristement ; — c'était hier notre jour de distribution d'aumônes : nous avons tout donné.

— Quoi ! vraiment tout ? et c'était si peu !... Cependant il faudrait... on ne se relèverait pas d'une pareille perte; on traite si rudement ces pauvres tenanciers ! Voyons, Julia, n'auriez-vous pas quelque bijou, quelque futilité que vous pourriez donner à Baby, en dédommagement du tort que je lui ai causé?

Son regard se fixait sur une broche et or et perle, de bon goût, mais simple, qui retenait l'écharpe de Julia. C'était le seul joyau qu'eût jamais possédé la descendante des rois du Munster. Miss O'Byrne, voyant les yeux de son frère s'arrêter sur ce bijou, le détacha aussitôt.

— Tenez, — dit-elle, — c'était un présent de miss Nelly, et à ce titre seul il avait du prix pour moi.

Et elle le remit au prêtre.

— Bien, Julia, — répliqua son frère avec satisfaction;— je me charge de vous excuser auprès de miss Avondale; mais est-il convenable qu'une O'Byrne porte des ornemens précieux quand l'Irlande est nue et meurt de faim ?

En même temps il présenta le bijou à la veuve, qui le tourna et retourna d'un air de défiance.

— Et c'est du fin or, et ce sont de vraies perles ? — dit-elle, — et c'est à moi que vous donnez cela ?... Oh ! vous êtes bien, vous et votre jolie sœur, les dignes enfans de ces grands chieftains qui protégeaient le pauvre peuple ! Mary ! chacune de ces perles vaut tout l'avoir d'une malheureuse veuve. Que cent mille bénédictions soient sur votre tête, à l'un et l'autre ! Que Dieu accorde à Votre Révérence une longue vie pour le bonheur des pauvres, et, quant à cette chère demoiselle, elle ne s'offensera pas, j'espère, des paroles d'une vieille femme : que saint Kévin lui donne au plus vite un beau et bon mari, qui ne soit ni Anglais ni anglican !

Ce vœu sans doute contenait quelque allusion, car Julia se retourna brusquement pour cacher l'altération de ses traits; mais O'Byrne coupa court à la reconnaissance expansive de mistress Flanagan et, après avoir recommandé encore une fois à la cabaretière de se trouver le lendemain à la messe, il voulut rejoindre lord Avondale à la porte du temple.

—Il est trop tard maintenant,—dit Julia avec un soupir;

— les voitures ont disparu, et sans doute milord est déjà rentré à Stone-House.

— Eh bien ! allons à Stone-House, Julia.

Miss O'Byrne parut surprise de cette détermination subite de son frère, mais elle ne fit aucune observation. Tous deux se hâtèrent de traverser le village, pour gagner le magnifique parc dont la grille à lances dorées se voyait à quelque distance, sans écouter les bénédictions des voisines à qui la veuve Flanagan montrait triomphalement le présent de la jeune fille.

Pendant que ceci se passait dans l'unique rue de Neath, l'aveugle William était resté presque seul sur la place de Saint-Patrick. Assis sur une pierre, la tête penchée sur sa poitrine, une main posée sur le corps inanimé de son fidèle Brann, il paraissait plongé dans une morne douleur. Alors, un homme qui, caché dans les ruines, avait été témoin attentif des scènes précédentes, sortit des décombres. Après s'être assuré qu'aucun indiscret n'était à portée d'épier ses démarches, il s'approcha du vieillard et lui toucha l'épaule en lui disant, en gaélique :

— Ne vous êtes-vous pas trompé, William Sullivan ? N'avez vous pas vous-même proféré un blasphème ? N'avez-vous pas calomnié ce peuple en affirmant que dans l'ivresse seulement il trouvait l'énergie virile, la haine de l'Angleterre, l'amour de la liberté ? Oui, vous vous êtes trompé, ou ce serait à se meurtrir le front et à se rouler dans la poussière, car la cause de cette nation malheureuse serait à jamais perdue !

L'aveugle paraissait moins frappé de l'étrangeté de ces paroles, que de la voix mâle et vibrante qui les avait prononcées.

— Qui a parlé ? — demanda-t-il avec une émotion extrême ; — cette voix, j'ai cru l'entendre une fois déjà dans cette journée... Spectre ou double, que me veux-tu ?

Sa main avait rencontré un manteau de drap fin qui attestait la réalité de l'inconnu. On reprit avec un accent d'amertume :

— Je suis un homme de chair et d'os qui a des raisons pour ne pas être reconnu dans le pays... William Sullivan de Lady's-Church est-il toujours un ardent ami de l'Irlande ?

— Toujours !

— Oui, mais comme O'Connell ou comme les frères Sheares ? Êtes-vous de ceux qui crient depuis dix ans « Hourra pour le rappel ! » et qui attendent ?

— Nos pères criaient « En avant pour la vieille Irlande ! » et ils agissaient... J'ai toujours pensé que les fils devaient faire comme eux.

— Vous n'êtes pas changé, brave et loyal William ! — s'écria l'interlocuteur impétueusement, en serrant la main de Sullivan ; — j'en étais sûr !... aussi avais-je compté d'avance sur vous !

L'aveugle s'inclina avec respect.

— Je suis aux ordres de mon maître et de mon lord ; — répliqua-t-il.

Il y eut un court moment de silence.

— Vous m'avez reconnu, — dit enfin l'étranger ; — vous n'avez pas oublié, je le vois, ce jeune étudiant de Dublin qui, chaque année, venait faire un pèlerinage dans la vallée de Glendalough, et s'arrêtait quelques jours à Lady's-Church, pour écouter de votre bouche les grandes actions de ses ancêtres, leurs nobles légendes, leurs chants de triomphe et de douleur ! William, l'étudiant est devenu un homme, mais il n'a pas oublié vos leçons de patriotisme et les généreux élans de sa jeunesse... Écoutez-moi.

Il lui parla quelques instans à voix basse. Une profonde stupéfaction se refléta sur les traits du vieillard.

— Milord ! milord ! — interrompit enfin Sullivan très ému, — que voulez-vous donc faire ? — L'étranger sourit et continua de lui parler bas avec vivacité. — Il suffit, milord, — répliqua l'aveugle d'un ton grave ; — je ne comprends pas vos projets, mais vos désirs sont pour moi des lois suprêmes.

— A ce soir donc, — reprit l'inconnu en se disposant à s'éloigner, — nous nous entendrons tout à fait. Mais, avant de nous séparer, ne pourriez-vous me dire où vont en ce moment Angus O'Byrne et sa sœur Julia, que je vois là-bas traverser le village de Neath ?

— Où pourraient-ils aller de ce côté, milord, sinon à Stone-House, chez le comte Avondale ?

— A Stone-House ? — répéta l'étranger en bondissant de colère ; — en effet, ils sont sur le chemin et ils se dirigent vers la grille de la grande avenue... Eux à Stone-House ? — ajouta-t-il d'une voix sourde. — Les descendans de Brondhub et du valeureux Feagh-Mac-Hugh, chez les descendans de Multon l'assassin ! Les spoliés chez les spoliateurs, les vaincus chez les vainqueurs, les enfans des victimes chez les enfans des bourreaux ! Quoi ! ce prêtre, noble fils des martyrs, prétend-il renier les haines et les vengeances de ses pères ?... Et il conduit sa sœur, jeune fille innocente et pure, dans l'antre corrompu des oppresseurs de l'Irlande, des exterminateurs de sa race ! Je ne le souffrirai pas ; je défends cette profanation.

— Il est vrai, milord, — dit l'aveugle avec tristesse, — qu'on eût cru voir la montagne de Howth venir visiter le cap Cleare, avant que les O'Byrne et les Avondale pussent se rapprocher, et cependant le pacte d'alliance subsiste depuis plusieurs années déjà.

— Lors même qu'il subsisterait depuis un siècle, je saurais bien le briser ! — s'écria l'inconnu avec véhémence. — Adieu, William, — continua-t-il en serrant de nouveau la main du vieillard ; — ne parlez pas encore de mon retour, et... à ce soir.

Il prit un sentier solitaire, qui à travers les décombres, conduisait dans la vallée, du côté opposé au village, et bientôt le bruit de ses pas cessa d'être entendu.

Demeuré seul, le vieillard retomba pendant quelques minutes dans ses méditations.

— Que vient-il faire en Irlande après tant d'années d'absence ? — murmura-t-il. — Pourquoi se cacher ? Pourquoi demander l'hospitalité à un pauvre mendiant aveugle tel que moi, au lieu de se présenter à sa famille, qui le révère et le chérit ? Aurait-il vraiment conçu la pensée...?

William fit une pause et se leva brusquement.

— Pourquoi non ? — reprit-il ; — il est brave jusqu'à la témérité, actif, entreprenant... Qui sait si le ressort est décidément brisé de ceux dont l'âme de ce peuple ; si sa main, affaiblie par les souffrances et la faim, ne pourra pas encore soutenir une arme ? Ce serait là, en effet, une grande et belle expérience à tenter, et lui seul est capable d'oser le faire !... Assiste-le, mon Dieu !

En même temps il prit dans ses bras le corps de Brann, et se dirigea à pas lents vers sa demeure, située à plus d'un mille du village.

III

O'BYRNE ET AVONDALE.

Comme nous l'avons dit, la famille O'Byrne descendait directement des anciens rois du Munster, et, malgré l'abaissement où elle était tombée de nos jours, nous savons combien cette origine illustre inspirait encore de respect. Pour l'intelligence de ce qui doit suivre, nous nous trouvons dans la nécessité d'entrer ici dans quelques détails sur les diverses phases de sa décadence même. L'histoire de cette famille est du reste, aux circonstances près, identique à celle de la plupart des familles patriciennes de l'ancienne Irlande. En la lisant on pourra juger des violences et des crimes qui ont soumis la race indigène à cette race conquérante venue de l'autre côté du canal Saint-Georges.

Depuis bien des siècles déjà, le roi Brodhub était mort, et le Munster avait cessé d'être un royaume indépendant, lorsque Elisabeth monta sur le trône d'Angleterre. La famille O'Byrne, quoique bien déchue de son ancienne splendeur à cette époque, jouissait encore d'une puissance presque souveraine. La magnifique vallée de Glendalough, dont Neath est une dépendance, lui appartenait entièrement. Son clan était nombreux et aguerri. Les fastes du comté de Wiclow ont conservé le souvenir de ses *bandes d'aigles* (*eagles bands*), troupes de vaillans montagnards qui rendaient partout redoutable le nom de leur chef. Enfin ce chef était le célèbre Feagh Mac-Hugh, qu'on avait surnommé le *héros sans peur*, et qui résistait avec une grande énergie aux envahissemens des colonistes anglais. Malheureusement une coalition se forma contre Feagh Mac-Hugh; ses bandes furent battues et dispersées; lui-même, accablé sous le nombre, périt dans une mémorable bataille contre le lord député Russell. Ses biens furent confisqués, et, suivant l'usage consacré en Irlande, partagés entre les vainqueurs.

Parmi ces vainqueurs se trouvait un aventurier anglais du nom de Multon, qui se vanta, après la bataille, d'avoir tué, de sa main le héros sans peur du comté de Wiclow. Que cette prétention fût fondée ou non, Multon ne sut pas moins la faire admettre à la chancellerie d'Angleterre, et il reçut en récompense mille acres de terre sur le territoire de Neath. Ce fut-l'origine de sa fortune. Nous allons voir par quels moyens il parvint à l'augmenter.

La famille O'Byrne, pour être privée de son chef, n'en était pas moins forte et vivace; Patrick O'Byrne, le neveu de Feagh Mac-Hugh, possédait encore des biens considérables. Allié aux O'Kellys par sa mère, il était assez puissant pour se faire craindre de ses ennemis. Multon, désespérant d'en venir à bout par la force ouverte, attira Patrick à une entrevue, sous prétexte de fixer les limites de leurs terres qui étaient voisines; dans la chaleur de la discussion, une querelle éclata entre eux, et Patrick fut assassiné. Aussitôt Multon écrivit à la reine pour élever au niveau d'une belle action ce crime abominable. La reine répondit : « Vous êtes un loyal sujet. En récompense de vos bons services, nous donnons, à vous et à vos hoirs, pour en jouir à perpétuité, les biens, terres et manoirs du rebelle dont, avec l'aide de Dieu, vous nous avez débarrassée. » Et cette formule n'était pas faite pour le traître Multon seul : la *reine vierge*, la *belle vestale d'Occident* l'employait sans vergogne envers tous les assassins, anglais et protestans, qui se vantaient d'avoir tué un Irlandais catholique. On en trouverait mille exemples dans les chartiers des landlords, si jamais on remontait à l'origine de leurs droits sur la majeure partie du territoire Irlandais.

Multon prit alors le titre de lord Avondale, qui avait appartenu à Patrick O'Byrne, et devint le fondateur d'une maison nouvelle dont les progrès furent rapides. Au temps de Cromwell, le chef de cette maison était un Arthus Avondale surnommé *le Boiteux*, puritain fanatique malgré ses grandes richesses, et la terreur des catholiques du comté. Lorsque le protecteur débarqua à Dublin avec ses dix mille *invincibles*, Avondale le Boiteux fut le premier des Anglo-Irlandais qui vint le joindre à la tête d'une troupe nombreuse. Il guida lui-même les soldats de Cromwell dans les défilés inextricables de ces montagnes, et donna l'exemple d'une cruauté inouïe envers les vaincus.

Les gorges inaccessibles de Glendalough protégeaient les restes encore redoutables des clans d'O'Byrne et O'Kellys. Sous la conduite d'un vaillant jeune homme, Brian O'Byrne, digne héritier des héros de sa race, ils inquiétaient le Boiteux dans la jouissance de ses biens usurpés, et le désolaient par les ravages qu'ils commettaient journellement dans ses terres. Ce fut surtout contre ces ennemis personnels qu'Avondale, sous le masque du patriotisme et de la religion, dirigea les attaques des Anglais.

Ayant pénétré par trahison dans la forteresse où Brian s'était réfugié avec ses amis, il en ouvrit les portes aux fanatiques soldats du protecteur. Tout ce qui se trouvait dans le fort fut massacré sans pitié. Le Boiteux, l'épée à la main, l'œil enflammé, exhortait ses sombres compagnons, dans le langage biblique du temps, à travailler « comme des ouvriers de la onzième heure, » et ses descendans conservèrent en guise de trophée son justaucorps de buffle tout teint de sang, pour témoigner comment il avait « travaillé » lui-même en cette circonstance.

La puissance des clans d'O'Kellys et d'O'Byrne périt dans cette terrible catastrophe; depuis ce temps ils furent incapables de rien entreprendre de sérieux. Démembrés, dispersés, ils se confondirent avec les populations qu'ils avaient dominées autrefois, et les Avondale spoliateurs purent jouir en paix du fruit de tant de crimes.

Cependant Brian O'Byrne avait échappé, comme par miracle, au massacre des siens. Après s'être défendu jusqu'à la dernière extrémité, il s'était élancé du haut des murs du fort dans un lac profond qui les baignait, et, quoique blessé, avait pu gagner les bords à la nage. Il erra longtemps de retraite en retraite, incessamment poursuivi par le Boiteux, qui croyait ne pouvoir compter sur aucune sécurité tant qu'un héritier d'O'Byrne existerait encore. Néanmoins, Brian ne voulait pas quitter sa terre natale, attendant toujours quelque changement favorable, quand Cromwell publia son odieux *act of settlement*, qui effaçait la nationalité de l'Irlande. Cet acte et les effroyables persécutions qui suivirent contre les catholiques firent désespérer au vaillant jeune homme de l'avenir de sa patrie. Comme tant d'autres à cette époque, il dut se résigner à l'exil; il fut du nombre des cinq cents nobles irlandais qui, sous la conduite de John O'Dwyer, ancien chieftain du Waterford et du Tipperary, s'embarquèrent pour l Espagne.

Bien des années s'écoulèrent, et la prospérité de la famille Avondale allait toujours croissant. Lors de l'avénement de Guillaume d'Orange au trône d'Angleterre, Francis Avondale, le petit-fils du Boiteux, était major dans un régiment hollandais, et se montrajun des plus chauds partisans de l'usurpateur. Ses services eurent leur récompense: en 1700, sa propriété de Stone-House fut érigée en comté-pairie, et les descendans de l'assassin Multon portèrent le titre de *lords* dans la haute chambre du parlement d'Irlande.

Brian n'avait pas donné de ses nouvelles, et l'on supposait qu'il était mort en exil sans héritiers. Les pauvres paddies montagnards, en rappelant les exploits des vaillans chieftains du sang d'O'Byrne, déploraient souvent l'extinction de cette illustre famille. Les bardes, dont la tête était alors mise à prix comme celle des prêtres, chantaient au fond des solitudes sauvages où ils se réfugiaient des *lamens* sur l'extermination de la race de Brondhub. Un jour, cependant, on vit paraître à Neath un étranger de bonne mine, aux manières nobles et gracieuses, qui s'établit temporairement dans le pays. Il parlait le gaélique avec une extrême facilité, et semblait connaître parfaitement l'histoire locale, aussi bien que les plus minutieux détails des mœurs irlandaises. Il alla visiter les descendans des principaux personnages des clans d'O'Byrne et d'O'Kellys; lors de l'oppression des cromwelliens, la plupart étaient tombés dans une profonde misère. L'étranger les secourut avec une libéralité qui lui valut le surnom de *Main-Ouverte* dans les cottages du voisinage. Bientôt on sut le nom et l'histoire du généreux Main-Ouverte; il s'appelait Brian lui-même, et il était petit-fils de Brian O'Byrne, qui, établi en Espagne, s'était livré à des spéculations commerciales et avait acquis une grande fortune. Mais, dans sa nouvelle patrie, sous un ciel délicieux, au milieu des splendeurs de l'opulence, l'exilé n'avait pas oublié la vieille Irlande. Tout plein de la pensée de son pays, il avait voulu que ses enfans en connussent les traditions, les usages et la langue. Il les avait habitués à se considérer, sur cette féconde terre d'Espagne où ils étaient nés, comme des voyageurs qui devaient retourner un jour dans leur île originaire; citoyens espagnols, ils restaient Irlandais, et le voyage de Brian Main–Ouverte prouvait avec quelle scrupuleuse exactitude les volontés du proscrit avaient été exécutées.

Pendant plusieurs générations, les O'Byrne, sans quitter l'Espagne, entretinrent d'étroites relations avec l'Irlande; chacun d'eux, au moins une fois en sa vie, venait en pèlerinage dans la vallée de Glendalough, comme les bons musulmans vont en pèlerinage à la Mecque. Ainsi, la famille ne cessa jamais d'être en communication d'idées et de goûts avec la mère patrie; elle sympathisait avec ses souffrances et ses misères; elle la connaissait et elle était connue d'elle.

Vers la fin du siècle dernier, Fergus O'Byrne, le chef de cette maison, se décida à venir habiter Dublin. Il avait rapporté d'Espagne de grandes richesses. Mais la funeste insurrection de 1798, qui fut le dernier effort de l'Irlande pour conquérir son indépendance, le ruina presque entièrement. En bon patriote, Fergus avait mis tout ce qu'il possédait à la disposition des soldats de la liberté; lui-même avait pris les armes, avait été blessé et fait prisonnier. Il eût été fusillé si des amis puissans ne se fussent intéressés vivement à son sort. Il en fut quitte pour un emprisonnement assez long et une grosse amende. Il ne se plaignit pas; sa fortune avait reçu la destination fixée par ses ancêtres, qui l'avaient acquise; elle avait été employée au service de l'Irlande. Content d'avoir rempli son devoir, Fergus vécut paisiblement à Dublin, avec les débris de son opulence passée, et il finit par épouser une jeune fille d'une ancienne et noble famille, dont il eut trois enfans, qui firent le charme de sa vieillesse.

Ces trois enfans sont appelés à devenir les personnages principaux de cette histoire.

Fergus les avait élevés, comme il avait été élevé lui-même, dans un dévouement sans bornes à la cause nationale, et il avait eu dans cette tâche par sa sainte et digne compagne, jusqu'au jour où elle avait été ravie prématurément à sa tendresse. Richard, l'aîné, fut destiné à la carrière des armes; le père, dans ses illusions généreuses, espérait toujours que sa patrie finirait tôt ou tard par prendre une revanche sur l'Angleterre, et il voulait qu'un de ses fils fût prêt à tout événement pour soutenir ces intérêts sacrés. Richard était impétueux, hardi, plein d'opiniâtreté et d'énergie; enfin il avait précisément le caractère qui convenait à son rôle possible dans l'avenir. Il fit donc des études pour se rendre apte à obtenir une commission dans l'armée anglaise. Mais au moment de réaliser ce plan, un scrupule arrêta le fils et le père : comment servir cette Angleterre, qui opprimait depuis tant de siècles leur chère Irlande? La difficulté fut tournée en acceptant du service dans l'Inde; ainsi la conscience du jeune enthousiaste ne pouvait être engagée. Richard était donc parti pour le pays des nababs, en qualité de lieutenant d'un régiment de dragons alors employé dans les guerres de l'Afghanistan, et il n'avait pas tardé à s'y distinguer d'une manière brillante.

Angus, le cadet, avait désiré entrer dans les ordres; aussi, dès l'âge de dix-sept ans, avait-il été envoyé au séminaire de Maynooth, pour y faire ses études théologiques. A vingt-cinq ans il était prêtre et obtenait la modeste cure de Neath, objet de ses vives sollicitations. Doux et persuasif dans ses paroles, il se montrait ferme et inflexible dans ses actes. Connaissant parfaitement les passions ardentes qui travaillent les masses en Irlande, il avait compris le sacerdoce comme une magistrature morale, chargée de discipliner les âmes et de les adoucir. Aussi, grâce à sa triple autorité de ministre du Christ, de descendant des anciens rois du pays et d'homme de bien, exerçait-il, comme nous l'avons vu, un pouvoir presque absolu sur les pauvres paddies de la paroisse; mais il n'usait de ce pouvoir que dans un but de paix et de conciliation. Il espérait que Dieu consentirait à émanciper ce peuple qu'il serait meilleur et plus pur; il s'efforçait donc sans relâche de l'améliorer et de le purifier.

Enfin Julia, la jeune sœur de Richard et d'Angus, était une bonne et timide créature, pleine de candeur, de modestie et de résignation. Simple et charitable, elle oubliait de quelle grandeur sa famille était déchue pour plaindre ceux qui étaient tombés plus bas qu'elle. Sans fiel contre les oppresseurs, elle aimait avec dévouement la cause des opprimés. Aussi, quand Fergus, plein de jours, s'éteignit obscurément entre les bras de sa fille, se félicita-t-il de laisser à son pays, dans la personne de ses enfans, les trois choses dont l'Irlande avait le plus besoin : un bras vigoureux pour la défendre, une voix éloquente pour la consoler, une âme tendre pour sentir ses malheurs.

Puisque nous avons fait connaître au lecteur les principaux personnages de la famille O'Byrne, disons aussi quelques mots de l'état de la famille rivale à l'époque où commence cette histoire.

Le comte Hector Avondale, dont le mécontentement inspirait tant de frayeur aux habitans de Neath et à leur pasteur, était un vieillard de soixante-dix ans, qui ne paraissait pas s'être jamais distingué par de grandes vertus ou de grands vices. Dans sa jeunesse, il avait été passionné pour les chiens, les chevaux, la chasse, comme il convient à un Anglais riche et titré. En revanche, il ne paraissait pas avoir éprouvé le même amour pour feu la comtesse, qui était pourtant fort belle, et dont le chagrin d'avoir épousé un homme de goûts et d'idées opposés aux siens avait contribué, disait-on, à abréger les jours. Au point de vue politique, lord Avondale ne s'était jamais attaché non plus à un principe ou à un homme; son père avait été du nombre des lords apostats qui, après l'insurrection de 98, avaient échangé leur siége au parlement de Dublin contre un siége à Westminster, et certes Hector, en pareille circonstance, eût agi exactement de même. Il était à la chambre de cette catégorie de muets qui servent indistinctement tous les gouvernemens et tous les partis arrivés au pouvoir. Il dormait d'ordinaire pendant les séances; à son réveil, il prenait l'avis du ministre dirigeant, quel qu'il fût, et votait comme le ministère, sans trop s'inquiéter de savoir de quoi il s'agissait.

A la fin de chaque session, Sa Seigneurie, épuisée par ses fatigues parlementaires, était toujours la première à quitter Londres, soit pour aller éparpiller ses banknotes en France, en Allemagne ou en Italie, soit pour venir chasser le renard dans ses magnifiques propriétés de Stone-House, soit enfin pour voir battre honteusement ses chevaux sur tous les hippodromes d'Angleterre.

Maintenant, lord Hector Avondale était vieux, perclus de goutte et de rhumatismes; les chasses et les voyages ne lui étaient plus permis. Il avait réformé ses haras, réservant seulement quelques chevaux de prix pour son usage et celui de sa famille; il ne quittait presque plus ses domaines d'Irlande. Là, milord, cloué sur sa chaise longue et enveloppé de flanelle, passait le temps à éplucher les comptes de son intendant, à tracasser ses tenanciers. Son humeur, qui n'avait jamais été bien gaie, devenait de jour en jour plus sombre, plus acariâtre; il avait des accès de colère (la colère d'un Anglais affligé du *spleen !*) qui faisaient tout trembler autour de lui. On attribuait ce redoublement de misanthropie et d'irascibilité à certains chagrins de famille. De son mariage, lord Avondale n'avait qu'une fille, miss Nelly, belle et noble personne avec laquelle nous ferons bientôt connaissance. Seule, miss Nelly parvenait quelquefois à calmer les emportemens, les tristesses de ce vieillard morose, qui l'aimait autant qu'il pouvait aimer, c'est-à-dire beaucoup moins que lui-même. Or, les domaines de lord Avondale étaient, comme ceux de toute l'aristocratie anglaise, soumis à la substitution. A la mort du comte, sa terre de Stone-House, son titre, son siége à la chambre, devaient passer à un parent éloigné, sir Georges Clinton, au préjudice de miss Nelly, qui n'aurait droit seulement qu'à un douaire considérable. Cette absence d'héritier mâle en ligne directe était le désespoir des derniers jours de milord, comme elle avait été la cause principale de sa mésintelligence avec la défunte comtesse. Non pas que sir Georges, lieutenant de cavalerie, grand chasseur de renards, gentleman-rider de premier ordre, et dont le père s'était rompu le cou dans une course au clocher, ne lui parût pas un héritier convenable ; mais il éprouvait un vif déplaisir à penser que les enfans de sa fille seraient un jour écartés de sa succession, tandis que son immense fortune passerait à des collatéraux.

Pour tourner la difficulté, lord Avondale avait conçu le projet de marier son parent à sa fille, ce qui était possible malgré les rigueurs de la loi anglaise à l'égard de ces sortes d'alliances. Surmontant donc l'éloignement instinctif que tout vieillard éprouve pour son héritier légal, il s'était efforcé d'attirer sir Georges près de lui afin de l'amener peu à peu à son but. La chose n'avait pas été difficile ; sir Georges n'était pas riche ; les chevaux, les paris, le jeu et les maîtresses avaient épuisé ses ressources patrimoniales. Traqué par ses créanciers, il dut recourir souvent à son vieux parent, comme par avancement d'hoirie. Avondale, fort avare pourtant, s'exécutait de bonne grâce, mais non sans conditions. Chaque somme un peu ronde payée par milord se compensait par un séjour plus ou moins prolongé du jeune officier à Stone-House. Du reste, sir Georges avait fini par se soumettre sans trop de peine à ces exigences. La table de Stone-House était somptueuse ; les tourbières du voisinage abondaient en bécassines et en gibier d'eau ; les lacs et les ruisseaux des montagnes contenaient les meilleures truites du monde. A Stone-House, Clinton tranchait déjà du maître ; il faisait et défaisait, renouvelait les équipages, décidait en dernier ressort les questions d'écurie et de chenil ; enfin il ne dédaignait pas de s'humaniser fréquemment avec les jolies vassales de ses futurs domaines. Cette existence était bien de nature à lui plaire, et il la préférait de beaucoup aux ennuis de garnison, aux tracasseries de créanciers, aux querelles bruyantes de tavernes. Aussi, grâce au crédit de son parent, obtenait-il toujours de nouveaux congés, et il résidait à Stone-House sans murmurer contre sa destinée.

Néanmoins les plans du vieux lord n'en étaient pas plus avancés. Une fâcheuse incompatibilité de goûts existait entre les deux jeunes gens, et, plus ils se connaissaient, plus leur éloignement mutuel semblait augmenter. Quoique miss Avondale fût charmante, sir Georges, léger, égoïste, libertin, plein de préjugés contre le mariage, ne se souciait pas d'acheter au prix de sa liberté la fortune qui le rang qui devaient lui échoir nécessairement plus tard. A la beauté noble et correcte de sa parente, il préférait le minois chiffonné de telle ou telle de ses filles de chambre. De son côté, miss Nelly, avec le tact particulier aux femmes, n'avait pas tardé à reconnaître la nullité et les penchans vicieux de l'héritier futur de Stone-House. Elle le méprisait, et quand son père lui avait fait des ouvertures au sujet de l'union projetée, elle avait tourné cette proposition en plaisanterie, comme une monstruosité ridicule. Ainsi repoussé des deux côtés, le vieillard se dépitait. Il n'ignorait pas les prouesses scandaleuses de son parent, mais il espérait toujours que chacune de ces honteuses liaisons serait la dernière. Malheureusement, sir Georges ne s'amendait pas, et l'humeur de Sa Seigneurie s'aigrissait davantage à mesure qu'il voyait s'éloigner l'accomplissement de ses rêves favoris.

On comprendra maintenant combien un rapprochement entre la famille O'Byrne, si pauvre, mais si fière et si digne, et l'opulente maison d'Avondale était extraordinaire. Cependant ce rapprochement était l'œuvre de lord Avondale lui-même, qui avait cru faire en l'opérant un acte d'habile politique. D'abord, si le temps eût prescrit d'anciennes iniquités, et que la force, aussi bien que la loi, les eût consacrées, le comte n'avait pas moins conscience des torts de sa race envers les O'Byrne, et, sans se l'avouer peut-être, il redoutait vaguement une terrible revendication. Comme les autres grands propriétaires anglais en Irlande, il ne voyait pas sans une crainte secrète cette immense population d'ilotes, qui vit dans la plus hideuse misère, et qui un jour ou l'autre envahira les riches demeures de ses oppresseurs étrangers. D'ailleurs on ne prévoyait pas alors les suites de l'agitation pacifique préconisée par O'Connell ; les landlords sentaient le sol de la verte Érin trembler sous leurs pieds. Le comte, qui ne se faisait aucune illusion sur les sentimens de ses tenanciers à son égard, songea donc à se créer un appui au milieu de ces malheureux qu'il pressurait si cruellement, une sorte de paratonnerre qui, le cas échéant, le préservât de la foudre. Angus O'Byrne venait d'être nommé desservant de la chapelle de Neath (car en Irlande les catholiques n'ont légalement que des chapelles) ; lord Avondale fut le premier à rendre visite au jeune prêtre, à lui parler d'oubli pour les querelles qui se perdaient dans la nuit des temps, à offrir ses services ; enfin il fit des avances qui, de sa part, prouvaient une condescendance inouïe.

Cette démarche pourtant fût restée sans résultat avec un Irlandais impétueux et pénétré des souvenirs du passé comme Richard O'Byrne ; mais Richard était dans l'Inde, et on ne savait s'il reviendrait jamais. Angus, plus froid et plus raisonnable, sentait que c'eût été un orgueil malséant de tenir rigueur au plus riche seigneur du pays. D'ailleurs, en sa qualité de prêtre catholique, la charité et le pardon des injures étaient les premiers de ses devoirs. Enfin un intérêt purement humain acheva de le décider à passer franchement sur ses préjugés de famille ; toute sa paroisse appartenait au comte Avondale, si redouté pour sa sévérité et son avarice ; en se tenant dans les bonnes grâces du landlord, le prêtre n'aurait-il pas la facilité de l'implorer à toute heure en faveur de ses ouailles, et d'arracher des concessions à ce maître rigide ? Ce rôle le tenta. Avec une abnégation complète de ses haines de race, mais sans sacrifier aucune de ses convictions politiques et religieuses, il fréquenta Stone-House, où il était toujours convenablement accueilli. Une amitié que Julia et miss Avondale conçurent l'une pour l'autre rendit les rapports du presbytère et du château encore plus étroits. Bref, depuis quelques années déjà, ces relations duraient sans autre nuage que les discussions dont les escapades des paddies du voisinage étaient la cause entre le prêtre catholique et le landlord ; mais Sa Seigneurie finissait toujours par accorder, sur les sollicitations de monsieur O'Byrne, quelque adoucissement aux peines encourues par les coupables, et on ne manquait pas de faire valoir les concessions que l'humanité ou la simple justice eût imposées partout ailleurs qu'en Irlande.

Cependant, le jour dont nous parlons, le jeune prêtre n'osait espérer aucun bon résultat de sa démarche. La mésaventure du garde-chasse était autrement grave que les peccadilles pour lesquelles son intervention s'était trouvée efficace jusqu'ici. Milord considérait comme personnelle toute insulte adressée aux gens de sa maison ; s'en prendre à eux, c'était s'en prendre à lui. On pouvait craindre que l'irascible vieillard, dans un premier mouvement, ne voulût tirer de cet acte une vengeance terrible, qui retomberait à la fois sur les innocens et sur les coupables. Aussi Angus doublait-il le pas, afin d'affronter le premier la colère du maître, et sa sœur le suivait en soupirant.

Ils avaient traversé le village de Neath, répondant par un rapide signe de main aux salutations profondes qu'on leur adressait, et ils se dirigeaient vers la grille qui donnait accès dans le parc de Stone-House, quand monsieur O'Byrne s'arrêta tout à coup.

— Julia, — demanda-t-il, — n'auriez-vous pas sur vous la clef de la petite porte que vous a remise miss Nelly afin que vous puissiez lui rendre visite quand vous en avez la fantaisie ? Cette route est beaucoup plus courte que celle de la grande avenue et des voitures.

— Voici cette clef, mon frère, — répliqua distraitement la jeune fille ; — je l'avais prise avec moi, comptant venir après la messe causer un moment avec miss Nelly.

— Ne craignez-vous pas que ces visites trop fréquentes

à Stone-House n'aient des inconvéniens, Julia ? — demanda monsieur O'Byrne d'un air de réflexion. — Miss Nelly est une bonne et généreuse créature, malgré la bizarrerie de son humeur ; mais il y a chez lord Avondale telle personne dont les assiduités auprès de vous ne peuvent être vues d'un bon œil ni par vous ni par moi... Et puis ne vous semble-t-il pas que depuis quelque temps Sa Seigneurie ne nous accueille plus avec le même plaisir et les mêmes égards qu'autrefois ?

— Je.. je ne sais, Angus,—balbutia sa sœur ; —cependant miss Avondale me montre toujours la même affection.

— Je ne parle que de milord, et il m'est venu à cet égard d'étranges soupçons.... Mais qu'avez-vous donc, Julia ? — continua Angus en remarquant les joues de sa sœur inondées de larmes, malgré les efforts qu'elle faisait pour les cacher, — vous pleurez encore ?

— Pardonnez-moi, mon frère, vous êtes parfois si sévère envers moi !

— Sévère ! et où avez-vous vu de la sévérité dans mes paroles, Julia ? Ne serait-il pas possible que votre conscience fût plus sévère que moi ? Tenez, ma chère enfant, — continua le prêtre avec attendrissement, — depuis quelques jours vous êtes en proie à une grande douleur. j'en suis sûr. Bien des fois, comme aujourd'hui, j'ai surpris la trace de ces larmes que vous me cachez avec tant de soin. Manqueriez-vous de confiance en votre frère ? Il aurait pourtant une indulgence infinie pour vos fautes, une pitié sans bornes pour vos douleurs... Allons, Julia, notre père, en mourant, m'a légué tous ses droits sur vous. pour assurer votre bonheur et votre repos. . n'avez-vous aucun pénible aveu à me faire ? n'avez-vous rien à me dire ?

Il s'était arrêté et avait tendu la main à sa sœur, qui la pressa convulsivement contre ses lèvres. La jeune fille parut vaincue par cette touchante bonté, et un éclair d'hésitation passa sur son visage ; mais, presque aussitôt, elle releva la tête et murmura avec embarras en s'essuyant les yeux :

— Rien, rien, mon frère ! vous vous êtes trompé.

— Soit, — reprit Angus tristement, en se remettant en marche ; — le moment n'est pas venu, sans doute... Eh bien ! quand l'heure de la confiance aura sonné, n'oubliez pas, Julia, que vous trouverez en moi la charité d'un chrétien et la tendresse d'un frère.

Miss O'Byrne ne répondit que par un sanglot étouffé.

Pendant cette conversation, ils s'étaient détournés de la grande avenue de Stone-House, et ils avaient pris un sentier qui longeait les interminables murs du parc. Une luxuriante végétation débordait déjà par-dessus ces murailles, et malgré le ciel gris, malgré cet âpre vent de mer, qui soufflait dans les grands arbres, les lilas et les troënes se paraient de leurs odorantes grappes de fleurs. Au loin, la terre était couverte de ce gazon court et vert, mêlé de trèfle, qui a fait donner à l'Irlande le nom d'*esmerald gem*, la terre d'émeraude.

Ils atteignirent enfin la petite porte, entrée mystérieuse et solitaire, à moitié cachée par des houx et des coudriers. Elle s'ouvrit sans difficulté, et les promeneurs s'engagèrent dans une étroite allée de jeunes arbres qui, au cœur de l'été, devaient répandre une ombre épaisse, mais qui, à cette aurore du printemps, commençaient seulement à se couvrir d'un léger feuillage. A peine le frère et la sœur eurent-il fait une vingtaine de pas qu'ils crurent entendre du bruit derrière eux, comme si la porte qu'ils avaient entr'ouverte, comptant bientôt revenir, eût été poussée brusquement. Monsieur O'Byrne, en se retournant, aperçut, à ne pouvoir s'y méprendre, le pan d'un manteau qui disparaissait dans le fourré.

Sans rien dire à sa sœur, de peur de l'effrayer, l'ecclésiastique voulait revenir en arrière, afin de connaître le personnage qui s'introduisait dans le parc. Il savait la haine de ses paroissiens pour le landlord, et il redoutait toujours quelque acte de désespoir ou de féroce vengeance. Mais,

avant qu'il eût pu mettre son projet à exécution, la jeune fille lui dit vivement, avec une sorte d'épouvante :

— Angus, voici sir Georges... et milord !

En effet, le vieux comte, appuyé d'un côté sur le bras de son parent, de l'autre sur sa grosse canne à pomme d'or, s'avançait de toute la rapidité de ses jambes goutteuses, à l'extrémité de l'avenue. Derrière eux marchaient deux domestiques bien armés et un troisième individu en uniforme de constable.

Le comte Avondale était un petit homme gros et rouge, au cou court, au dos voûté, d'une tournure fort peu aristocratique. On voyait, au désordre de ses vêtemens, à sa marche précipitée quoique pénible, qu'un grave événement l'avait obligé à sortir ainsi à pied, malgré ses infirmités. La colère brillait sur son visage, et sa canne frappait contre terre avec impatience. Il parlait chaleureusement à son compagnon ; on devinait, au mouvement convulsif de ses lèvres, qu'il proférait des malédictions et des menaces. Sir Georges, au contraire, paraissait froid, impassible, railleur. Il était grand et mince : sa taille frêle semblait serrée comme par un corset dans son uniforme écarlate à jabot et à manchettes. Sa figure était plutôt fine et distinguée que régulièrement belle ; le blond de ses cheveux et de ses favoris tirait peut-être un peu trop sur le roux. Mais ce qui déparait surtout son visage, c'était l'air de suprême insolence et d'ennui dédaigneux qui semblait en être l'expression habituelle. Même en présence de son vieux parent, il ne pouvait dissimuler entièrement ses distractions insultantes. Pendant que lord Avondale lui parlait, il agitait nonchalamment sa jolie cravache à tête de platine ciselée, et ses lèvres se contractaient comme pour siffler un air de palefrenier.

Angus fut frappé de la contenance menaçante du comte, et il murmura :

— Nous arrivons trop tard, milord sait tout... Mon Dieu ! donnez-moi la patience et le courage !

Cette invocation ne semblait pas inutile. A la vue du prêtre catholique et de Julia, Sa Seigneurie fit d'abord un mouvement comme pour revenir sur ses pas ; puis, se ravisant, elle doubla le pas, les yeux fixés sur eux, tandis que sir Georges Clinton, au contraire, montrait une sorte d'embarras, et regardait à droite et à gauche avec affectation.

Aussitôt que le lord fut à portée de la voix, il dit d'un ton rude, sans même répondre à la salutation profonde des arrivans :

— Ah ! vous voici, monsieur O'Byrne ? Je savais bien que je ne tarderais pas à recevoir votre visite ! Chaque fois que ces ivrognes là-bas ont fait quelque beau chef-d'œuvre, comme aujourd'hui, je dois m'attendre à cet honneur... Eh bien ! voyons qu'avez-vous à dire ? J'en demande pardon à Votre Révérence, mais je suis pressé de me rendre au village, pour commencer l'enquête.... Prétendriez-vous par hasard que le crime n'a pas été commis ? que Donnagh, mon garde, un homme revêtu de ma livrée, n'a pas été lâchement assassiné par plus de cent vauriens qui se sont rués sur lui tous à la fois ?

— Assassiné ! milord, — répliqua monsieur O'Byrne avec beaucoup de douceur ; —j'espère, en effet, qu'il n'en est rien. Donnagh a été, il est vrai, cruellement maltraité dans une rixe fortuite ; mais quand on l'a transporté à la mense pour recevoir les premiers secours, il avait repris connaissance, et j'ai maintenant lieu de croire...

— Allons-nous disputer sur les mots ? — s'écria le vieux comte aigrement. — Je suis un bon et simple protestant, monsieur, et non un casuiste aussi subtil qu'un théologien de l'Eglise romaine... Assassiné ou assommé, mort tout à fait ou seulement mourant, n'est-ce pas une même chose ? mon autorité est-elle moins méconnue ? L'acte lui-même est-il moins lâche et moins atroce ? Mais c'est assez ; je suis juge de paix, et, en attendant le révérend monsieur Bruce, mon collègue, que j'ai envoyé prévenir, je veux m'assurer par moi-même...

— Milord, — interrompit Angus, — je supplie Votre

Seigneurie de réfléchir sérieusement à ce qu'elle va faire; je ne voudrais pas soustraire tous les coupables à un juste châtiment, mais j'ose implorer votre indulgence pour ceux d'entre eux qui ont subi l'entraînement de l'exemple. Ils sont si malheureux! ne les poussez pas au désespoir.... le désespoir, comme la faim, est un mauvais conseiller.

Cet argument, d'ordinaire, produisait une certaine impression sur l'esprit du vieil Avondale; mais, cette fois, l'orgueil irrité fut le plus fort.

— Ah! vous voulez me faire peur? — reprit-il avec ironie; — vous voulez me faire entendre sans doute que vos coquins pourraient m'assassiner moi-même, piller Stone-House, brûler mes bois, que sais-je? Oh! je les crois très capables d'en avoir le désir; le courage. c'est une autre affaire. Nous verrons s'il s'en trouvera d'assez hardis pour s'attaquer à un pair d'Angleterre, à un fidèle sujet de la reine!... Mais voilà où en sont venus ces mendians audacieux, depuis qu'on a eu la sottise de rétablir le culte papiste, et depuis surtout que ce braillard d'O'Connell leur a fourré dans la tête de sottes idées d'agitation et d'indépendance. Les drôles se drapent dans leurs haillons, ils menacent leur seigneur; après boire, ils iront jusqu'à assassiner un de ses domestiques... puis ils croiront tous leurs méfaits effacés dès qu'ils les auront marmottés à l'oreille d'un de leurs prêtres, et ils recommenceront en sûreté de conscience... Ne sont-ce pas là les effets de votre belle religion romaine, monsieur O'Byrne?

Le prêtre catholique, si humble, se redressa majestueusement.

— A mon tour, milord, — dit-il d'un ton ferme, — je ne saurais discuter de pareilles matières avec Votre Seigneurie... Vous avez sujet d'être irrité envers quelques-uns de vos tenanciers; je me suis incliné devant votre colère; mais vous n'avez ni le droit ni le pouvoir de proférer ainsi des insultes et des blasphèmes contre la sainte religion que je professe; aussi trouverez-vous bon que je refuse de les entendre davantage... Venez, ma sœur.

Il prit la main de Julia et voulut s'éloigner, sans que lord Avondale fit un mouvement pour le retenir; mais sir Georges, qui n'avait pas paru comprendre jusque-là les regards supplians de Julia, intervint tout à coup.

— Un moment donc, par Dieu! monsieur O'Byrne, — dit-il avec plus de chaleur qu'on ne devait en attendre de lui. — est-ce que d'anciens amis se fâchent ainsi pour des bagatelles? Voyez donc le beau malheur, parce que des coquins nus et à moitié ivres ont étrillé un peu trop rudement un autre coquin en belle livrée et ivre tout à fait! Ce n'est pas que ce Donnagh ne s'entende assez bien à souffler dans une trompe et à découpler ses limiers sur la voie d'un renard; il sait aussi, si j'ai bonne mémoire, fabriquer un emplâtre pour les pattes des chiens qui se sont dessolés en chasse; mais, malgré ses talens, qui s'inquiète d'une pareille espèce? Que Donnagh s'applique à lui-même un de ses emplâtres pour les limiers, et qu'on n'en parle plus! Quant aux autres, les gens de là-bas, je voudrais être chargé de régler leur compte au plus vite: on en emprisonnerait quelques-uns, on en mettrait d'autres à la porte de leurs cottages, dont ils ne payent pas les fermages, et ce serait une affaire bâclée. Voyons, y a-t-il, dans tout cela, Dieu me damne! de quoi effrayer cette charmante O'Byrne, qui est là tremblante comme un oiseau?

Cette harangue était débitée par sir de contrainte par sir Georges; quand elle fut terminée, il fouetta de sa cravache l'extrémité d'une branche avec satisfaction.

Lord Avondale, au fond, ne se souciait pas de se brouiller tout à fait avec monsieur O'Byrne, qu'il considérait comme un rempart entre lui et la haine de ses tenanciers; mais sa fierté aristocratique ne lui permettait pas de laisser voir ce sentiment.

— Taisez-vous, sir Georges,— dit-il d'un ton d'humeur, quoique évidemment radouci; — vous ne parliez pas ainsi

tout à l'heure, quand vous déploriez la perte du gibier étranglé par le chien de ce vieux rebelle de Sullivan... Mais vous êtes trop étourdi pour juger de pareilles matières. Je crois avoir déjà montré assez de condescendance à monsieur O'Byrne; il n'obtiendra rien de moi par les menaces.

— Des menaces, milord?—reprit Angus avec dignité;— il n'appartient pas à un homme de ma robe et de mon caractère d'en faire entendre en son nom; mais il peut en faire entendre au nom de Dieu, dont il est le ministre, et les puissans de la terre ne doivent pas y rester sourds.

— Ah! Votre Révérence vient encore de laisser voir l'Église de Rome dans ses paroles! — dit lord Avondale avec un sourire amer;—mais cette discussion est oiseuse... Vous avez cru remplir votre devoir de prêtre en intercédant pour les coupables, je vais remplir mon devoir de magistrat en leur appliquant la loi. — Il salua sèchement, et voulut s'éloigner à son tour. Mais, en se retournant, il aperçut Julia, qui s'était rapprochée de sir Georges et lui parlait bas avec chaleur. Le jeune homme essayait de dissimuler sous un banal sourire le malaise que trahissait son visage. En voyant les regards de lord Avondale fixés sur elle, Julia se tut et baissa la tête. — Ah! miss O'Byrne, — dit le vieillard avec ironie, — pardonnez-moi de ne vous avoir pas accordé encore toute l'attention que vous méritiez... Sans doute Sa Révérence, en venant à Stone-House, s'est modestement défiée de son éloquence pour défendre ses protégés, et a compté que les deux beaux yeux de sa sœur comme auxiliaires. Mais miss Julia m'a jugé trop vieux et trop coriace pour diriger son feu sur moi, et elle s'est attaquée à mon parent, qui est en effet beaucoup plus inflammable; il faut qu'elle ait eu occasion de s'en apercevoir déjà pour faire ce choix judicieux de ses victimes.

Le pauvre enfant sentait l'aigreur cachée sous ces fadeurs; elle perdait contenance et semblait près de pleurer. Sir Georges crut devoir intervenir en sa faveur plus chaudement encore qu'il ne l'avait fait jusqu'ici.

— Eh! mais, pardieu! milord mon parent, — dit-il, — vous faites rougir miss O Byrne... Je ne voudrais pas être, même indirectement, la cause d'une contrariété pour elle: et si votre colère contre les coquins de Neath doit s'en prendre à quelqu'un, j'aime mieux qu'elle s'attaque à moi, qui ai plus des force et de philosophie pour la supporter.

Le vieillard regarda Clinton et Julia en dessous.

— C'est bon! c'est bon! — murmura-t-il avec un sourire forcé — miss O'Byrne a bien le droit d'être aimable, séduisante, coquette même... Tant pis pour ceux qui s'y laissent prendre; la fierté de miss Julia fera leur supplice... Mais que notre charmante voisine me pardonne; nous perdons un temps précieux. Partons, sir Georges... Monsieur O'Byrne et sa sœur sont libres de nous accompagner; ils pourront voir si nous rendons impartialement la justice.

Il y avait déjà dans cette concession de lord Avondale un commencement de retour sur lui-même; monsieur O'Byrne le comprit.

— Eh bien! milord, — reprit-il avec empressement, —puisque Votre Seigneurie y consent, je l'assisterai dans cette visite, et qu'elle me permette encore de compter autant sur sa miséricorde que sur sa justice envers ces malheureux enfants.

Le comte secoua la tête, et on allait se mettre en marche quand sir Georges s'écria tout à coup:

— Un moment, messieurs; voici quelqu'un que vous n'attendiez pas et qui paraît toujours quand on l'attend le moins... C'est ma jolie parente, miss Nelly, qui nous arrive montée sur Reine Mab, aussi vives, aussi sémillantes et peut-être aussi capricieuses l'une que l'autre. — On se retourna. En longue quelque chose glissait dans l'avenue de jeunes arbres avec la légèreté du vent. C'était une belle amazone, dont le voile flottait en arrière dans la rapidité de sa course; elle était montée sur un poney noir, d'espèce microscopique, à l'œil de feu, à la crinière soyeuse. Le sentier avait si peu de largeur que deux hommes eussent pu à peine y marcher de front; mais le cheval était si petit, l'écuyère si souple et si svelte, que pas une branche n'était effleurée sur leur passage. La gracieuse fille, le front penché sur le cou de sa monture pour éviter les chocs, dans une attitude pleine d'aisance et de grâce, le visage animé d'un rose éclatant, le sourire sur les lèvres, produisait dans cet entourage de verdure l'effet d'une des plus suaves créations de Goethe ou de Shakespeare. En la voyant s'avancer avec une pareille impétuosité, les domestiques et le constable, qui étaient restés en arrière, s'écartèrent instinctivement; mais, parvenue à trois pas d'eux, la jeune amazone, par un tour de force d'équitation dont peu de Françaises seraient capables, arrêta net son poney, dont les jarrets d'acier ployèrent du coup. Puis elle jeta la bride à un des domestiques, sauta lestement à terre, et, relevant d'une main la longue jupe de sa robe de drap, tandis que de l'autre elle lissait ses beaux cheveux noirs, un peu dérangés, elle s'avança vers les visiteurs. — Bien ! bien ! miss Nelly, — dit sir Georges quand elle donna cet exemple de son adresse à manier sa monture; — pardieu ! je ne ferais pas mieux moi-même... et votre petite *Mab* est dressée déjà comme si elle avait passé par les mains de Franconi, le grand écuyer français; il est vrai que son éducation est mon ouvrage... Mais qui a bouclé cette martingale ? — ajouta-t-il d'un air de connaisseur en examinant le harnachement de *Mab*, qui plaffait. — Je parie que c'est Tom Stoffer... Le butor n'en fait jamais d'autres ! *Mab* pouvait se blesser, et par suite vous rompre le cou. Miss Avondale, je vous avais dit de ne jamais souffrir que Tom portât la main sur le cheval que vous devez monter.

— Si vous aviez été là, sir Georges, — répliqua miss Nelly d'un ton un peu impertinent, — la besogne eût sans doute été mieux faite, car vous en remontreriez au plus habile palefrenier des trois royaumes; mais je n'avais que Stoffer sous la main, et il a bien fallu me contenter de ses services. Cette histoire de Donnagh a tourné la tête à tout le monde ; j'ai voulu me rappeler au souvenir de ceux qui m'oubliaient, et me voici... Bonjour, mon père ; monsieur O'Byrne, ma chère Julia, bonjour.

Tout en parlant, la pétulante créature avait embrassé le comte, tendu la main à Angus, et sauté au cou de miss O'Byrne, qui lui rendait tout transport ses caresses.

La fille de lord Avondale paraissait âgée de vingt ans environ. Elle avait cette finesse de carnation, cette pureté de coloris qui distingue les Anglaises ; mais son œil brun, ses cheveux noir de jais, collés sur ses tempes, ses sourcils qui formaient deux arcs hardis, empêchaient qu'on la confondît avec ces *misses* fades et sans expression dont le type remplit les gravures de mode. Sa taille, sans être élevée, était bien prise, nerveuse, souple dans ses ondulations ; ses mouvements avaient une vivacité, une soudaineté qui n'excluaient pourtant ni la dignité ni la grâce. Une vive intelligence rayonnait sur son front blanc et poli comme du marbre, une âme ardente animait ses traits si beaux et si délicats.

— Eh bien ! petite folle, — demanda son père avec une légère nuance de mécontentement, — que me veux-tu ? Je suis occupé en ce moment, et je ne saurais écouter ces babillages de jeune fille.

— Oh ! vous savez bien ce que je veux, mon père, — répliqua Nelly du ton cajoleur d'une enfant gâtée. — On m'a conté là-bas l'aventure de ce pauvre Donnagh... c'est un malheur ; mais quand j'ai appris que vous vous rendiez à Neath avec monsieur Smithson, le constable, que vous aviez fait prendre des armes à Dicket et à Gibbie, j'ai eu peur et j'ai voulu vous supplier... Mais, bah ! j'arrive trop tard, sans doute ; je trouve monsieur O'Byrne et ma chère Julia près de vous ; ils m'ont prévenue, je le gage, et la tâche est déjà plus qu'à moitié faite.

— Elle n'est pas même commencée, miss Avondale, —

répliqua le prêtre en soupirant ; — nous avons échoué contre l'inflexible justice de milord.

— C'est bien vrai, pardieu ! — dit Georges qui s'était enfin décidé à quitter le poney et à interrompre l'examen de son harnachement ; — je vous jure, miss Nelly, que nous avons eu tous notre coup de patte ou de dent de la part de mon cher parent, pour avoir voulu glisser un mot en faveur de ces damnés coquins... Oui, Sa Seigneurie a frappé à droite et à gauche, et votre charmante amie, miss O'Byrne elle-même, n'a pas été épargnée.

— Quoi ! ma belle reine de Glendalough, ma divine daoine-maithe de Wiclow a été offensée ? — s'écria la jeune fille en courant à miss O'Byrne, dont elle serra les mains dans les siennes. — Pardonnez-lui, ma bonne, — ajouta-t-elle à voix basse en se penchant pour l'embrasser. Puis, se redressant : — Mon père, — dit-elle d'un petit ton délibéré, — vous vous êtes rendu coupable d'un crime de lèse majesté envers la souveraine des brouillards, des lacs et des tourbières ! Le *spectre blanc*, qui protège sa famille, pourrait bien, une de ces nuits, vous apparaître avec son diadème de nuages et son épée taillée dans un glaçon du Nord, pour vous demander compte de ce méfait... Le bon vieux Sullivan, qui demeure là-bas dans les ruines de Lady's-Church, vous conterait des histoires à perte de vue là-dessus... Tenez, mon père, afin d'être amnistié vous-même, vous seriez sage d'accorder amnistie pleine et entière à ces enfans du Gaël qu'on appelle de nos jours les paddies de Neath.

— Quoi ! ma fille, oses-tu intercéder pour ces ignobles ivrognes ?

— Ivrognes !... Et quand ils le seraient, — dit miss Nelly d'un ton tragique, — ne faut-il pas qu'ils suivent les traditions de leurs pères ? Est-ce donc de l'eau que buvaient Ossian et ses mille guerriers dans leurs festins où chantaient les bardes ? Est-ce donc de l'eau que contenait la grande coupe d'or que Brian Boru, le vaillant roi du Munster, faisait circuler à la ronde dans les salles de marbre du palais de Kincora ? Non, non, **SASSENACH** orgueilleux, c'était du vin *écumeux*, et à défaut de vin, c'était du whiskey, du délicieux whiskey (une affreuse liqueur, pouah !). Et comment voudriez-vous que les *fils de la prière* fussent dégénérés au point de renier la boisson favorite de leurs ancêtres ?

— Allons, miss Avondale, c'est assez de folies ! — interrompit le vieillard avec humeur ; — en vérité, la tête vous a tourné avec ces légendes barbares que vous vous faites conter par le premier venu... Vous oubliez que vous êtes une bonne et loyale Anglaise, et vous vous intéressez trop vivement aux rebelles *desaffecteds* qui prétendent descendre des anciens maîtres du pays.

— Et pouvez-vous lui en vouloir, milord, — dit monsieur O'Byrne avec mélancolie, — de sa pitié pour une malheureuse race tombée de si haut? Laissez-nous du moins le passé, puisque vous avez le présent !

Lord Avondale fronça le sourcil, et une nouvelle discussion allait s'engager peut-être sur le sujet dangereux des inimitiés nationales, quand miss Nelly se hâta d'intervenir.

— Pardon, pardon, mon père, — dit-elle ; — excusez ces frivoles plaisanteries... Vous savez bien que mon amour pour les vieilles poésies de notre Irlande ne m'empêche pas d'être une fille pleine de tendresse pour vous... Aussi permettez-moi de vous faire observer que nous vous tenons là sur vos jambes goutteuses... Tenez, si vous vouliez m'en croire, vous laisseriez cette besogne désagréable à votre bailli, monsieur Jameson, et à monsieur Bruce, qui s'en acquitteraient à merveille ; nous rentrerions à Stone-House ; je vous accommoderais dans votre grand fauteuil, et je vous lirais le *Times* et l'*Herald*, sans me plaindre, jusqu'à ce que vous me disiez : Assez, ou que vous fussiez complètement endormi... Hein ! mon bon père, est-ce que cela ne vaudrait pas mieux que d'aller à Neath interroger des femmes qui pleurent, des enfans qui crient, des hommes qui menacent ? Allons, c'est convenu : nous allons rentrer, et pendant le reste du jour je ferai tout ce que vous voudrez ; je vous chargerai moi-même votre pipe d'écume, et je vous préparerai des rôties au xérès, comme on ne vous en a jamais servi à la suite des dîners ministériels... Vous verrez, vous verrez !

La charmante créature avait tant de câlinerie et de grâce qu'elle semblait irrésistible. Le vieux lord sourit avec complaisance :

— Voyez-vous, la petite sirène ! — dit il ; — ne pouvant me séduire, elle veut m'endormir... Malheureusement, — ajouta-t-il d'un ton différent, — je suis obligé pour cette fois de résister à tes instances, ma chère enfant. Mes jambes ne sont pas aussi faibles que tu le crois, et il n'est pas mal que ces vauriens là-bas me voient un peu debout... Je veux assister en personne à cette enquête ; mais ce ne sera pas long, et la calèche doit m'attendre à la grande grille... Je te promets cependant que si les faits ont été exagérés, si Donnagh va toujours de mieux en mieux...

— Vous serez indulgent, mon père, n'est-ce pas ? Vous pardonnerez aux moins coupables...

— Peut-être.

— Ah ! que vous êtes bon !... Et bien ! puisqu'il le faut, partez vite et n'oubliez pas votre promesse... Ah ! çà ! je ne puis rester seule ici à débiter des vers et des chansons aux arbres du parc ; Sa Majesté la reine de Glendalough n'aura-t-elle pas pitié de ma solitude ?

— Je suis à vos ordres, miss Avondale, — répliqua timidement Julia, — un mon frère y consent...

— Le saint jour du dimanche doit être employé plutôt en exercices religieux qu'en conversations profanes, — dit Angus d'un ton austère.

— Eh bien ! miss O'Byrne me contera la légende de saint Kevin et de la belle Cathléen, — répliqua Nelly gaiement ; — comme ça notre conversation sera suffisamment édifiante.

— Fort bien, — dit lord Avondale un peu sèchement ; — mais ces dames seront obligées de se passer de la compagnie de mon parent... J'ai besoin de sir Georges et je le garde.

— Eh ! mon père, personne ne vous l'a demandé !

— Ah ! miss Nelly, — dit sir Georges de son ton languissant, mais avec une satisfaction visible, — j'ai le mauvais lot et encore vous me raillez ; mais si vous voulez courir le parc avec miss O'Byrne, laissez-moi de cette pauvre Mab ? Elle va s'ennuyer, attachée à une branche.

— Sir Georges s'inquiète beaucoup plus de ce que deviendra Mab que de ce que nous deviendrons nous-mêmes. Qu'il se rassure ! ce serait trop de deux reines avec moi, je vais me débarrasser d'une.

Elle s'approcha du poney, lui attacha la bride sur le cou, et, faisant siffler sa cravache, elle lui dit :

— A l'écurie, Mab !

Aussitôt le joli animal partit au galop et disparut dans la direction des habitations.

Alors Nelly passa son bras sous celui de Julia, tandis que de l'autre main elle soutenait toujours sa jupe traînante d'amazone. Elle salua les hommes d'un geste rapide, et s'élança dans une allée transversale, entraînant sa douce compagne, qui n'osa pas retourner la tête.

Cinq minutes après, la place où avait eu lieu cette conversation était déserte et le calme le plus complet régnait alentour. Alors on eût vu un homme sortir des halliers épais dans lesquels il s'était tenu blotti, et s'avancer à pas lents d'un air profondément rêveur.

C'était ce personnage enveloppé d'un manteau qui s'était montré déjà dans les ruines de Saint-Patrick. Comme il ne s'observait plus et comme il agissait en toute liberté, on pouvait reconnaître maintenant un homme de trente-deux ans environ, dont les vigoureuses proportions n'excluaient ni l'élégance ni la distinction. Ses traits bruns, bien caractérisés, étaient encore rehaussés par l'éclat de deux yeux noirs où brillait le feu de l'enthousiasme. Son front trahissait par ses rides précoces des habitudes de réflexion ou de cruels soucis ; la fière indépendance de

N. ET R. CH. — II.

ses mouvemens annonçait l'homme d'action et d'énergie. Il portait par-dessous son manteau un costume simple et de coupe sévère qui avait quelque chose de l'uniforme militaire ; un chapeau à larges bords ombrageait son visage et en faisait ressortir encore l'expression noble et hardie.

Tout à coup il s'arrêta. A la place où se trouvaient un moment auparavant les familles O'Byrne et Avondale, il venait d'apercevoir, dans l'herbe humide, un papier plié en forme de lettre. Après une seconde hésitation, il le ramassa.

Cette lettre n'avait ni cachet ni adresse ; elle semblait avoir été froissée longtemps dans une main moite et convulsivement serrée. Sans doute elle avait été perdue par l'une des personnes qui venaient de s'éloigner. L'inconnu l'ouvrit ; elle n'était pas signée. Force fut donc de la lire pour savoir à qui elle appartenait.

C'était un simple billet ainsi conçu :

« Depuis trois jours je cherche vainement à vous voir » en particulier. Vous m'évitez ou vous paraissez ne pas » me comprendre quand je vous adresse la parole devant » des étrangers... Ayez pitié de moi ! Il faut que je vous » parle aujourd'hui, ce soir même. Je ne puis plus sup- » porter le fardeau de désespoir et de honte qui pèse sur » moi. »

La date manquait comme la signature.

Le mystérieux rôdeur relut plusieurs fois ce billet avec une agitation extrême ; sa main tremblait ; une légère pâleur se montrait sous le hâle épais qui couvrait son visage.

— Qui a écrit ceci ? — murmura-t-il d'une voix sombre ; — une des jeunes filles qui étaient là tout à l'heure, sans nul doute... mais laquelle ? Ces caractères informes, tracés avec rapidité dans un moment de fièvre, sont méconnaissables. Si c'était... non, non, c'est impossible ! une sainte et chaste fille d'O'Byrne serait morte avant d'adresser un pareil billet à un séducteur... Mais alors c'est l'autre, l'Anglaise, la fille du lord ? Mille démons d'enfer, si cela était !... — Il se frappait le front en marchant d'un pas précipité sans savoir où il allait. Enfin cependant, par un violent effort sur lui-même, il parvint à se calmer.

— Je voulais voir, — reprit-il avec un sourire amer, — je vois... je voulais, après tant d'années d'absence, sonder les blessures de mon malheureux pays ; je suis forcé d'a- bord de sonder celles de mon propre cœur et du cœur de mes proches. Courage, pourtant ! je mènerai de front ma vengeance et la vengeance de l'Irlande !

Et il s'enfonça rapidement sous les vastes et frais ombrages de Stone-House.

IV

LES CONFIDENCES.

En aucun pays du monde on ne trouverait des parcs égaux, pour l'immensité et le luxe des décorations, à ceux des riches landlords anglais en Irlande. Des montagnes et des vallées, des coteaux et des plaines sont souvent englobés dans ces vastes enceintes de murailles réservées aux plaisirs du maître. La nature s'y fait coquette, riante, variée, fleurie, tandis qu'alentour elle reste uniformément triste et sauvage. Aux pauvres paddies les rochers stériles et nus, les tourbières stagnantes dont les émanations donnent la fièvre, la verdure sombre des champs de pommes de terre. Aux heureux possesseurs de ces beaux domaines, les sites pittoresques, les arbres toujours couverts de feuillage et de fleurs, le gazon fin et choisi expurgé d'orties et de ronces. Le sol lui-même semble vouloir flatter l'orgueil des opulens possesseurs de l'Irlande.

Le parc de Stone-House eût pu être cité comme un modèle du genre. Agrandi successivement par les ancêtres de lord Avondale et par lord Avondale lui-même, il renfermait plus de quinze cents arpens de terrain. Suivant la mode anglaise, il était disposé de manière à former des perspectives attrayantes et à imiter avec art les plus délicieuses dispositions de la nature. Ce n'était partout que lacs, ruisseaux, îlots, rochers naturels ou factices, labyrinthes inextricables, avec l'accompagnement obligé de ruines, de fermes, de grottes, de ponts rustiques et de kiosques à la chinoise. Mais ces décors, qui dans les parcs ordinaires, produisent un effet ridicule, par suite de leurs proportions exiguës et de leur accumulation sur un étroit espace, ne choquaient nullement à Stone-House. Le lac était un véritable lac, aux eaux bleues et limpides, qu'alimentait un abondant ruisseau descendu des hauteurs ; les plantations avaient l'ampleur d'une forêt ; les horizons étaient vastes et majestueux. Au milieu du désordre apparent de ces merveilles régnait une sorte de symétrie grandiose ; plusieurs belles et larges avenues, bordées chacune d'arbres différens, se dirigeaient de la circonférence au centre, où se trouvait la magnifique habitation en forme de *villa* italienne dont on apercevait de Neath les girouettes dorées et les toits en terrasse. Cette habitation, vers laquelle tout rayonnait respectueusement, se faisait reconnaître d'abord, à son air de domination, pour la demeure sacro-sainte du landlord,

. . . . . Baron des bois, des rochers et des plaines.

L'étranger qui s'était introduit dans le parc d'une manière si étrange prit distraitement un des nombreux sentiers qui se croisaient en tous sens dans l'intervalle des avenues principales. Après quelques minutes de marche, il eût été fort embarrassé de revenir au point de départ, perdu qu'il était dans cet épais bocage. Mais il ne paraissait pas y songer, et marchait toujours, au risque de rencontrer quelqu'un des domestiques employés à l'entretien de ce domaine princier. Parfois, en traversant des clairières, il voyait bondir devant lui des hordes entières de daims, de cerfs et de chevreuils, qui paissaient en famille l'herbe tendre et parfumée. Au-dessus de sa tête, mille petits oiseaux des bois, le rouge-gorge, la fauvette, le troglodyte et le rossignol célébraient par des chants joyeux leurs amours et le printemps ; mais ces bruits divers, qui indiquaient une profonde solitude autour du promeneur, redoublaient encore sa mélancolie.

Bientôt il sortit du fourré, et, s'arrêtant sur le côté d'une allée de sycomores, il parut chercher avidement des yeux quelque objet qu'il n'apercevait pas.

— Comme tout ici est changé depuis dix ans ! — murmura-t-il. — Autrefois, ce terrain que je viens de parcourir ne faisait pas partie du parc ; il était saint pour les véritables amis de la vieille Irlande, car il se trouvaient les ruines de l'ancien Stone-House, le dernier manoir qu'ait possédé la famille de Brondhub dans ce pays où elle a régné. Mais sans doute ce lord, ce descendant des traîtres et des assassins, aura trouvé que ces restes précieux d'un autre âge faisaient tache au milieu de ses délicieux jardins, il les aura effacés comme d'importuns souvenirs. — Tout à coup il tressaillit ; en se retournant il venait d'apercevoir ces ruines dont il déplorait la perte. Elles consistaient en une tour basse et ronde, dont la partie supérieure s'était écroulée, et en quelques pans de mur ébréchés, tapissés de lierre. Elles s'élevaient sur un petit mamelon hérissé de plantes sauvages, et formaient perspective précisément au bout de l'allée où venait de s'engager l'inconnu ; son agitation seule l'avait empêché de les remarquer plus tôt. — Je me trompais ! — reprit-il avec un rire ironique et silencieux ; — cet Anglais économe a voulu utiliser pour l'ornement de son parc ce dernier abri d'une race royale... O dérision de la Providence ! Je le dis, Anglais, — ajouta-t-il avec un accent de rage en tendant son poing convulsivement fermé vers la sompteuse habitation du landlord, — qu'il eût mieux valu balayer ces pierres consacrées par le sang des martyrs que de les profaner ainsi !

Néanmoins il se dirigea d'un pas rapide vers les ruines, et, à mesure qu'il avançait, son exaspération semblait faire place à un sentiment tendre et religieux. Il prit un sentier soigneusement entretenu qui, serpentant au milieu des pierres moussues, conduisait à la tour. Parvenu au sommet du mamelon, le s'avançait plein de sécurité, quand un bruit de voix, qui partait de l'intérieur même de la tour, le força de s'arrêter de nouveau. Il se jeta dans un buisson pareil à celui où il avait déjà trouvé asile en semblable circonstance, et, silencieux, immobile, il chercha à reconnaître quelle espèce de personne pouvait fréquenter ce lieu solitaire.

Dans la muraille délabrée, rongée de salpêtre, mais solide encore de la tour, on avait récemment pratiqué une porte en ogive et une fenêtre garnie de vitraux coloriés, sans trop s'inquiéter si ces accessoires parasites s'accordaient bien avec le style primitif du monument. Par cette porte entr'ouverte, on apercevait une sorte de salon circulaire, décoré dans le style moyen âge, avec de grands fauteuils sculptés, une table aux pieds tors et des tentures en tapisserie. C'était un cabinet de repos où les habitans de Stone-House devaient venir parfois se délasser pendant la chaleur du jour et prendre le thé, comme on en jugeait à la théière et à une foule de petits ustensiles modernes qui juraient au milieu de ces meubles gothiques. L'inconnu eût pu peut-être s'indigner de la destination nouvelle donnée à cette ancienne demeure des O'Byrne ; mais les personnes qui occupaient en ce moment le cabinet attirèrent exclusivement son attention.

Ces personnes étaient miss Avondale et Julia, qui, en quittant le comte, s'étaient réfugiées dans ce réduit écarté pour s'y livrer en liberté à leur babillage de jeunes filles. Du poste où il se trouvait, l'étranger apercevait miss Nelly nonchalamment assise dans un fauteuil et jouant avec sa cravache. En face d'elle, Julia debout, l'œil inquiet, semblait avoir été mise en émoi par quelque bruit extérieur.

— Quoi donc ! la reine de Glendalough serait-elle une peureuse ? — demanda miss Avondale d'un ton moqueur ; — vous voilà tout effarée parce que le vent a agité des feuilles sèches derrière la porte ! Que craignez-vous donc, noble fille de Gaël ? Le *bon messager* de vos légendes se serait-il montré dans ces ruines qu'il a fréquentées jadis ? ou bien auriez-vous entendu le son lointain d'une harpe éolienne, exposée au vent du nord par le barde fidèle de votre famille ?

— Ne plaisantez pas, miss Avondale, — répliqua Julia avec un léger frémissement ; — celieu a, dit-on, été bien funeste à ma race ; des plaisanteries au milieu de ces ruines me feraient presque l'effet de profanations ! J'avais cru entendre un pas derrière la porte, et je voulais m'assurer...

— Bah ! qui pourrait venir nous relancer ici ?

— Que sais-je ? mon frère... sir Georges, peut-être !

— Sir Georges ! — reprit miss Avondale gaiement, — nous n'avons pas à craindre sa visite. Si vous étiez seule ou en compagnie de toute autre personne que moi, peut-être auriez-vous la chance de voir sa gracieuse face, car depuis quelque temps vous paraissez, ma chère enfant, obtenir les préférences flatteuses de mon spirituel parent !... Oui, il serait de force à sacrifier le plaisir de tourmenter les pauvres paddies de Neath pour venir vous conter l'histoire intéressante de sa dernière chasse aux bécassines dans les *bogs*, ou même, s'il était dans son quart d'heure de sentiment, la mort dramatique de sa jument favorite *Roweng*, la seule mort qui, de son propre aveu, lui ait jamais arraché des larmes. Mais rassurez-vous, ma belle, il sait que nous sommes ensemble... N'avez-vous pas remarqué, Julia, que sir Georges se plaît particulièrement où je ne suis pas ?

— Et cela vous fâche, ma chère Nelly ? — demanda

miss O'Byrne d'un air d'intérêt en se rapprochant de la belle amazone.

— Comment, si cela me fâche ! — dit celle-ci en avançant avec coquetterie un bas de jambe dont le pantalon blanc bien tiré laissait deviner les élégans contours ; — vraiment, j'en dessèche d'ennui... Ne voyez-vous pas, — continua-t-elle en souriant devant une glace de Venise qui reflétait son charmant visage ; — comme le chagrin me mine et m'enlaidit ? Sir Georges est un si parfait gentleman ! un mélange si poétique de maquignon et de vétérinaire !... Mais je ne devrais pas dire cela, — ajouta aussitôt la fantasque jeune fille avec une teinte de mélancolie ; — sir Georges est mon fiancé, après tout, et il sera peut-être un jour mon seigneur et maître !

— Votre fiancé ? répliqua miss O'Byrne troublée.

Nelly lui lança un regard profond qui la fit pâlir.

— Quoi ! l'ignoriez-vous, ma chère ? Il n'est bruit cependant que de ce projet d'union, le projet favori de mon père... Il y a là-dessous des exigences de famille, des intérêts d'avenir ; que sais-je ! J'évite de penser à ces choses, qui me donnent la migraine et me rendent maussade.

— Cependant, miss Avondale, vous n'aimez pas sir Georges, et vous m'avez donné à entendre que lui-même...

— Une justice à lui rendre, c'est que je suis peut-être la seule femme au monde qu'il déteste réellement. Il ne peut me pardonner les sarcasmes dont je l'accable sans cesse et qui découlent de mes lèvres aussi naturellement que l'eau découle de la source. Mais on dit que ce n'est pas une raison pour ne pas s'épouser, que dans certaines conditions il faut savoir se soumettre aux convenances, que les intérêts de famille doivent passer avant les caprices des individus, et une foule d'autres belles choses. Je voudrais que vous eussiez entendu le discours que m'a débité à ce sujet, sur l'invitation de mon père, le révérend et précieux monsieur Bruce, notre ministre à nous, Julia, ce saint personnage qui parle du nez et s'arrête à chaque mot pour engouffrer, dans sa bouche sans dents, des boîtes entières de pastilles contre la toux. Le sermon a duré trois heures ; il durerait peut-être encore si miss Sarah, l'une des sept filles de Sa Révérence, ne fût venue la chercher jusque dans mon parloir pour lui annoncer que le collecteur des dîmes l'attendait à la messe. Le bonhomme est parti aussitôt en oubliant deux points de sa harangue, et quoique miss Sarah soit maigre, sèche et noire, je la trouvai si ravissante en ce moment que je ne pus m'empêcher de l'embrasser sur les deux joues.

Julia semblait de plus en plus agitée et tremblante ; la sueur perlait sur son front.

— Mais enfin, miss Nelly, vous ne me dites pas !... Auriez-vous donc une répugnance absolue, invincible à obéir aux ordres de milord ?

— Eh ! mais, comme vous me pressez, ma chère ! — reprit Nelly avec un peu d'aigreur ; — vous voulez que je vous dise ce que j'ignore moi-même. Ai-je jamais sérieusement pensé à cela ? Quand je songe à ce qui pourrait arriver plus tard, je saute sur Mab et je fais ventre à terre le tour du parc... Cependant, Julia, — ajouta-t-elle en jetant à sa compagne un regard empreint de malice féminine, — je ne conseillerais encore à aucune femme, sur la foi de mes hésitations, de chercher à toucher la pauvre tête de sir Georges, ce qui ne serait pas difficile. On aurait beau diriger sur lui le feu de ses œillades, briser tous ses lacets à force de se serrer dans son corset, lui adresser ses sourires les plus victorieux ; œillades, lacets, sourires pourraient être dépensés en pure perte ; on n'en serait pas plus tôt milady Clinton-Avondale ; je vous assure !

L'allusion était trop claire pour que la simple et douce Julia elle-même pût s'y méprendre.

— Miss Avondale ! — dit-elle d'un ton de fierté blessée.

Mais aussitôt les sanglots lui coupèrent la parole ; les larmes jaillirent de ses yeux, et elle se couvrit le visage de ses deux mains.

L'effet de cette grande douleur fut rapide sur la jeune Anglaise. Quittant sa pose nonchalante, elle s'élança vers son amie, et l'embrassa avec chaleur, prête à pleurer elle-même.

— Pardonnez-moi, Julia ! — s'écria-t-elle ; — je suis une folle ; j'ai été trop loin. Maudite langue, qui travestit toujours ma pensée ! Je ne veux pas vous offenser, vous, ma meilleure, ma seule amie. Eh bien ! quoi ? vous avez voulu essayer la puissance de votre beauté sur ce pauvre sir Georges ; c'était une innocente coquetterie, comme nous en avons parfois des accès, nous autres femmes... Moi-même n'ai-je pas tenté plus d'une fois de faire repentir mon parent de son éloignement pour moi, sans songer que son amour me causerait d'insupportables ennuis ? S'il faut l'avouer, Julia, j'ai voulu vous mettre en garde contre le danger d'un pareil lien, car je ne vous crois pas capable de vous prendre sérieusement de passion pour un... oui, tranchons le mot... pour un fat et un sot tel que sir Georges. Mais mon père a cru apercevoir quelques signes d'intelligence entre vous et lui, et mon père est intraitable sur tout ce qui pourrait contrarier ses plans. Vous êtes trop jolie pour ne pas exciter ses défiances... A la moindre imprudence, il nous empêcherait de nous voir, il nous séparerait, et c'en serait fait de cette bonne et franche amitié qui nous est si précieuse à l'une et à l'autre... Voilà ce que je voulais vous faire entendre ; mais j'ai été maladroite et injuste ; mes méchantes habitudes de raillerie m'ont emportée... Allons ! vous me pardonnez, vous l'avez dit ; n'est-ce pas, Julia ? Dites-moi bien vite que vous me pardonnez.

— De toute mon âme, Nelly, — répliqua miss O'Byrne en cherchant à contenir ses sanglots ; — néanmoins, je ne saurais accepter le reproche...

— Assez, — interrompit miss Avondale en posant ses jolis doigts sur la bouche de son amie, — par grâce, ne prononcez pas un mot de plus sur ce vilain sujet. Qu'avons-nous besoin d'explications ? nous nous entendons de reste... Prenons un motif de conversation plus agréable que sir Georges Clinton et les projets de mon père... Pauvre petite ! — continua-t-elle en entourant de son bras la taille de miss O'Byrne et en lissant de l'autre main les bandeaux soyeux ridés de la jeune Irlandaise, — comme la voilà éplorée et palpitante ! Venez vous asseoir là, près de moi ; venez... mais pas un mot, c'est convenu. — Les deux jeunes filles s'assirent sur une même causeuse ; Nelly tenait les mains de Julia dans les siennes et cherchait à l'agacer par ses sourires ; miss O'Byrne, tout en répondant à ces caresses, montrait encore un reste de confusion. Elles se turent un moment, se regardant parfois à la dérobée, se souriant, se serrant la main. — Sa Majesté la reine de Glendalough, — reprit enfin Nelly d'un ton enjoué, en rectifiant quelque chose à la toilette de Julia, — serait-elle si peu de cas des dons de son humble sujette qu'elle n'ait pas daigné s'en parer un jour de diminuthe ? Où bien aurait-elle jeté ce modeste bijou dans le lac sans fond de Killarney, espérant qu'un beau prince irait le lui repêcher avec l'aide des enchanteurs et des fées ? ou bien...

— Vous voulez parler, Nelly, — répliqua miss O'Byrne avec hésitation, — de la broche de perles que vous m'aviez donnée à Noël dernier... Je l'avais ce matin, mais... je ne l'ai plus.

— L'auriez-vous perdue, Julia ? On dit que la porte malheur à l'amitié de perdre le présent d'une amie. — Julia raconta en rougissant l'emploi qui avait été fait du présent de miss Avondale ; celle-ci réfléchit un moment.

— C'est une leçon que vous nous donnez, à nous autres riches, — dit-elle, — et cependant, Julia, je ne saurais vous blâmer de vous être servis pour une bonne œuvre de ce présent inutile. La charité est, chez vous autres catholiques, quelque chose de plus qu'une vaine démonstration de l'orgueil... Je verrai cette mistress O'Flanagan, et je veillerai à ce que ce bijou ne passe pas dans les mains des brocanteurs juifs qui viendront dans deux jours à la foire de Neath... Julia, Julia, — ajouta-t-elle d'un air pensif, — décidément vous valez mieux que nous, et, malgré ma légèreté apparente, il est des momens où mon cœur m'entraîne plutôt vers les opprimés, qui me haïssent peut-être, que vers les oppresseurs.

— Les opprimés ! les oppresseurs ! que voulez-vous dire, miss Avondale ? A qui donc peuvent s'appliquer de pareilles dénominations ?

— Oh ! vous me comprenez bien, au contraire ! Est-ce que j'ignore comment, vous autres anciens maître du sol, vous nous traitez en secret, nous possesseurs actuels des erres, de la richesse, de l'influence ? Ne sais-je pas le gaëlique comme vous ? Ne fredonné-je pas aussi les *laments* où l'on déplore sur tous les tons la chute des enfans de Gaël et le triomphe des *sassenachs* ? N'ai-je pas frissonné et pleuré au récit des sombres légendes qui ont cours dans nos comtés du Sud ?... Tenez, Julia, mon père avait raison aujourd'hui de me reprocher mon goût pour ces vieilles histoires ; elles ont déteint sur mon humeur d'une manière fâcheuse. J'en viens à donner trop de pitié aux vaincus, trop de haine aux vainqueurs. Croiriez-vous même (en vérité, je n'oserais faire un pareil aveu qu'à vous, Julia)? croiriez-vous que depuis que je connais l'histoire de John Multon, le chef de notre race, et celle d'Arthus le Boiteux, dont mon père conserve si soigneusement le corselet de buffle encore taché de sang, je doute de notre droit sur ces magnifiques domaines? Oui, ma chère, les héros de ma race m'inspirent une sorte d'effroi, et je me sens au contraire pénétrée d'admiration pour ceux de la vôtre, pour le beau et vaillant Mac-Feag-Hugh, pour Brian Main-Ouverte, pour vous tous, descendans de l'illustre maison d'O'Byrne, vous si fiers, si dignes encore dans votre condition modeste! Il n'est pas jusqu'à ces pauvres paddies déguenillés pour lesquels je n'éprouve parfois une vive sympathie, à voir leur indépendance dans la pauvreté, leur attachement à la religion de leurs pères, leur esprit profondément national : dans leur misère même, il y a quelque chose de noble qui rappelle une haute origine.

Miss O'Byrne avait écouté avec un étonnement bien naturel cette étrange confession de la jeune patricienne ; mais à ces derniers mots elle joignit les mains avec chaleur et s'écria :

— Oh ! conservez, ma bonne Nelly, ces bienveillantes dispositions pour les malheureux tenanciers de votre père! Peut-être, en effet, des injustices ont-elles été commises à une époque éloignée de nous ; mais comment contester aujourd'hui des droits consacrés par une longue suite de générations? Quant à ces infortunés, dont la misère est devenue un objet de pitié pour l'univers entier, conservez ces sentimens généreux à leur égard. Un jour peut-être vous serez leur maîtresse souveraine ; n'oubliez pas alors...

— Que dites-vous, Julia? Vous savez bien que je ne serai jamais maîtresse à Stone-House, à moins... Mais ne revenons pas sur un sujet pénible. Mon crédit est, hélas! bien mince pour soulager tant de maux! J'y essaierai néanmoins, je vous le promets. Je ne sais quoi me pousse à aimer les pauvres gens... depuis trois mois surtout... Cela tient à une circonstance que je veux vous conter.

— Je vous écoute, ma bonne Nelly, — dit miss O'Byrne en se rapprochant d'elle avec empressement.

Miss Avondale réfléchit quelques minutes, le coude appuyé sur sa main, dans une attitude pleine de grâce.

— Je ne sais, en vérité, si je dois dire cela même à une amie dévouée, — reprit-elle en rougissant légèrement. — Qu'allez-vous penser de moi, Julia? Mais, bah ! vous êtes indulgente autant que belle... Je vous avouerai donc qu'autrefois, comme vous le savez, j'étais bien passionnée pour les poésies, les mœurs, les traditions de la vieille Irlande ; mais cette passion était dans la tête plutôt que dans le cœur. Depuis peu de temps seulement, ce goût vague est devenu de l'intérêt, de l'admiration, de l'enthousiasme, et c'est un homme qui est la cause de ce changement.

— Un homme, Nelly ? — dit Julia en rougissant elle-même sans savoir pourquoi. — Et quel est cet homme qui a pu donner une si bonne amie à la cause de notre Irlande ?

— Voilà où vous allez vous moquer de moi, sans doute, ma chère Julia ; cet homme, je ne le connais pas ; je ne l'ai vu qu'un instant, je ne le reverrai peut-être jamais, et cependant son souvenir ne s'effacera plus de ma mémoire. — Et comme miss O'Byrne semblait l'interroger des yeux : — Vous savez, — reprit-elle, — qu'à l'issue de la dernière session de la chambre des lords, mon père voulut assister aux courses d'Ascott, et que je revins seule en Irlande avec mistress Jones, ma gouvernante, et monsieur Clarence, premier valet de chambre de milord. En traversant le canal Saint-Georges sur le steam-packet qui va de Holy-Head à Dublin, nous fûmes assaillis d'un fort coup de vent, ce qui n'est pas rare dans cette mer. Notre lourd navire était secoué comme une plume ; malgré ses puissantes machines, il parvenait avec peine à se frayer une route au milieu des lames. Les passagers s'étaient réfugiés dans la salle commune ou dans leurs cabines, atteints pour la plupart du mal de mer. Suffoquée par l'odeur fétide qui régnait dans mon *berth*, et voulant jouir du spectacle d'une tempête, je montai sur le pont. Vainement quelques rudes marins et le capitaine lui-même m'engagèrent-ils à rentrer ; le roulis était effrayant ; à chaque instant des montagnes d'eau venaient tomber dans le bâtiment par-dessus le bordage. Mais vous savez comme je suis opiniâtre quand il s'agit de ma curiosité ; cette scène magnifique m'avait émue jusqu'aux larmes. Enveloppée dans mon manteau, je me cramponnai à une manœuvre, et, m'abritant autant que possible contre l'atteinte des vagues, je contemplai en liberté ce tableau sublime.

» Un seul passager se trouvait avec moi sur le pont ; c'était un homme jeune encore, ayant l'apparence d'un militaire qui aurait servi longtemps dans nos colonies, car son visage portait les traces des ardens baisers du soleil tropical. Couvert de son peter-proof, les bras croisés sur sa poitrine, il se promenait d'un pas ferme sur le plancher glissant du navire. Ni les mugissemens du vent et des flots, ni les grondemens sourds de la machine qui luttait avec effort contre le mauvais temps, ni les lames, qui par intervalles lançaient sur nous leurs jets d'écume et d'eau salée, ne pouvaient déranger cette promenade calme et régulière ; sans doute cet inconnu avait bien vu d'autres océans et d'autres tempêtes! De profondes méditations semblaient absorber son esprit ; son front était chargé de pensées et de soucis. De temps en temps il s'arrêtait à l'avant du navire ; son regard plongeait dans la brume du soir pour y chercher cette terre d'Irlande objet de notre voyage. Mais les monstrueuses aspérités de la mer, les épaisses vapeurs qu'exhalaient ces masses d'eau soulevées, ne permettaient de rien distinguer encore, et il reprenait bientôt sa promenade.

» J'examinai longtemps à l'écart cet imposant personnage, pour lequel j'éprouvais, sans bien savoir pourquoi, une sorte de respect. Je me disais que ce ne devaient pas être des pensées vulgaires qui se reflétaient sur ce mâle visage ; ce n'étaient pas de misérables intérêts personnels qui occupaient cette grave intelligence. Sa méditation semblait avoir un objet d'importance suprême comme les destinées d'un peuple et d'un empire. Cette pensée, qui restait calme en présence des convulsions de la nature, devait s'élever à une hauteur inconnue du commun des hommes. L'œil ardent de l'étranger avait des rayonnemens subits, impétueux, que je prenais pour des éclairs de génie. Enfin, Julia, dussiez-vous rire de moi, mon imagination avait bâti en peu d'instans sur ce voyageur extraordinaire les plus bizarres suppositions ; sans connaître ni son rang ni son nom, sans même avoir échangé avec lui une parole, je l'admirais déjà, et... pourquoi ne l'avouerais-je pas? je l'aimais... comme on peut aimer au bout d'un quart d'heure.

» L'inconnu, absorbé par ses réflexions, n'avait pas encore remarqué ma présence. Un mouvement que je fis pour saisir un agrès, au moment où le steam-packet recevait une effroyable secousse, attira son attention. Il darda sur moi son œil pénétrant et parut étonné de voir là une femme jeune et délicate. Mais aussitôt il s'inclina, porta la main à son chapeau et reprit sa promenade.

» Il me sembla néanmoins que sa rêverie était moins profonde qu'auparavant ; nous autres femmes, nous ne nous trompons guère, vous le savez, en pareille matière. Le bruit de ses pas sur le pont était moins égal ; il jetait parfois de mon côté des regards distraits. Je crus que je gênais, et je voulus m'éloigner, mais une force irrésistible me clouait à ma place.

» Par un sentiment machinal d'imitation, je regardais dans la direction que suivait le navire ; l'inconnu s'approcha de moi et me salua avec une exquise politesse :

» — Voilà une belle et noble fille d'Irlande, — me dit-il en gaélique d'une voix dont il adoucissait le timbre sonore, — ce ne peut être qu'une patriote irlandaise qui brave ainsi les vents, la pluie et la tempête, pour voir un instant plus tôt poindre la verte Erin à travers le brouillard ! — Je répondis aussi en gaélique, avec embarras et réserve, que j'étais en effet née en Irlande. Les quelques mots que je prononçai parurent le jeter dans le ravissement. — Merci, merci, — me dit-il avec émotion, — de m'avoir fait entendre, après tant d'années, cette belle langue si suave et si mélodieuse dans la bouche d'une femme... Mes oreilles l'avaient désapprise aux pays éloignés d'où je viens... Elle m'annonce déjà la patrie avec toute sa poésie, tous ses malheurs, tous ses souvenirs !

» La glace était rompue entre nous. Après m'en avoir demandé la permission, le voyageur s'assit près de moi sur un paquet de cordages, et nous commençâmes à causer de l'Irlande. Je dis nous, quoique mon rôle devînt bientôt purement passif dans cette conversation. Je me bornais à de rares et timides observations ; je laissais parler l'étranger, qui s'exprimait, soit en gaélique, soit en anglais, avec une élégance, une facilité, un enthousiasme dont je ne saurais vous donner une idée. Bien qu'il eût quitté l'Europe depuis plusieurs années, il n'ignorait rien de ce qui se rattachait à son pays.

» Mœurs, lois, coutumes, histoire et littérature, splendeur et décadence, héroïsme et misère, il connaissait tout, il appréciait tout avec une élévation de vues, une finesse d'impressions qui me frappaient d'admiration. Comme il aimait l'Irlande ! comme son argumentation brillante, colorée, chaleureuse, différait des froids et plats systèmes, des égoïstes jugemens que j'avais entendu exprimer tant de fois sur notre malheureuse patrie ! Il me semblait que mes yeux se dessillaient, qu'avant ce moment je n'avais pas connu cette terre où je suis née, où j'ai passé ma vie. Je me reprochais l'indifférence que j'avais éprouvée jusque-là pour tant de douleurs résignées, tant de grandeurs cachées. Je ne pouvais retenir mes larmes quand le voyageur inconnu m'exposait les souffrances des races vaincues ; je sentais la colère et la haine me monter au visage quand il énumérait les crimes des races triomphantes.

» Pendant deux heures entières, je fus sous le charme de cette puissante parole. Ce voyageur me croyait d'origine milésienne comme lui ; et telle était sa haine, non exprimée toutefois, mais éclatant dans son geste, dans son regard, contre l'Angleterre, qu'il n'eus pas le courage d'avouer le sang anglais qui coulait dans mes veines. J'étais éblouie, fascinée ; tout ce qu'il disait, il me semblait que je l'avais pensé déjà : je riais de son rire, je pleurais de ses larmes, je frémissais de sa colère. Je n'avais vu d'abord dans cet inconnu qu'un homme supérieur ; maintenant il m'apparaissait comme un être surnaturel, le génie de l'Irlande peut-être se relevant dans sa force et sa beauté après un sommeil de plusieurs siècles !

» Aussi, depuis ce temps, ma chère Julia, la voix de l'étranger, cette voix si vibrante et si généreuse, résonne-t-elle nuit et jour à mes oreilles ; elle plaide sans cesse auprès de moi la cause des malheureux qui m'entourent, et je déplore de n'être qu'une femme impuissante à guérir tant de maux. »

Miss Avondale se tut et devint rêveuse.

Pendant ce récit, l'inconnu, qui était aux écoutes, se penchait en avant, la poitrine oppressée, oubliant que le moindre mouvement pouvait le trahir. Plusieurs fois sa bouche s'ouvrit comme pour laisser échapper un cri, un appel, un nom ; mais la volonté venait aussitôt réprimer ces élans de l'âme, et il restait muet dans la touffe d'arbres où il se cachait.

Julia, de son côté, avait entendu avec un vif intérêt les confidences de sa compagne.

— Je croyais, — dit-elle après un intervalle de silence, — qu'un seul homme au monde pouvait avoir cette éloquence, cette connaissance profonde et cet amour sans bornes de l'Irlande !

— Qui donc, miss O'Byrne ? — demanda Nelly en tressaillant ; — de qui voulez-vous parler ?

— De mon frère Richard, le chef de notre famille ; et vraiment, miss Avondale, j'ai cru le reconnaître plus d'une fois dans le beau portrait que vous venez de tracer de votre voyageur du steam-packet... J'étais bien jeune quand mon frère aîné partit pour les Indes ; mais je me souviens toujours de la conversation qu'il eut avec feu mon père, la veille du jour de son départ, dans notre petit parloir à Dublin... Il s'agissait encore de notre pauvre chère patrie ; Richard disait de si belles choses, que mon père lui-même pleurait, et il serra mon frère dans ses bras en s'écriant : « Va, Richard, mon fils, tu seras un digne rejeton de ta race ! »

— Mais, étourdie que vous êtes, votre frère n'est-il pas encore aux Indes ?

— En effet, miss Avondale, et il ne reviendra peut-être jamais, à moins...

— Achevez donc !

— A moins d'événemens qui ne sont pas près d'arriver, — répliqua Julia en étouffant un soupir. Elle reprit après un nouveau silence : — Miss Nelly, vous ne m'avez pas dit encore comment se termina votre conversation avec l'inconnu du paquebot ?

— Eh bien ! ma chère, — répliqua miss Avondale en cherchant à reprendre sa gaieté ordinaire, — mon roman finit assez sottement, comme finissent tous ces romans d'une heure... Pendant notre conversation, le navire atteignit la jetée de King's-Town ; nous étions arrivés. Mon inconnu fut appelé pour veiller à ses bagages ; mistress Jones m'appela d'un autre côté ; nous nous saluâmes, et... tout fut dit.

— Quoi ! vous ne cherchâtes pas à savoir le nom et le rang de ce voyageur ? Lui-même ne vous demanda pas qui vous étiez ?

— Il ne me convenait pas de prendre des informations... Quant à lui, je suppose que, si de cette conversation, il apprit la vérité sur moi. Mais, sans doute, je ne gagnai rien dans son esprit à cette révélation ; quand nous nous retrouvâmes sur la jetée, après le débarquement, il parut éviter mes regards, et s'empressa de monter dans son jaunting-car, pendant que nous prenions le railway de King's-Town à Dublin... Je ne l'ai plus revu.

Miss O'Byrne hésita avant d'adresser à sa compagne cette question un peu délicate :

— Malgré tout cela, Nelly, cet inconnu a fait sur vous une impression profonde, et vous... l'aimez peut-être ?

— Voyez-vous cette petite curieuse qui veut savoir mes secrets ! — dit miss Avondale avec un enjouement affecté, en donnant à son amie un léger coup sur les doigts. — La reine de Glendalough, que je sache, n'a pas droit sur la conscience de ses sujettes... Tenez, Julia, si on vous le demande, vous répondrez que je n'en sais rien moi-même, et vous aurez dit vrai. — En même temps elle se leva résolûment et fit ses préparatifs de départ. — Voilà bien du temps perdu à bavarder, — reprit-elle; — mon père doit être revenu de Neath; et je suis impatiente de savoir ce qui se sera passé de ce côté. Eh bien ! ma bonne Julia, m'accompagnez-vous jusqu'à Stone-House ? je vous offrirai une tasse de thé chez moi, et je vous renverrai à la mense dans la berline.

— Merci, chère miss Avondale, — répliqua miss O'Byrne avec agitation ; — j'accepterais volontiers votre invitation, mais, s'il faut l'avouer, j'éprouve une grande inquiétude pour un objet que j'ai sans doute égaré, perdu... Il faut que je retourne bien vite par le sentier qui conduit à la petite porte du côté du village.

Le personnage qui s'était introduit dans le parc comprit imparfaitement ces dernières paroles. Les deux jeunes filles étaient sorties du pavillon des Ruines ; il n'eut que le temps de se blottir dans les hautes herbes. La robe de Julia effleura en passant son visage ; il entendit encore un moment le murmure de leurs voix, puis elles disparurent dans les détours du sentier.

A peine s'étaient-elles éloignées que l'inconnu bondit hors de sa cachette. Il respira bruyamment, comme si l'air eût manqué jusque-là à ses poumons; puis il s'élança à la suite des deux jeunes filles, franchissant les décombres et les halliers.

Il ne tarda pas à les revoir ; elles s'éloignaient en causant amicalement, sans jeter un regard en arrière. Parvenues à un embranchement de route, elles échangèrent encore quelques mots, s'embrassèrent, et, tandis que Nelly poursuivait sa marche vers le cottage de Stone-House, Julia s'enfonça dans l'allée ombreuse qu'elle avait suivie déjà.

Après une minute d'hésitation, ce fut à Julia que s'attacha l'inconnu. Perçant à travers le fourré, il se trouva bientôt à quelques pas d'elle. Mais alors il prit les plus minutieuses précautions pour ne pas être aperçu. Il marchait sur le gazon, évitant de froisser les branches ou aillis ; de temps en temps il se baissait et restait immobile ; puis il continuait d'avancer sans perdre de vue la jeune fille qui le précédait.

Julia ne paraissait pas le moins du monde soupçonner qu'elle fût l'objet d'un pareil espionnage. Elle allait à pas lents, les yeux fixés sur la terre, et elle ne songeait pas à s'assurer si elle était suivie. De terribles pensées commençaient à s'élever dans l'esprit de l'observateur ; néanmoins il essayait de s'illusionner encore, et se rattachait au doute comme à une espérance dernière.

Bientôt le doute même ne fut plus possible. Miss O'Byrne, parvenue à l'endroit où avait eu lieu la rencontre du lord et de sir Georges, cessa d'avancer. Penchée sur l'herbe, elle se mit à chercher avec une telle attention, un tel air d'angoisse et de terreur, qu'on eût dit que son existence dépendait du résultat de ses investigations.

L'inconnu n'était plus séparé d'elle que par une mince couche de feuillage. Il s'était arrêté aussi, et son œil celait tandis qu'il suivait chaque mouvement de la jeune fille; sous son manteau, sa main alla caresser le manche ciselé d'un poignard indien.

— Il est donc vrai, — murmura-t-il, — c'est bien elle ! Il n'avait fait aucun bruit ; cependant Julia se sentait mal à l'aise, comme le pauvre oiseau fasciné sur la branche par le serpent qu'il ne voit pas encore. Tout à coup un frôlement de feuilles la fit tressaillir ; elle se retourna. A la vue de cette figure pâle et sombre, encadrée dans la verdure, et dont les yeux de feu se fixaient sur elle, la pauvre enfant recula d'un pas ; ses cheveux se dressèrent.

— Richard !... mon frère Richard ! — murmura-t-elle d'une voix éteinte. Puis, s'affaissant sur ses genoux, elle alla vers l'apparition ses mains convulsivement serrées en disant tout bas : — Mon frère est mort dans l'Inde, et il vient pour venger l'honneur de ma royale famille... Ombre de mon frère, tue-moi, je suis prête !

Et elle tomba à la renverse.

L'inconnu la considéra d'abord d'un air de menace. Les

longs cheveux de Julia s'étaient dénoués dans sa chute et roulaient épars sur le gazon ; son visage avait la blancheur et la transparence de la cire vierge. Elle était si belle ainsi que l'étranger sentit son ressentiment s'amollir. Peu à peu ses traits perdirent leur expression sinistre; ses yeux devinrent humides. Enfin il s'élança vers la jeune fille évanouie; et, la soulevant dans ses bras, il lui dit avec un accent de tendresse et de douleur :

— Julia, ma sœur chérie, reviens à toi... Ton frère est vivant, il t'aime et il te pardonnera peut-être !

V

RÉVÉLATIONS.

Richard O'Byrne, puisque nous savons enfin le nom du mystérieux rôdeur, prit la jeune fille évanouie dans ses bras et la transporta hors de ce sentier fréquenté où ils pouvaient être aperçus. Il la déposa avec précaution au milieu du fourré, sur le gazon, et lui dut, un moment auparavant, songeait à la tuer, se mit à lui prodiguer des soins empressés. Grâce à ces soins, miss O'Byrne recouvra bientôt connaissance et rouvrit les yeux.

Son frère aîné avait redouté beaucoup ce moment, où sa présence pouvait occasionner une rechute. Un genou en terre, il tenait la main de Julia dans les siennes et ne cessait de parler à la pauvre enfant afin de l'habituer au son de sa voix.

— Oui, c'est moi, ma sœur, — répétait-il avec bonté, — pourquoi ma présence te fait-elle peur ? Ne te souviens-tu plus, Julia, de l'affection que j'avais pour toi dans ton enfance, de la joie que j'éprouvais à recevoir les caresses naïves, du plaisir que je trouvais à observer tes jeux, à écouter tes timides gazouillemens ? L'éloignement et le temps ne m'ont point changé ; c'est toujours ton Richard qui t'aime, qui te consolera si tu souffres, qui te protègera si tu as besoin de protection.

Ce langage affectueux parut enfin rassurer la jeune fille, qui d'abord se débattait en silence, comme si elle eût voulu fuir. Peu à peu ses yeux se tournèrent vers son frère avec une tendresse craintive; puis, trop faible encore pour se relever, elle se suspendit à son cou en fondant en larmes.

— Richard, mon cher Richard, — balbutiait-elle ; — est-ce possible ? Comment se fait-il... ?

— Pour des raisons que tu connaîtras plus tard, ma sœur, j'ai quitté le service de l'Angleterre ; je suis revenu secrètement en Irlande, où de graves devoirs m'appellent... Allons, calme-toi, chère petite, je t'en prie, puis nous causerons et je t'expliquerai... ce qu'il me sera permis de t'expliquer.

Il s'assit près d'elle et l'obligea doucement à garder le silence pendant quelques minutes. Enfin un sourire de Richard rendit la parole à Julia.

— Plus j'y songe, mon frère, — reprit-elle, — plus tout ce qui se passe confond ma raison... Toi en Irlande, et depuis longtemps peut-être, sans que ni Angus ni moi ayons été prévenus !

— Une chose qui devrait surprendre encore davantage Julia O'Byrne, — répliqua Richard d'un ton sombre, — se ferait de nous voir l'un et l'autre à la place où nous sommes. Je l'ignore pas, ma sœur, à qui appartient ce sol que nous foulons, cet air que nous respirons, ce feuillage qui nous couvre de son ombre... Mais si j'ai pénétré, moi, le chef de ma race, dans cette enceinte maudite où vivent nos ennemis héréditaires, c'était pour en arracher un frère et une sœur égarés. Ah ! Julia ! Julia ! était-ce donc à vous de mendier un coin dans la maison et au foyer de nos persécuteurs acharnés? Deviez-vous l'un et l'autre accepter les miettes tombées de leur table somptueuse? Aviez-vous le droit de faire de votre nom illustre un trophée à leur orgueil?

— Mon frère, — répliqua Julia timidement, — les haines ne doivent pas s'éterniser comme les familles. Tu ne connais pas ceux dont tu parles. Lord Avondale, malgré ses fréquens accès de colère, n'est ni aussi avare ni aussi impitoyable que beaucoup d'autres landlords irlandais; et si tu savais comme miss Nelly, sa fille, est bonne, généreuse!

— Ne me parle pas d'elle!—interrompit Richard O'Byrne avec un éclat de voix; — ne prononce pas ce nom, je te le défends... ma sœur, je t'en prie!

Et il porta la main à son front comme s'il y eût reçu un coup violent.

— Je ne parlerai pas de Nelly, puisque tu l'exiges, — dit miss O'Byrne avec étonnement; — mais j'ignore ce qui a pu t'irriter dans mes paroles, et je crains de commettre une nouvelle faute en cherchant davantage à me justifier... Je te dirai donc seulement, Richard, que, avant d'obéir aux sentimens de mon cœur, j'ai obéi aux volontés de notre frère Angus.

— En effet, cela devait être, — dit Richard d'un air pensif; — les sentimens du prêtre ont tué en lui l'instinct du noble irlandais. J'ai déjà reconnu ce funeste changement, que notre pauvre père était si loin de prévoir! Il accepterait maintenant par humilité chrétienne tous les outrages, toutes les injustices, toutes les tyrannies... Il a voulu opérer un rapprochement impie entre ce qui avait été séparé par des siècles et des flots de sang; plaise à Dieu qu'il n'en soit pas bientôt et cruellement puni!

Julia le regarda avec une surprise douloureuse.

— Avec quelle aigreur tu parles de ton frère, — dit-elle, — Richard, l'aurais tu vu déjà? Comment cette vive amitié que vous éprouviez l'un pour l'autre s'est-elle changée, de ton côté du moins, en haine et en colère?

— Je ne le hais pas, — répliqua Richard O'Byrne; — mais j'ai acquis la certitude qu'un dissentiment profond éclaterait entre nous si nous nous trouvions en face l'un de l'autre. D'ailleurs je suis occupé en ce moment d'une affaire de la plus haute gravité, et qui exige un secret absolu. Voilà pourquoi, depuis plusieurs mois que je suis en Irlande, je n'ai voulu vous en donner avis ni à l'un ni à l'autre; pour votre repos, pour votre sûreté, je ne le devais pas... Aussi, Julia, ne me serais-je pas fait connaître à toi aujourd'hui si je n'avais à t'adresser une question qui intéresse l'honneur de notre nom.

— L'honneur de notre nom, Richard? — demanda la jeune fille en frissonnant. — Que veux-tu dire?

Son frère la regarda fixement; puis, tirant de sa poche la lettre qu'il avait trouvée le matin, il la lui présenta:

— Connaissez-vous ceci?

Julia prit le papier d'une main tremblante; à peine y eut-elle jeté un coup d'œil qu'elle devint horriblement pâle et parut près de retomber en faiblesse.

— Richard, — balbutia-t-elle, — par quel sortilége, par quel art infernal...?

— Je vous demande, Julia O'Byrne, si vous savez qui a écrit cette lettre.

— Mon frère!

— Parlez, Julia, il le faut, je l'exige! — La pauvre enfant ouvrit la bouche pour répondre, mais la parole lui manqua. Ses yeux se remplirent de larmes, et, se traînant avec peine, elle vint, le front baissé, s'agenouiller devant son frère. Cette posture était significative; Richard sentit comme un horrible déchirement dans sa poitrine, mais il demeura calme. — Je vous comprends, — dit-il; — il me reste à vous demander à qui cette lettre était adressée.

— Quoi! mon frère, — répliqua la malheureuse enfant écrasée sous le poids de sa honte, — ne le sais-tu pas?

— Ce n'est sans doute pas à ce misérable et ridicule Anglais qui était là tout à l'heure! — s'écria Richard. — Si Julia O'Byrne, la fille des anciens rois du Munster, voulait choisir un séducteur parmi les ennemis de sa famille, elle n'eût pas été assez aveugle, assez abandonnée de sa raison et de sa délicatesse de femme, pour choisir le plus lâche, le plus vil, le plus stupide de tous.

Julia se cachait le visage dans l'herbe, qu'elle arrosait de ses larmes.

— Richard, — reprit-elle, — aie pitié de moi!... Mon frère, toi que j'ai toujours aimé et respecté comme un dieu, ne me parle pas sur ce ton de colère, ou tu me verras expirer à tes pieds! Je me fais horreur à moi-même, et j'ose à peine invoquer le ciel, qui m'a abandonnée... Richard, puisque aussi bien un pouvoir occulte semble t'avoir révélé mes secrets, tu ne peux ignorer que je hais cet homme et que je le méprise comme tu le hais et comme tu le méprises toi-même.

— Malheureuse! que signifient de pareils subterfuges? Vous le haïssez maintenant qu'il vous abandonne; mais auparavant...

— Mon frère, je te le répète, ne m'accable pas du poids de ta colère... Je n'ai jamais changé de sentiment... Cet homme est le dernier du monde à qui j'aurais pu sacrifier l'estime de moi-même, la sainteté de mon nom et mon salut éternel.

Richard commençait à entrevoir une épouvantable vérité.

— Julia, — reprit-il, — tu me dois un aveu complet, aussi pénible qu'il soit... Appelle ton courage à ton aide, car je suis forcé d'être impitoyable. Je suis le chef de ta famille; je suis ton juge!

La pauvre fille se taisait toujours; elle n'hésitait pas, mais la force lui manquait.

— Frère, — balbutia-t-elle enfin, si bas que Richard devina plutôt qu'il n'entendit ses paroles; — un soir que je traversais le parc seule, en revenant de rendre visite à miss Avondale, deux mains robustes me saisirent... un mouchoir fut posé sur ma bouche... l'infâme!...

La jeune fille retomba la face contre terre, épuisée par cet aveu. Richard poussa un rugissement semblable à celui d'une bête féroce, et serra le poing d'un air de terrible menace.

— Et depuis, ma sœur? — reprit-il.

— Depuis, mon frère, j'ai cru que je devais poursuivre la seule réparation possible de cet odieux attentat, un mariage avec ce monstre. Je l'ai prié, supplié; il est libre, il m'a promis; mais cette promesse, il semble maintenant vouloir l'éluder. C'était pour le lui rappeler que je lui demandais une entrevue dans cette lettre funeste.

Richard O'Byrne était comme épouvanté de la profondeur de l'abîme qui s'ouvrait sous ses pas. Julia attendait tremblante le résultat des sombres réflexions de son frère.

Enfin Richard la prit dans ses bras et la baisa au front.

— Relève-toi, noble fille, — dit-il avec solennité; — ta place n'est pas à mes pieds, mais sur mon cœur. Tu es encore chaste et pure à mes yeux comme aux yeux de Dieu. Il ne reste qu'à te plaindre et à te venger.

— Me venger, Richard! — demanda Julia en tressaillant; — que comptes-tu faire? Encore des querelles, des fureurs!... Oh! le ciel m'est témoin que je hais cet homme de toutes les forces de mon âme; mais que servira de répandre son sang ou le tien?... Frère, ne t'ai-je pas dit qu'il m'avait promis la seule réparation désirable de son crime? Il m'épousera, et ce mariage terminera nos longues et anciennes rivalités de famille.

— Lui t'épouser! malheureuse enfant! — dit Richard O'Byrne d'un ton de pitié en posant la main sur la tête de sa sœur; — tu as pu croire à la sincérité d'un pareil engagement? Lui, un futur lord d'Angleterre, l'héritier d'un comté-pairie et de cet immense domaine, épouser une pauvre fille sans fortune, appartenant à une race odieuse et persécutée !... Il a bien pu, cet orgueilleux Anglais, abaisser un moment vers toi un regard de complaisance ; il a pu vouloir se vanter d'avoir eu une maîtresse de race royale, et l'infâme violence dont il s'est rendu coupable passera pour une aimable rouerie dan les clubs et les tavernes où il ira conter ses prouesses aux nobles débauchés comme lui !... Mais partager avec toi son nom flétri, sa richesse usurpée, ne l'espère pas ; c'est une erreur, c'est une folie... et, en vérité, — ajouta Richard d'une voix sourde, — je ne sais si cette réparation n'exciterait pas mon indignation autant que le crime lui-même !

Il se mit à se promener avec rapidité, les bras croisés sur sa poitrine. Julia, debout et les yeux baissés, attendait en silence qu'il se fût un peu calmé.

— Mon frère, — dit-elle enfin avec une tristesse pleine de douceur, — il ne me reste donc plus qu'à mourir, car je ne saurais vivre ainsi.

Richard s'arrêta en face d'elle.

— Autrefois, — reprit-il, — au temps de notre grandeur, une fille d'O'Byrne, en effet, n'eût pu vivre avec une telle tache au front ; innocente ou coupable, le devoir de son plus proche parent eût été de la frapper... Mais les temps sont changés ; nous vivons sous l'empire d'autres lois et d'autres idées. Pauvre Julia ! ne crains rien et résigne-toi à vivre, quoique l'éclat de notre nom soit obscurci par toi.

Julia l'écoutait d'un air morne.

— Richard, — dit-elle, — tu ne veux pas l'avouer, mais, j'en suis sûre, tu médites une vengeance... Eh bien ! promets-moi d'attendre quelques jours avant de mettre tes projets à exécution, et j'essayerai d'obtenir justice.

— Je n'ai pas encore de projets, ma sœur ; je donnerais ma vie pour te venger, mais je m'occupe en ce moment d'intérêts qui me sont plus chers que la vie et auxquels je sacrifierais même l'honneur... Et toi, chère petite, que comptes-tu donc faire ?

— Tu le sauras plus tard, mon frère ; je te demande seulement quelques jours. Angus ignore tout ; promets-moi, si tu le vois (et tu ne peux persister dans ton refus de le voir), que tu ne lui révéleras pas ce funeste secret.

— C'est pourtant lui, ce prêtre insensé, qui est cause de nos malheurs présens. C'est lui qui a voulu renverser l'ancienne barrière élevée entre notre famille et une famille odieuse. Il mériterait de connaître ce fruit amer de sa faiblesse et de sa désertion. Pourquoi tant t'inquiéter de l'affliger ? Ce juste et sage ne trouverait-il pas aisément dans l'Évangile ou dans la Bible un bout de texte pour se consoler ? Mais ne crains rien de moi à cet égard, Julia ; je ne dois pas, je ne veux pas voir Angus.

— Richard, — s'écria la jeune fille avec chaleur, — tu es injuste pour notre frère ! Je te jure qu'il ne mérite pas...

Elle s'arrêta tout à coup. A quelque distance de l'endroit où avait lieu cette conversation s'élevaient des cris déchirans ; en même temps il se faisait un grand bruit dans le feuillage, comme si l'on eût couru avec impétuosité à travers le taillis. Julia prêta l'oreille.

— Mon Dieu ! — reprit-elle, — quelqu'un est en danger près d'ici ! Entends-tu, mon frère, on appelle au secours ?

— Eh ! que nous importe, à nous ? — dit Richard avec une insouciance farouche ; — ici nous n'avons pas d'amis.

— Mais il me semble, — répliqua miss O'Byrne, — que je reconnais cette voix... C'est celle de Nelly... Nelly Avondale !

— Nelly Avondale ! — répéta son frère. Et il écouta à son tour. Les cris devenaient de plus en plus fréquens ; ils étaient évidemment poussés par une femme haletante et terrifiée. — Oui, oui, c'est bien elle ! — dit Richard. Il s'élança dans le taillis. Quand il eut fait vingt pas, ou plutôt vingt bonds dans la direction du bruit, il atteignit une sorte de clairière ; alors il eut l'explication des cris

de détresse qui avaient frappé son oreille. Comme nous le savons, on était alors au printemps, époque où les bêtes fauves, et notamment les cerfs, sont parfois sujets à des accès de folie furieuse, et se précipitent avec une rage inconcevable sur tout ce qui les approche. Or, parmi les bêtes de cette espèce dont le parc de Stone-House était rempli, un magnifique cerf dix-cors, au bois majestueux, venait d'être pris de vertige et chargeait impétueusement une personne qui traversait une allée sans défiance. Cette personne était en effet miss Avondale, qu'une circonstance inexpliquée avait empêchée de rentrer à l'habitation. La jolie amazone, surprise par cette attaque, s'était vainement réfugiée dans les taillis qui présentaient le plus d'obstacle aux élans du dix-cors ; vainement elle avait cherché un abri derrière les cépées pour éviter son atteinte mortelle. Pouvait-elle échapper à un animal en délire qui bondissait par-dessus les fourrés comme s'il eût eu des ailes, et brisait d'un seul coup de tête des arbres de la grosseur de la cuisse ? Aussi, quand Richard arriva dans la clairière, le drame touchait-il à son dénoûment. Miss Avondale, épuisée, venait de tomber sur le gazon, faisant face encore à son ennemi avec courage et brandissant une inoffensive cravache en fil d'argent. A six pas d'elle, le cerf, l'œil hagard, les naseaux enflammés, son formidable merrain dirigé en avant, s'irritait contre quelques faibles branches qui le séparaient seuls de sa proie. Richard reconnut tout d'abord la grandeur du péril ; avec le sang-froid d'un homme habitué à de pareilles scènes, il se plaça entre la bête furieuse et miss Avondale, en criant d'une voix brève :

— Ne bougez pas, miss Nelly !

Il arracha son manteau de ses épaules et l'agita rapidement pour attirer l'attention du dix-cors. Celui-ci tourna son regard vers ce nouvel adversaire, hésita une seconde, puis fondit sur lui avec brutalité. Richard l'attendit de pied ferme. Usant de la ruse qu'emploient les toréadors dans les jeux espagnols, il lança le manteau avec adresse sur la tête du cerf, qui, tout à coup aveuglé, fit des bonds prodigieux. L'ample vêtement s'était pris dans sa ramure, et, par ses ballottemens, redoublait la rage de la bête. Elle parvint enfin à s'en débarrasser et s'acharna sur cette étoffe flottante. Richard profita de ce moment ; tirant un long poignard qui ne le quittait jamais, il en frappa le dix-cors au défaut de l'épaule avec l'habileté d'un veneur consommé. L'animal tomba sur ses genoux, essaya vainement, dans un dernier effort, d'atteindre son ennemi de ses redoutables andouillers ; mais la force lui manqua ; bientôt il s'affaissa entièrement, et la vie s'échappa de sa poitrine avec des flots de sang noir et épais qui souillaient le gazon émaillé de fleurs.

— Vous êtes sauvée, ma chère Nelly ! — s'écria Julia en courant avec vivacité vers miss Avondale ; — mais, pour Dieu ! ne seriez-vous pas blessée ? Ce farouche animal ne vous a-t-il pas touché de son bois, qu'on dit si dangereux ?

— Je n'en suis pas bien sûre encore, ma bonne Julia, — répliqua Nelly avec sa gaieté ordinaire ; — laissez-moi me rassurer, — continua-t-elle en repoussant miss O'Byrne, qui voulait l'aider à se relever ; — en vérité, j'ai eu plus de peur que de mal... Voyez, je marche seule, et je crois que ma précieuse personne n'a pas été trop endommagée pour cette fois... Mais il était temps que mon courageux libérateur vînt à mon secours ; si sa main eût été moins ferme, son coup d'œil moins assuré, c'en était fait de lui et de moi.

Richard paraissait fort occupé à ramasser son manteau, un peu maltraité par le dix-cors, et à essuyer dans le gazon son poignard ensanglanté.

— J'ai vu des animaux plus redoutables dans l'Inde, — dit-il en détournant la tête ; — les tigres ne m'ont guère aisés à tuer qu'un pauvre cerf élevé dans un parc d'Irlande.

— Eh ! le pauvre cerf pouvait ne pas nous traiter mieux que les tigres, malgré sa douceur renommée... Mais respect aux morts ! Puis-je savoir, monsieur, à qui je suis redevable d'un si grand service ?

— Nelly, — s'écria miss O'Byrne avec impétuosité, — — vous ne le connaissez donc pas ? C'est...

Un regard ardent de son frère lui coupa la parole. Mais, dans le mouvement qu'il avait fait, miss Avondale avait vu en plein son visage.

— Mon inconnu du steam-packet ! — dit-elle en rougissant.

— Serait-il possible ! — s'écria Julia.

Richard s'inclina.

— Je ne pouvais me flatter, — dit-il avec une politesse embarrassée, — que miss Avondale eût conservé la mémoire d'une circonstance si frivole... J'espère donc qu'elle m'aura pardonné ce qu'il pouvait y avoir d'offensant dans mon langage d'alors pour la fille de lord Avondale ; je ne la connaissais pas.

La rougeur de Nelly devint plus vive.

— Vous avez parlé comme un ami de l'Irlande, monsieur, et, malgré la sévérité de vos jugemens sur les choses et les hommes de notre temps... Mais toute discussion sur ce sujet serait inopportune en ce moment. Me permettrez-vous, monsieur, de vous inviter à me suivre à Stone-House pour y recevoir les remercîmens d'un père à qui vous avez rendu sa fille ?

— Non, non, excusez-moi, — répliqua O'Byrne précipitamment ; — vous vous exagérez l'importance d'un service que le premier garde-chasse venu eût pu vous rendre comme moi... Encore une fois, je supplie miss Avondale de m'excuser ; des affaires du plus haut intérêt réclament impérieusement ma présence.

— Je comprends, — dit Nelly avec tristesse ; — il y a trop peu de temps que j'ai eu occasion de vous entendre exprimer vos opinions sur la noblesse d'Irlande pour ne pas m'expliquer votre répugnance à m'accompagner jusqu'à Stone-House... J'espérais cependant que mon père, lord Avondale, pourrait faire exception à la haine que vous ressentez pour les landlords d'origine anglaise... Et tenez, miss O'Byrne, — ajouta-t-elle en se tournant vers Julia, — je suis revenue en toute hâte, espérant vous trouver encore dans le parc pour vous donner une bonne nouvelle.

— Une bonne nouvelle, mon amie ?

— Oui, et c'est en courant comme une folle, pour ne pas arriver trop tard, que j'ai irrité ce maudit cerf... Eh bien donc, ma chère Julia, mon père est rentré au cottage après sa visite au village, et, quoiqu'il soit toujours fort chagrin du malheur arrivé à Donnagh, je lui ai arraché la promesse que personne ne serait poursuivi pour cette déplorable affaire.

— Mais il me semble, Nelly, — répliqua Julia en souriant, — que c'est vous qu'il faut féliciter et remercier de cet acte de clémence.

Richard ne put dissimuler son étonnement.

— Quoi ! — dit-il, — le vieil Avondale... lord Avondale de Stone-House a fait grâce à tous ses tenanciers après un pareil acte de violence ? Il a pardonné sans réserve, sans conditions ?

— J'ai dit que personne ne serait poursuivi judiciairement, — répliqua la jeune fille embarrassée ; — mais il est impossible, à ce qu'il paraît, de laisser entièrement impuni cet odieux guet-apens. Trois paddies des plus coupables seront expulsés de leurs cottages, dont ils n'ont pu encore acquitter les rentes... Le bailli Jameson doit s'entendre avec Donnagh sur le choix à faire.

— C'est-à-dire que trois familles seront jetés sans ressources sur la voie publique, — reprit Richard avec ironie ; — telle est la clémence de lord Avondale.

La jeune fille redressa la tête ; ses beaux sourcils noirs se rapprochèrent.

— M'eussiez-vous sauvé dix fois la vie, — dit-elle d'un air de fierté, — je ne saurais souffrir qu'on mît en doute les sentimens généreux de mon père... Qui donc êtes-vous pour vous ériger ainsi en censeur d'un homme jus-

tement respecté, en présence de sa fille, presque dans sa propre maison ?

— Ma chère miss Avondale, — s'écria Julia toute tremblante, — ne soyez pas fâchée contre lui ! Si vous saviez...

Richard lui imposa silence d'un geste et s'avança vers Nelly.

— Ne me parlez pas sur ce ton d'inimitié, — dit-il d'une voix mélancolique ; — quoique notre connaissance ne remonte pas bien haut, je sens déjà combien il serait douloureux pour moi d'avoir mérité votre colère... Une défiance, extrême peut-être, est bien permise à celui qui a passé son existence à méditer les malheurs de sa pauvre patrie. Mais je ne dois pas m'exposer plus longtemps au danger de vous adresser des paroles qui pourraient vous déplaire... Adieu, miss Avondale, oubliez-moi.

Il salua et voulut s'éloigner.

— Quoi ! — dit Nelly, — ne saurai-je même pas le nom de mon courageux libérateur ? Julia, vous paraissez le connaître... mon indifférence à ce sujet serait de l'ingratitude.

— Vous le voulez, miss Avondale ? — reprit Richard en la regardant fixement ; — eh bien ! je vous dois une réparation pour les expressions amères qui vous ont blessée. Mon nom est peut-être proscrit au moment où je vous parle, et bientôt sans doute il résonnera à votre oreille avec des épithètes odieuses et flétrissantes... Je vous confierai pourtant ce secret dont dépendent ma sûreté, ma vie... Je suis Richard O'Byrne, miss Avondale.

En même temps il s'inclina profondément, et s'éloigna sans écouter sa sœur qui le rappelait. Quelques secondes après, il avait disparu dans l'épaisseur du taillis.

Julia paraissait fort alarmée ; Nelly restait stupéfaite.

— Votre frère, Julia ? — reprit enfin miss Avondale avec un accent de reproche ; — pourquoi donc me disiez-vous que votre frère était aux Indes ?

— Je le croyais, mon amie ; mais l'avez-vous entendu ? Il est proscrit, sa vie est menacée ! Oh ! quel est ce nouveau malheur ?

— Quoi donc ! ne vous a-t-il pas révélé ses projets ?

— Rien, ma chère Nelly. Tout à l'heure il s'est montré brusquement à moi, ici, dans le parc de Stone-House, sans que je susse d'où il venait. Ces faits que je croyais ignorés de l'univers entier étaient connus, et il m'a adressé des paroles terribles qui retentissent encore à mon oreille. Maintenant il disparaît sans qu'on sache où il va, sans me dire où je le reverrai, sans consentir à voir son frère qui le chérit... Tout cela présage quelque chose de sinistre.

Miss Avondale réfléchit un peu.

— Je le crains comme vous, Julia, — reprit-elle ; — néanmoins le secret de votre frère doit être religieusement gardé. Il ne paraît pas homme à s'exagérer les périls, et sans aucun doute une indiscrétion pourrait avoir pour lui des conséquences funestes. Quant à moi, je ne trahirai pas sa confiance, j'en prends l'engagement solennel... Et d'abord, — continua-t-elle en désignant le cerf dont l'énorme corps fauve nageait dans une mare de sang, — comment parler du danger que j'ai couru s'il m'est interdit de mentionner le secours miraculeux qui m'a sauvée ? Ni mon père ni sir Georges ne croiront jamais que j'aie pu faire au flanc de cette magnifique bête une pareille blessure et me sauver toute seule... Allons ! aidez-moi donc, Julia ; que dirons-nous ? — Julia la regarda machinalement, sans répondre ; dans sa vive préoccupation, elle n'avait pas écouté. Miss Avondale glissa son bras sous celui de son amie. — Venez avec moi à Stone-House, — reprit-elle ; — on vous reconduira en voiture ; chemin faisant, nous arrangerons à nous deux une petite fable pour expliquer la mort de ce beau dix-cors sans compromettre mon libérateur. Et si l'imagination nous manque, ma foi ! nous laisserons l'événement s'expliquer comme il pourra ; on l'attribuera sans doute à quelque braconnier inconnu qui aura voulu jouer un mauvais tour à sir

Georges. — Et comme Julia résistait toujours : — Venez donc, ajouta Nelly d'une voix basse et pénétrante ; nous parlerons de lui !

VI

OUR-LADY'S-CHURCH.

Ce n'est pas notre faute si nous sommes obligés de prendre si souvent des ruines pour théâtre des scènes que nous avons entrepris d'écrire ; mais, dans la malheureuse Irlande, ruine de nation elle-même, on ne peut se mouvoir sans se heurter aux débris du passé. Depuis Dermot-Mac-Morough, d'exécrable mémoire, qui ouvrit l'Irlande à Henri II et aux Anglo-Normands, jusqu'à l'insurrection de 1798, sitôt et si durement réprimée, les discordes civiles, le fanatisme religieux, le vandalisme des envahisseurs ont jonché le sol d'édifices renversés. Le pilier phénicien et l'arche saxonne, l'ogive fleurie du seizième siècle et le château crénelé du temps des Stuarts, gisent enseve-lis dans le même linceul de mousse et de lierre. Telle a été le nombre des dévastateurs qu'on ne saurait dire aujourd'hui à quelle bande chaque monument a dû particulièrement sa destruction. Les traditions ont sou-vent oublié leurs noms, mais l'histoire ramène sans cesse ceux de Walter Raleigh, de Strongbow, de Cromwell, c'est-à-dire de l'Angleterre. Heureux encore les édifices qui ont laissé des ruines ! Car les constructions majestueuses dont l'Irlande était fière, des villes florissantes telle que Tara, Kincora et vingt autres cités du premier ordre avant la conquête, ont été si exactement effacées du sol, que l'anti-quaire peut à peine indiquer de nos jours la place où elles ont existé.

Les ruines d'Our-Lady's-Church, où demeurait William Sullivan, étaient peu considérables ; elles consistaient en quelques arceaux lézardés d'un ancien cloître, et en deux ou trois pans de mur décharnés dont les pierres semblaient avoir été calcinées par un violent incendie. Un grand nombre d'autres pierres étaient entassées autour, et on jugeait que là avaient dû se trouver des bâtimens consi-dérables ; mais excepté les deux ou trois arceaux où Wil-liam avait établi sa demeure, ils étaient maintenant au niveau du sol, et leurs restes se confondaient avec la montagne grise, aux flancs de laquelle ils s'élevaient au-trefois.

En revanche, on jouissait à Lady's-Church d'un des plus magnifiques panoramas que puisse offrir l'Irlande, si riche cependant en beaux paysages. Des accidens de terrain cachaient complétement le village de Neath, l'église de Saint-Patrick et les somptueux massifs clôturés de murs de Stone-House. De ce côté, tout paraissait rude et sauvage. Partout s'élevaient des rochers pour la plupart nus, sans verdure, dont les cimes se dessinaient sur le ciel sombre en découpures capricieuses. Au milieu de ce cahos s'enfonçait une vallée creuse, profonde, où le soleil semblait ne pouvoir pénétrer ; on eût dit d'un cirque immense, de forme elliptique, auquel on ne voyait d'abord aucune issue. Seulement, vers le nord, une montagne plus élevée que les autres était partagée en deux et pré-sentait une large brèche ; on l'appelait le *Giant's Cut* l'Entaille du Géant. Le peuple attribuait cette ouverture au géant Fin-Mac-Cool, qui, dans un moment de bonne humeur, avait fendu le roc d'un seul coup d'épée, afin de donner une idée de sa force au roi Brian-Boru. Les guides de Gavarni expliquent d'une manière analogue l'existence de la *Brèche de Roland* dans les Pyrénées. Sur toute la surface de l'Europe, les légendes populaires ont les mêmes allures naïves et poétiques.

La vallée elle-même présentait un caractère âpre et mé-

lancolique. Un lac noir, aux eaux immobiles, en occupait une partie ; resserré dans son bassin de granit, ce lac était bordé, d'un côté par des rocs à pic qui en assombrissaient encore les teintes ; de l'autre, par de grands roseaux dans lesquels une population nombreuse eût pu se cacher. Plus loin s'étendaient des bruyères rougeâtres, parsemées de touffes de houx toujours verts ou de genêts à fleurs jaunes. Çà et là on distinguait des places verdâtres, unies, que le pied semblait devoir choisir de préférence sur ce sol tourmenté et rocailleux ; c'étaient les tourbières ou *bogs*, abîmes cachés qui eussent englouti la promeneur assez imprudent pour s'aventurer sur leur perfide surface. On n'apercevait aucun village de quelque importance ; cependant de misérables cottages, dépendant de la paroisse de Neath, se groupaient sur les gradins des montagnes et se confondaient de loin avec les roches auxquelles ils étaient suspendus ; on les reconnaissait seulement aux petites oasis de verdure dont ils étaient entourés et qui prove-naient des pommes de terre ensemencées, malgré la na-ture, dans un terrain stérile et ingrat.

Outre Lady's-Church, la vallée contenait beaucoup do ruines qui ajoutaient à son effet pittoresque et désolé. La plus remarquable était une majestueuse tour ronde dont la construction remonte aux peuplades venues d'Orient qui envahirent l'île dans les premiers siècles de notre ère. Elle s'élevait encore à une immense élévation ; indiffé-rente aux révolutions du temps et à celles des hommes, elle dominait fièrement cette contrée sauvage. Puis ve-naient les restes de plusieurs églises, abbayes et monas-tères, d'où l'on avait donné à ce canton le nom de Seven-Churches (sept églises). Tout cela , montagnes , lac, bruyères, tour superbe et pauvres cottages, formaient un ensemble imposant et triste qui rappelait les grandeurs d'autre fois et les misères présentes.

Le soir du jour où s'étaient passés les événemens que nous venons de raconter, la vallée de Glendalough ou de Seven-Churches, selon qu'on voudra lui donner son nom irlandais ou sa dénomination anglaise moderne, avait un aspect plus sombre et plus morne encore qu'à l'ordinaire. Le soleil ne se montrait plus par intervalles à travers ces épaisses vapeurs que brassait le vent du nord ; mais, à quelques marbrures rougeâtres des nuages, on jugeait qu'il devait être bien près de se coucher. Le vent qui mu-gissait sur les hauteurs se taisait au fond de cette vaste et solitaire enceinte. Le lac semblait dor-mir, et ses eaux plombées reflétaient paisiblement le ciel terne et gris. Un grand silence régnait dans la campagne ; seulement, de temps en temps le butor, l'oiseau des tour-bières, poussait ce beuglement sinistre qui frappe de terreur la nuit quand le voyageur, égaré dans les marais, l'entend tout à coup pour la première fois.

Sullivan, une bêche à la main, était dans le petit jardin qui précédait sa chétive demeure ; il achevait de combler une fosse où il avait déposé les restes de son chien, et plus d'une fois ses larmes l'avaient forcé d'interrompre cette pénible besogne. Quand elle fut terminée, le vieil-lard vint s'asseoir sur une pierre sculptée, au bord de l'étroit sentier qui côtoyait le lac et passait devant les ruines. Drapé dans l'espèce de longue robe qui lui ser-vait de vêtement, le corps raide et droit, il tomba dans cette immobilité de statue qui semble être particulière aux aveugles au repos. Non pas que William, qui habi-tait ce lieu écarté depuis plus de trente ans, éprouvât le moindre embarras à se mouvoir et à se conduire ; il avait cet instinct merveilleux que la Providence donne aux malheureux privés de la lumière, et qui supplée pour eux au sens qu'ils ont perdu. Malgré son infirmité, il pouvait parcourir seul les environs de Lady's-Church, la vallée de Glendalough et celle de Neath, sans s'égarer et sans cou-rir aucun danger sérieux. Cette immobilité paraissait donc tenir chez lui à des habitudes méditatives, et il restait parfois ainsi plusieurs heures sur cette pierre, sa place habituelle. Aussi les enfans des cottages voisins éprou-vaient-ils une vive appréhension à passer devant Lady's-

Church. S'ils apercevaient le grand vieillard aux longs vêtemens, avec sa tête chauve, sa barbe blanche, ses yeux fixes et sans regard, il détournaient la tête et s'enfuyaient de toute leur vitesse, en lui adressant un timide salut.

William Sullivan était là depuis quelques instans, quand un bruit lointain vint frapper son oreille fine et exercée. Le pas d'un cheval résonnait sur les cailloux du chemin; accompagné d'un joyeux sifflement. Évidemment un voyageur approchait des ruines. Le vieillard se mit à écouter avec une attention extrême, comme si, par la nature du son qu'il entendait, il eût cru pouvoir deviner déjà le rang et l'extérieur du survenant.

— Aucun poney de la vallée, — murmura-t-il après une minute d'examen, — n'a le pas aussi ferme et aussi léger... Quant au cavalier, il siffle l'air de *Lucy Neall* plutôt comme un cocher de *jaunting-car* que comme un vrai gentleman... Et puis siffler le soir dans la vallée de Glendalough! quelqu'un du pays aurait peur, surtout si près de Lady's-Church... C'est certainement l'homme que j'attends!

Pour donner une idée de la sagacité du vieil aveugle, nous allons esquisser rapidement le portrait du cavalier, qui s'avançait bon train vers les ruines.

Au premier abord, on eût pu le prendre pour un pauvre paddy du voisinage, car il en avait les haillons et la demi-nudité. Mais les haillons ne prouvent rien dans le sud de l'Irlande; ils sont là pour ainsi dire l'uniforme national. Toutes les classes inférieures, souvent même les classes moyennes, employés, marchands, petits propriétaires, portent des vêtemens dégueniltés ou incomplets. La redingote déchirée et le chapeau déformé du voyageur ne prouvaient donc pas absolument qu'il fût dans l'indigence; il pouvait avoir pris ce costume afin de ne pas être remarqué dans les pays qu'il traversait. Son cheval, fort simple en apparence, avait pour un connaisseur des qualités remarquables trahissant une bête de prix. De plus, ce cheval était muni d'une bonne selle, de harnachemens propres, et sur la croupe on voyait une grosse valise qui devait contenir autre chose qu'une défroque en lambeaux; enfin le cavalier s'appuyait sur des étriers en acier ciselé qui semblaient avoir été faits pour une chaussure aristocratique et non pour des pieds nus.

Le voyageur lui-même était un homme de trente ans environ, de taille moyenne, assez laid de visage, d'un blond fade tirant sur le blanc. On eût dit que sa peau écailleuse avait été grillée longtemps par un soleil de feu; et, à travers les solutions de continuité de ses vêtemens, on pouvait voir sa chair jaune et velue, mais qui accusait des muscles de fer. Ce qui frappait d'abord dans ce cavalier, c'était l'excessive mobilité de son visage, où, malgré sa laideur, pétillaient la malice et la gaieté; puis une sorte d'inquiétude nerveuse qui ne lui permettait pas de rester inactif deux secondes consécutives. Ainsi il regardait à droite et à gauche, il se penchait sur la selle pour surveiller les sangles de sa monture; il agitait la verge de houx qu'il tenait à la main; et tout cela sans cesser de siffler l'air de *Lucy Neall*, pour lequel il paraissait avoir une prédilection particulière. Pendant que le corps était ainsi occupé, l'intelligence travaillait de sa part, comme on pouvait le supposer au froncement léger de son sourcil. Du reste, il paraissait cavalier accompli, et, malgré ses distractions continuelles, il dirigeait son beau cheval avec l'habileté d'un jockey de noble écurie.

Le voyageur paraissait fort indécis sur la direction qu'il devait prendre. Il continuait d'avancer le long du lac, dans un chemin pierreux et mal entretenu; mais à chaque instant il ralentissait le pas de sa monture. Enfin, parvenu à un endroit où la route se partageait en deux, il s'arrêta court; et, cessant de siffler, il murmura le monologue suivant :

— Oh! Jack, mon brave garçon, vous voilà aussi embarrassé que vous le fûtes un beau soir dans les jungles de Bangor, quand vous aviez d'un côté les tigres qui voulaient souper de votre personne et de l'autre les Indiens qui voulaient vous couper la tête pour faire un sacrifice au dieu Bleu... il s'est passé bien des jours et de vilains jours depuis que vous êtes venu dans ce coin perdu de la vieille Irlande! Och! au diable!.. voyons, récapitulons : on m'a dit de suivre le lac l'espace d'un quart de mille, et que les ruines de Lady's-Church se trouveraient à ma gauche. Ce lac, le voici; et c'est vraiment une bonne goutte d'eau fraîche, où l'on ne doit avoir à craindre ni les crocodiles ni les serpens noirs, quand un pauvre diable altéré s'en approche pour boire un coup... Fort bien. Mais les ruines! En voilà trois bien comptées, là, à ma gauche. Quelle est la bonne? quelle est la véritable Lady's-Church? Ma foi! j'imagine que cette lady était dans son temps quelque vieille coquine:.. Mais, halte-là, ami Jack, vous n'êtes plus dans l'Inde, où tout semble fait en dépit du sens commun; vous êtes en Irlande, *my boy*, où les anciennes choses doivent être sacrées pour vous, qui êtes chrétien et de la noble race de Tool, dans le Tipperary. Ne craignez donc pas tant de vous perdre, mon camarade; cette Lady's-Church se trouvera, soyez-en sûr, et vous l'attraperez plus aisément que ces jolies filles jaunes qui vous montraient leurs talons là-bas quand vous vouliez faire le galant. Ainsi donc, en avant! et sonnez une charge carabinée... Eh! sur ma parole! une trompette à clefs, convenablement embouchée, devrait produire un fort bel effet dans ces rochers. — A la suite de ce monologue, que l'on aura sans doute rapporté en entier afin de donner au lecteur une idée de ce singulier personnage, le voyageur pressa doucement des talons les flancs de sa monture qui repartit aussitôt, et se mit à siffler une fanfare belliqueuse en usage dans les régimens de cavalerie anglaise. Pendant qu'il exécutait ce brillant morceau, qui remplaçait avantageusement l'air de *Lucy Neall*, il fut interrompu par un écart subit de son cheval. Tout autre eût été désarçonné; mais le siffleur semblait rivé sur la selle; sans s'inquiéter autrement de cet accident, il se mit à flatter l'animal de la main et de la voix. Le cheval regardait toujours en renâclant du côté des ruines et dressait les oreilles; il avait été effrayé par la vue de William Sullivan, assis sur le bord de la route, et refusait d'avancer. Le voyageur lui-même finit par remarquer cette figure immobile à quelques pas de lui. — Eh! sirs, que diable est ceci? — grommela-t-il en cherchant à calmer son cheval. — Ah! maître Bayard, si le capitaine était sur ton dos, tu ne serais pas si matamore; mais tu te moques de mes pieds nus... Te voilà tout frémissant et couvert de sueur comme si tu voyais un spectre sans chair et sans os! Au fait, on dit qu'il revient dans la vallée de Glendalough; mais, bah! je m'en moque pas mal! je sais l'oraison de saint Patrick et j'ai de l'eau bénite dans un flacon de fer-blanc pour chasser les maléfices. — Puis élevant la voix : — Eh! l'ami, — demanda-t-il en anglais au vieillard, — pourriez-vous m'indiquer les ruines de Lady's-Church?

— Vous y êtes, — répliqua Sullivan d'une voix creuse.

Le voyageur poussa une exclamation de joie et sauta à bas de sa monture avec une agilité qui eût fait honneur à un acrobate de profession.

— Eh! mon vieux gentleman, — reprit-il, — ne seriez-vous pas par hasard l'homme que je cherche, un brave garçon de ménétrier qui s'est gîté, dit-on, dans ces ruines, et qui s'appelle William Sullivan?

— Je suis William Sullivan, — répondit l'aveugle.

— Ah! ah! ah! vraiment? — reprit l'inconnu en ricanant; — eh bien! confrère, vous devez avoir ici plus souvent l'occasion de faire danser les hiboux que les jeunes filles... Ne vous fâchez pas, il faut bien rire un peu! Moi, je suis Jack Gunn, ancien trompette au 65e régiment, et je viens ici... mais vous savez pourquoi je viens; O ami William! si vous aviez seulement une cornemuse à me confier, nous ferions de la musique ensemble.

Tout en parlant il relevait les étriers sur la selle et se disposait à entrer dans une espèce de jardinet qui précédait les ruines. Mais le vieillard, immobile et froid, lui barrait le passage.

— Eh bien! Jack Gunn, puisque tel est votre nom, — reprit-il, — que souhaitez-vous ici?

— Belle demande! Je veux voir le capitaine, d'abord; car je dois lui remettre des lettres et lui apprendre des nouvelles qu'il attend avec impatience; ensuite, si vou avez une botte de foin pour cette bonne bête-là, et quelque chose à manger et à boire pour moi, vous trouverez l'emploi de tout, s'il plaît à Votre Honneur, ami William.

Sullivan, avec une défiance que son infirmité augmentait encore, ne s'empressait pas d'accueillir cet hôte sans façon. Le grave et mélancolique vieillard ne pouvait s'imaginer que des secrets d'une haute importance pussent être confiés à un agent aussi léger, aussi bavard que paraissait Jack Gunn.

— De quel capitaine parlez-vous, l'ami? — demanda-t-il froidement; — je ne vous comprends pas.

Si William n'eût pas été privé de la vue, il n'eût pu s'empêcher de rire, malgré sa gravité, de l'air piteux et grotesque de l'ancien trompette.

— Hallo! diable! goddam! — murmura celui-ci, — il y a là-dessous quelque méprise. Mais un moment, — ajouta-t-il aussitôt comme frappé d'une idée, — si vous ne connaissez pas le capitaine dont je parle, vous pourriez au moins me dire pour qui l'eau coule en Irlande.

— Pour le landlord sassenach! — répondit William, qui reconnut un mot de passe donné par Richard. Il ajouta aussitôt en tendant la main au voyageur: — Entrez, Jack Gunn; cead mile faite! (cent mille bienvenues; c'est la formule hospitalière en Irlande); une bonne provision de trèfle attend votre cheval... Quant à vous, si vous n'êtes pas difficile, vous trouverez dans mon pauvre réduit de quoi satisfaire votre soif et votre faim.

— Difficile, moi! — répliqua le voyageur qui suivit résolûment le vieillard en conduisant le cheval par la bride; — vous ne connaissez guère Jack Gunn, William de mon cœur; j'ai mangé des rats rôtis et des nageoires de requins à la sauce aux chenilles dans les cases de l'Inde... Mais, avant de songer à moi, il est absolument nécessaire que je parle au capitaine. Est-il ici en ce moment?

— Non; il n'est pas encore revenu de Neath.

— En ce cas, il faut que j'aille sur-le-champ à Neath. Le temps d'attacher ce pauvre Bayard à la mangeoire et je repars... Le capitaine ne me pardonnerait pas de lui avoir fait attendre ses dépêches.

— Mais où le trouver? Si je ne me trompe, milord ne serait pas assez imprudent pour se montrer ouvertement dans un lieu où il est connu de tant de personnes. Croyez-moi, Jacques Gunn, attendez ici; il ne saurait tarder à rentrer maintenant. Aussi bien vous semblez avoir fait une longue traite aujourd'hui et vous devez être fatigué.

— Fatigué! répéta l'ancien trompette avec une sorte d'indignation, — allons donc! est-on fatigué pour avoir parcouru une quarantaine de milles à cheval? Me prenez-vous pour une recrue?... Mais, — ajouta-t-il d'un ton différent, — puisque je ne saurais trouver le capitaine, il faut bien que je me résigne à l'attendre. Tenez, après souper, s'il vous reste un moment, nous pourrons, jouer en duo quelques-uns de nos airs nationaux: le Saint-Patrick day et l'Expulsion de Shane-Bui, à la mou demande qu'une cornemuse, un sifflet ou même une simple clef forée pour accompagner votre violon... Vous verrez, morbleu! Jack Gunn n'est pas encore asthmatique quand il s'agit de souffler pour la vieille Irlande.

— Ami Gunn, — répliqua le vieillard avec un soupir, — depuis bien des années mon violon s'est brisé... et il n'a pas été remplacé.

En causant ainsi, ils avaient traversé, à la pâle lueur du crépuscule, l'espèce d'enclos où Sullivan cultivait quelques chétifs légumes, et ils étaient parvenus aux ruines. Laissant à gauche la portion du cloître encore debout qu'habitait l'aveugle, ils entrèrent dans un réduit souterrain dont la moitié de la voûte était effondrée. Là avait vécu longtemps une petite vache laitière, l'orgueil et la joie du pauvre aveugle; mais la bête étant morte de vieillesse, l'araignée filait sa toile dans les perches raboteuses qui servaient de râtelier. Néanmoins une fougère odorante, répandue sur le sol, une botte de samroch verte et fleurie suspendue à la mangeoire, rassurèrent Jack sur le souper et le coucher de Bayard. Après avoir débarrassé le bel animal de ses harnais et pourvu à tous ses besoins, il suivit son guide, la valise sous le bras, et il put enfin s'occuper de lui-même. La demeure de William n'offrait guère plus de comfortable que celle du cheval; et certes les anachorètes, si nombreux en Irlande au moyen âge, n'eussent pu se contenter de moins. Elle consistait en deux petites pièces, à moitié enterrées, qui semblaient avoir été autrefois des cellules de religieux; elles recevaient la lumière de meurtrières rondes dépourvues de châssis; on y pénétrait par une porte cintrée, si basse qu'il fallait se baisser pour entrer.

En avant de cette porte, deux arcades de l'ancien cloître formaient une sorte de péristyle; comme les cellules étaient dépourvues de cheminées, c'était à l'abri de ces arcades que l'aveugle avait établi sa cuisine. Un feu de tourbe brûlait en fumant au pied d'un pilier noirci et faisait bouillir un vieux pot de terre. Ce pot contenait le souper de William et de tous les hôtes qu'il plairait à Dieu de lui envoyer le soir, des pommes de terre cuites à l'eau; ce mets unique des pauvres d'Irlande. Heureux encore ceux qui n'en manquent jamais!

On juge d'après ces détails ce que devait être l'intérieur de l'habitation. Rien de plus austère que le ménage du vieil aveugle. Dans la première pièce, l'œil cherchait vainement des meubles; il fallait un peu d'attention pour découvrir un coffre de bois, des billots servant de sièges, et quelques vases de terre disposés dans les trous de la terre. Quant au lit, on n'en voyait d'aucune sorte; de la paille et de la fougère fraîche devait en tenir lieu. La seconde pièce était destinée habituellement à contenir la provision de tourbe et de pommes de terre; mais, vu la gravité des circonstances, elle avait été récemment appropriée, une jonchée de fougères, la ressource de l'hospitalité des paddies, recouvrait les inégalités du sol. Malgré ces préparatifs, qui tendaient à dissimuler la nudité de ces lieux sombres et humides, on se demandait comment, un vieillard avait pu y vivre tant d'années en proie aux souffrances, aux privations, dans l'isolement et l'oubli.

Jack Gunn ne parut nullement surpris de l'aspect misérable de ce taudis; il ne voyait rien là qu'il ne fût possible de voir dans tous les cottages du voisinage. Peut-être William avait-il sur ses compatriotes l'avantage d'occuper seul les cellules de Lady's-Church, tandis que, chez ses voisins, une famille de huit ou dix personnes était parquée souvent dans un espace plus étroit encore. Peu s'en fallut même qu'il ne félicitât Sullivan de son aisance apparente, et en cela il eût prouvé péremptoirement son origine irlandaise, s'il eût pu rester un doute à cet égard.

William l'invita à s'asseoir et s'empressa de lui servir un pot de petite bière brassée par lui-même, en attendant le souper; puis il se mit à vaquer aux soins du ménage. Vainement Jack offrit-il de l'aider, l'aveugle refusa, le moindre dérangement dans son réduit pouvant, en raison de son infirmité, lui causer de graves embarras. Le soldat se résigna donc à l'inaction et une conversation suivie s'établit entre eux.

Sullivan désirait savoir plus positivement qui était son hôte et de quelle commission il était chargé pour Richard O'Byrne. Sur ce dernier point, Jack se montra impénétrable; mais il fut beaucoup moins discret en ce qui le concernait personnellement. Il était né d'une pauvre famille de paddies dans le Tipperary. A l'âge de vingt ans, ennuyé de ne pas manger tous les jours à son appétit dans le cottage paternel, il avait prêté l'oreille aux mensonges des raccoleurs qui faisaient leur tournée dans son village, s'était endormi dans un cabaret à la suite de nombreuses libations, et s'était réveillé soldat de l'Angleterre. Après l'avoir promené triomphalement dans les rues au son du tambour, selon l'usage, on l'avait embarqué pour l'Inde, où on l'avait incorporé dans un régiment de cavalerie. Jack Gunn, qui devait au *pipper* de son village quelques notions de musique, avait fait, en qualité de trompette, plusieurs campagnes contre les peuplades hostiles à la domination anglaise. C'était là qu'il avait connu le capitaine O'Byrne, dont le nom illustre lui était familier depuis son enfance. Quelques services que Richard, en sa qualité de coreligionnaire et de compatriote, avait rendus au trompette lui avaient gagné le cœur de Jack; aussi lorsque Richard quitta l'Inde, après avoir donné dans un but secret sa démission d'officier, Jack voulut-il le suivre et s'attacher à sa fortune.

Ce récit, accompagné de lazzi et d'excentricités, avait été écouté avec une extrême attention par William Sullivan.

—Ainsi donc,—reprit celui-ci,— si je vous ai bien compris, vous êtes le domestique du capitaine?

— Le domestique! — s'écria Gunn avec indignation; — mais pour qui me prenez-vous? Je suis l'ami de Son Honneur, entendez-vous? Il est vrai que j'ai soin de ses effets, que je fais ses commissions; il est vrai encore que le capitaine me donne de quoi vivre, mais tout cela en bonne amitié. Non, non, je suis l'homme de confiance de Son Honneur; je connais tous ses secrets, et, en ce moment même, j'ai à lui apprendre des choses... Mais, véritablement, — ajouta l'ancien soldat avec agitation, — je commence à être inquiet de l'absence du capitaine. Voici la nuit qui approche, et on n'y voit guère plus chez vous que dans un four... A tout hasard, je vais aller rôder du côté de Neath.

— Un moment encore, — dit l'aveugle en lui imposant silence du geste; — je crois entendre son pas... Écoutons

— Tous deux prêtèrent l'oreille; Jack ne distingua d'autre bruit que le frémissement de la brise dans les roseaux du lac; mais l'ouïe délicate de l'aveugle avait perçu des sons d'une autre espèce. — C'est lui, — reprit-il avec vivacité; — j'ai reconnu un pied chaussé qui marche sur les cailloux du chemin... Il va vite, il sera bientôt ici.

Il se leva et se mit en devoir d'allumer une petite lampe de terre préparée pour la circonstance, le luminaire, comme on peut le croire, n'était pas en usage chez un aveugle. A peine s'était-il acquitté de ce soin, que les pas retentirent dans le jardin, et Richard O'Byrne parut.

Il salua William d'un air distrait, et, ôtant son manteau, il se jeta sur un siége, sans avoir eu l'apparence qu'il se tenait respectueusement en face de lui. Il était fort pâle; son visage paraissait bouleversé. Après un moment d'attente, Jack toussa bruyamment, leva la tête et regarda un moment le trompette:

— Bonjour, Jack, — dit-il enfin, en s'efforçant de revenir au sentiment de la situation présente; — en vérité, vos camarades du régiment vous reconnaîtraient difficilement sous votre nouvel uniforme irlandais... En tout autre pays du monde, le voyageur qui vous rencontrerait ainsi chercherait une pièce de deux pence pour vous l'offrir.

— S'il plaît à Votre Honneur, — répliqua Jack gaiement avec une espèce de salut militaire, — cet uniforme et moi, nous sommes de vieux amis, et les pièces de deux pence n'en ont pas grêlé plus dru sur ma route... Mais il fallait bien être vêtu comme tout le monde pour n'être pas remarqué. Déjà aujourd'hui, votre beau cheval a fait faire plus de commentaires que je n'aurais voulu... Ces coquins du comté de Wiclow sont connaisseurs en chevaux; à me voir monté sur cette vaillante bête, ils ne se gênaient pas pour m'accuser de l'avoir volée... Mais, — reprit-il en s'apercevant que Richard l'écoutait à peine et paraissait abîmé dans de sombres réflexions, — Votre Honneur me semble bien triste ce soir. Auriez-vous par hasard déjà connaissance des fâcheuses nouvelles que je vous apporte et des dangers qui vous menacent?

— De fâcheuses nouvelles? des dangers? — répéta Richard tout à fait rappelé à lui-même; — je croyais avoir appris aujourd'hui assez de mauvaises nouvelles pour une journée.

Jack cligna de l'œil et désigna l'aveugle par un geste de défiance.

— Vous pouvez parler librement devant William Sullivan, — dit O'Byrne en saisissant la main du vieillard, qu'il serra avec force: — il a rêvé ce que nous allons accomplir, bien avant votre naissance et la mienne... Ce ne sera pas lui qui trahira jamais la cause de l'Irlande.

— J'ignore encore quels sont les projets de Votre Honneur, — répliqua William d'un ton solennel; mais le peu de sang qui coule dans mes veines est à l'Irlande et à mon lord.

— Oh! je vous connais bien, mon vieux Sullivan, et je sais que vous êtes ferme dans vos convictions comme un bloc de granit... Aussi ai-je choisi votre pauvre demeure pour y séjourner pendant tout le temps que je dois rester dans le pays. D'ailleurs elle est écartée, solitaire, et elle convient parfaitement à mes projets.. Eh bien! Jack, — continua-t-il en s'adressant à l'ancien soldat, — maintenant que vous êtes rassuré sur le compte de notre ami William, m'apprendrez-vous enfin ces mauvaises nouvelles que vous m'apportez..? Mais, d'abord, avez-vous mes lettres?

— Les voici, capitaine, — dit Jack en tirant d'une poche de sa veste trouée une volumineuse correspondance.

Richard se jeta dessus avidement et ouvrit avec précipitation plusieurs paquets, après en avoir examiné l'écriture et le cachet.

— Eh bien? — reprit-il sans cesser de lire.

— Och! Votre Honneur. — reprit Jack en s'agitant sur son siége selon son habitude, — parmi les nouvelles recrues que vous avez faites dernièrement dans le Connhaugt, il s'est trouvé un faux frère; un sur tant de milliers de fidèles, ce n'est pas beaucoup, direz-vous peut-être; mais, sauf votre respect, le mieux serait qu'il n'y en eût pas du tout. Ce coquin devait plusieurs termes arriérés à son landlord, selon l'usage; vous savez que c'est le moyen qu'on emploie pour tenir les pauvres diables en laisse. Donc notre drôle, pour obtenir du temps, ou peut-être la remise de sa dette, n'a imaginé rien de mieux que d'aller trouver son maître, qui est en même temps juge de paix, et de lui conter tout ce qu'il savait de l'affaire... Le landlord a vu dans cette révélation un moyen de se faire bien venir de la couronne; il est parti pour Dublin avec le paddy et s'est présenté au lord-lieutenant... Mais Votre Honneur ne m'écoute pas?

— Si, si, continuez, — répliqua Richard distraitement. Et il ajouta, en fermant une lettre qu'il venait de parcourir: — Le docteur K... a engagé plus de deux cents repealers au dernier meeting de Belfast... Décidément O'Connell travaille pour nous.

— Le lord-lieutenant à son tour, — reprit Jack, — a fait grand bruit de cette révélation; il veut pouvoir se vanter plus tard d'avoir conservé l'Irlande à la reine. Il a déjà réuni des constables, expédié des mandats de perquisition, même, dit-on, des ordres d'arrestation. Heureusement le traître ne savait pas grand'chose; pourtant de personnages importans qui agissent pour nous ou nous ont promis leur concours, il n'a pu nommer que vous et deux ou trois paddies, ses voisins et amis, qui l'avaient présenté à l'association. Néanmoins Votre Honneur devra se tenir sur ses gardes, car d'après ce que dit le procureur Toustone, un mandat d'amener peut être lancé contre vous, s'il ne l'est déjà...

— Le major O'Cavanagh a fait merveille dans le comté d'Antrim, — reprit Richard en rejetant une autre lettre qu'il venait de lire; — il a recruté plus de six cents ouvriers des manufactures, et ceux-là sont des hommes solides, qui frapperont un bon coup pour la cause... Est-ce là, Jack Gunn, tout ce que vous aviez à m'apprendre? — continua-t-il en décachetant une troisième dépêche.

— Eh! mais, si Votre Honneur ne trouve pas que ce

soit assez, plus d'un de vos amis pourra trouver que c'est trop.

— Et vous êtes du nombre de ceux-là, n'est-ce pas, mon brave garçon ? — dit Richard d'un ton amical, — Je vous remercie de vos avis, Jack ; mais je savais déjà ce que vous venez de me conter. Ce matin, un billet venu de Dublin m'avait appris la trahison de Tom Smith et les poursuites dont je vais, selon toute probabilité, être l'objet. Ils ne me prendront pas, Jack, rassurez-vous ; j'ai l'orgueil de me croire trop nécessaire au salut de l'Irlande, pour laquelle Dieu se prononce chaque jour... Mais vous ne m'avez pas dit encore quelle est la réponse de nos amis du Tipperary, du Connaught et du Cunnamara ?

— Ils sont prêts à marcher, capitaine, et leurs délégués se trouveront réunis demain, à minuit, au rathe du Lord-Abbot, à quelques milles d'ici, comme vous l'avez ordonné... Ils vous rendront compte eux-mêmes de leurs moyens de succès.

— Que Dieu soit loué ! — s'écria Richard, dont le visage s'était épanoui ; — cette heureuse nouvelle efface toutes les autres. — Après avoir encore demandé à Jack quelques renseignements moins importans, il reprit : — Maintenant, Jack Guhn, mon enfant, je sais ce que je voulais savoir. Je vous remercie de votre activité, de votre zèle, de votre dévouement dans ce moment de crise; mais vous devez être fatigué ; prenez un peu de nourriture et couchez-vous sur cette bonne fougère fraîche que notre hôte nous a préparée. Demain, sans doute, j'aurai besoin de vos services, et à chaque jour suffit sa peine.

Jack fit bien quelques objections pour la forme ; mais, en dépit de ses fanfaronnades, il ne pouvait oublier qu'il était resté quatorze heures à cheval sans prendre aucune nourriture. Il se décida donc à fêter les pommes de terre bouillies que William venait de servir, et dont Richard lui-même, en véritable Irlandais, prit fraternellement sa part ; puis l'ancien soldat, s'enveloppant d'une espèce de cape trouée qui lui servait de manteau, se coucha dans un coin et ne tarda pas à s'endormir avec insouciance.

Restés seuls, Richard et William gardèrent d'abord le silence. O'Byrne paraissait accablé sous le poids des soucis que tant d'événemens devaient lui causer. Le vieil aveugle attendait respectueusement qu'il plût à son hôte de lui adresser la parole.

— Sullivan, — dit enfin le capitaine avec douceur, — ce que vous entendez doit vous surprendre ; ces explications que vous ne demandez pas, mon estime et mon affection pour vous m'engagent à vous les donner, d'autant plus qu'au temps où vous sommes, la patrie a besoin du secours de tous ses enfans. Asseyez-vous donc, mon vieil ami, et écoutez-moi.

En même temps Richard se mit à exposer en détail au vieillard le plan d'une vaste conspiration dont il était l'un des chefs.

On sait quelle était alors l'immense action d'O'Connell sur son pays natal, et jusqu'où il poussa l'*agitation pacifique* de l'Irlande Jamais nation n'avait été si complètement dans la main d'un homme de génie. Sur un mot de sa bouche, ces centaines de milliers d'Irlandais qu'il réunissait dans des meetings formidables se fussent débarrassés de leurs maîtres anglais et eussent revendiqué des droits méconnus pendant une période sanglante de dix siècles. Mais tel n'était pas le but d'O'Connell ; il croyait guérir les plaies de sa patrie en obtenant la séparation de l'Irlande et de la Grande-Bretagne ; ce qu'il nommait le *rappel de l'union*. De vaines démonstrations, des menaces qui ne devaient pas être suivies d'effet, puis des subtilités de jurisprudence, des chicanes de procureur, voilà ce que le libérateur opposait à la ténacité de l'avare et impitoyable Angleterre.

Or, à l'époque dont nous parlons, beaucoup d'Irlandais, même parmi les *repealers*, ne partageaient pas les illusions d'O'Connell ; illusions funestes, comme on l'a vu plus tard, car elles dépensèrent en pure perte une énergie

qui eût pu sauver l'Irlande et qui ne se manifestera plus peut-être au même degré dans l'avenir. Ils avaient compris que le gouvernement britannique, avec ses lenteurs calculées, ses hésitations apparentes, ses concessions sur des points secondaires, jouait un jeu perfide ; il voulait gagner du temps, laisser ce beau feu d'enthousiasme se consumer par sa violence même, puis il profiterait d'une occasion favorable pour étouffer d'un coup l'agitation et les agitateurs. L'avenir a prouvé combien ces prévisions étaient justes. Les courageux patriotes avaient donc pensé qu'il fallait utiliser cet élan généreux; le dernier peut-être d'une nationalité à l'agonie, brusquer les choses, et, si l'Angleterre ne cédait ni aux prières ni aux menaces, la contraindre par la force des armes à rendre justice.

Les circonstances étaient favorables pour une entreprise de cette nature. Des dissentimens venaient d'éclater entre la France et le foreign-office ; la guerre semblait imminente. Or, en France comme dans tous les autres pays de l'Europe où avait pénétré le récit de ses misères, la malheureuse Erin pouvait compter sur de vives et profondes sympathies ; les peuples étaient pour elle : elle oubliait les gouvernemens. Enfin O'Connell, en attaquant avec son impétueuse éloquence populaire les crimes de la race conquérante, avait vulgarisé en Irlande les griefs de l'Irlande. La foule était organisée, prête pour l'insurrection comme pour la résistance légale ; au premier signal, sans doute, elle allait se lever.

Des avis que Richard O'Byrne reçut dans l'Inde lui avaient appris l'état des choses ; aussitôt il s'était empressé de donner sa démission et de s'embarquer pour l'Europe. Il avait trouvé les esprits merveilleusement disposés ; déjà bon nombre d'hommes distingués étaient entrés dans une conspiration qui se formait pour ainsi dire d'elle-même. Malgré les résistances, les attaques souvent haineuses d'O'Connell, qui s'obstinait dans l'impasse de la légalité, l'association avait fait des progrès rapides. Certains membres, ayant été fort avant dans la confiance du libérateur ; connaissaient parfaitement la hiérarchie et l'organisation du rappel ; ils fournissaient des renseignemens précieux sur les individus à qui l'on pouvait proposer à coup sûr d'entrer dans la société nouvelle. Richard O'Byrne, avec l'autorité de son nom illustre, sa parole chaleureuse, sa foi exubérante, avait complétement réussi sur une terre si bien préparée à recevoir la semence de l'insurrection. Tandis que d'autres missionnaires parcouraient les comtés du nord, il avait visité en trois mois ceux du sud et du centre; et il y avait fait un grand nombre de prosélytes. Les chefs étaient désignés, les rôles tracés, les points de ralliement déterminés d'avance ; tous les membres de l'association étaient pleins d'ardeur. A la vérité, l'argent et surtout les armes manquaient ; mais à quoi ne peuvent suppléer les haines de race, une religion exagérée jusqu'au fanatisme et l'amour de l'indépendance ?

Richard avait réservé pour la fin de sa tournée apostolique le comté de Wiclow où ses ancêtres avaient été si puissans, où il était né lui-même, et où son influence personnelle devait être si considérable. C'est que en effet cette portion de l'île, avec ses montagnes inaccessibles, ses lacs, ses défilés où quelques centaines d'hommes résolus pouvaient arrêter une armée, était destinée, dans le plan des conspirateurs, à servir de cœur à la future insurrection, et Richard avait voulu la disposer avec lui-même particulier au rôle qu'elle était appelée à remplir. Là, autrefois, les terribles montagnards de son clan avaient tenu en échec les ennemis dix fois plus nombreux ; il y avait encore là certaines vallées étroites, certaines bourgades écartées où, comme dans le Cunnamara, l'autorité du gouvernement anglais était à peu près méconnue. Nulle part les traditions du passé ne s'étaient conservées avec plus de ferveur; d'ailleurs la facilité des communications avec les comtés où l'association avait des ramifications étendues, le voisinage de la mer, la proximité de Dublin contre lequel on pourrait tenter dans l'occasion un hardi coup de main, tout faisait de ce point un centre d'action de la plus haute importance.

On comprend du reste comment, en arrivant dans son pays natal avec de pareils projets, le capitaine O'Byrne n'avait voulu ni demander asile à son frère ni même le voir. Il s'était assuré que les convictions d'Angus différaient entièrement des siennes, et il connaissait assez le caractère inflexible du jeune prêtre pour être sûr que son frère s'opposerait à tout ce qu'il n'approuverait pas. De plus, Richard était fort irrité des relations d'amitié qui s'étaient établies en son absence entre sa famille et la famille Avondale, quoique sur ce chapitre lui-même fût bien plus coupable qu'il ne voulait l'avouer. D'ailleurs son frère et sa sœur ne pouvant lui être d'aucune utilité dans l'œuvre pour laquelle il risquait sa tête, à quoi bon les compromettre dans cette audacieuse entreprise? Enfin, et c'était là une raison péremptoire, Richard O'Byrne, en s'établissant ouvertement à la manse, eût excité l'attention du voisinage et par suite celle de l'autorité, déjà très alarmée de ses menées; or, pour la réussite de ses plans, il voulait encore agir quelque temps dans l'ombre et faire mystère de sa présence à Glendalough.

Le capitaine O'Byrne exposa tout cela longuement à Sullivan, dont il estimait la haute expérience, le patriotisme éprouvé; il lui nomma quelques-uns des chefs principaux, hommes connus pour la plupart, et qui avaient joué un rôle sur la scène politique de l'Irlande; il lui énuméra les chances de succès de l'association, succès qui, à ses yeux, était prochain et sûr. Le vieillard l'avait écouté avec une extrême attention et dans le plus profond silence.

— Milord, — dit-il enfin en branlant la tête, — j'avais votre enthousiasme lorsque je me joignis aux rebelles de 98. La croix de feu avait couru la nuit sur nos montagnes pour appeler les paddies aux armes. Tous s'étaient levés, pleins d'ardeur et de courage. Vous savez ce qui en résulta. Le sort de John et de Henri Sheares, ces nobles martyrs dont on conserve encore les têtes coupées dans les caveaux de Saint-Michan, est bien capable de faire réfléchir les généreux enfants de l'Irlande qui, comme eux, rêvent l'émancipation de leur pays.

— Les circonstances ne sont plus les mêmes, ami William, — s'écria Richard impétueusement; — les frères Sheares n'avaient pas compris la situation de l'Irlande, unique en Europe. Ils voulaient...

— Brisons là, milord, — interrompit l'aveugle avec un soupir, — je ne voudrais pas affaiblir votre confiance par ma misanthropie et mes regrets. Non, je ne vous dirai pas combien je suis épouvanté de l'état de marasme et d'énervement où est tombée cette nation malheureuse... Mais c'est quand la maladie ne peut plus être guérie par les moyens ordinaires qu'il faut tenter les remèdes désespérés. — Il ajouta après un nouveau silence : — Milord, en dépit des craintes que m'inspire l'avenir, je n'en suis pas moins prêt, vous le savez, à me dévouer corps et âme pour vous et pour l'Irlande. Mon bras est bien faible et je suis privé de la lumière; mais, comme disait O'Dailly, mon aïeul, barde de l'illustre Mac-Feag-Hugh, votre ancêtre : « A pareille œuvre les enfants doivent raidir leurs petites mains et les vieilles femmes briser leurs quenouilles. » Je vous servirai de tout mon pouvoir; je vous fournirai des indications utiles sur les gens de ce pays, qui me connaissent bien et que je connais mieux encore. Je m'efforcerai de gagner à la cause ceux qui ont du cœur et de l'énergie; puis, au moment de la bataille, je me ferai conduire au premier rang, pour animer de la voix les soldats de l'Irlande. Hélas! je ne peux rien de plus!

— Il suffit, mon cher William, je n'attendais pas moins de votre âme si noble et si virile encore sous les glaces de l'âge... Ah! si l'Irlande possédait beaucoup d'hommes comme vous et comme ce fidèle serviteur qui dort là, à nos pieds, elle ne subirait pas depuis six cents ans le joug odieux de l'Angleterre!... Eh bien! Sullivan, vous avez passé la plus grande partie de votre existence dans ce

comté; les dispositions de ses habitants doivent vous être connues; que devons-nous attendre de nos démarches, de nos efforts pour les pousser à la révolte? Les injonctions pacifiques d'O'Connell ont-elles été écoutées? les prédications insensées comme celles de mon frère Angus ont-elles effacé les souvenirs de nos griefs, éteint en eux toute velléité de colère et de vengeance? Aujourd'hui, dans l'église de Neath, j'éprouvais des terreurs étranges à voir qu'ils ne savaient que pleurer, gémir et regarder le ciel.

— Et pourtant, milord, — dit William d'un air pensif, — quelques minutes après l'entraînant discours de Sa Révérence, à la porte même de l'église, ils se mettaient en révolte ouverte. Sur le plus frivole prétexte, pour un chien mort, à l'appel d'un pauvre vieil aveugle, ils se ruaient sur la livrée de leur maître, ils frappaient avec rage l'agent de leur landlord; ils l'eussent tué sans l'apparition de monsieur O'Byrne... Le cœur des hommes, milord, est dans les mains de Dieu; cependant nous essayerons... Dans deux jours, vous le savez, aura lieu à Neath un grand marché qui réunira une quantité considérable de paddies du comté; la plupart sont impatients déjà, des roueries légales et des lenteurs d'O'Connell; ils accepteront avec joie d'entrer dans le complot. Mais d'inscrire son nom sur un registre et de fraterniser avec ses égaux, à saisir des armes et à payer bravement de sa personne devant les habits rouges, il y a une grande distance. Quand le signal d'agir sera donné, tous ceux qui auront juré de mourir pour une sainte cause se souviendront-ils de leur serment? Voilà le problème, milord. Peut-être, pour déterminer une explosion dans ces âmes flétries, suffirait-il d'un accident frivole, d'un léger choc, d'une étincelle... Mais cette étincelle, c'est Dieu qui l'envoie d'en haut pour embraser le monde; aucune prudence humaine ne saurait prévoir si elle descendra de la nue, aucune force humaine ne pourrait l'en faire descendre. C'est à Dieu, milord, que nous devons nous adresser pour le succès de notre entreprise; lui seul sait maintenant s'il veut que l'Irlande reste plus libre ou esclave... Mon Dieu! mon Dieu! ne nous avez-vous pas assez éprouvés?... Prions pour l'Irlande, milord!

En même temps, le vieillard se tourna vers une petite image enfumée du Christ qui décorait le mur de la cellule, et se prosterna dévotement. Richard, électrisé par cette foi si vive, s'agenouilla à son côté; tous les deux adressèrent mentalement au ciel une courte prière pour leur patrie.

Enfin Richard se leva, et William l'imita.

— Courage, ami, courage! — dit le capitaine O'Byrne avec enthousiasme, — nous serons les instruments au moyen desquels l'Irlande sera délivrée. — L'aveugle exprima par un geste silencieux avec quelle ardeur il s'associait à ce vœu. — William, — reprit Richard après une nouvelle pause, — la soirée s'avance et vous n'êtes pas habitué aux veilles. Pour moi, j'ai une longue correspondance à écrire; elle m'occupera une partie de la nuit, et je vais me retirer dans la pièce voisine qui m'est destinée. J'imagine que vous pourrez me trouver demain un messager sûr et discret pour porter mes lettres à Dublin, chez la personne que j'indiquerai?... Le vieillard fit un signe d'assentiment et se prépara à prendre congé de son hôte. — Un moment encore, — dit O'Byrne, dont la voix, si ferme tout à l'heure, avait maintenant un caractère de tristesse et d'embarras.

Sullivan attendit en silence, mais Richard se taisait. Un souvenir poignant venait de traverser son esprit, et il paraissait plongé dans de sombres réflexions.

— Milord, — reprit William, qui restait debout devant lui et dont l'œil éteint se fixait sur Richard, comme s'il eût pu sonder les profondeurs de son âme, — n'avez-vous rien de plus à me demander?

Le capitaine tressaillit.

— Eh bien! oui, — répliqua-t-il, — je vous l'avouerai, William Sullivan, une pensée brûle mon cerveau et m'ôte

la vigueur d'intelligence et de volonté qui me serait nécessaire dans la crise prochaine... Il s'agit des intérêts les
plus chers que j'aie au monde après ceux de notre Irlande. Dans ce pays existe un homme qu'à tout prix je voudrais trouver seul à seul, hors de chez lui, sans qu'il me
connût ; vous pourriez, j'en suis sûr, m'en faciliter les
moyens.

— Quel est cet homme, milord ?

Richard hésita de nouveau.

— Sir Georges Clinton, — dit-il enfin avec effort.

— Sir Georges ! — s'écria le vieillard, dont toute l'organisation, si impassible d'ordinaire, sembla agitée comme
par une tempête intérieure ; — Votre Seigneurie sait
donc ?... Oh ! depuis longtemps j'ai conçu des craintes
sinistres au sujet des bruits répandus dans le voisinage...

— Bonhomme, — interrompit Richard avec violence, —
qui vous parle de vos soupçons et de vos craintes ? Ne
soupçonnez rien, ne craignez rien, ne supposez rien, je
vous le défends !

Il porta la main à son front, et, vaincu par la douleur,
il versa quelques larmes. Les traits de l'aveugle exprimaient la sympathie. Il attendit un peu pour laisser à son
hôte le temps de se calmer.

— Milord, — dit-il enfin avec douceur, — vous ne pouvez croire que j'aie eu la pensée...

— N'en parlons plus, — interrompit O'Byrne en relevant son visage mâle, où toute trace d'émotion avait déjà
disparu ; oubliez mon emportement, William, et... et
plaignez-moi. Mais vous n'avez pas répondu à ma question ?

— Eh bien, milord, celui dont vous parlez vient souvent pêcher dans le lac de Glendalough, à quelques pas
d'ici. Il est accompagné alors d'un seul domestique pour
porter ses lignes et garnir ses hameçons ; il serait facile
de l'aborder. Je me suis demandé bien des fois comment
le neveu de milord, avec la haine qu'il inspire, ose s'exposer ainsi dans un lieu écarté à la vengeance de tant de
malheureux réduits au désespoir.

— Et cette haine est méritée, William, — dit le capitaine avec véhémence ; — car cet homme est un infâme...
Eh bien ! je l'attendrai, je le guetterai... Oh ! quand vien-
dra-t-il ?

— Il ne peut tarder, milord, car voilà plusieurs jours
qu'il ne s'est livré à son passe-temps favori... Cependant
vous avez entendu dire, sans doute, que demain plusieurs
des chefs de famille qui ont pris part à l'affaire de Donnagh devaient être expulsés de leurs cottages ; peut-être
sir Georges, qui a été l'instigateur de cette mesure ri-
goureuse, n'osera-t-il se montrer dans un moment où les
têtes sont montées.

— N'importe, je saurai commander à mon impatience !
Pourvu que je me trouve un instant seul avec lui, cela me suffira. Et maintenant, bonne nuit, mon cher William, —
continua Richard d'un ton différent ; — vous savez quels
devoirs pressans me réclament ?

— Que Dieu vous bénisse, milord, — dit le vieillard
d'une voix grave, — et qu'il vous fasse réussir dans tous
vos projets !

Il s'inclina profondément et alla se coucher sur sa fougère, à côté de Jack Gunn, tandis que Richard se retir-
rait dans la seconde pièce, spécialement affectée à son
usage.

Dès qu'il se trouva seul, le capitaine s'empressa de brûler les papiers qu'il venait de recevoir ; puis, s'asseyant
sur un escabeau, devant une planche mal équarrie destinée à lui servir de table, il tira de ses bagages ce qu'il
fallait pour écrire.

A la faible lueur de la lampe tremblotante, on eût pu
le voir pendant une partie de la nuit, dans cette sombre cellule, tantôt écrivant, tantôt rêvant à ses vastes
projets.

Le lendemain était une de ces belles journées de prin-

temps, si rares dans les climats du Nord, où cette partie
poétique de l'année se passe d'ordinaire en alternatives de
pluie et de vent. Les nuages avaient subitement disparu ;
l'air était doux, moite, chargé d'une odeur de sève et de
jeunes pousses. Le soleil resplendissait dans un ciel pur
au-dessus de la vallée de Glendalough, dont il éclairait
toutes les profondeurs et faisait miroiter les eaux limpides. Cette nature grise et abrupte, ainsi brillamment
éclairée, perdait quelque chose de son aspect sauvage ; les
rochers semblaient moins arides, les gorges moins creuses
et moins sombres. Les tourbières elles-mêmes, avec leur
surface unie, tour à tour brune et jaunissante, attris-
taient moins le regard. La campagne, immobile et silencieuse la veille encore sous l'âpre vent de mer, retentis-
sait du chant amoureux des grives et des merles ; tandis
que, dans le voisinage du marais, de nombreuses volées
d'oiseaux aquatiques, sarcelles, foulques, râles criards,
hérons majestueux, remplissaient les roseaux de mouvement et de vie.

Cette espèce de fête que le ciel donnait à la terre s'étendait jusqu'aux ouvrages et aux habitations des hommes.
Les ruines de ces sept églises ou monastères, qui étaient
éparses dans la vallée, paraissaient se draper avec un
reste de fierté dans leur manteau de lierre. Les pauvres
cottages, disposés en hameaux sur les gradins des montagnes, se réjouissaient à ce chaud soleil qui faisait fleu-
rir sur leurs murs lézardés les joubarbes et les cymbalai-
res, qui faisait chanter les petits oiseaux sur leur toit de
branchage et de glaise. Ils ouvraient leurs étroites fenêtres et leurs portes basses pour aspirer un peu de cet air
vivifiant. La fumée, qui s'échappait en bouffées bleuâtres
de leurs faîtes, semblait elle-même un signe de joie ; elle
annonçait que la ménagère était à l'œuvre et qu'il restait
encore à leurs habitans quelques pommes de terre bien
chaudes pour déjeuner.

Dans un de ces hameaux, situé en face de Lady's-Church,
et appelé Shanakill, se trouvait le cottage de Tom Irwing,
le pauvre paddy dont nous avons fait connaissance sur la
place de Saint-Patrick. Ce cottage, comme les autres, était
hideux de malpropreté et de misère. Tout alentour s'étendait une boue fétide, formée d'immondices en décompo-
sition. Un homme robuste eût facilement démoli à coups
de pied les murs de terre de cette habitation. A l'intérieur, même aspect repoussant : pas de meubles, pas de
vaisselle, pas de lit ; on couchait par terre sur de la paille
et des fougères ; on mangeait dans la main ou dans des
tessons de pots rassés ; ni armoires ni coffres : qu'y eût-
on mis ! Une seule pièce, de dix à douze pieds carrés, devait servir d'habitation à Tom, à sa femme, à sa vieille
mère idiote et à cinq enfans dont l'aîné avait une doux-
zaine d'années, dont le plus jeune tétait encore sa mère.
Nous omettons, et pour cause, trois ou quatre oies et une
énorme truie, qui vivaient pêle-mêle avec la famille.
Quant au poney étique sur lequel Tom se rendait aux
marchés du comté, la triste bête n'avait pour domicile,
été comme hiver, qu'une sorte de hangar ouvert à tous
vents.

Mais le spectacle de sa sordide indigence ne pouvait
choquer Tom Irwing. Il n'y avait rien là qu'il ne fût habitué à voir depuis son enfance, qu'il n'eût vu également
chez ses voisins et ses amis. Aussi ce jour-là, Tom, subis-
sant peut-être à son insu l'influence du beau temps, se
sentait-il moins disposé qu'à l'ordinaire aux inquiétudes
et à la misanthropie. Assis, devant sa porte et fumant sa
loudine d'un air nonchalant, il paraissait oublier ses
dettes, le manque de travail et la maladie des pommes de
terre, ses préoccupations habituelles. Par la porte entr'ouverte du cottage, il pouvait voir sa femme, encore belle
maigré sa pâleur, aller et venir pour vaquer aux soins du
ménage ; sa mère, la vieille idiote, qui, accroupie auprès
du feu de tourbe, semblait aspirer avec délices la chaleur
et la fumée ; ses enfans enfin, qui, presque nus, n'en
étaient pas moins gais, et se chamaillaient à grand bruit
en attendant le repas du matin. De plus, son cochon

grommelait à ses pieds, ses oies barbotaient dans le fumier qui cernait la maison. Tom, peu difficile, songeait en ce moment qu'il existait des gens plus malheureux que lui. Il est bon d'ajouter, pour expliquer ce paradoxe, que, la veille, Irwing avait eu le bonheur insigne de trouver entre les douves du baril de whiskey défoncé par le ministre la valeur d'un demi-verre de cette précieuse liqueur, qu'il avait recueillie dans son spleuchan de peau ; aussi, à son réveil, avait-il pu prendre son coup du matin, ce qui certainement avait contribué à donner cette teinte rose à ses pensées.

Cependant Irwing paraissait pensif : il roulait dans sa tête un plan de haute spéculation. Le travail de son imagination se trahissait par de fréquentes bouffées de fumée sortant de sa bouche comme d'une locomotive en marche. Tout à coup il sembla qu'une difficile opération intellectuelle fût arrivée à son dernier terme ; il posa sa pipe à côté de lui, et, se penchant vers la porte du cottage, il dit d'une voix résolue :

— Och ! Pat, mon garçon, donne ta sœur Ketty à sa mère qui cernait la maison.—Patrick, petit blondin à l'œil vif et malin, s'avança aussitôt et comparut devant l'auteur de ses jours. Celui-ci examina l'aîné de ses fils avec une attention particulière ; il le prit par le bras, le tourna et le retourna comme pour une inspection radicale ; le pauvre petit diable se laissait faire en enfonçant philosophiquement ses doigts dans son nez. Le costume de Patrick ne méritait pourtant pas une étude si longue ; il consistait en un lambeau de chemise et un pantalon trop court, tellement percé à jour qu'il eût été plus modeste de le supprimer. La tête, les bras, les jambes et les pieds étaient nus en toute saison. Irwing, après avoir ruminé à loisir un cas épineux, ordonna à l'enfant de l'attendre et rentra dans la maison. Il revint un moment après avec un objet qu'il avait retiré d'un paquet de vieux chiffons servant de couches à l'enfant au maillot : c'était une loque d'un noir rougeâtre, qui ne conservait aucune forme. Cependant, quand le paddy l'eut développée avec précaution, on eût pu, avec un peu d'attention, reconnaître confusément un habit noir. C'était un habit noir en effet, qui, après avoir brillé sur les épaules de quelque dandy de Londres dans sa jeunesse, avait passé sur celles d'un laquais à son âge mûr, et était arrivé, à ses derniers jours, par l'intermédiaire des juifs brocanteurs, à la maigre et longue échine de Tom Irwing. Pendant dix années consécutives, l'honnête paddy s'était montré dans les églises, dans les marchés, partout, avec ce curieux vêtement ; mais comme Irwing s'obstinait à ne pas le quitter, le vêtement le quitta. Un jour, Irwing, assez têtu pourtant, fut obligé de reconnaître lui-même qu'il ne pouvait plus porter son habit noir, et il avait relégué aux loques de famille ce sale débris d'une grandeur passée, jusqu'au moment où il l'exhuma ainsi aux yeux de Patrick. Son but ne fut pas longtemps secret ; il regardait tantôt son fils, tantôt le haillon, comme s'il eût voulu comparer la capacité de l'un au volume de l'autre. Le soi-disant habit noir n'avait plus qu'une manche et une basque ; l'autre manche avait été rognée par les rats, l'autre basque avait été arrachée dans une de ces rixes si communes entre paddies irlandais sur les champs de foire. Mais c'était trop encore de ce qui restait ; Tom Irwing arracha les superfluités inutiles : de l'habit il fit une veste, ou mieux une redingote pour Patrick, qui s'en enveloppa tout entier. Le pauvre enfant, malgré les franges et les déchirures sans nombre de son nouveau costume, ne s'était jamais vu si somptueusement vêtu. Dans sa joie, il voulait aller se montrer à sa mère et à ses frères ; Tom le retint et lui dit d'un ton solennel : — Och ! Pat, mon chéri, il faudra ménager ton habit neuf, attendu qu'il devra encore servir à tes frères quand ils seront en âge de le porter. Mais tu me comprends : tu n'es plus un enfant, te voilà homme comme moi, et il est temps de te suffire à toi-même... Aussi, maintenant que tu es vêtu décemment et que tu pourras entrer dans le beau parloir doré de milord, à Stone-

House, sans faire déshonneur à ta famille, je vais te mettre en voie de te tirer d'affaire, peut-être même d'aller loin... Ecoute-moi.—Malgré cet exorde imposant, maître Patrick semblait beaucoup plus occupé de ses nouveaux habits que des conseils paternels ; il se tenait raide, guindé, se regardant avec étonnement, et ne se reconnaissait plus lui-même. Tom reprit d'un ton magistral :

— Tu sais que le garde Donnagh a tué hier le chien de monsieur William Sullivan, l'aveugle de Lady's-Church, ce qui a valu à Donnagh une grêle de coups de pied et de coups de poing qu'il n'oubliera pas de sitôt, non plus que deux ou trois pauvres diables qui vont être chassés de leur cottage et l'on m'a conté. Donc, mon enfant, ce pauvre Brann, le chien de William, est mort, et j'ai demandé pour toi sa survivance à notre voisin. Monsieur Sullivan est un peu orgueilleux, et, quoique aveugle, il veut se conduire seul. Véritablement, je l'ai vu hier descendre la pente de Neath, et il n'allait pas mal ; mais, en t'y prenant avec adresse, tu viendras à bout de te faire accepter. Cependant il faut tout dire : Brann était un fier chien, qui ne fourvoyait jamais son maître dans les ronces et les cailloux ; il sera nécessaire de l'imiter en ceci, mon garçon, si tu veux conserver la place. — Patrick balbutia une promesse sans s'apercevoir qu'il avait fourré machinalement son doigt dans une déchirure de son vêtement de cérémonie et qu'il agrandissait cette déchirure d'une manière alarmante. Poursuivant son idée, Tom ne s'en aperçut pas davantage. — Fort bien, mon enfant! — reprit-il ; — je vois que nous ferons quelque chose de toi... Dame ! tu n'es pas un païen ; tu as été élevé chrétiennement dans une famille de braves gens, et monsieur William, qui est bon catholique, t'en aimera davantage. Och ! Pat, mon bijou, pousse un hourra pour le pape de Rome et un grognement pour ces chiens damnés de protestants.—Le drôle obéit avec un entrain qui prouvait une longue pratique ; les petits enfans qui étaient dans l'intérieur du cottage, reconnaissant les sons auxquels ils étaient habitués, répétèrent avec ensemble le hourra et le grognement. — C'est ça, mes petits, bien crié ! — dit le paddy avec satisfaction ; — Sa Révérence monsieur O'Byrne ne dira plus que je vous élève mal... Mais c'est assez ; qu'on se taise là-bas ! — Et quand le silence fut rétabli partout, le père reprit en s'adressant à l'aîné : — Maintenant, mon ami Pat, nous disons donc qu'il s'agit de te faire agréer comme conducteur de l'aveugle de Lady's-Church. Si tu allais te tout bêtement lui proposer la chose, il te refuserait peut-être ; mais, en te conduisant selon mes avis, tu réussiras certainement... Tu seras tendre, avec ton bel habit, chez William. S'il ne te voit pas du moins il te touchera, et, en reconnaissant que tu es vêtu de drap fin, il ne pourra te prendre pour un vagabond, un mauvais sujet dont les parens veulent se débarrasser. Tu l'aborderas poliment et du t'informeras des nouvelles de Son Honneur ; car monsieur Sullivan est un gentleman, un favori de la famille O'Byrne, et tu ne saurais te montrer trop respectueux. Puis tu lui demanderas, toujours bien doucement et comme de toi-même, si tu ne pourrais pas lui rendre quelque service, faire ses courses, aller chercher son tabac, couper de la fougère pour son lit ; il refusera peut-être d'abord ; mais, en te voyant si poli, si empressé, il finira par te charger d'une commission. Peu à peu tu gagneras sa confiance, il voudra te garder près de lui, et tu seras définitivement en place. Surtout, Patrick, mon cher enfant, ne parle pas de gages ou de récompenses pour tes peines ; tu ne réclameras jamais rien ; seulement le voisin Sullivan, qui est un homme juste et sachant vivre, ne voudra pas avoir à son service un fils de famille sans lui donner quelques légers profits. Et si le bonhomme t'offre de temps en temps une pièce de deux pence, il ne faudra pas la refuser, mais, en le voyant si poli, et si tu le prendras soigneusement. De même, quand ton maître t'engagera à partager son dîner de pommes de terre, il ne sera pas nécessaire de faire la petite bouche ; tu pourras manger à ton appétit, entends-tu ? Ou, si tu n'as pas faim, tu de-

48

manderas la permission d'apporter ta part à tes frères et
à tes sœurs, qui dînent souvent par cœur, comme tu sais.
— L'industrieux Irwing en était là de ses instructions
paternelles, quand un incident inattendu vint arrêter le
flux de son éloquence, qui sans cela n'eût pas tari de
sitôt. Levant les yeux par hasard, il aperçut dans la vallée, sur le chemin de Shanakill, plusieurs personnes qui
paraissaient se diriger vers le hameau. Sans bien se rendre compte pourquoi, Tom devint pâle et son cœur se
serra. — Tiens, Pat, — reprit-il en désignant le groupe, —
toi qui as de bons yeux, ne pourrais-tu me dire si ce n'est
pas le bailly Jameson que j'aperçois là-bas?
— Oui, père, — répliqua avec volubilité maître Patrick,
enchanté de faire trêve aux longs et minutieux conseils
du paddy; — oui, c'est le bailly Jameson avec sa perruque blanche et son habit noir; et puis, il y a quatre constables avec leurs gibernes et leurs grands fusils; et puis,
Son Honneur sir Georges, qui cause avec le bailli et paraît bien joyeux, car il rit aux éclats; puis il y a John
Smith, le valet de chambre de sir Georges, qui porte de
grandes lignes, comme si Son Honneur allait à la pêche;
et puis... il n'y a plus rien.
Avant même cette longue énumération des personnes
qui traversaient la vallée, Tom Irwing les avait parfaitement reconnues.
— Och! Hallo naboclish! — grommela-t-il en essuyant
la sueur qui coulait sur son front, — est-ce que Son
Honneur sir Georges, à cause de l'affaire d'hier, n'irait
plus à la pêche que sous la garde du bailli et de quatre
constables? Autrefois pourtant il était plus fier que poltron, comme sont tous ces jeunes lords. — Pendant qu'il
parlait encore, Irwing eut la preuve de l'absurdité de ses
suppositions. Les personnes qui attiraient son attention
étaient parvenues à un endroit où la route se divisait en
deux parties : l'une remontait vers les habitations, l'autre
suivait les bords sinueux du lac. Il y eut là un moment
d'arrêt, puis le bailli s'inclina jusqu'à terre, les constables présentèrent les armes, tandis que sir Georges saluait
négligemment de la main. Alors le groupe se fractionna :
sir Georges et le domestique porteur des ustensiles de
pêche se dirigèrent vers le lac; le bailli et ses gardes,
avec leur cortège de curieux, prirent d'un pas délibéré
la route de Shanakill. Tom Irwing, à l'apparition du redoutable magistrat, ne put se défendre de vives angoisses.
— Donnagh a parlé, je le sais, — grommela-t-il, — il a
désigné Mac-Tole et O'Mahonny, de Neath, ils savent que
les pauvres diables ont dû être jetés ce matin hors de
leurs cottages. Mais quel est le troisième? Ce ne peut être
moi; le garde ne m'a pas vu, j'en suis sûr. Ensuite les
gens sont si méchans? Si on était allé lui dire .. Och! j'y
suis, — s'écria-t-il d'un air radieux en se frappant le
front, le troisième, c'est mon voisin Henry Plunkett, qui
a jeté par terre le chapeau de Donnagh d'un coup de
shillelagh. Oui, le bailli a l'air de regarder de son côté...
Plus de doute!... Pauvre Harry! un père de quatre enfans, et une sœur, et une mère, et une femme infirme!
Malgré la pitié qu'il éprouvait pour son voisin, quelque
chose comme de la joie se montrait sur le visage maigre
et hâve du paddy. Il voulut faire de nouvelles recommandations à Patrick; mais le polisson, ne se sentant plus
observé, était parti à toutes jambes malgré les splendeurs
de son costume, pour contempler le bailli et les constables
dans l'appareil d'une exécution judiciaire.
La nouvelle de l'approche des gens de justice avait mis
en rumeur les cottages de Shanakill. Hommes, femmes,
enfans, vieillards, accouraient sur les portes; tel était le
peu de sécurité dont jouissaient ces pauvres familles, que
toutes tremblaient de voir fondre sur elles cette impitoyable bande; mais Harry Plunkett, le voisin d'Irwing, se
montrait plus inquiet que les autres; son œil hagard, ses
traits décomposés témoignaient particulièrement d'une
conscience troublée.
Le bailli, chef de l'expédition, n'avait pourtant pas une
figure trop rébarbative. Monsieur Jameson était un petit

homme aux manières mielleuses et polies, dont l'épine
dorsale, par l'habitude de s'incliner devant ses supérieurs,
avait contracté une cambrure permanente. Son habit noir
râpé et son chapeau à cornes ne donnaient aucune dignité
à sa personne, qui en était naturellement dépourvue. Les
constables, de leur côté, ne payaient pas de mine. En Angleterre, où la loi n'est jamais méconnue, ces agens de la
force publique portent à la main, dans l'exercice de leurs
fonctions, une inoffensive baguette; mais en Irlande, où
l'on prétend dominer par la violence, les constables sont
vêtus d'un uniforme, munis de sabres et de fusils. Seulement les armes sont en mauvais état et les uniformes en
lambeaux, afin sans doute que cette milice ait un point
commun avec la population malheureuse dont elle est
appelée à réprimer les écarts.
Quand la petite troupe atteignit l'esplanade exiguë où
les cottages étaient bâtis, elle hésita de nouveau, comme
si elle n'eût su où s'adresser. Les familles, qui se pressaient
sur le seuil de leurs portes, sentirent redoubler leurs angoisses; personne ne parlait, personne ne bougeait; on
attendait en retenant son souffle.
Cette indécision ne fut pas de longue durée. Bientôt le
chef de l'expédition marcha vers Tom Irwing, qui attendait sur sa porte comme les autres, ayant derrière lui sa
femme tremblante, sa mère stupéfaite du mouvement
insolite qui s'opérait autour d'elle, ses enfans qui regardaient bouche béante. Le paddy faillit tomber, la tête lui
tourna ; néanmoins il essaya de faire bonne contenance.
Arrivé à quelques pas du cottage, monsieur Jameson
parla bas aux constables, qui s'arrêtèrent et mirent tranquillement l'arme au pied. Puis il aborda seul Tom
Irwing.
— Bonjour, Tom, bonjour, mon brave garçon, — dit-il
d'un ton caressant; — voilà longtemps que je ne suis
venu de ce côté, et ta famille a encore prospéré en mon
absence, à ce que je vois... Tous les ans, à la Noël, tu es
dans l'impuissance d'acquitter ton terme intégralement; .
en revanche, tu es père d'un nouvel enfant... Ah! si l'on
payait ses fermages avec cette monnaie, tu ne serais pas
couché si souvent sur les registres de milord... Et cependant mistress Irwing, que j'aperçois là derrière toi, ne paraît pas se trouver trop mal de ce régime... Bonjour, voisine... Eh ! eh ! toujours jolie !
Cet abord ne paraissait pas bien effrayant ; cependant
mistress Irwing, qui tenait dans ses bras le plus jeune de
ses enfans, n'avait pas la force de prononcer une parole,
et Tom ne sentait pas diminuer ses inquiétudes. Tous
les deux devinaient la griffe du tigre sous la patte de
velours.
— Bonjour, monsieur Jameson, — dit le pauvre paddy
en se livrant à des démonstrations exagérées de politesse;
— Votre Honneur est de bien bonne heure de ce côté. Et
la chère mistress Jameson, comment se porte-t-elle ? C'est
là une digne dame ! A-t-elle toujours son king's-Charles,
qui mord si bien les jambes des gens, la gentille bête ?...
Votre Honneur vient de Stone-House, sans doute... Eh
bien ! vous pourrez me donner des nouvelles de ce pauvre
corps de Donnagh, qu'on y a transporté, dit-on, par l'ordre
de milord : comment va-t-il aujourd'hui? Il était bien mal
arrangé hier, quand nous le portâmes à la maison; il se
trouve mieux, j'espère... Vous me croirez si vous voulez,
monsieur Jameson, mais toute la nuit j'ai eu devant les
yeux la figure ensanglantée du pauvre garçon !
— Il en guérira, — répliqua le bailli avec beaucoup
d'aisance, — et il a pu bavarder toute la matinée comme
une vraie pie... mais je suis venu pour affaires, et je ne
puis m'arrêter longtemps à Shanakill...
— Quoi! monsieur Jameson, allez-vous nous quitter si
tôt? Votre Honneur consentira bien à manger avec nous
une pomme de terre chaude... Je voudrais pouvoir vous
offrir un verre de whiskey, mais...
— Merci, Tom, — répliqua le bailli Jameson avec un
redoublement de douceur affectueuse; — tu as toujours
été un brave garçon, hospitalier, le cœur sur la main,

comme on dit, n'ayant rien à toi; mais, pour offrir ainsi ce qu'il y a dans ton cottage, tu dois être assez bien maintenant dans tes petites affaires. Ainsi tu seras en mesure, je le gage, de payer, et cela *illico*, autrement dit sur-le-champ, une somme de... attends, je vais voir (et il tira un papier de sa poche), oui, une somme de dix-sept livres sterling, six shillings, huit pence, monnaie courante d'Angleterre, que tu dois à ton lord, le très honorable comte Avondale.

Le coup était rude ; mais Irwing espéra s'en tirer comme il s'en était tiré déjà plusieurs fois, en demandant un sursis.

— Monsieur le bailli, — reprit-il humblement, — s'il plaît à Votre Honneur, l'année a été bien mauvaise... Les pommes de terre sont malades, comme vous savez ; et puis deux de mes enfans ont eu la fièvre, il a fallu les guérir. Laissez-moi le temps de vendre mon cochon et mes oies... C'est demain grande foire à Neath, et les marchands du Nord arriveront en foule... Que Dieu bénisse le vieux lord et la jolie miss Nelly, sa fille, et aussi l'honorable sir Georges, son neveu, mais les temps sont si durs !

— Tom Irwing, mon cher, tout cela est bel et bon; mais tu m'as chanté plus d'une fois cette chanson-là, et il faut changer d'air aujourd'hui.

— Allons donc, monsieur Jameson, Votre Honneur m'accordera bien un jour ou deux pour me retourner... Vous êtes si bon ! Laissez-moi le temps de vendre mon poney, mon cochon, mes volailles ; puis je vous apporterai l'argent, sans en distraire un shilling pour boire un verre ou deux de poothen chez la veuve O'Flanagan, foi d'Irwing !

— Ta ! ta ! ta ! Tom Irwing, mon ami, tu m'as pipé assez souvent à cette glu-là ! J'ai reçu les ordres de milord, ou plutôt de monsieur Tyler, son secrétaire, et je ne puis accorder aucun sursis... Il faut payer *instanter*, autrement dit à l'instant, la somme de livres, shillings et pence ci-dessus énoncée, ou bien je vais procéder sans désemparer à la saisie de ce qui t'appartient : poney, cochon, volaille, mobilier, et tout vendre à la criée, dès que tu auras quitté le cottage avec ton monde et que tu m'en auras remis les clefs. Mauvaise affaire pour milord, va ! il y perdra gros, car la vente couvrira à peine les frais et la moitié de la dette.

Cette signification fut accueillie par les cris de désespoir de la famille Irwing, auxquels se mêlèrent ceux des familles voisines. Tom, au milieu de ce concert de plaintes et de gémissemens, suppliait toujours à mains jointes pour obtenir un répit de quelques jours.

Sa femme s'avança à son tour. Elle ne criait pas, elle ne se lamentait pas, mais de grosses larmes roulaient de ses yeux. Elle présenta à l'homme de loi le tout petit enfant demi-nu qu'elle tenait dans ses bras, et dit d'une voix émouvante :

— Votre Honneur n'est pas de la même religion que nous, monsieur Jameson ; mais vous êtes chrétien et vous avez un cœur... Eh bien ! si vous ne prenez pas pitié de moi et de Tom Irwing, le pauvre cher homme, prenez pitié du moins de ces enfans. Si vous nous chassez aujourd'hui, ils mourront demain de faim et de froid.

Le bailli secoua la tête.

— Ce que vous me demandez ne dépend pas de moi, ma chère mistress Irwing, — répondit-il ; — j'ai reçu des ordres, je me compromettrais... Il faut donc de suite vider les lieux, sans rien emporter de ce qui se trouve dans le cottage, dont je déclare dès à présent que tout le contenu, meubles, récoltes, animaux domestiques, est et demeure saisi au nom de milord comte Avondale, ainsi qu'il sera relaté au procès-verbal que je vais dresser. — Et il ajouta à demi-voix, avec plus de sensibilité qu'il n'en avait montré jusque-là : — Aussi pourquoi diable Tom Irwing, un père de famille, va-t-il se prendre de querelle avec les agens de milord et porter la main sur eux ?

— Ce n'est pas moi ! — s'écria vivement le paddy ; — je

défie le garde d'affirmer qu'il m'a *vu* porter la main sur lui ! J'ai des ennemis, et Donnagh lui-même m'en a toujours voulu depuis que nous avons eu une petite pique ensemble chez la Flanagan... Mais c'est donc à cause de cette méchante histoire d'hier que l'on me chasse de mon cottage? Si cela était, il faudrait le dire ; milord n'aurait pas besoin de se mêler de cette affaire ; quand Donnagh sera rétabli, lui et moi nous prendrions chacun un shillelagh et nous terminerions la querelle en braves garçons... Hein ! Votre Honneur, cela ne vaudrait-il pas mieux que de nous jeter sur le grand chemin de la reine sans nourriture et sans abri?

— Cela ne me regarde pas, — interrompit Jameson avec impatience ; — je ne suis ni coroner, ni sheriff pour m'enquérir des actes de violence commis ici ou ailleurs... Je sais seulement que tu dois au landlord de cette terre la somme de livres, shillings et pence que j'ai déjà dite, et, comme tu ne peux payer, je saisis... C'est clair comme le jour, cela... Mais voilà bien des façons, Tom Irwing, mon chéri ; Mac-Tool et O'Mahony, de Neath, à qui j'ai fait tout à l'heure les mêmes sommations qu'à toi, ne se sont pas montrés si récalcitrans ; ils ont pris leur parti en gens de cœur et ont décampé sans tant de paroles... Allons, finissons-en ; aussi bien je n'ai pas de temps à perdre, car il n'y aurait rien d'étonnant que Sa Révérence monsieur Bruce vînt fourrer son nez rouge dans nos opérations et demander le partage... Tiens, Irwing, je te veux du bien ; ne m'oblige pas à requérir l'aide de ces honorables messieurs les constables ; cède la place de bonne volonté, je te le conseille.

En même temps il s'avançait vers la porte du cottage, et les constables, relevant leurs fusils, firent mine d'employer la force pour repousser cette famille désolée.

— Mais puisque Donnagh ne m'a pas *vu* ! — s'écriait Tom hors de lui. — Och! pouvez-vous me jurer devant votre Dieu protestant que Donnagh m'a *vu* lui arracher une poignée de cheveux par derrière, bailli Jameson ?

L'homme de loi haussa les épaules et voulut écarter mistress Irwing, qui, son enfant dans les bras, lui barrait faiblement le passage. Tout à coup la pauvre femme, en promenant autour d'elle un regard d'angoisse, aperçut sir Georges qui pêchait tranquillement sur le bord du fleuve, à quelque distance.

— Irwing, — s'écria-t-elle avec chaleur, — voyez là-bas ce bon jeune lord, sir Georges Clinton, qui prend des truites dans le lac de Glendalough... Ne pourrais-je aller me jeter à ses pieds et lui demander un délai, comme il en accorda un, en pareil cas, à la femme de Kevin Moore, notre bon ami ?

Tom balbutia quelques paroles d'un air hébété.

— Je ne te le conseille pas, mistress Irwing, — dit le bailli d'un ton railleur ; — vous effaroucheriez le poisson par vos criailleries, et l'honorable sir Georges vous enverrait au diable... Et puis, voyez-vous, ma chère, — continua-t-il en baissant la voix, — quoique vous soyez encore fort bien, il faut tenir compte de tout ; or, quand mistress Moore alla demander cette grâce à sir Georges, elle avait dix ans de moins que vous et elle était mariée depuis deux mois seulement.

La pauvre femme devint rouge comme un coquelicot à cette insinuation maligne. Elle cacha son visage contre son enfant, qui gémissait tout bas, et se mit à sangloter.

Jameson et sa suite allaient enfin pénétrer triomphalement dans cette cabane, si misérable et si sombre qu'elle semblait ne devoir exciter aucun regret, quand un nouvel obstacle se présenta sous la forme d'un personnage également vêtu de noir, à nez bourgeonné, en perruque de travers, couvert de poussière et de sueur. C'était le collecteur de dîmes.

— Grâce au ciel, j'arrive à temps ! — dit-il en épongeant avec un mouchoir sordide la sueur qui ruisselait sur son front ; — j'imagine, bailli Jemeson, que vous n'avez pas encore saisi le mobilier et le bétail de Tom Irwing, qui doit cinq livres et dix-sept pence à Sa Révérence monsieur Bruce, pour arriéré de taxe?

— J'en suis bien fâché, maître Cokerill, — répliqua le bailli en ricanant, — mais je prends à témoin ceux qui sont ici présens que j'ai signifié la saisie à Tom d'après les formes légales.

Et il offrit une prise de tabac au collecteur dans une énorme tabatière de corne.

— Quoi ! — s'écria Cokerill désappointé, — le poney, le cochon, les oies...?

— Tout y a passé, confrère, et Sa Seigneurie sera en perte, car il y a insuffisance notoire.

— Sa Seigneurie est plus en état de supporter une perte que Sa Révérence, un pauvre ministre de la religion établie... Voyons, monsieur Jameson, soyez raisonnable; laissez-nous au moins le cochon.

— Ni cochon ni truie, mon cher, vous perdez votre temps. Les droits du landlord sont sacrés ! Vous me permettrez donc de poursuivre mon office et de rédiger mon procès-verbal de saisie.

— Comment ! le procès-verbal n'est pas dressé encore? — s'écria le collecteur d'un air radieux; — alors je m'oppose à la saisie, qui est nulle et non avenue, et je saisis à mon tour au nom de Sa Révérence.

— Oui-dà, monsieur Cokerill, est-ce de ce bois que nous nous chauffons? Je ne me laisserai pas arracher le morceau de la bouche, voyez-vous ; je vais dresser mon procès-verbal nonobstant toute opposition.

— Eh bien ! verbalisez, moi je protesterai.

— Protestez, mon cher.

Et tous les deux, sous la protection des constables, pénétrèrent dans le cottage en continuant à défendre bruyamment les droits de leurs patrons respectifs.

Alors commença une scène déchirante. Pendant que Jameson et Cokerill, installés chacun de son côté sur un banc boiteux, griffonnaient leur grimoire, les constables s'efforçaient d'expulser de la cabane les anciens habitans. Mais là était la difficulté; la vieille idiote, qui depuis plusieurs années n'avait pas passé le seuil de la porte, refusait obstinément de sortir; elle adressait avec volubilité aux agens de la force publique des mots tantôt graves, entremêlés de menaces. Les enfans, excités par ses criailleries, effrayés de voir dans la maison où ils étaient nés ces odieux constables, qu'ils apprennent à haïr en suçant le lait de leur mère, couraient se cacher d'un coin à un autre. Patrick, l'aîné, s'était armé du shillelagh paternel, qu'il brandissait d'une façon belliqueuse; le cadet dévalait le foyer pour en jeter les pierres à la tête des persécuteurs de sa famille. Quant à Irwing et à sa femme, des préoccupations d'un genre différent les faisaient courir d'une extrémité à l'autre du cottage. Tom désirait soustraire à la rapacité des gens de la justice une vieille petite croix d'argent appartenant à sa mère, le seul bijou que contînt la maison, et mistress Irwing s'efforçait de leur dérober un paquet de loques pour envelopper son enfant. Mais les constables furent impitoyables; Tom ne put arriver jusqu'au trou de la muraille où la croix était cachée, et on le repoussa brutalement.

Un des soldats de police eut le courage d'arracher de dessous la cape de mistress Irwing, malgré ses prières, les vils chiffons dont elle s'était emparée. « Tout ici appartient à milord, » disait le bailli Jameson d'un ton mielleux; « et soustraire la moindre chose c'est voler Sa Seigneurie. » Hélas! que pouvaient faire au maître de la splendide habitation de Stone-House, à lord Avondale, pair d'Angleterre, la croix d'argent de la mère Irwing et les lambeaux de linge dont mistress Irwing enveloppait son enfant? Le bailli et ses gens en décidèrent autrement. Irrités de la résistance qu'on leur opposait, des retards qu'elle leur occasionnait, ils n'hésitèrent plus à employer la force. Malgré leurs protestations et leurs efforts, tous les membres de la famille furent jetés hors du cottage. On ne leur permit d'emporter ni effets, ni provisions, ni vêtemens de rechange, et quels vêtemens !

Ce fut par une faveur spéciale, et en vantant beaucoup sa faiblesse pour « la jolie mistress Irwing, » que Jameson autorisa la femme du paddy à vider dans son tablier le pot de pommes de terre qui était sur le feu au moment de la saisie.

Dès que la porte du cottage se fut refermée derrière eux, les pauvres gens se virent entourés de leurs voisins et de leurs amis. Jusqu'à ce moment, les habitans de Shanakill, soit qu'ils eussent été frappés de stupeur, soit qu'ils eussent craint les rapports malveillans auxquels pouvaient donner lieu des marques de sympathie accordées aux disgraciés, n'avaient pas osé souffler. Mais, loin du regard inquisiteur des suppôts de justice, les consolations, les témoignages affectueux furent prodigués à ces malheureux désormais sans asile. Bien plus, chaque cottage voulut leur offrir son toit hospitalier; un chef de famille se chargea de la vieille mère, un autre de mistress Irwing, un autre des enfans, un autre enfin de Tom lui-même. Les paddies, en pareille circonstance, sont toujours prêts à partager ce qu'il leur reste avec leurs amis dépossédés, car ils savent que tôt ou tard le même sort les attend.

Tom remerciait chaleureusement ses voisins, donnait des poignées de main à tort et à travers. Son intelligence n'était pas remise du coup qu'elle venait de recevoir, et il répétait avec la persistance d'une idée fixe :

— On dira ce qu'on voudra, mais Donnagh ne m'a pas vu. Je jurerais devant Dieu qu'il n'a pu me voir... Ah ! n'est-ce pas payer bien cher une pincée de cheveux arrachée sur la nuque d'un coquin? Mais monsieur Sullivan l'a maudit, et la malédiction de l'aveugle de Lady's-Church porte malheur; vous verrez !

Le brave homme allait se retirer avec le voisin charitable qui lui avait offert l'hospitalité, quand le cercle de curieux formé autour de lui s'ouvrit tout à coup; une femme, enveloppée d'une de ces capes brunes à capuchon dont nous avons parlé, s'approcha de lui. Au premier coup d'œil, Tom reconnut miss O'Byrne. Elle se pencha à son oreille et lui mit quelque chose dans la main.

— Tom, — lui dit-elle, — prenez ceci... Le shilling vous est envoyé par Sa Révérence ; la guinée par une personne généreuse dont il m'est défendu de révéler le nom. Mac-Tool et O'Mahony ont déjà reçu une offrande semblable ; faites-en un bon usage.

À la vue de l'or, les yeux du paddy s'allumèrent.

— Tout cela pour moi seul, miss O'Byrne ? — dit-il, se contenant à peine sous les regards jaloux qui l'observaient; — que Dieu vous bénisse, miss Julia ! qu'il bénisse aussi Sa Révérence, et aussi la bonne âme qui a voulu secourir le pauvre Irwing ! Ah ! miss O'Byrne, je suis bien malheureux !

— Courage, Tom, — répliqua la jeune fille d'une voix vibrante; — souvenez-vous que vous êtes chrétien et catholique. Il en est qui paraissent calmes, pleins de joie, et qui sont encore plus à plaindre que vous.

Elle fit un signe d'adieu et s'éloigna rapidement, au milieu des bénédictions des assistans, qui soupçonnaient dans quel but cet ange de consolation venait d'apparaître ainsi parmi eux.

Tom s'était empressé de cacher la pièce d'or, mais il tournait et retournait le shilling dans sa main ; il cherchait à se persuader que la politesse lui faisait un impérieux devoir d'offrir un verre de wiskey chez la mère O'Flanagan à son hospitalier voisin. Pendant qu'il ruminait le cas, une large main se posa sur son épaule. Le paddy se retourna et se trouva face à face avec Sullivan, que le petit Patrick conduisait comme s'il eût été déjà son conducteur en titre.

Ce tableau épanouit le cœur du pauvre Irwing.

— Ah ! Votre Honneur, — dit-il avec explosion, — vous avez donc enfin consenti...

— Paix ! — interrompit l'aveugle en posant mystérieusement le doigt sur sa bouche ; — prenez mon bras et renvoyez Patrick. J'ai à vous parler.

Irwing administra une taloche à son héritier, qui s'enfuit au plus vite, tout surpris que ses fonctions de guide fussent sitôt interrompues ; puis il glissa son bras sous celui de William, et tous les deux s'éloignèrent en causant avec animation.

Cependant Julia O'Byrne, après s'être acquittée de sa tâche charitable, s'était hâtée de reprendre le sentier de Neath pour se dérober aux observations des gens de Shanakill. Bientôt elle atteignit une partie de la route où des buissons devaient la délivrer des regards des importuns. Néanmoins elle ne ralentit pas sa marche rapide ; plus elle approchait du lac, plus son pas, au contraire, devenait léger, en même temps qu'une vive émotion faisait palpiter son sein. En effet, Julia, en se rendant chez le paddy, avait aperçu de loin sir Georges Clinton occupé à pêcher dans le lac, et l'occasion lui paraissait favorable pour exiger du parent de lord Avondale cette entrevue qu'elle sollicitait depuis si longtemps sans pouvoir l'obtenir. Dans cette explication qu'elle recherchait, la jeune fille mettait une espérance suprême, et elle était impatiente de voir son sort se décider.

Aussi, quel fut son chagrin quand, parvenue à cette partie du chemin d'où l'on découvrait le noble pêcheur un moment auparavant, elle ne le retrouva plus ! Elle crut d'abord que sir Georges, ayant eu connaissance de sa visite à Shanakill, s'était retiré pour éviter une rencontre possible. Elle s'arrêta suffoquée, les yeux pleins de larmes. Mais la pauvre enfant s'exagérait son importance aux yeux du nonchalant sir Georges. En regardant avec plus d'attention, elle l'aperçut dans une crique du lac ; il se livrait paisiblement à son délassement favori.

— Enfin ! — murmura la jeune fille en appuyant sa main sur son cœur pour en comprimer les battements, — sainte Vierge, ma patronne, mon Dieu, qui m'avez abandonnée, inspirez-moi ce que je dois dire afin de le toucher !

Elle fit un signe de croix et se dirigea d'un pas précipité vers le pêcheur.

La place choisie par sir Georges était pittoresque et solitaire. C'était une espèce de ravin bordé de roches et de halliers ; il descendait vers le lac par une pente douce, couverte de gazon et de fleurs printanières.

Sir Georges, vêtu d'un élégant costume de circonstance, coiffé d'un chapeau de paille, était assis sur une grosse pierre dont la base baignait dans l'eau, d'une grande profondeur en cet endroit. Il manœuvrait avec habileté la longue ligne qu'il tenait à la main, et sifflotait tout bas un air d'opéra français. A ses pieds, sur l'herbe, frétillaient déjà deux ou trois truites qu'il avait prises. Derrière lui, un domestique se tenait prêt, dans le plus religieux silence, à amorcer les hameçons de son maître quand l'ordre lui en serait donné.

Julia s'approcha d'un pas si léger sur ce tapis de verdure, que Clinton la vit seulement au moment où il entendit sa voix.

— Sir Georges a-t-il songé, — dit-elle en affectant l'aisance, — qu'il est peut-être imprudent à lui de se montrer ainsi près du lac, quand le bailli Jameson exerce les rigoureux devoirs de sa charge ?

Sir Georges tressaillit et parut d'abord déconcerté. Mais, se remettant aussitôt, il se leva et salua avec politesse.

— Miss O'Byrne ! — s'écria-t-il, — en vérité, voilà une charmante surprise... Je ne m'attendais pas...

— Continuez votre pêche, — dit la jeune fille du même ton ; — en passant là-haut sur le chemin, je vous ai reconnu, et j'ai voulu me procurer le plaisir de vous voir prendre quelques-uns de ces beaux poissons. — Elle ajouta tout bas : — Renvoyez votre domestique, sir Georges ; renvoyez-le, je vous en conjure, j'ai des choses importantes à vous dire.

Clinton ne parut pas avoir entendu cette requête.

— Eh bien ! donc, puisque vous le voulez, — reprit-il en lançant de nouveau sa ligne, — je continuerai sans m'inquiéter beaucoup de ces mendiants là-bas. Qu'ils braillent, je ne les crains guère, et je les défie de m'empêcher de prendre une belle truite, que j'offrirai à miss O'Byrne pour un de ces jours d'abstinence si fréquens dans sa religion.

— Sir Georges ! — murmura Julia en lui adressant un regard suppliant.

Il hésita quelques secondes.

— Allons ! soit, — dit-il d'un ton froid, — puisqu'il le faut... Puis, se tournant vers le domestique muet et respectueux : — John, — reprit-il, — allez jeter de l'appât dans cette petite anse que vous voyez là-bas derrière les saules. Faites les pelotes petites, mais bien serrées, et vous m'attendrez pour m'indiquer la place.

Le domestique s'inclina et s'éloigna aussitôt dans la direction indiquée.

Quoiqu'il fût déjà à une assez grande distance pour ne pouvoir entendre une conversation, même à voix haute, sir Georges et la jeune fille gardaient le silence. Soit embarras, soit mécontentement, Clinton paraissait exclusivement occupé de sa ligne et ne tournait pas les yeux vers Julia. Celle-ci, émue et tremblante, ne savait comment aborder un pénible sujet.

— Sir Georges, — dit-elle enfin, — vous m'en voulez sans doute de l'espèce de violence que je fais à votre volonté... mais cette entrevue devenait nécessaire dans l'intérêt de votre honneur, de votre repos, et ma vie aussi dépendra d'elle... Sir Georges, n'ai-je pas aussi quelques droits à votre condescendance ? Si vous saviez combien je souffre !

Comme on le voit, elle n'élevait ni récriminations ni plaintes ; son geste était humble, sa voix suppliante. Clinton, sans la regarder, lança douze aunes de ligne jusqu'au milieu du lac, d'un seul tour de main et sans produire aucun bruit, dernière expression de l'habileté du pêcheur anglais.

— Eh bien ! que voulez-vous de moi, chère miss ? — reprit-il d'un air ennuyé ; — à quoi bon revenir sur le passé ? J'ai commis une faute, j'en conviens, puisque vous prenez à cœur un acte d'égarement digne d'indulgence aux yeux de beaucoup d'autres ; j'ai pour excuse même d'une passion à laquelle vous aviez refusé de répondre... Enfin, le mal est fait ; que puis-je pour le réparer ?

— Ce que vous pouvez, sir Georges, — reprit la jeune fille avec timidité, — est-ce donc à moi de le dire ? Vous m'avez perdue : vous avez imprimé sur mon front une marque de honte, et je mourrai si cette tache n'est pas bientôt effacée. Sir Georges, vous êtes libre, et vous n'ignorez certainement pas comment un homme loyal doit réparer un pareil affront.

— Oui, oui, je comprends à merveille... Pardon, miss O'Byrne, veuillez vous placer à ma droite ; en retirant ma ligne, je pourrais vous blesser. Oui, un mariage, n'est-ce pas ? Cependant vous avez dû entendre parler de certains projets auxquels mon honorable parent tient comme à un beau diable, et qui concernent la jolie miss Avondale... D'ailleurs, la famille à laquelle j'appartiens, le rang que je dois occuper plus tard, ne me laissent pas maître d'écouter mes inclinations. Je suis l'esclave de ma condition, et... Par le ciel ! voici un beau saumon.

Il amena jusqu'aux pieds de la jeune fille un magnifique poisson, qui battait le rocher de sa queue robuste ; mais Julia ne voyait rien.

— Sir Georges, — reprit-elle, —Dieu m'en est témoin, je suis indifférente au rang et à l'opulence que vous ferez partager à celle qui sera votre femme. La réparation que j'exige, je l'eusse demandée au plus pauvre paddy de ce comté, si un paddy eût été capable... D'autre part, si déchue que soit aujourd'hui ma famille, la descendante des rois du Munster ne saurait être de condition inférieure à celle de personne. Enfin, sir Georges, j'espère ne pas vous offenser en vous rappelant que, en dépit des efforts de lord Avondale, il n'y a aucune sympathie entre vous et miss Nelly. Vous éprouvez l'un et l'autre un égal éloignement pour cette union, et il est bien permis de penser...

— Et qu'en savez-vous, ma belle miss Julia ? Vous pouvez avoir reçu les confidences de ma fantasque parente, je n'en suis pas surpris ; mais avez vous reçu les miennes ?

Julia lui jeta un regard de reproche qui voulait dire :

— Mais alors quelle excuse aurait donc votre action infâme ?—Cependant elle se contint et reprit avec sa douceur angélique : — Je ne discuterai pas avec vous, sir Georges ; hélas ! comment vous persuader ce que votre conscience ne vous a pas inspiré déjà ?...—Cependant, balbutia-t-elle avec un effort douloureux, en baissant la tête, — je suis dans la nécessité..., un aveu que je n'ai osé faire encore à personne au monde... O mon Dieu ! comment trouverai-je la force de prononcer de semblables paroles ?

Elle se cacha le visage dans ses mains. Sir Georges, malgré son parti pris de ne montrer aucune émotion, se tourna vers elle d'un air inquiet :

— Que voulez-vous dire, miss O'Byrne ? — demanda-t-il.

La malheureuse enfant chancelait ; des spasmes nerveux soulevaient sa poitrine, comme si elle eût été en proie à d'affreuses tortures intérieures. Enfin ses lèvres s'entr'ouvrirent faiblement.

— Sir Georges, — murmura-t-elle, — bientôt... je serai mère...

Et elle tomba sur le gazon, écrasée sous le poids de sa honte.

Le premier sentiment du jeune gentilhomme parut être une stupéfaction profonde ; étourdi du coup, il laissa échapper quelques-unes de ces interjections dépourvues de sens qu'un Anglais a toujours à la bouche :

— Oh ! Yes ! Goddam ! — Puis se remettant ;—Eh bien, quoi ! chère petite, — dit-il, — pourquoi vous lamenter ainsi ? On vous trouvera une retraite bien cachée où vous vivrez dans la plus complète solitude, et quand vous en sortirez personne ne pourra se douter de la vérité. C'est ainsi que se passent les choses, en pareil cas... Quant à l'enfant, ma foi ! s'il le faut, on en aura soin ; on lui donnera une pension convenable. Oui, je lui donnerai, quand même je devrais réformer un de mes chevaux de chasse ou congédier monsieur Olivier, mon meilleur jockey !

Et, sûr d'avoir poussé le sentiment de la paternité jusqu'à l'héroïsme, Clinton lança sa ligne à l'eau avec toute la précision qu'exigeait cette opération délicate. Julia se souleva avec effort.

— Sir Georges,—reprit-elle,—sont ce là les consolations que vous avez à m'offrir dans ma chute effrayante ? Si ce fatal secret venait à être connu, avez vous songé que l'énergie pourrait me manquer pour supporter la haine et le mépris du monde ? Mais lors même que je parviendrais à cacher ma honte à ma famille, à mes frères, à tout ce qui m'est cher, pourrais-je aussi la cacher à ma conscience ? Déjà j'ai horreur de moi-même... Sir Georges, je suis d'une race où une fille déshonorée ne doit plus vivre ; mon orgueil me l'avait dit, une voix terrible me l'avait rappelé récemment encore... Et pourtant, sir Georges, je suis bien jeune pour mourir ! On m'a dit aussi que la justice divine était inexorable à l'égard de ceux qui devancent l'heure fixée par la Providence... Sir Georges ! sir Georges ! c'est peut-être le salut de mon âme chrétienne que je vous demande en vous demandant un père pour cet enfant ?

L'infortunée créature se traînait aux pieds de sir Georges et cachait dans l'herbe son visage inondé de larmes. Clinton partageait son attention entre elle et le flotteur de sa ligne, avec laquelle un poisson espiègle paraissait jouer en ce moment.

— Allons, miss O'Byrne, relevez-vous, — reprit-il avec sécheresse ; c'est... ridicule, comme disent les Français. Les lamentations ne changeront rien à ce qui est. Je ne m'appartiens pas.., Allons ! cessez de pleurer... En vérité,

je rougis de vous voir dans cette posture ; par respect pour vous-même, il faut que je m'éloigne. Aussi bien cette place ne vaut plus rien ; le bruit et l'agitation ont effrayé le poisson, et je vais tenter fortune ailleurs.

Il avait retiré sa ligne de l'eau et se disposait en effet à s'éloigner ; Julia se cramponna convulsivement à ses vêtemens.

— Sir Georges,—s'écria-t-elle,—restez ! de grâce, ayez pitié de moi ; je n'ai pas tout dit ; écoutez !

— Non, non, pas en ce moment, — répliqua Clinton, impatient d'échapper à ces obsessions ;—ce soir, demain... Quand vous serez plus calme, nous reprendrons cette conversation... Mais laissez-moi, je le veux... Laissez-moi donc, Goddam !

Il se dégagea par un mouvement brusque et repoussa brutalement la jeune fille. Elle leva les mains au ciel, en s'écriant d'un ton déchirant :

— O mon Dieu ! ne protégerez-vous pas une pauvre femme qui n'a pas mérité cet excès de dégradation et de mépris ?

— Il vous envoie un vengeur, Julia O'Byrne !—dit une voix derrière elle.

Clinton s'arrêta, Julia retourna la tête, et ils aperçurent Richard à quelques pas d'eux.

Richard portait le même costume que la veille, moins le manteau, qui eût gêné sa dévorante activité. Ce costume était simple, comme nous l'ayons dit ; mais il y avait dans la contenance et dans les traits d'O'Byrne tant de noblesse, tant de dignité, qu'il était impossible de méconnaître l'homme distingué, le gentleman. En ce moment, son front était crispé, ses yeux étincelaient comme des charbons ardens ; chacune de ses mains tenait un pistolet armé.

Une justice à rendre à sir Georges, c'est que cette apparition menaçante n'altéra nullement son flegme insolent. Il regarda Richard, qu'il ne connaissait pas, puis miss O'Byrne, et il dit à voix haute :

— Eh ! mais, quel est ce corps ? comment se trouve-t-il ici ? Ah ! miss O'Byrne, je ne peux croire encore, malgré les apparences, que vous ayez voulu me tendre un guet-apens ?

— Non, non, sir Georges, ne le croyez pas ! — s'écria la jeune fille éperdue, — je vous jure que j'ignorais... De grâce, — dit-elle en se jetant au-devant de Richard, — pas de violences, je vous en supplie !

Richard l'écarta par un mouvement du bras.

— Laissez-moi, — dit-il d'un ton ferme ; — votre rôle est fini, le mien commence.—Puis, se tournant vers l'Anglais, qui, appuyé sur sa ligne, regardait et écoutait d'un air plus surpris qu'effrayé : — Vous n'êtes pas tombé dans un guet-apens, sir Georges Clinton, — reprit-il, et vous n'avez pas à craindre de violences si vous agissez avec franchise... Prenez cette arme, monsieur.

Il lui présenta un de ses pistolets.

— Et que voulez-vous que j'en fasse ?

— Je veux que nous soyons sur le pied d'une égalité parfaite pour traiter de graves intérêts.

Clinton haussa les épaules.

— Vous aurez beau faire, l'ami,—dit-il d'un air méprisant, — sir Georges Clinton, de la noble maison d'Avondale, ne saurait être l'égal d'un gentilhomme de grands chemins.

— Misérable ! — s'écria Richard. Mais il se calma aussitôt. — Non, — reprit-il, — pas d'injures, aussi méritées qu'elles soient; je ne le suis promis..Lieutenant Clinton,— ajouta-t-il avec un accent de dignité, — je n'ignore rien de ce qui s'est passé entre vous et miss O'Byrne. Une réparation de votre part est devenue indispensable. Avant de vous proposer celle qui serait le plus de mon goût, je dois vous demander encore une fois si vous êtes disposé à épouser cette jeune fille, que vous avez déshonorée ?—Clinton ne répondit que par un sourire dédaigneux.—Il suffit, reprit Richard, j'en étais sûr,.. Eh bien ! donc, prenez cette arme, placez-vous à la distance que vous jugerez convenable, et défendez votre vie.

— Mais, vraiment, c'est un duel ! dit sir Georges avec ironie, en repoussant ce qu'on lui offrait ; — oui, oui, un duel sans témoins, au coin d'un bois, avec un inconnu !... Mais pour me décider à accepter cette belle proposition, l'ami, vous devriez au moins me dire votre nom et à quel titre vous intervenez dans cette affaire.

— Mon nom ! — répéta Richard, — je n'ai pas assez de confiance dans la loyauté de sir Georges pour le lui apprendre en ce moment... Ce nom était déjà illustre bien avant qu'un obscur aventurier anglais eût songé à s'affubler de celui d'Avondale, et j'ai occupé longtemps dans l'armée anglaise un grade supérieur à celui du lieutenant Clinton... Quant à mes titres pour défendre la cause de miss O'Byrne, il vous suffira que miss O'Byrne veuille bien me reconnaître pour son champion.

— Oh ! de toute mon âme ! — s'écria la jeune fille ; — je ne pourrais trouver de plus brave et de plus généreux défenseur. Cependant...

— Assez, interrompit Richard. — Allons, monsieur, vous l'entendez ! Etes-vous prêt ?

— Non, — dit-il enfin, — je ne puis accepter un duel avec de pareilles conditions.

— Pourquoi cela, monsieur ?

— Parce qu'il ne me convient pas de donner dans un piége... Je ne saurais me battre avec un homme qui prétend peut-être me forcer à couvrir de mon nom les faiblesses de sa maîtresse.

Les yeux de Richard s'injectèrent de sang ; il laissa échapper un cri rauque et sourd, semblable à celui d'une bête féroce. Mais, toujours maître de lui-même, il parvint de nouveau à refouler sa colère et sa haine.

— Monsieur, — reprit-il, — s'il vous répugne d'engager une lutte sans témoins, nous pouvons appeler votre domestique... Moi, j'ai à deux pas d'ici un ami qui s'empressera de m'assister.

— Non, — dit Clinton avec hauteur, — un homme de mon rang ne doit pas se battre contre un inconnu, avec des valets pour témoins. On peut m'assassiner, je ne me défendrai pas.

— Lieutenant Clinton, — s'écria O'Byrne en frappant du pied, — vous voulez donc que je dise partout que vous avez peur ?

— Dites, mon ami, — répliqua le jeune Anglais avec opiniâtreté, — aucun gentleman *connu* ne répétera impunément cette insulte en ma présence.

— Scélérat ! — s'écria Richard en levant la main, — je vous forcerai bien...

— Assez, assez, de grâce ! — s'écria Julia avec égarement ; — vous le voyez, il refuse. Plus d'espoir maintenant ! Puisqu'il faut une victime, ce sera moi... moi seule !

Richard ne l'écoutait pas.

— Sir Georges, — disait-il les yeux étincelans, n'avez-vous d'audace que contre une femme sans défense ? Vous êtes un lâche... un lâche, entendez-vous ? Allons, vous battrez-vous maintenant ?

— Non.

— Eh bien ! vil insulteur, séducteur abominable, — tiens donc ! tiens... tiens ! — Et du pistolet qu'il tenait à la main il frappait l'Anglais avec furie. Vainement sir Georges essayait-il de parer les coups ; O'Byrne était d'une vigueur à laquelle le chétif gentleman ne pouvait résister, malgré son adresse que Clinton avait dans l'art du *boxing*. L'arme d'acier retombait sur sa tête et son visage avec une force irrésistible ; le sang jaillissait de toutes parts. Richard l'eût tué peut-être, si un grand bruit qui se fit entendre derrière lui ne l'eût arrêté tout à coup. Il abandonna Clinton et se retourna avec épouvante. Julia avait disparu ; mais les eaux du lac étaient violemment agitées, et des lames clapoteuses venaient battre le rocher. — Grand Dieu ! — s'écria Richard, — la malheureuse enfant !

Prompt comme l'éclair, il se jeta à la nage.

En ce moment Julia reparaissait sur l'eau, portée par ses vêtemens. Son frère s'empara d'elle, malgré les efforts qu'elle faisait pour se dégager en murmurant :

— Laisse-moi... tu sais bien qu'il faut que je meure ! — Sans l'écouter, Richard se mit à nager vigoureusement vers le rivage. Quand il atteignit la roche qui bordait le lac, deux mains robustes lui enlevèrent son fardeau et le déposèrent avec précaution sur l'herbe sèche : c'était Jack Gunn, qui venait de sortir on ne savait d'où, et s'était élancé au secours de son maître. Grâce à lui, Richard et Julia se trouvèrent bientôt en sûreté, après une immersion de quelques minutes dans une eau glaciale. Ce drame rapide s'était passé en silence ; pas un cri n'avait été poussé qui pût attirer l'attention des gens du voisinage ; l'escarpement des bords du lac en cachait les émouvantes péripéties. Cependant Jack Gunn, sitôt qu'il fut rassuré sur le sort du frère et de la sœur, se mit à regarder avidement autour de lui. Sir Georges s'éloignait à pas précipités dans la direction de l'anse où il avait ordonné à son domestique de l'attendre. Il avait abandonné sa ligne et son chapeau sur le théâtre de la lutte ; ses vêtemens étaient en désordre, son visage était couvert de meurtrissures ; en marchant, il crachait par intervalles des bouchées de sang. Jack eut d'abord l'envie de le poursuivre, ignorant si son maître ne serait pas fâché plus tard de la fuite d'un adversaire contre lequel il avait montré tant d'acharnement. Mais Richard O'Byrne paraissait avoir déjà oublié sir Georges ; il s'occupait uniquement de la pauvre Julia, qui, toute frémissante dans ses vêtemens mouillés, les yeux à demi fermés, ses cheveux collés sur les tempes, disait d'une voix entrecoupée : — Richard, devais-tu donc m'empêcher de faire justice d'une indigne créature qui a souillé l'éclat de ton nom ? N'avais-tu pas toi-même prononcé la sentence ?

— Julia, ma sœur chérie, — répliqua Richard avec tendresse en se penchant vers elle, — oublie les paroles qui me sont échappées dans un moment de trouble et d'exaltation... Il serait odieux de te demander compte de ce monstrueux attentat. Ma sœur, je te l'ai dit, tu es toujours sainte et pure à mes yeux, et je t'aime... Je t'aime, entends-tu ? et je ne veux pas que tu meures.

— Eh ! Richard, qu'importe une existence qui sera désormais un fardeau pour les autres et pour moi-même ?

— Tu es chrétienne, Julia ; tu dois savoir te résigner à vivre pour souffrir.

Il lui présenta en peu de mots les considérations les plus touchantes et les plus capables d'émouvoir la pieuse jeune fille. Elle répondit enfin en poussant un profond soupir :

— Tu le veux, Richard ; soit... j'obéirai. Mais Dieu, je l'espère, abrégera dans sa miséricorde infinie le supplice auquel je suis condamnée. — Son frère l'embrassa chaleureusement et se releva. Il dit quelques mots à Jack, qui s'élança au sommet de l'escarpement et se mit à examiner les alentours. Après s'être assuré que la plus complète solitude régnait dans le voisinage, il fit signe à Richard, qui prit Julia dans ses bras. — Mon frère, — dit-elle d'une voix brisée, — où veux-tu donc me conduire ?

— Ici, chez William, dans les ruines de Lady's-Church ; tu sècheras tes vêtemens et tu pourras retourner à Neath sans que nul soupçonne ce qui s'est passé.

Julia laissa retomber sa tête sur l'épaule de Richard, qui la soutenait par la taille ; ils se mirent à marcher lentement vers les ruines, en suivant les anfractuosités des rives du lac.

VII

LE BON-MESSAGER.

Le soir du même jour, quelques heures après le coucher du soleil, un petit conciliabule s'était formé dans la première pièce du logement de William Sullivan à Lady's-Church. On était sans feu et sans lumière, comme si l'on eût craint d'éveiller au loin l'attention par un éclat inaccoutumé; on causait à voix basse d'un air mystérieux. De temps en temps un des assistans traversait le jardin qui précédait l'habitation, et il semblait épier dans le sentier l'arrivée d'un personnage impatiemment attendu, tandis que William allait écouter avec inquiétude à une porte intérieure dont les fentes laissaient échapper un rayon lumineux. Au dehors le ciel était sombre, sans étoiles et sans lune. Par momens, un vent impétueux faisait clapoter les eaux du lac voisin et produisait dans les roseaux des plaintes et des frémissemens bizarres; puis tout retombait brusquement dans un profond silence qui eût permis d'entendre voler un moucheron à travers les ruines.

Vers le milieu de la nuit, William se leva de nouveau et dit d'une voix étouffée :

— Il est impossible d'attendre plus longtemps; l'heure est venue... je vais prévenir milord.

Un murmure de satisfaction accueillit cette annonce. L'aveugle s'avança vers la porte intérieure, qu'il ouvrit et qu'il referma aussitôt sur lui.

Dans la seconde pièce, Richard O'Byrne était assis sur un billot, en face d'une table grossière où brûlait une petite lampe. Sur cette table on voyait épars des lettres écrites en chiffres, des cahiers chargés d'hiéroglyphes, des cartes géographiques. Des pistolets et un poignard indien servaient de presse-papiers. Richard était si profondément absorbé par son travail qu'il ne s'apercevait pas de l'entrée de son hôte. Celui-ci attendit près de la porte qu'on lui adressât la parole.

Enfin O'Byrne sortit de ses méditations et attacha sur le vieillard un regard bienveillant.

— Vous venez me prévenir qu'il est temps de nous rendre au rathe du Lord-Abbot, — dit-il; — bien, bien, je suis à vous, mon cher William.

Et malgré cette assurance positive il restait immobile.

— J'espère, milord, — demanda l'aveugle timidement après une pause, — que Votre Honneur a reçu de bonnes nouvelles aujourd'hui des comtés du nord et du sud? La jeune Irlande est-elle prête enfin à commencer la lutte?

Un nuage passa sur le front de Richard, et il s'agita comme si cette question venait de réveiller de secrètes angoisses.

— Diable! mon vieil ami, — répondit-il en s'efforçant de sourire, voilà ce que j'appelle aller droit au but, et vous poussez les questions comme un coup d'épée. Eh bien! William, — ajouta-t-il en baissant la voix, — je répondrai nettement à mon tour, car je n'ai rien à cacher à un homme de votre expérience et de votre sagesse. Vous me demandez si la jeune Irlande est prête à la lutte : oui et non. Oui, s'il s'agit du pauvre paddy en guenilles qui revendique le droit de vivre sur cette terre où il est né; celui-là est toujours prêt, car il a toujours faim, il a toujours froid, il est toujours opprimé; il ne craint rien pour sa vie qui lui est à charge; il ne redoute pas les confiscations de l'exil; son arme est le premier bâton venu, dans les pierres qu'il ramasse sur le chemin... Non, s'il s'agit de ces personnages haut placés qui voudraient avoir les bénéfices de la rébellion sans en courir les dangers; qui aiment leur pays sans doute, mais préfèrent de beaucoup leurs intérêts personnels, leurs positions, leurs for-

tunes. Ceux-là hésitent toujours, sous prétexte que l'heure n'est pas venue, ou attendent que le sort ait donné raison à l'entreprise pour l'avouer et partager la victoire; jusque-là ils payent de belles paroles, de sentimens généreux, et se ménagent peut-être les deux partis... Non, ceux-là ne sont pas prêts, William, et ils ne le seront pas de sitôt. — Il avait prononcé ces paroles avec amertume, et se promenait à pas rapides dans la cellule. Au bout d'un moment il continua : — Heureusement ceux dont je vous parle, William les prudens et les habiles, seront emportés, je l'espère, dans un grand mouvement national. Ils n'hésiteront plus quand l'explosion se fera tout à coup sous leurs pieds et sur leur tête. Il s'agit de frapper un coup vigoureux, et nous les frapperons... dans quelques heures peut-être.

— Cependant, milord, il est dangereux de précipiter les choses quand il s'agit d'une si vaste entreprise. Il vaudrait mieux attendre que, toutes les précautions étant prises...

— Attendre! — répliqua Richard ; — et le pouvons-nous? Voilà le lord-lieutenant instruit du complot, et d'ici à peu de jours l'Angleterre va remplir nos ports de vaisseaux, nos villes de soldats. D'un autre côté, les démêlés qui sont survenus entre les gouvernemens de la France et de la Grande-Bretagne semblent devoir s'arranger bientôt; que deviendrions-nous si la faculté de faire entrevoir à nos adhérens l'appui de la France nous était ôtée? L'Irlande, seule, en présence de sa puissante ennemie, reculerait d'effroi. Non, non, William Sullivan, les instans sont précieux, il faut en profiter. Il faut qu'avant huit jours, — continua-t-il d'une voix sourde et pénétrante, — nous arborions notre drapeau sur la tour de Saint-Patrick, à Dublin, ou que nos corps soient enfouis dans les caveaux de Saint-Michan, avec ceux de John et d'Henri Sheares !

— Eh bien! milord, — répliqua Sullivan avec fermeté, — ce sort ne m'effrayerait pas plus qu'il n'effraya jadis ces illustres martyrs... Dieu sauve l'Irlande et confonde ses ennemis!

Richard sourit de nouveau.

— William, — s'écria-t-il, — communiquez cette ardeur à ceux qui nous approchent; souvenez-vous que vous descendez de ces bardes intrépides qui animaient la jeunesse de nos clans dans les combats. Il est plus important que jamais d'exalter les têtes, d'échauffer les courages. Si j'en crois cette correspondance (et il frappait du doigt avec ironie les nombreux papiers étalés sur la table), le résultat de la grande entreprise dépend de nous seuls. Dans les comtés que j'ai parcourus, l'on est prêt à se soulever au premier signal; mais ce signal qui le donnera? Nos amis prétendent qu'il doit partir des contrées du centre, d'où sont partis de temps immémorial les premiers cris d'indépendance. C'est dans notre comté de Wiclow, dans le Tipperary le Connaught, qu'ont commencé, à toutes les époques, les insurrections heureuses ou fatales pour l'affranchissement de notre patrie. Ce beau rôle, qui était celui de nos pères, on nous le réserve encore; ne nous en plaignons pas. Aussitôt que l'appel de guerre aura retenti dans nos montagnes, il se répétera de proche en proche, depuis Dublin jusqu'à Galway, depuis le cap Malin jusqu'au cap Mizen, j'en ai l'assurance positive. Croyez-vous que nous trouverons ici d'assez robustes poitrines pour le faire entendre à cette distance ?

— Peut-être, milord; vous avez vu aujourd'hui la puissance de votre nom et de la haine de l'Angleterre sur les paddies de nos vallées. Depuis quelques heures seulement vous êtes parmi nous et déjà le pays entier vous reconnaît pour maître. N'avez-vous pas remarqué avec quel profond respect, quel dévouement sans bornes, vous accueillaient ceux de ces pauvres gens à qui vous vous êtes fait connaître? En ce moment on ne parle dans tous les cottages, à dix milles à la ronde, que du grand comte Richard O'Byrne qui va délivrer les pauvres chrétiens et chasser l'étranger hérétique... Les hommes se concertent entre eux et dérouillent leurs vieux fusils, cachés si longtemps dans la fougère; les femmes et les filles vous comblent de bénédictions et prient pour vous.

— Vous avez raison, William,—dit Richard dont le visage s'illumina d'espérance, — et j'avais bien jugé des dispositions de ces braves gens. En vérité, ils semblaient aujourd'hui vouloir m'adorer comme un Dieu, et je ne devais pas compter sur un succès si complet, si prodigieux... Eh bien! mon vieil ami, si ceux que nous devons voir cette nuit au rathe du Lord-Abbot ont la moitié de l'enthousiasme de nos amis de Glendalough, la cause de l'Irlande n'est pas désespérée, et les patriotes de tous les comtés ne regretteront pas de nous avoir laissé l'honneur de frapper les premiers l'odieuse Angleterre. Mais nous perdons un temps précieux; n'oublions pas qu'on nous attend.

— En effet, milord, nous devrions déjà être en route, car la nuit est noire et les bogs sont dangereux. Mais, s'il faut l'avouer, j'attendais l'arrivée d'un des délégués du Neath, qui doit nous accompagner ce rendez-vous. J'ai déjà parlé de lui à Votre Honneur; c'est Tom Irwing, un de ces pauvres diables qui ont été expulsés aujourd'hui de leurs cottages par le bailli de lord Avondale. Mac-Tool et O'Mahony, les deux autres délégués, sont déjà ici avec les représentans des populations environnantes; Tom seul se fait attendre.

— Et cet homme est-il bien sûr?

— Oh! pour cela, oui, milord. Hier encore je n'aurais pas osé en répondre : il avait une ferme, du bétail, un poney, et il n'eût pas voulu risquer de perdre tout cela; mais aujourd'hui il est ruiné, sans domicile, sans ressources : il nous appartient corps et âme. Au premier mot que je lui ai dit ce matin de nos projets, il a pris feu comme un paquet d'étoupes; nous le verrons à l'œuvre. Mais il me semble impossible de l'attendre davantage; Tom sait le lieu du rendez-vous, et il ne tardera pas sans doute à nous y rejoindre.

— Oui, oui, nous ne pouvons l'attendre... Un mot encore, William, — demanda Richard en baissant la voix; — ma sœur Julia...

— Elle est retournée sans encombre à la mense; nul ne se doute de l'accident qui lui est arrivé, et je compte qu'elle n'en éprouvera aucune suite fâcheuse.

— Merci, — répliqua O'Byrne avec émotion; — et maintenant, partons.

Il mit ses pistolets à sa ceinture, s'enveloppa de son manteau, et, prenant à la main la petite lampe qui éclairait la cellule, entra dans la pièce voisine suivi de Sullivan. Sitôt qu'il parut, les délégués se levèrent respectueusement; ils étaient douze environ. Richard les examina les uns après les autres; puis, après leur avoir adressé quelques paroles encourageantes, il éteignit sa lampe, et on sortit des ruines pour gagner le lieu du rendez-vous.

La troupe se fractionna en petits groupes. Celui qui marchait en avant était composé de deux ou trois hommes à qui les chemins si périlleux des bogs étaient familiers; ils devaient servir de guides à la bande. Richard venait ensuite, entre Jack et William, qui, malgré sa cécité, marchait d'un pas assuré; puis venaient les conjurés de rang inférieur. Pas une parole n'était échangée entre eux, même à voix basse; ils se glissaient, semblables à des spectres dans la nuit, jetant autour d'eux des regards inquiets, comme si l'or de l'Angleterre eût pu transformer en espions les blocs de pierre qui se dressaient sur leur chemin.

L'obscurité était complète; aussi, dès les premiers pas, remarquèrent-ils une grande lumière qui s'élevait à un demi-mille environ dans la direction du hameau où le bailli avait instrumenté le matin. Cette lumière se reflétait dans le lac en traînée rougeâtre et sinistre. Jack se montra en chuchotant; mais Jack, incapable d'imposer silence à sa verve railleuse, dit tout haut avec la hardiesse d'un loustic de régiment:

— A la bonne heure! voilà ce que j'appelle une atten-

tion délicate de la part de ces whigs; sachant que nous risquons de nous casser le cou dans ces damnées montagnes, ils nous fournissent des flambeaux.

— Vous appelez cela un flambeau? — répliqua un des assistans; — dites donc que c'est un bel et bon incendie qui dévore un cottage là-bas au village de Shanakill. Que la sainte Vierge nous protége! Nous ferions peut-être bien d'aller prêter secours à ces gens en détresse.

— Un incendie! — s'écria William; — n'a-t-il pas éclaté à l'extrémité du village, à droite, du côté des tourbières?

— En effet, on dirait...

— Et le bailli n'avait-il pas laissé dans le cottage de Tom Irwing le mobilier et le bétail qu'il a saisis aujourd'hui, en annonçant que tout serait vendu à la criée demain, jour de la foire?

— Oui, oui, — s'écria un autre délégué, — j'en suis sûr maintenant, c'est le cottage de Tom qui flambe là-bas comme un fagot de Saint-Jean!

L'aveugle se pencha à l'oreille de Richard O'Byrne.

— Milord, murmura-t-il, je m'explique pourquoi Tom ne nous a pas rejoints encore. Il a voulu se venger, et vous voyez jusqu'où il a poussé sa vengeance. Le collecteur des dîmes du ministre et le bailli Jameson n'auront plus à se disputer ses dépouilles.

Richard examinait d'un air pensif ce phare effrayant qui brillait à l'horizon.

— Déjà! — murmura-t-il comme à lui-même; — oh! puisse cet incendie d'une chaumière ne pas présager d'autres incendies plus redoutables peut-être!

— Ne l'espérez pas, milord, — répliqua l'aveugle avec une tristesse solennelle; — les passions si longtemps comprimées ne sauraient avoir une explosion silencieuse; elles éclateront comme la foudre, à peine d'avorter misérablement... Dans quelques heures peut-être une paille enflammée de ce chaume volera de château en château et deviendra un torrent de feu qui se promènera à travers l'Irlande.

O'Byrne s'arrêta comme épouvanté des horribles éventualités qu'il entrevoyait.

— William, — murmura-t-il avec émotion, — il y a bien dans vos paroles de quoi faire réfléchir celui dont la main va jeter sur cette masse inflammable la torche allumée!... Qui sait que je procurerai dans l'avenir à mon pays irlandais les maux que je dois lui causer d'abord peut-être?... Mais laissons de pareilles idées; je veux croire, je suis sûr que notre œuvre s'accomplira sans aucun de ces hideux désordres, sans ces effusions de sang que vous semblez craindre.

L'aveugle secoua la tête, mais le reste de la conversation, quoique toujours animée, ne put être entendu de leurs compagnons.

On s'empressa de sortir de la sphère lumineuse dont le cottage incendié était le centre. La petite troupe cependant n'avait pas à craindre d'être rencontrée par les gens du voisinage, empressés à porter secours. Le paysan irlandais est habitué à ces actes de désespoir. Plus d'un chef de famille contemplait du seuil de sa porte ces lueurs connues d'une chaumière en feu, et disait en se frottant les mains :

— Oh! voici Tom Irwing qui a joué un bon tour aux sassenachs... Et dire qu'un jour peut-être j'en serai, moi aussi, réduit là!

Un pan de rocher cacha bientôt l'incendie aux conspirateurs; et, s'engageant de plus en plus dans les bas fonds de la vallée, ils durent donner toute leur attention aux difficultés du chemin. Il s'avançait en effet au milieu des tourbières, réputées fort dangereuses dans cette portion du comté. La lune ne se levait pas encore. Les montagnes voisines, dont les crêtes déchiquetées se dessinaient en silhouettes sur le ciel parsemé d'étoiles, de manière à former les bastions, les tours, les remparts de forteresses fantastiques, ajoutaient leur grande ombre aux ténèbres qui enveloppaient déjà les voyageurs. En brouil-

49

...rd bas, de couleur blanchâtre, qui devenait plus dense aux endroits particulièrement marécageux, les pénétrait d'un froid humide, en même temps qu'il voilait de sa part les périls de la route. Aussi la troupe se dirigeait-elle lentement, et comme à tâtons, entre ces abîmes de boue et de vase où un faux pas pouvait l'engloutir. Parfois les pieds s'enfonçaient dans des ajoncs, sous lesquels se cachaient des flaques d'eau fétide; le sol tremblait; une personne étrangère aux localités se fût crue perdue; c'était pourtant l'endroit le plus sûr du bog. Un peu plus loin, les voyageurs trouvaient un espace plan et uni, solide en apparence et d'un passage facile. Aussitôt on faisait halte; là était le danger véritable, et il fallait revenir en arrière. Parfois les guides eux-mêmes, malgré leur connaissance exacte du pays, semblaient embarrassés de la direction à suivre; dans ce cas, ils avaient recours à l'instinct infaillible de William. L'aveugle alors prenait la tête du cortège, et, grâce au bâton avec lequel il sondait le terrain, aux sons divers que rendait le sol sous ses pieds, aux âcres émanations qui s'exhalaient des tourbières et que saisissait aisément son odorat délicat, il indiquait toujours le passage praticable au milieu de ce labyrinthe de gouffres mortels.

On sortit enfin des marécages où l'on s'était engagé pour dérouter les espions et les traîtres, quoiqu'un autre chemin plus facile et moins dangereux conduisît de Neath au lieu du rendez-vous On marchait maintenant sur ce gazon court et vert, parsemé de trèfles, qui couvre la base des montagnes. Pour comble de bonheur, la lune, enfoncée jusque-là sous l'horizon, élevait peu à peu son orbe d'un rouge de sang au-dessus d'un pic voisin, et le faisait ressembler à un volcan au commencement d'une éruption.

Les voyageurs s'étaient rapprochés les uns des autres; ils continuaient leurs conversations un instant interrompues. Ils prirent bientôt une sorte de sentier tracé par les pâtres et conduisant à une vaste échancrure de la montagne. Là était l'entrée d'une gorge boisée où s'engouffrait par intervalles le vent nocturne. Quoiqu'on en fût encore assez loin, il en sortait alors des bruits étranges, lugubres, presque surnaturels, puis tout retombait dans un morne silence. Ces bruits, d'un caractère si effrayant, ne manquèrent pas leur effet sur les superstitieux paddies, dont plusieurs se signèrent.

William se rapprocha de Richard, qui marchait seul et rêveur à l'écart, et glissa respectueusement son bras sous le sien.

— Votre Honneur sait sans doute, — lui dit-il à voix basse, — que nous allons entrer dans le défilé du Bon-Messager, et qu'à l'extrémité de ce défilé nous trouverons le rathe du Lord-Abbot. Votre Honneur ne peut ignorer non plus quelle espèce de gens nous devons y rencontrer.

— Je n'ignore rien, William, de ce que doit savoir un homme engagé comme moi dans une difficile entreprise, — répliqua O'Byrne avec un sourire; — la société qui nous attend est en effet un peu mêlée; mais ce ne sera pas la première fois que je me trouverai en pareille compagnie depuis mon retour en Irlande. Nous allons voir des représentans de ces white-boys (blancs-garçons), de tous ces proscrits, destructeurs de barrières, entrepreneurs de distillerie clandestine, contrebandiers, voleurs de grand chemin même, qui ont acquis une si triste célébrité... Mais je veux oublier les méfaits, les crimes peut-être, de ces malheureux, et les réhabiliter à leurs propres yeux en leur donnant l'occasion d'expier, par leur dévouement à la cause nationale, leur funeste passé.

— Fort bien, milord; mais, parmi ces malheureux, il y a des cœurs secs, endurcis par la misère et les habitudes vagabondes, des êtres véritablement pervers, aux passions effrénées, qu'un mot malappris peut exaspérer, et je supplie Votre Honneur d'agir avec une extrême prudence.

— Merci, mon bon William, je vous comprends; ne craignez rien pour moi. Je parlerai à ces gens en chrétien,

en homme de cœur, en fidèle ami de l'Irlande, et ma voix sera écoutée, je n'en doute pas, comme elle l'a été déjà...

J'aurais voulu, — ajouta Richard en soupirant, — opérer la délivrance de mon pays avec des instrumens plus purs; mais je désire ne voir dans ces hommes que des révoltés, poussés à bout par les persécutions de l'Angleterre.

— Et vous avez raison, milord; l'égoïsme et la cruauté de l'Angleterre ont plus contribué, en effet, que les mauvais instincts à créer ces outlaws, en guerre ouverte contre les lois... D'ailleurs, ce ne sont pas d'ordinaire des citoyens paisibles ceux qui ont un toit, un petit champ, une place au soleil de la société, qui saisissent les premiers les armes et combattent jusqu'à la mort pour une cause juste mais désespérée.

Ils en étaient là de leur conversation, lorsque la troupe atteignit l'entrée de la gorge. C'était, comme nous l'avons dit, une fente longue et profonde, qui partageait en deux une montagne élevée. Les rayons de la lune frangeaient d'or sa double cime, mais ne pénétraient pas dans ce gouffre ténébreux. Il était encombré d'arbres et d'arbustes qui, laissant à peine entre eux un étroit passage, rendaient plus épaisse encore l'obscurité de la nuit. Les sons étranges et disparates que les voyageurs avaient entendus de loin prenaient maintenant des proportions vraiment extraordinaires; on eût dit à la fois les clameurs d'une foule ameutée, des craquemens brusques, des vibrations de harpe éolienne, des mugissemens sourds et puissans comme ceux d'une mer en fureur s'acharnant contre des falaises en ruines. Un savant eût vu seulement dans ces phénomènes un effet du vent qui, engagé dans les détours du défilé, au milieu de ces massifs de feuillage, de ces rochers à vive arête, en tirait, comme d'un immense jeu d'orgue, toutes ces notes plaintives ou rugissantes, répercutées ensuite par l'écho de la solitude. Mais ces paysans montagnards, habitués aux croyances naïves, aux légendes miraculeuses, crurent voir une porte de l'enfer, entendre les hurlemens et les malédictions des damnés. Ceux qui marchèrent en avant s'arrêtèrent épouvantés à l'entrée de la gorge; le reste de la bande fut forcé de les imiter.

— Eh bien! qu'y a-t-il donc, mes amis? — demanda Richard à haute voix; — qu'attendez-vous? Ne savez-vous pas que l'heure nous presse?

Un des paddies répliqua d'une voix altérée, en étendant la main vers le défilé, où la vacarme devenait assourdissant:

— N'entendez-vous pas, milord? Il est minuit, et c'est l'heure où le spectre blanc, que nous appelons aussi Bon Messager, parcourt son domaine. Tenez! ne distinguez-vous pas le claquement de son fouet, le bruit des sabots de son cheval sur les cailloux, les cris des undertakers qui le poursuivent? Il n'est pas sage à des chrétiens craignant Dieu de s'aventurer ainsi sur le chemin du spectre sans être accompagnés d'un prêtre avec son surplis et son étole.

Les autres approuvèrent d'un mouvement de tête cette observation et se signèrent de nouveau.

— Pour moi, dit Jack d'un ton moqueur, — je n'entends ni fouet, ni sabot de cheval, ni undertakers, ni rien... mais je sais bien que le chef de musique qui dirige l'orchestre là-dedans ne connaît pas son métier. Quel infernal charivari!

Les paddies, à qui cette plaisanterie produisait l'effet d'une profanation, lui imposèrent silence. Richard n'avait pas compris d'abord la cause de cette hésitation de ses compagnons, et il demanda avec étonnement:

— Quoi! mes amis, serait-il possible que le simple bruit du vent...?

Une pression de main du vieux Sullivan lui coupa la parole.

— Milord, — dit l'aveugle d'un ton solennel, — ce n'est pas à vous de révoquer en doute une ancienne tradition qui s'est conservée religieusement dans votre famille et qui fait partie de votre héritage. Si Dieu a voulu manifester par un miracle sa protection spéciale pour la noble race d'O'Byrne, et prouver en même temps comment il récompensait la fidélité et le dévouement, est-ce à vous de méconnaître les faveurs de la Providence ? — Puis se tournant vers les paddies, qui, muets d'effroi se serraient les uns contre les autre : — Amis, — reprit-il avec sérénité, — que craignez-vous ? Êtes-vous des cromwellians farouches ou de féroces ennemis de l'Irlande, pour redouter ainsi le spectre blanc de Glendalough ? Non ; vous êtes de fidèles enfans de l'Église, les défenseurs de cette verte Erin que vos pères ont défendue avant vous. Celui qui nous conduit en ce moment n'est ni un hérétique sanguinaire ni un odieux sassenach, mais un descendant de vos anciens rois, l'héritier direct de ce vaillant Fergus O'Kelly, comte d'O'Byrne, auquel le spectre blanc, quand il était sur la terre et quand il portait le nom de Kevin Dathy, donna tant d'exemples d'obéissance et d'amour. Marchez donc ; l'ombre de Kevin Dathy respectera les compagnons du grand comte Richard O'Byrne, réunis pour la délivrance de l'Irlande, comme s'ils étaient précédés d'un prêtre avec son bénitier tout rempli d'eau bénite de Pâques qui chasse les démons.

Cette allocution parut rassurer les esprits.

— C'est vrai, — dit le paddy qui avait déjà parlé, — le spectre blanc ne peut être que plein de respect pour Son Honneur... Que milord marche donc en avant, et nous le suivrons.

— Oui ! oui ! nous le suivrons, — répétèrent les autres.

Et la troupe s'enfonça résolûment dans le défilé obscur, à la suite de Richard.

On avança quelques instans en silence ; c'était à peine si l'on distinguait, à sa couleur grisâtre, l'étroit sentier qui serpentait à travers le fourré. Les mugissemens du vent étaient continuels, mais ils avaient perdu sous le couvert des arbres ce caractère étrange qui avait effrayé de loin les voyageurs.

— William Sullivan, — dit enfin Richard à voix basse, — vous avez habilement profité d'une circonstance qui pouvait être fort embarrassante pour moi... Je m'aperçois à chaque instant combien, pendant ma longue absence, quelques-unes des idées, des faiblesses peut-être de ma terre natale, me sont devenues étrangères... J'en apprécie d'autant mieux les services d'un ami comme vous, qui sait tirer avantage même des préjugés de ces pauvres gens. J'ai connu dans mon enfance la vieille légende à laquelle vous faisiez allusion tout à l'heure et dont ce lieu a été le théâtre ; mais je ne serais pas fâché d'en entendre de nouveau le récit, rien de ce qui touche ma famille ne pouvant m'être indifférent ; même...

— Votre Honneur désire entendre encore une fois l'histoire de Kevin Dathy, surnommé le Bon Messager ? — interrompit l'aveugle en élevant la voix de manière à attirer l'attention de ses compagnons ; — ce sera un exemple d'un bon exemple pour les fidèles serviteurs d'O'Byrne, l'on apprendra ainsi comment Dieu protége les hommes dévoués à leur lord et à leur pays... Eh bien ! donc, avant d'arriver au rathe, j'aurai le temps de vous la conter telle qu'elle m'a été contée à moi-même par un vieux prêtre qui avait longtemps après dans les bois, au temps des persécutions contre la sainte Eglise catholique. A cette annonce, les paddies se rapprochèrent de William avec empressement. Chacun d'eux savait de longue date la légende dont il s'agissait ; mais, par cette nuit noire, dans ce lieu sinistre, au milieu de ces bruits effrayans, ce récit devait avoir le caractère sacré d'une prière. L'aveugle reprit : « Votre Honneur n'a pas oublié, milord, combien les undertakers de la reine Bess et de son favori, Walter Raleigh, furent mal reçus dans ce comté. Tout son valeureux clan d'O'Byrne se souleva sous la conduite du comte Fergus O'Kelly d'O'Byrne, votre aïeul. Grand nombre de ces abominables hérétiques périrent dans le combat, ou furent écrasés par les roches qu'on laissait tomber sur eux du haut des montagnes. Pendant longtemps ils ne purent mettre le pied dans la vallée de Glendalough, où l'on voyait

alors les sept belles églises dont il ne reste plus que des décombres. Dépités de ce mauvais succès, Walter Raleigh et son lieutenant lord Gray résolurent d'employer la ruse pour détruire les eagles-bandes qui leur barraient le passage. Pendant que Raleigh allait attaquer à grand bruit un poste éloigné, lord Gray séduisait à force d'argent un traître montagnard, qui le conduisit avec une troupe de ses gens, par des chemins inconnus, au cœur de la vallée. Votre aïeul, le comte d'O'Byrne, retournait alors, en compagnie d'une vingtaine d'hommes, à son château d'O'Byrne, dont on voit encore des débris dans le parc de Stone-House. Il s'avançait plein de sécurité, lorsque tout à coup, à l'extrémité de ce défilé, non loin du rathe du comte, à l'endroit qu'on nomme encore la roche du Comte, il se trouva face à face avec lord Gray et sa troupe de damnés hérétiques. Avant que Fergus eût pu se reconnaître, les Anglais fondirent sur lui, la visière baissée et l'épée à la main. Le chieftain, attaqué par un parti vingt fois plus nombreux que le sien, soutint fièrement le choc ; il se défendit avec vigueur, et sa suite l'imita. Néanmoins, les Irlandais essayèrent vainement de percer les rangs ennemis et de gagner ce passage pour faire retraite vers le manoir d'O'Byrne ; serrés de toutes parts, ils se réfugièrent sur le rocher dont j'ai déjà parlé. Pour les en débusquer, il eût fallu perdre beaucoup de monde ; lord Gray et les Anglais ne voulurent pas s'y exposer ; ils se contentèrent de cerner le rocher et de tenir bloqués le comte et ses hommes, en les sommant de mettre bas les armes. Telle n'était pas la pensée du bon chieftain Fergus ; il se fût plutôt laissé hacher que de se rendre. Il commanda à Patrick O'Dailly, l'un de mes ancêtres, qui l'accompagnait partout et qui lui servait de pipper, de jouer sur son instrument un air d'alarme, espérant qu'il serait entendu des gens de son clan. Patrick avait un souffle vigoureux ; mais les sons de la cornemuse ne pouvaient arriver jusqu'au château, situé à plusieurs milles de là. Alors les assiégés, unissant leurs voix, poussèrent tous à la fois un cri d'appel ; mais ils ne furent pas plus heureux, et les gens de lord Gray se mirent à rire railler de ces inutiles tentatives. Le vaillant comte vit bien qu'il n'y avait plus qu'à mourir noblement, les armes à la main. Cependant il appela Kevin Dathy, un de ses suivans, jeune drôle alerte et résolu dont il avait éprouvé déjà le dévouement à sa personne.

» — Kevin Dathy, mon brave garçon, — lui dit-il, — tu vois notre situation. Si nous quittons ce poste, nous serons égorgés par ces mécréans, la chose est sûre. Aussi, mourir pour mourir, es-tu disposé à remplir une commission périlleuse dont je veux te charger ? — Dathy répondit qu'il était prêt. — Eh bien ! reprit O'Kelly, Patrick, mon barde, va écrire sur un parchemin en quelle extrémité nous sommes ; j'apposerai mon sceau au bas de l'écriture, et tu iras porter ce parchemin au manoir, afin que l'on vienne nous délivrer sans retard. — Dathy fit ses préparatifs pendant que Patrick écrivait la dépêche et que le comte y imprimait son sceau. La lettre achevée, le chieftain la remit à Dathy en lui disant : — Tu vas prendre mon cheval, qui est resté là au pied du rocher : c'est un animal plein d'ardeur ; tu le lanceras sur l'ennemi avant qu'on se doute de ton projet, et peut-être parviendras-tu à t'échapper... sinon, que Dieu ait pitié de ton âme, et qu'il te donne la récompense due aux honnêtes serviteurs !

» — Milord, — répliqua Dathy, — mort ou vif, j'exécuterai vos ordres !

» S'agenouillant sur le roc, il adressa dévotement sa prière à Dieu et à saint Kevin son patron et celui de la vallée. Puis il prit congé du comte, embrassa ses amis, et, sautant sur le cheval, il partit comme un trait.

» D'abord les undertakers, déconcertés par cette irruption subite, le laissèrent passer ; mais revenus de leur première stupeur, ils envoyèrent plusieurs cavaliers à la poursuite du pauvre Dathy. Celui-ci leur eût échappé peut-être s'il n'eût rencontré sur son chemin une autre bande qui gardait l'entrée du défilé. Un de ces nouveaux ennemis abattit le cheval d'un coup de lance ; alors tous ensemble se ruèrent sur le cavalier, et, pendant que ses compagnons, qui ne pouvaient plus le voir, supposaient qu'il galopait en sûreté vers le château, le brave Kevin tombait mort sur la route, criblé de coups de piques et de coups d'épées. »

Ici William fit une pause comme pour reprendre haleine. Après un moment de silence, il continua :

« Ce qu'il me reste à vous conter n'est pas reconnu certain ni parfaitement orthodoxe par tous nos révérends ministres catholiques, par le digne monsieur Angus O'Byrne, par exemple ; mais il m'est défendu de rien changer au récit qui m'a été transmis à moi-même ; si je dis mal, il me sera pardonné en faveur de mes intentions et de mon amour sincère de la vérité.

» Donc, on rapporte que, Kevin Dathy étant mort, son âme monta au ciel. Comme de son vivant elle avait appartenu à un homme juste, craignant Dieu, charitable pour son prochain et fidèle à son clan, elle trouva toute grande ouverte la porte du paradis. Elle entra et vit Dieu assis sur son trône de diamans ; à sa droite était notre grand saint Patrick, en costume d'évêque, avec sa crosse pastorale et sa mitre d'or ; à sa gauche se tenait saint Kevin, en habit d'ermite et son merle sur le poing, absolument comme il est représenté dans nos livres de dévotion. Les deux saints adressèrent un sourire amical au bon serviteur irlandais.

» — Ame de Kevin Dathy, — lui dit Dieu le père avec douceur, — pourquoi parais-tu si triste et si inquiète quand mon fils et moi nous te recevons dans notre paradis ?

» L'âme se prosterna devant le trône du Tout-Puissant.

» — Grand Dieu, — dit-elle, — vous savez à quels périls sont exposés vos enfans du clan d'O'Byrne, là-bas sur la terre, et quelle promesse j'ai faite au comte O'Kelly en le quittant... Je souffre de ne pouvoir accomplir ma parole. Accordez-moi un instant seulement, afin que je m'acquitte des derniers ordres de mon lord... Je supplie mes grands saints patrons, saint Patrick et saint Kevin, ici présens, d'intercéder auprès de vous pour me faire obtenir cette grâce !

» Aussitôt saint Patrick et saint Kevin s'agenouillèrent devant le trône, Dieu leur ordonna de se relever et dit à l'âme de Dathy :

» — Je suis touché de ta fidélité, et j'écouterai les prières de mes serviteurs Patrick et Kevin... Je consens à ce que tu demandes ; va remplir l'ordre de ton lord, et reviens t'asseoir à ma droite avec ceux qui ont été bons et pieux pendant leur vie.

» Aussitôt l'âme de Dathy retourna sur la terre.

» Voilà, mes amis, — ajouta William d'un ton différent, — ce qui m'a été rapporté. Il ne m'appartient pas de prononcer si ces détails sont vrais ; mais je n'ai en vue que la glorification des saints et des défenseurs de l'Irlande. Quant à ce qui suit, aucun doute n'est possible, comme vous l'allez voir.

» Donc, les *undertakers* de lord Gray avaient tué le pauvre Kevin Dathy, et, suivant l'usage d'alors, l'avaient dépouillé de ses vêtemens et de ses armes. Le corps gisait dans une mare de sang, n'ayant plus que sa chemise, à deux pas du cheval, aussi sans mouvement. Tout à coup le cheval se dresse sur ses jambes, ses blessures se referment ; il hennit et secoue sa crinière. Au même instant la vie revient à Kevin Dathy ; son œil éteint se ranime, son teint pâle se colore. Il se relève brusquement, saute en selle, part au galop en agitant le parchemin que lui avait confié le comte, et se dirige vers l'extrémité du défilé. Les Anglais mettent à sa poursuite en poussant de grands cris ; les arcs se bandent, les arquebuses détonnent ; mais balles et flèches passent à travers le cavalier et la monture comme à travers une ombre. Le cheval laisse après lui un sillon de feu ; il souffle la flamme par les naseaux ; Dathy, fier et impassible, jette à ses ennemis un regard calme qui les glace d'effroi. Les *undertakers*

les suivirent en hurlant comme une meute de chiens furieux, mais bientôt homme et bête disparurent au milieu des tourbières que nous venons de traverser, et les Anglais rejoignirent, honteux et confus, la troupe de lord Gray.

» En ce moment, le vieil Hector Mac-Leod, l'intendant du comte, commandait au château d'O'Byrne en l'absence de son maître. Inquiet de ne pas voir Fergus revenir, il avait réuni dans la cour les plus vaillans guerriers du clan pour aller au-devant de lui. Comme ils tenaient conseil entre eux pour décider de quel côté ils dirigeraient leurs recherches, on entendit le pas d'un cheval à l'entrée principale du fort. Avant qu'on eût le temps de baisser le pont-levis, le cheval, franchissant d'un bond la muraille et le fossé, vint tomber avec son cavalier au milieu des serviteurs d'O'Byrne ; on reconnut alors Kevin Dathy et le coursier favori du chieftain. Aussitôt les assistans accablèrent le messager de questions ; mais celui-ci ne leur répondit pas. Il s'approcha d'Hector Mac-Leod, et, jetant à ses pieds le parchemin du comte, il prononça ces seules paroles : « Sauve ton lord ! » Aussitôt, cavalier et monture tombèrent raides morts. L'intendant, sans s'arrêter aux circonstances miraculeuses de cet événement, ouvrit le parchemin, apprit la détresse de son maître, et partit aussitôt avec des forces suffisantes pour dégager Fergus. Les *undertakers* furent battus pour cette fois, et lord Gray fut chassé de la vallée de Glendalough.

» Depuis ce temps, le défilé où nous sommes a pris le nom du Spectre-Blanc ou du Bon-Messager. Souvent, pendant les nuits de tempête comme celle-ci, on voit l'ombre de Kevin Dathy parcourir la gorge au galop de son cheval. Il est en chemise ; sa main agite le parchemin que lui confia jadis le comte O'Kelly. Derrière lui on entend les cris des *undertakers* qui le poursuivent. Il serait dangereux peut-être pour des ennemis de l'Eglise et de l'Irlande de se trouver sur son chemin, car le spectre blanc est resté fidèle à la vieille cause de son pays... Et ainsi Dieu a voulu prouver aux braves gens quel cas il fait de la piété et de l'attachement aux maîtres légitimes. »

Ce fut par cette espèce de moralité que l'aveugle termina son récit, et rien ne saurait reproduire l'émotion que cette naïve légende avait causée parmi les auditeurs. Les circonstances les plus miraculeuses ne leur inspiraient aucun doute, tant ils étaient habitués à considérer comme articles de foi tout ce qui tenait à la glorification du nom d'O'Byrne. Aussi, malgré la nuit, malgré ces hurlemens lugubres qui sortaient parfois des profondeurs du bois, n'éprouvaient-ils plus aucune crainte. La présence de Richard les remplissait de hardiesse ; chacun d'eux brûlait d'imiter le dévouement de Kevin Dathy, et, en se pressant autour de l'illustre descendant du comte O'Kelly, ils semblaient dire :

— Nous aussi, nous saurons mourir pour vous !

Richard était trop éclairé pour accepter cette légende comme rigoureusement historique ; mais à travers les ornemens parasites dont les conteurs de diverses époques s'étaient plu sans doute à l'embellir, il distinguait un louable exemple de fidélité dont William Sullivan avait habilement tiré parti pour enflammer les esprits. Il n'éleva donc aucune objection, et se contenta d'encourager les crédules paddies à montrer pour la cause nationale le zèle, le désintéressement que Kevin Dathy avait montrés pour son lord ; puis il donna l'ordre de presser le pas, qui s'était un peu ralenti pendant le récit de William.

Parmi les assistans, un seul ne semblait pas complètement édifié sur certains détails merveilleux de l'histoire de Kevin : c'était Jack Gunn.

— Voyez-vous, monsieur Sullivan, — dit-il d'un ton railleur, en se dandinant à droite et à gauche selon sa coutume, — ce que vous nous avez conté s'est passé dans un temps où l'on était à moitié sauvage ; de nos jours, les choses, en pareil cas, iraient différemment. D'abord, si votre arrière-grand-père, le pipper O'Dailly, avait eu une de nos belles trompettes d'ordonnance, au lieu d'une cornemuse grossière, il lui eût été facile de sonner un appel qui eût retenti dans toute la vallée de Glendalough comme la trompette du jugement dernier, et un pauvre diable ne se fût pas trouvé dans la nécessité de braver la mort pour aller-chercher du secours. Quant au dévouement en lui-même de votre Kevin Dathy, je n'en dirai rien; je ne voudrais pas offenser Dieu et saint Kevin, qui ont le beau rôle dans cette affaire. Mais on trouverait de braves garçons par le monde qui pourraient faire aussi bien, sans le secours d'en haut, du moment qu'il s'agirait de sauver la vie à leur capitaine et à leurs camarades.

Cette observation parut scandaliser fort les assistans. L'aveugle dit à Jack avec sévérité :

— Rien n'est possible sans le secours de Dieu, jeune homme... Et pour parler avec tant de légèreté-d'une sainte tradition en l'honneur de la famille O Byrne, il faut n'être ni catholique, ni Irlandais.

— Je suis catholique et Irlandais, monsieur William,— riposta Jack avec quelque aigreur ; — mais je suis soldat aussi... J'ai sonné des fanfares sur le dos d'un éléphant dans les montagnes de l'Afghanistan, et je sais parfaitement jusqu'où peut se faire entendre un instrument de cuivre appliqué à une bouche vigoureuse. Vous êtes convenu que le doute était permis sur certains points de votre histoire ; je prendrai la même permission sur tous les autres.

— Quoi ! vous ne croyez pas...

— S'il faut le dire, je crois que votre Kevin Dathy n'était pas mort, après avoir été renversé par les *undertakers ;* qu'il était seulement étourdi, comme cela arrive souvent sur les champs de bataille, et que, revenu à lui, il a voulu remplir la commission de son lord. J'aurais agi de même à sa place. Quant à la résurrection du cheval, au saut miraculeux par-dessus les fossés et les murailles, aux promenades nocturnes du spectre blanc dans ce défilé, je tiens ces détails pour des contes à dormir debout.

— Vous blasphémez, misérable impie ! — lui dit un des paddies d'une voix étouffée ; — eh bien ! regardez devant vous.

Jack leva les yeux, et la troupe entière s'arrêta frappée de stupeur.

Les montagnes, s'écartant tout à coup, laissaient voir une étroite vallée, couverte de genêts et de bruyères, où la lune projetait à flots sa lumière nacrée. En face des voyageurs s'élevait une rocho nuo, laquelle la tradition voulait que le comte Patrick O'Kelly se fût posté autrefois pour se défendre contre les soldats de lord Gray. Dans ce lieu solitaire, on ne découvrait aucune trace d'habitation. Seulement, sur la gauche, on apercevait au milieu des inégalités du sol une flamme brillante devant laquelle passaient et repassaient continuellement des ombres, comme si un grand nombre de personnes eussent été réunies en cet endroit. Mais, à cause sans doute du vent violent qui soufflait dans le défilé, aucun cri humain ne parvenait jusqu'aux voyageurs. Leur attention était fixée sur un homme à cheval qui traversait le vallon et se dirigeait vers eux avec une inconcevable vitesse. Cet homme avait la tête nue ; son vêtement consistait en une ample chemise blanche. On ne pouvait voir ses traits, mais il tenait à la main une large lettre qu'il éleva au-dessus de sa tête dès qu'il parut avoir remarqué Richard O'Byrne et sa bande. Les sabots du cheval ne produisaient aucun bruit sur la bruyère ; cavalier et monture s'élançaient à travers le défilé comme s'ils eussent été emportés par une force surnaturelle.

On comprend quel effet cette apparition dut produire sur les paddies. Muets et tremblans, ils se rangèrent instinctivement sur le bord du sentier pour ne pas être écrasés. Richard O'Byrne lui-même et l'aveugle, qui s'était fait rendre compte de ce qui se passait, semblaient partager la stupéfaction commune. En quelques secondes le cavalier les eut atteints. On eût dit qu'il essayait d'arrêter sa monture ; mais l'animal indomptable continua sa course furieuse. L'homme adressa à Richard des paroles

que le fracas du vent empêcha d'entendre ; puis il jeta aux pieds d'O'Byrne la lettre qu'il tenait à la main, et s'évanouit dans les sinuosités de la gorge.

Les paddies, immobiles, retenaient leur haleine.

— C'est le spectre blanc ! — dit enfin l'un d'eux.

— Il est venu convaincre l'incrédule et le profanateur, — murmura un autre.

Tous approuvèrent cette supposition ; Jack lui-même, par son attitude terrifiée, témoignait qu'il était de cet avis.

Richard ramassa la large dépêche qui était restée à terre, et que le vent impétueux menaçait d'emporter. Il la tournait et la retournait entre ses mains, afin de s'assurer s'il ne rêvait pas et si ce papier était bien une réalité. Mais vainement chercha-t-il à lire la suscription; la lumière de la lune était trop faible pour qu'il pût réussir. Il s'assura seulement, à son grand étonnement, que la dépêche était scellée du sceau de l'État.

Pendant qu'il réfléchissait aux circonstances de ce mystérieux événement, William disait aux paddies d'un ton solennel :

— Que ceux qui ont des yeux voient, et que ceux qui ont des oreilles entendent ! L'impiété railleuse a été confondue. Chrétiens du clan d'O'Byrne, réjouissez-vous; ce n'est pas pour rien que le Bon Messager est venu vers nous. Ce prodige annonce sans doute que Dieu a pour agréable notre sainte entreprise, et qu'il veut délivrer l'Irlande de ses ennemis. En avant donc ! Dieu est pour nous !

En ce moment, toute la troupe arrivait au lieu du rendez-vous.

VIII

LE RATHE DU LORD-ABBOT.

Ce lieu était une espèce de vallée secondaire, entourée de hauteurs que couronnaient des houx et des coudriers. Au centre s'élevait le rathe, un de ces monticules factices appelés *cairn* en Ecosse, *tumulus* par les savans de tous les pays, et que l'on suppose avoir servi de monumens à de vaillans guerriers celtes ou scandinaves. A en juger par les dimensions de celui-ci, le guerrier qu'il recouvrait avait été certainement un héros fameux parmi les siens. On avait peine à comprendre que des forces humaines eussent remué une pareille quantité de terre pour l'inutile satisfaction d'une vanité posthume Sauf sa forme conique et régulière, on eût pu le prendre pour une colline naturelle, et l'abondante végétation dont il était ombragé depuis plusieurs siècles tendait incessamment à effacer les traces du travail des hommes.

Au pied du rathe était allumé ce grand feu dont les voyageurs avaient aperçu le reflet de loin. Alimenté par des bourrées de bois mort qu'on y jetait par intervalles, il éclairait largement le vallon. Une trentaine d'hommes se promenaient par groupes alentour, causant et gesticulant avec vivacité. La plupart avaient le visage barbouillé, et portaient des chemises blanches sur leurs habits ; ils appartenaient aux associations jadis si redoutées des *white-boys*, des *molly-maguire* et autres, qui, sous différentes dénominations, sont permanentes en Irlande. Quelques-uns avaient dédaigné ce costume grotesque et sinistre ; mais on reconnaissait à leurs traits durs et hâlés, à leurs membres vigoureux, à leurs manières rudes, comme à leur langage brutal, des vagabonds mis depuis longtemps au ban de la société. Le regard à la fois sombre et ardent de plusieurs d'entre eux indiquait l'exaltation et le fanatisme. A chaque instant, des voix animées par la colère éclataient en imprécations, car tout était prétexte à emportement pour ces natures violentes. Un de ces commerçans interlopes qui distillent de mauvais wiskey au milieu des marais et des landes pour frauder les droits exorbitans de la douane, avait installé son alambic et ses appareils devant le feu, sûr que les commis de l'accise ne viendraient pas le relancer là. Indifférent à ce qui se passait autour de lui, le fraudeur, qui malgré son origine milésienne eût été digne d'être Anglais, s'occupait exclusivement de sa besogne. A mesure que la liqueur tombait par l'orifice du serpentin, il la distribuait, fumante encore, aux consommateurs, moyennant finance; et s'épargnait ainsi des frais de barils : c'était le conspirateur industriel. Ce site sauvage, ces costumes singuliers, ces figures rébarbatives, ce personnage impassible au milieu de ses instrumens, comme un magicien occupé à l'œuvre sans nom, tout cela, vu à la lueur pourprée et vacillante de la flamme, qui donnait une apparence fantastique aux arbres, aux rochers, aux montagnes environnantes, formait un tableau d'un effet puissant et vigoureux.

Les voyageurs s'étaient arrêtés à quelque distance. Jack Gunn surtout examinait avec attention les white-boys avec leurs chemises blanches.

— Oh! — dit-il enfin en se frappant le front, — je commence à comprendre...

— Chut ! — fit William à son oreille.

Un homme armé d'un fusil sortit d'une touffe de bruyères et cria : Qui vive ? Richard s'avança seul et prononça à demi-voix un mot de passe; aussitôt la sentinelle abaissa son arme, et les arrivans furent libres d'approcher du centre de la réunion.

Malgré son assurance apparente, ce ne fut pas sans une certaine appréhension qu'O'Byrne aborda ces hommes redoutables que la nécessité lui donnait pour alliés. Cependant la ferveur de son patriotisme, son origine illustre, l'habitude du commandement, qu'il avait contractée dans les guerres de l'Inde, sa mâle franchise, devaient imposer à ces esprits incultes, aigris par la servitude. On l'accueillit dans le premier moment avec un mélange de défiance et de curiosité; mais à peine eut-il prononcé quelques mots qu'on l'entoura avec empressement ; le respect et l'attention se peignirent sur tous les visages. L'Irlandais, si bas qu'il soit tombé, si dégradé qu'il paraisse, conserve toujours un attachement sans bornes pour sa religion, pour sa patrie, pour les descendans des anciens chefs de clan. Richard, en s'adressant à de pareils sentimens, était sûr d'être entendu, même dans cette assemblée de gens tarés ou criminels. Aussi sa parole si persuasive, si entraînante, eut-elle tout le succès désirable ; de nombreuses marques de sympathie éclatèrent dans l'auditoire quand il développa d'une manière rapide la grande entreprise pour le succès de laquelle ils devaient unir leurs efforts. En un instant ces lions farouches étaient devenus des agneaux.

Une circonstance particulière ne contribua pas peu à ce résultat si prompt ; nous voulons parler de l'apparition réputée surnaturelle qu'avaient eue Richard et ses compagnons dans le défilé voisin, un instant auparavant. Les paddies de Neath s'étaient empressés de raconter cet événement inexplicable ; leur récit, passant de bouche en bouche, avait pris les couleurs d'un miracle complet. On se disait que le spectre blanc était venu apporter à Richard O'Byrne les ordres d'en haut au sujet de la délivrance de l'Irlande ; et nul ne doutait que ce prodige n'annonçât la victoire au parti des opprimés. William Sullivan, que l'on considérait comme une espèce d'oracle dans la contrée, paraissait lui-même propager ce bruit; il se faisait conduire de groupe en groupe, et ceux qui l'avaient écouté montraient un enthousiasme plus vif, plus bruyant que les autres. Richard fut donc accepté de ces gens simples comme un véritable envoyé du ciel, et les plus farouches se montrèrent pleins de soumission à ses volontés.

La confiance ainsi établie, on discuta les mesures à prendre pour réaliser au plus tôt dans le comté les plans de l'association. Nous passerons rapidement sur les dispositions qui furent arrêtées dans cette entrevue; nous nous

contenterons de dire que Richard, qui avait reçu de longue main les détails les plus minutieux sur le personnel de l'assemblée, eut l'art d'imposer ses décisions et celles des autres meneurs du complot sans irriter aucun de ces rudes amours-propres. Les chefs furent désignés avec discernement ; on convint de signes de ralliement et de moyens de communication; enfin, comme il n'y avait pas un instant à perdre, il fut résolu que la révolte éclaterait dès le lendemain au grand marché de Neath. Richard assurait que cette manifestation serait le signal d'une conflagration générale pour les autres comtés du centre, d'où elle s'étendrait ensuite dans toute l'Irlande.

Lorsque ces diverses matières furent réglées, la nuit était fort avancée, et l'aube commençait à faire pâlir les étoiles du côté de l'Orient. O'Byrne, après avoir répété à chacun ses instructions, prit congé de ses nouveaux amis. Les uns devaient regagner leurs cantons pour y fomenter la révolte, tandis que d'autres se rendraient à Neath sur-le-champ et se tiendraient à la disposition de Richard, chef de l'insurrection partielle. L'assemblée se sépara donc, et le capitaine allait s'éloigner avec Jack et William, quand il s'entendit appeler avec timidité.

Il se retourna et se trouva en face d'un white-boy, nu-tête et revêtu d'une chemise blanche ; Richard le regarda d'un air surpris.

— Qui es-tu ? que me veux-tu ? — demanda-t-il avec un peu d'impatience.

— S'il plaît à Votre Honneur... — dit le white-boy, — et la lettre, vous savez ?... vous ne l'avez pas lue encore, et pourtant, si je ne me trompe, elle doit contenir des choses qui intéressent diablement Votre Honneur.

— De quelle lettre parlez-vous, mon ami ? — demanda Richard.

— Quoi ! vous avez oublié celle que vous a remise le spectre, là, dans le défilé du Bon-Messager ?

Et le white-boy parut étouffer un éclat de rire.

O'Byrne se souvint alors de la dépêche qui lui était parvenue d'une manière si extraordinaire, et que d'autres préoccupations l'avaient empêché d'ouvrir jusque-là. Il la tira aussitôt de sa poche, et, s'approchant du feu qui projetait un reste de lumière, pendant que le distillateur démontait ses appareils, il en examina la souscription. Elle était adressée à lord Avondale, juge de paix, et scellée du sceau bien connu du vice-roi d'Irlande. Sans s'arrêter à la gravité d'une pareille action, le capitaine fit sauter hardiment ce cachet redoutable et lut avec avidité.

C'était, en effet, une pièce officielle datée de Dublin. Le lord-lieutenant prévenait lord Avondale qu'une conspiration, dont Richard O'Byrne, ci-devant capitaine au 62e régiment, était un des chefs, devait éclater prochainement à Neath. Ordre était donné à lord Avondale de requérir les constabularies du voisinage pour arrêter ce Richard O'Byrne, que l'on supposait caché dans la vallée de Glendalough. On insistait sur l'importance de cette capture, et on ajoutait que, dans le cas où la conspiration viendrait à éclater subitement, les partisans de la reine et les amis de l'ordre eussent à résister avec fermeté, car, plusieurs régimens étant déjà en marche, on avait la certitude d'étouffer la rébellion dans son berceau.

Cette dépêche, comme on peut le croire, agita vivement Richard. Après l'avoir lue plusieurs fois, il s'approcha de Sullivan, qu'il consultait volontiers comme le plus prudent et le plus expérimenté de ses agens ; il lui dit en peu de mots la nature des nouvelles qu'il venait d'apprendre.

— William, — ajouta-t-il, — nous devons nous applaudir d'avoir brusqué les choses. Les soldats ont déjà quitté leurs cantonnemens ; demain peut-être il serait trop tard pour agir. C'est un effet de la protection divine que cette dépêche soit tombée entre nos mains ; celui qui nous l'a apportée est vraiment un bon messager.

— Et le bon messager, le voici, milord, — dit le white-boy d'un air de fausse modestie en s'approchant des interlocuteurs.

Richard l'envisagea de nouveau.

— Vous êtes évidemment un des nôtres, — demanda-t-il ; — mais d'où venez-vous ? quel est votre nom ?

— J'ai reconnu cette voix, — dit William avec étonnement ; — Tom Irwing, est-ce bien vous ?

— Moi-même, monsieur Sullivan... Och ! je me suis un peu distingué cette nuit, et vous ne direz plus que j'ai du penchant pour le rappel.

— N'est-ce pas vous, — demanda Richard avec sévérité, — qui ce soir avez allumé un incendie au village de Shanakill ?

— Ah ! Votre Honneur sait déjà cela ? Och ! j'ai joliment fait la figue au bailli Jameson, au collecteur de dîmes et au méchant landlord ! Le cochon, les oies, le poney, tout a été grillé... C'était dur, voyez-vous ; car enfin les pauvres bêtes n'étaient pas cause si l'on nous avait réduits à l'aumône, moi et ma famille ; et cela pour une seule pincée de cheveux arrachée par derrière à ce renégat de Donnagh ! On ne m'avait pas vu pourtant ; je défierais tous les juges du comté de prouver...

— Mais la lettre, Tom, — interrompit l'aveugle, — comment la lettre est-elle tombée entre vos mains ?

— Ah ! voici, milord... Je venais donc d'arracher, hier soir, les pommes de terre à peine plantées dans mon petit champ, ne voulant pas en laisser profiter le bailli et ses coquins de patrons, puis j'avais mis le feu au cottage, où les battements d'ailes de mes volailles et les hennissements de mon Benji me fendaient le cœur... Ma besogne terminée, j'ai voulu vous rejoindre au rathe du Lord-Abbot ; mais, n'osant m'aventurer seul au milieu des bogs, j'ai pris le grand chemin, qui passe, comme vous savez, de l'autre côté de la montagne. On n'y voyait goutte, et j'avais grand'peine à me conduire, car la route n'est pas des meilleures, lorsque j'ai entendu des cris de détresse qui s'élevaient à quelque distance. Je ne suis pas plus brave qu'un autre, mais je ne suis pas plus poltron non plus ; je me suis donc avancé pour savoir de quoi il s'agissait. Celui qui criait si haut était un courrier monté sur un excellent cheval ; en galopant par cette nuit noire, il avait quitté la voie publique et s'était jeté dans un marais, d'où il ne pouvait se dépêtrer. Le courrier venait directement de Dublin ; il était si épuisé de la longue traite qu'il venait de faire sans s'arrêter un instant et sans prendre de nourriture, qu'il avait à peine la force de conduire sa bête. Je vins à son secours ; je le ramenai sur la terre ferme. Pendant qu'il se rajustait en maugréant, je le questionnai. Il me conta qu'il portait une dépêche du lord-lieutenant pour lord Avondale, juge de paix à Neath, où il y allait d'affaires d'importance ; il laissa aussi échapper quelques mots de conspiration, de complot, qui me firent dresser les oreilles. Mon saint patron m'inspira ou le diable me souffla de m'emparer de ses dépêches, convaincu que vous seriez bien content d'en prendre connaissance avant Sa Seigneurie. Au moment donc où le pauvre diable, qui avait mis pied à terre, se hissait péniblement sur sa selle, je débouclai la sangle ; je le tournai, et voilà mon homme par terre. Comme il était étourdi de sa chute, je me jetai sur lui, je lui arrachai le sac de cuir où se trouvaient les dépêches, et, sautant à poil sur son cheval, je partis grand train. Un rayon de lune qui m'éclaira alors montra au courrier tout penaud la chemise blanche que j'avais revêtue par-dessus mes habits. Je l'entendis s'écrier : « C'est un white-boy ! c'est un scélérat de white-boy ! » Mais je le laissai dire, et je continuai de m'éloigner en ricanant. Mon intention était de me rendre directement au rathe du Lord-Abbot, où je vous supposais arrivé depuis longtemps ; mais, à l'entrée du défilé du Bon-Messager, mon brigand de cheval, effrayé sans doute par le vent, refuse d'obéir à la bride, prend le mors aux dents et m'emporte, malgré mes efforts pour le maîtriser. C'est alors que je vous ai vu venir de loin et que j'ai reconnu Votre Honneur à sa haute taille et à son manteau de drap. J'aurais voulu vous parler, mais cet endiablé d'animal ne l'a pas permis ; j'ai dû me contenter de jeter à vos pieds la dépêche dont je ve-

nais de m'emparer. Le cheval a continué de galoper ainsi jusqu'à l'extrémité de la gorge, où il s'est enfin arrêté épuisé, à moitié fourbu. Je l'ai caché quelque part, où je le retrouverai quand il en sera besoin. Voilà, Votre Honneur, toute l'histoire, et vous pouvez penser si je ris dans ma barbe quand j'entends mes voisins de Neath conter d'un air si pénétré comment le spectre blanc leur est apparu.

Richard O'Byrne écoutait en silence ces explications fort naturelles d'un événement inconcevable jusque-là ; mais William demanda bas au paddy :

— J'espère, Tom, que vous n'êtes pas allé conter cette équipée à vos amis ? Dépouiller un courrier officiel, sur le grand chemin de la reine, n'est pas une plaisanterie !

— Ne craignez rien, Votre Honneur, — répliqua Irwing en grimaçant un sourire ; — on ne sait de quel côté tournera le vent, après tout, et un pauvre homme est si vite pendu !... Non, je n'ai pas soufflé mot, quoique ma langue m'ait démangé plus d'une fois en entendant d'honnêtes gens jurer qu'ils avaient vu de leurs yeux le bienheureux Kevin Dathy.

— Eh bien ! — reprit William avec empressement, — vous laisserez croire à ce qu'on voudra et vous ne trahirez jamais la part que vous avez prise à cette affaire. Me le promettez-vous, Tom Irwing ? Milord apprécie le service que vous avez rendu à notre cause en lui apportant cette dépêche, et il vous en remercie, cela doit vous suffire.

Richard ajouta quelques mots pour féliciter Irwing du zèle dont il avait fait preuve en cette circonstance.

— Milord, — répliqua le paddy tout glorieux, — du moment que Votre Honneur l'exige, je serai muet comme un poisson... Je prends la sainte Vierge et mon saint patron à témoin...

— C'est assez, Tom, — reprit l'aveugle ; — veillez bien sur votre langue, car vous êtes bavard quand vous avez une mesure de wiskey dans l'estomac, et si j'apprends que vous ayez jasé... Mais, — ajouta-t-il, — je sens à la fraîcheur de l'air que le jour approche, et milord veut partir. Allons ! adieu, voisin Irwing ; on vous verra aujourd'hui à Neath, je l'espère, quoiqu'il ne soit peut-être pas prudent de vous y montrer à visage découvert.

— J'y serai pourtant, monsieur William. Que Dieu préserve Sa Seigneurie et Votre Honneur de tout mal ! Oui, j'y serai avec mon shillelagh ; le pauvre Irwing n'a plus grand'chose à risquer maintenant dans les bagarres !

Et le paddy s'éloigna à travers champs, tandis que Richard et l'aveugle, suivis de Gunn, qui pendant cette conversation s'était tenu discrètement à l'écart, reprenaient le chemin du défilé pour retourner à Lady's-Church.

Déjà les white-boys avaient disparu dans diverses directions. Le feu s'était éteint, et il n'en restait qu'un peu de charbon et de fumée. Les alentours du rathe étaient silencieux ; le cône sombre du monticule se dessinait nettement sur le ciel resplendissant des clartés de l'aurore.

Tout en cheminant, Richard disait à William :

— Ne vous semble-t-il pas, mon vieil ami, que le ciel même favorise nos projets ? Nos préparatifs sont terminés ; les populations voisines sont pleines d'ardeur, et lord Avondale ne se doute de rien. Le succès est infaillible.

— Ce que la prudence vous prescrivait, vous l'avez fait, milord... mais tout n'est pas fini... Je connais de longue date l'esprit versatile et changeant de cette pauvre nation, épuisée par la souffrance ; son enthousiasme brille comme l'éclair, ses résolutions s'envolent au souffle du vent... Dans quelques heures peut-être les passions seront calmées, et votre œuvre sera à recommencer. Si cette étincelle dont je vous parlais récemment se manifeste tout à coup ; si un événement, frivole peut-être, mais nouveau, inattendu, vient donner l'élan aux esprits, l'explosion pourra être immense, irrésistible... sinon toutes ces promesses, toutes ces espérances, toutes ces colères s'évanouiront encore en vaine fumée.

Richard réfléchit un moment.

— Dieu nous inspirera ! — dit-il enfin avec une foi profonde en regardant le ciel.

IX

LE JUGE DE PAIX.

L'habitation de Stone-House ne paraissait pas digne, au premier abord, du parc magnifique et des vastes possessions qui en dépendaient. C'était, comme nous l'avons dit, une construction à l'italienne, avec une petite colonnade faisant face à l'avenue de Neath, et deux ailes en retour qui enfermaient un joli parterre au centre duquel s'élevait un jet d'eau. Des vases de bronze garnis de fleurs, un nombre raisonnable de statues, des pilastres, des balustres d'or à profusion, décoraient l'extérieur du bâtiment ; néanmoins, il ne présentait rien de ce majestueux, de ce grandiose qu'on s'attendait à trouver chez le comte Avondale. Les serres, les écuries, les bâtimens de service étant relégués à quelques centaines de pas en arrière, dans un massif d'acacias, l'habitation présentait un aspect solitaire et nu. Elle ressemblait plutôt à la maison de campagne d'un riche bourgeois qu'à la résidence ordinaire d'un membre orgueilleux de la haute aristocratie des trois royaumes.

Mais, à l'intérieur, l'opinion se modifiait bientôt : à peine avait-on franchi les marches du péristyle que l'on reconnaissait la fastueuse prodigalité du grand seigneur. Ce n'était plus alors que marbres, glaces, dorures, bois rares et admirablement sculptés ; on se demandait comment il avait été possible d'accumuler tant de choses précieuses dans cet étroit espace. Le vestibule et les escaliers étaient ornés de tapis aux brillantes couleurs. Chaque pièce, meublée dans un goût différent, offrait à l'œil les merveilles du luxe au moyen âge, au temps de la renaissance ou à l'époque sybaritique de Louis XV et de madame de Pompadour. L'étage supérieur de la maison renfermait une magnifique galerie de tableaux, mais de tableaux exclusivement modernes, le comte Avondale, créateur de cette collection, sachant par sa propre expérience combien les achats de tableaux de maîtres anciens sont chanceux pour les amateurs anglais. Dans toutes les parties de l'habitation on voyait exposés les produits les plus curieux de l'art céramique. A chaque pas, on rencontrait des urnes antiques, des vases étrusques, des statuettes grecques, romaines, égyptiennes, chinoises, des vitraux coloriés, des émaux de Limoges, des porcelaines de Sèvres et de Saxe. Des sommes considérables avaient dû être dépensées à ces admirables superfluités ; aussi, disposées sans tact et sans intelligence, semblaient-elles plutôt attester l'opulence de son propriétaire que son goût éclairé. Le voyageur impartial qui, après avoir parcouru cette portion misérable de l'Irlande et visité ces hideux cottages où grouillent des familles avec leurs pourceaux, se serait trouvé transporté tout à coup au milieu de ces éblouissantes féeries, n'eût pu s'empêcher de reprocher à Dieu la monstrueuse inégalité établie entre ses enfans.

La chambre du vieux lord Avondale particulièrement pouvait être citée comme un modèle de comfortable et de richesse. Les murailles étaient matelassées, ouatées, tendues d'étoffes soyeuses et douces au toucher. L'air froid du nord ne trouvait pas la plus imperceptible fente pour s'y glisser ; des bouches de chaleur y entretenaient nuit et jour une température égale ; le noble goutteux retrouvait là, en toute saison, le délicieux climat d'Italie. Des stores aux couleurs éclatantes, des rideaux de velours à crépines d'or, ménageaient dans cette pièce la lumière et le soleil, suivant le caprice du colérique seigneur. L'orne-

mentation en était caractéristique : elle se composait de tableaux représentant des chevaux que Sa Seigneurie avait possédés autrefois ; il y en avait de noirs, de blancs, d'alezans, de bais, de toutes les couleurs. Un poétique et suave portrait de miss Avondale, suspendu à l'endroit le plus apparent, faisait un bizarre contraste avec ces amis d'écurie, dont milord avait voulu sans cesse avoir l'image sous les yeux ; mais ces contrastes étaient dans la nature même du comte, chez qui les affections de père se confondaient avec d'autres affections beaucoup moins nobles et moins pures.

Le matin du jour prescrit pour l'explosion du complot, le vieux lord, à la suite d'une nuit agitée, s'était levé de la plus détestable humeur. Après avoir revêtu, avec le secours de monsieur Clarence, son valet favori, une robe de chambre de cachemire à cordelière mi-partie soie et or, il s'était assis en maugréant dans son grand fauteuil, devant la cheminée, où brûlait un énorme feu de charbon malgré la douceur de la température extérieure. Le domestique allait et venait autour de lui, d'un pas furtif et silencieux. Dans un angle de la chambre, un jeune homme vêtu de noir, maigre, le teint jaune, les cheveux gras et plats, se tenait immobile le chapeau à la main ; c'était Daniel Tyler, secrétaire intime et clerc de milord pour la justice de paix, un petit avocat de Dublin qui, n'ayant aucune vocation pour défendre la cause de la veuve et de l'orphelin dans un pays où la veuve et l'orphelin ne peuvent pas payer d'honoraires, s'était mis aux gages d'un magistrat incapable tel que lord Avondale. Daniel Tyler venait prendre les ordres du maître, comme il le faisait chaque matin, et Sa Seigneurie déchargeait sur lui la colère qu'elle semblait avoir en excès ce jour-là.

— De mauvaises nouvelles, monsieur, — disait le vieillard d'un ton brusque, — et quelles nouvelles pouvez-vous m'apporter pires que celles qui ont troublé ma nuit ? Les événemens fâcheux ne nous ont pas manqué ces jours derniers, que je sache ! Un de mes gardes-chasse, un homme à ma livrée, assommé par ces mendians du village ; une des plus beaux cerfs de mon parc égorgé à deux pas de ma maison par des malfaiteurs invisibles, comme pour me braver ! Imaginez-vous que l'audace des coquins de ce pays pût aller plus loin ! Eh bien ! ce n'était rien encore. Hier, on s'est porté à un horrible attentat contre un officier de la reine, contre mon parent et mon métier. Des scélérats inconnus se sont précipités sur lui pendant qu'il pêchait dans le lac de Glendalough, l'ont frappé avec la dernière férocité, et il est malade au lit par suite de ces mauvais traitemens... Mais, à propos de cela, Clarence, — ajouta le comte en se tournant vers son valet de chambre, — comment va sir Georges, ce matin ?

— Assez bien, milord ; seulement Son Honneur est tout défiguré par les contusions qu'il a reçues.

— Misérables assassins ! — s'écria le vieil Avondale en frappant du pied ; — mais s'en prendre à mon parent c'est s'en prendre à moi, le représentant de l'autorité, c'est s'en prendre à la personne de Sa Très Sacrée Majesté la reine... Et dire qu'à l'heure qu'il est aucun mandat n'est encore lancé contre les auteurs de ce crime !... Monsieur Tyler, paresseux que vous êtes, pourquoi ne m'avez-vous pas encore apporté à signer les mandats d'arrestation contre les assassins de sir Georges ?

— Milord, j'attends... de les connaître.

— Les connaître ! les connaître ! belle raison !... Eh ! ne pouviez-vous les chercher, commencer une enquête ? A quoi donc avez-vous employé votre temps depuis hier ? Mais vous n'êtes bon à rien, vous et cet autre âne bâté de Jameson, qui se trouvait avec des constables à deux pas du lieu où a été commis le crime et qui n'a pu l'empêcher ; à quoi je passe fasse tout par moi-même. Prenez garde, l'un et l'autre, que je me lasse un jour de nourrir des fainéans inutiles... Mais allez préparer ces mandats, monsieur ; vous laisserez les noms en blanc, et on les remplira avec les noms des gens suspects de ce pays, où les suspects ne manquent pas. Consultez Donnagh ; la mâchoire de ce coquin doit être guérie maintenant, et il pourra vous nommer les plus dangereux. Il y a ce vieux rebelle de Sullivan, l'aveugle de Lady's-Church ; puis ce grand niais de *repealer*, le maître d'école, et puis d'autres encore... Que sais-je ! C'est votre affaire.

— J'exécuterai les ordres de Votre Seigneurie, — dit le clerc en s'inclinant, — dès que je lui aurai appris...

— Ah ! oui, vos nouvelles... Eh bien ! qu'attendez-vous donc ? Pourquoi restez-vous là, bouche béante, comme un oison qui veut sa pâtée ? Parlez donc, que diable ! Vous avez une langue peut-être...

— Milord, je crains... L'état de la santé de Votre Seigneurie commande tant de ménagemens à ceux qui sont dévoués à votre personne...

— Ah ! ah ! dés préparations, des précautions oratoires ! — dit le comte d'un ton où perçait pourtant une vague inquiétude ; — c'est donc bien sérieux ? Mais ne prenez pas tant de souci de ma santé, maître Tyler, et dites-moi nettement de quoi il s'agit ; je vous l'ordonne.

Ainsi pressé, le clerc raconta coup sur coup à lord Avondale comment le cottage de Tom Irwing avait été incendié la nuit précédente, et comment un courrier, expédié par le vice-roi d'Irlande, était arrivé à Stone-House tout meurtri et se traînant à peine, après avoir été dépouillé de ses dépêches par les white-boys.

En apprenant ces événemens, le vieux lord paraissait suffoqué d'indignation et de terreur ; un moment on put craindre que la goutte ne lui remontât à la poitrine, ou que le sang, se portant avec violence au cerveau, ne déterminât l'apoplexie. Il reprit enfin d'une voix oppressée :

— Un incendie sur mes terres ! une attaque à main armée contre un courrier du lord-lieutenant !... Ces malfaiteurs sont donc bien sûrs de l'impunité pour montrer une telle audace ? Il ne leur reste plus qu'à s'en prendre directement à moi ; et ils le feront, Tyler, ils le feront certainement, s'ils en ont la force.... Je dois désormais m'attendre aux derniers excès.

Tyler répliqua d'un ton hypocrite que Sa Seigneurie, et la famille de Sa Seigneurie, ne pouvaient être personnellement en danger ; mais que, dans tous les cas, milord avait autour de lui des serviteurs fidèles, disposés à le défendre jusqu'au dernier soupir.

— Milord sait bien, — dit Clarence en sortant de sa réserve étudiée et en affectant une grande émotion, qu'il en est un du moins qui serait fier de mourir pour un si bon maître !

— Mais ne voyez-vous pas, — reprit le comte, assez peu confiant dans le dévouement de ses serviteurs, — ne voyez-vous pas que ces attaques, ces attentats, ces crimes, qui se multiplient autour de moi, ont certainement une seule et même origine, que ce sont les effets d'une même cause, les préludes d'une entreprise plus coupable encore, dont je serai la victime ? C'est moi que l'on menace, vous dis-je !... O pays maudit ! fatale Irlande ! Pourquoi ai-je jamais consenti à résider sur cette terre de perdition, où le papisme et la misère ont tout bouleversé, tout corrompu ? Non, je n'attendrai pas le coup qui va me frapper. Je veux partir sur-le-champ. Qu'on attelle les chevaux à la berline de voyage... Je veux partir ; ils seraient capables de m'assassiner à mon tour !

Le vieillard, oubliant sa goutte, se promenait d'un air égaré dans sa chambre. Tyler laissa passer le premier moment d'exaltation.

— Milord, — reprit-il enfin quand il eut vu son maître retomber accablé dans un fauteuil, — je prie Votre Seigneurie de me pardonner ma hardiesse, mais il n'est pas nécessaire de recourir à une aussi fâcheuse extrémité que celle d'un départ immédiat. Ce qui arrive ne doit ni vous effrayer ni vous surprendre ; votre bonté, votre indulgence, je vous l'ai dit souvent, ont encouragé la rébellion de ce ramas de mendians et d'ivrognes ; sachez être sévère et ferme, vous les verrez aussitôt rentrer dans le devoir.

— Pour cette fois, tu as raison, Daniel Tyler, — répli-

qua le comte d'un ton résolu en se levant de nouveau ; — oui, je l'avoue, c'est mon indulgence exagérée qui a causé tout le mal. Que veux-tu, les prières de Nelly, la sotte fille !... les discours sans fin de cet ennuyeux ministre papiste m'avaient tourné la tête ; mais cette fois je ne fléchirai pas. Il faut faire des exemples ; je serai impitoyable !... Mets-toi là, Tyler, — ajouta-t-il en désignant un bureau en imitation de Boulle ; — tu vas dresser un mandat d'arrestation contre ce Tom Irwing et ses adhérens à cause de l'incendie du cottage, et, si le scélérat n'est pas pendu avant deux mois d'ici, je jure bien... N'oublie pas de mettre sur le *warrant* : et ses *adhérens*, le mot est élastique, et nous pourrons en profiter pour envoyer à la prison du comté ceux qui nous gênent. Mais, un moment, — interrompit-il comme frappé d'une idée, — combien avons-nous de constables à Stone-House ?

— Douze, milord ; ce nombre m'a paru suffisant pour maintenir l'ordre dans le marché qui se tient aujourd'hui à Neath.

— Le marché !... en effet, je l'avais oublié. Je ne vois jamais sans inquiétude une pareille accumulation d'ivrognes autour de ma demeure ; dans les circonstances actuelles, je serais inexcusable de ne pas prendre les plus grandes précautions pour prévenir une catastrophe. Tyler, vous allez écrire aux officiers des constabularies de James-Town et de Kildare pour qu'ils se rendent ici sur-le-champ avec tous les hommes disponibles ; vous requerrez de même le chef de douane à Linfield de m'envoyer les gardes-côtes qui ne sont pas absolument nécessaires au service.

— J'obéirai, milord, — répliqua le clerc respectueusement ; mais, j'en ai la certitude, les défenseurs ne nous manqueront pas. Je tiens de ce courrier arrivé la nuit dernière à Stone-House que le lord-lieutenant a dirigé plusieurs régimens sur le comté, et qu'un fort détachement de ces troupes sera ici dans la soirée ou demain au plus tard.

— Que dites-vous ? C'est donc une conspiration qui va éclater autour de nous ? Le lord-lieutenant doit avoir des raisons graves pour envoyer tant de troupes dans cette partie du pays... Il me donnait certainement l'explication de ces mouvements dans la lettre qui a été enlevée par les bandits. Mais puisque nous sommes sûrs d'être appuyés, c'est une raison pour nous de redoubler d'énergie. Tyler, vous préparerez aussi un ordre d'arrestation contre Mac-Tool et O'Mahony, les deux paddies qui ont été expulsés de leur cottages hier en même temps que Tom Irwing ; quoiqu'ils ne se soient pas encore rendus coupables d'incendie, ce sont des *desaffectees* dont nous ferons bien de nous débarrasser. N'oubliez pas non plus mes recommandations au sujet de cette vieille trompette de discorde, William Sullivan, et de cet insupportable pédant, le maître d'école. — Emporté par sa haine et par la peur, lord Avondale eût volontiers mis en arrestation les habitans de Neath, si Tyler ne lui eût fait comprendre la nécessité de la prudence jusqu'à ce que les mesures vigoureuses fussent appuyées d'une force imposante. Les mandats achevés, lord Avondale les signa ; mais Tyler lui rappela que, pour les rendre exécutoires, ils devaient, suivant la loi anglaise, être signés par un second juge de paix. — Eh bien ! allez chercher le ministre, le révérend monsieur Bruce, que je me suis fait nommer pour collègue, et dites-lui de se hâter. Prévenez aussi monsieur Jameson ; son expérience pourra nous être nécessaire. On les introduira dans la salle d'audience dès qu'ils arriveront. Enfin, que les domestiques se tiennent prêts à monter à cheval pour porter des ordres partout où il en sera besoin. Oh ! tu verras, Tyler, tu verras ! — ajouta le vieux lord en serrant les dents ; mais es-tu bien sûr que les soldats soient en marche pour nous prêter main-forte ?

— Le courrier m'en a donné la certitude, milord, et Votre Seigneurie l'interrogera elle-même.

— Je n'y manquerai pas, dans un instant... Allons, pars, Tyler, pars de suite ; il n'y a pas de temps à perdre.

Et vous, Clarence, — continua le comte en se tournant vers son valet de chambre, — hâtez-vous de m'habiller. — Tyler salua profondément et sortit. Le domestique se mit à préparer les vêtemens de milord, qui, en dépit de sa fermeté factice, demeurait pensif et préoccupé. Clarence, grand garçon mince, à cheveux rouges, ne manquait pas d'intelligence, malgré son air compassé. Lord Avondale le consultait quelquefois sur les événemens ordinaires de la maison, et écoutait volontiers ses avis, ce qui faisait de cet homme, à Londres comme à Stone-House, une sorte de confident dont l'influence était fort redoutée. Mais le confident, en valet bien appris, ne paraissait pas, aux yeux du maître, avoir conscience de son pouvoir; il n'offrait jamais ses conseils, et attendait patiemment qu'on les lui demandât. Il ne s'écarta pas de cette règle de circonspection dans la circonstance actuelle, et, tout en remplissant son office, il gardait un silence digne et réservé. Néanmoins, lord Avondale avait lu sur la figure raide et gourmée de Clarence un intérêt marqué pendant la conversation précédente. Dans la situation d'esprit où se trouvait le noble pair, il éprouvait un impérieux besoin de s'épancher. — Eh bien ! Clarence, — demanda-t-il en jetant un regard oblique sur le favori, qui depuis sa chaleureuse protestation de dévouement n'avait pas prononcé une parole, — vous avez entendu de quoi il s'agissait; que pensez-vous de tout ceci ?

— Je pense comme Votre Seigneurie, — répliqua Clarence en débarrassant son maître de sa robe de chambre. C'était toujours la première réponse du prudent valet quand le vieux lord lui adressait cette question.

— C'est fort bien ; mais vous devez avoir aussi une opinion à vous ?... Tenez, je vous connais, et je sais ce que veulent dire ces clignemens d'yeux, ce serrement de vos lèvres l'une contre l'autre, ce froncement de sourcils... Voyons, mon drôle, parle avec confiance : je te l'ordonne. Ne crois-tu pas à une conspiration ourdie contre les miens et contre ma personne ?

— Il n'appartient pas à un pauvre *corps* tel que moi de juger de pareilles matières, — répliqua Clarence d'un air si pincé que ses lèvres laissaient à peine échapper les sons ; — cependant...

Il s'arrêta encore.

— Voyons le *cependant*, — répliqua brusquement le vieillard, qui commençait à s'impatienter.

— Eh bien ! milord, puisque Votre Seigneurie l'exige, je m'exprimerai avec franchise. Dans les faits abominables qui se sont passés récemment, il en est certainement d'étrangers à la politique et aux conspirations ; mais le danger n'en est pas moins grand peut-être.

— Qu'est ce à dire ? — répliqua lord Avondale en tressaillant ; — tu as l'air de savoir quelque chose... Voyons, explique-toi.

— Il est d'un bon serviteur d'apprendre à un digne maître tel que Votre Seigneurie tout ce qui vient à sa connaissance ; aussi braverai-je le mécontentement de Son Honneur sir Georges pour...

— Sir Georges ! — s'écria lord Avondale ; — qu'a donc à voir mon parent sir Georges dans cette affaire ? Pourrais-tu, par hasard, me donner l'explication des mauvais traitemens qu'il a essuyés hier au lac de Glendalough ?

— Précisément, milord : et, comme il s'agit de personnes haut placées, je craindrais...

— Ne crains rien, Clarence, — dit le vieillard avec empressement ; — parle, Clarence, parle, mon ami ; je donnerais beaucoup pour savoir la vérité de cette ténébreuse affaire. Je n'ai pu rien obtenir de mon parent; il s'est obstiné à répéter qu'il avait été attaqué à l'improviste par des inconnus étrangers au pays, pendant qu'il pêchait dans le lac.

— A tous risques donc, je dirai ce que je sais... Seulement Votre Seigneurie se souviendra qu'elle m'en a donné l'ordre formel. — Lord Avondale frappa du pied.

— Eh bien donc, — reprit Clarence, — qui voyait désormais l'inutilité des réticences; — hier au soir, au moment où je venais de me retirer dans ma chambre, après avoir terminé mon service auprès de Votre Seigneurie, j'ai reçu la visite de John Smith, le valet de pied qui accompagnait sir Georges à la pêche. Le pauvre John paraissait fort triste ; il me dit qu'il connaissait les circonstances de l'accident arrivé à sir Georges, mais que Son Honneur lui avait défendu, avec d'horribles menaces, d'en parler, si bien qu'il n'avait pas osé souffler mot en votre présence ; que cependant sa conscience avait besoin de se décharger, et il venait à moi, dont il connaissait l'attachement à Votre Seigneurie, pour me demander conseil. J'engageai cet honnête garçon à s'asseoir, je l'encourageai de mon mieux, et voici ce qu'il conta : — Sir Georges pêchait tranquillement dans le lac, en face du village de Shanakill, quand miss O'Byrne s'est montrée à lui tout à coup. Elle affectait la gaieté ; mais son visage était pâle et sa voix tremblait. Au bout d'un instant, elle a parlé bas à Son Honneur, qui a ordonné à John Smith d'aller l'attendre dans une anse du lac, à que que distance. John se mit aussitôt en devoir d'obéir ; mais, en s'éloignant, il aperçut deux hommes qui se glissaient, à travers les buissons, vers l'endroit où sir Georges causait avec miss O'Byrne. Cela excita sa défiance ; au lieu de se rendre à l'endroit indiqué, il se cacha dans les joncs, à deux cents pas environ de son maître. De là il ne pouvait entendre ce que l'on disait, mais il pouvait voir, et il se tint attentif dans sa cachette.

— Et que se passa-t-il ? — demanda le vieillard, dont les yeux, ternes d'ordinaire, brillaient du feu de la curiosité.

— Une conversation s'établit alors entre miss O'Byrne et sir Georges. Miss Julia semblait l'implorer ; plusieurs fois elle fit le mouvement d'essuyer ses yeux baignés de larmes. Son Honneur était beaucoup plus calme et continuait à pêcher. John supposa qu'il s'agissait d'une amourette ; et vraiment il pourrait bien avoir raison, car miss O'Byrne est une assez jolie fille, quoique de race papiste, et sir Georges...

— C'est bon, c'est bon ! — interrompit le vieux lord avec vivacité, mais sans aigreur ; — épargne-moi tes suppositions et celles de John.

— Sir Georges ne voulant pas faire, sans doute, ce que demandait miss Julia, elle commença à se lamenter en levant les yeux au ciel et en se tordant les mains. Aussitôt, comme s'il eût obéi à un signal, l'un des hommes qui étaient cachés dans le buisson s'élança vers Son Honneur et lui parla vivement, puis se rua sur lui et le frappa avec un objet qu'il tenait à la main. Sir Georges ne poussait pas un cri, ne semblait même pas songer à se défendre. John voulait courir au secours de son maître ; mais, dans sa précipitation, il se heurta à une souche d'arbre, fit un faux pas et roula au fond d'un ravin, où il demeura un instant étourdi. Avant qu'il eût eu le temps de se relever, il entendit un grand bruit, comme si un corps lourd tombait dans l'eau. Ne doutant pas que sir Georges n'eût été jeté à l'eau par les malfaiteurs, le pauvre John redoubla d'efforts pour se remettre sur pied. Mais quand il y fut parvenu, il vit son maître venir à lui en longeant la rive, tandis que d'autres personnes s'agitaient à l'endroit où avait eu lieu la lutte. Sir Georges marchait avec peine; son visage était couvert de sang. John, sans s'inquiéter des autres, s'approcha de Son Honneur et s'offrit à le soutenir, tout en demandant avec timidité la cause de l'accident. Mais sir Georges refusa de répondre et lui commanda de garder un silence absolu sur ces événemens.

Lord Avondale, pendant cette dernière partie du récit, était tellement suffoqué d'indignation, qu'il n'avait pas eu la force de l'interrompre. Tout à coup il s'échappa, à demi vêtu, des mains de Clarence et se mit à parcourir la chambre à grands pas, comme s'il eût été pris d'une démence subite.

— Plus de doute ! — disait-il d'une voix entrecoupée, — c'était un guet-apens, un véritable guet-apens !... cette petite effrontée aura exigé une réparation incompatible

avec la dignité de mon parent, et, ne pouvant rien obtenir de lui, elle aura voulu le faire assassiner par des
hommes apostés. Oh ! cette fois la justice aura son cours.
J'ai trop ménagé cette famille de gueux insolens ; je les
écraserai sous mon pied comme des insectes immondes !
— Il s'arrêta et demanda d'un ton plus calme : — Votre
ami John, monsieur Clarence, a-t-il reconnu les hommes
qui ont maltraité sir Georges ?
— Décidément ils ne sont pas du pays, milord, et John
assure ne les avoir jamais vus avant la journée d'hier.
Mais celui qui a commis le crime est un grand gaillard,
assez proprement vêtu, affectant des airs de gentleman.
Il serait facile...
— Il suffit, Clarence ; le plus important n'est pas d'atteindre l'instrument du crime, mais la personne qui en a
conçu la pensée. Elle croit peut-être que je n'oserai pas
en venir aux dernières extrémités ; mais je frapperai un
coup qui retentira dans tout cet odieux pays. John, et
toi Clarence, — reprit-il après une pause, — vous êtes de
bons serviteurs ; partagez-vous ceci (et il jetait au domestique une bank-note de dix livres). Vous répondrez quand
on vous interrogera judiciairement ; jusque-là, songez
qu'au moindre écart de langue... Allons, — ajouta le
vieillard, — achève de m'habiller et hâte-toi, car je n'eus
jamais plus besoin d'activité et de courage. — Clarence
obéit sans répliquer. La toilette du lord était presque terminée, quand Tyler, passant sa tête par la porte entre-
bâillée, annonça que le bailli et le ministre Bruce attendaient, dans la salle d'audience, le bon plaisir de lord
Avondale. — Je descends, monsieur Tyler, je descends,
— répliqua le vieillard avec une joie farouche. — Oh !
nous aurons de la besogne aujourd'hui ! nous ne sommes pas encore au bout de nos mandats d'arrestation !...
Et les constables sont-ils arrivés ? Tyler, surpris du ton
singulier de son maître, répondit qu'en effet un détachement de constables était déjà dans la cour et que d'autres
ne pouvaient tarder d'arriver. — Qu'on leur donne à boire
et à manger, — reprit le lord ; — oui, qu'on ne leur
épargne pas le bœuf et le wiskoy, à ces braves gens ; ils
vont sûrement gagner leur déjeuner ce matin.
Le clerc s'éloigna, convaincu que Sa Seigneurie médi-
tait quelque chose d'inouï ou qu'elle était fay.
Lord Avondale complétement habillé se préparait à
descendre, appuyé sur le bras de Clarence, quand on entendit une voix joyeuse fredonnant un air d'opéra italien.
Au même instant miss Nelly, en peignoir de dentelle,
fraîche et souriante, entra dans la chambre ; elle courut
embrasser le vieillard en sautillant.
— Bonjour, mon père, — dit-elle. — Quoi ! déjà debout
et prêt à sortir ! Tant mieux ! cela prouve que votre santé
est bonne ce matin et que, comme dit le poëte...
— Cela prouve, miss Avondale, — répliqua le comte
avec rigidité, — que d'impérieuses occupations me font
oublier le soin de ma santé, de mon bien-être .. Et si vous
aviez à cœur les intérêts du nom que vous portez, vous
montreriez moins de gaieté dans ce moment de crise que
nous traversons.
— Et comment ma gaieté peut-elle vous offenser, mon
père ? — demanda la jeune fille avec étonnement. —
Quelle crise traversons-nous ? En vérité, je ne demande
pas mieux que me lamenter ou de trembler de tous
mes membres... quand je saurai pourquoi.
— Pourquoi ! pourquoi ! — répéta le vieillard avec impatience ; — ignorez-vous donc les événemens de la
nuit ?
— Ah ! vous voulez parler de ce pauvre homme qui,
poussé au désespoir, a brûlé son cottage avec tout ce qui
était dedans ? Allons donc ! mon père, ce misérable événement pourrait-il vous affecter ? La perte de l'animal
sans nom et des pauvres oisons qui ont été victimes de
l'incendie ne saurait diminuer sensiblement vos revenus
de cette année !
— A merveille ! miss Avondale, il ne s'agit, je vois, que
de prendre le bon côté des choses ! Eh bien ! et ce cour-

rier du lord-lieutenant qui a été dévalisé, et votre parent
sir Georges, encore malade des blessures qu'il a reçues,
n'y a-t-il pas là de quoi vous rendre un peu sérieuse ?
— L'arrestation du courrier peut avoir de la gravité au
point de vue politique, mon père ; mais, en définitive, le
mal n'est pas si grand, ce me semble. Le lord-lieutenant
écrira une autre lettre, et tout sera dit... Quant à sir
Georges, son accident n'est qu'une bagatelle ; j'ai envoyé
demander de ses nouvelles ce matin, et, quoiqu'il porte
au visage des égratignures semblables à celles que pourrait faire un chat effarouché, il ne court aucun danger.
J'ai vu notre honoré parent bien autrement malmené à la
suite d'une chute de cheval, dans un steeple-chase ou
dans une chasse au renard, et je n'ai pas cru devoir m'en
alarmer.
— Il suffit, Nelly, — répliqua le comte en se pinçant
les lèvres ; — vous êtes libre de prendre aussi gaiement
que vous voudrez les attaques dont nous sommes l'objet.
Nous verrons ce soir si vous serez aussi satisfaite des
événemens de la journée... Mais excusez-moi, je suis attendu... Venez, Clarence.
Et il voulut sortir.
— Un moment, mon père, ne me quittez pas ainsi, —
répliqua la jeune fille en se plaçant devant lui d'un air
câlin. — Tenez, votre mécontentement a subitement re-
foulé ma joie, et voilà que je suis disposée à pleurer
comme une voisine compatissante à une veillée de mort.
Sir Georges, qui prend tant de soin de sa personne, ne
saurait lui-même exiger davantage.
Lord Avondale ne put s'empêcher de sourire et baisa
distraitement sa fille sur le front.
— Je suis bien bon de m'occuper de ce que fait une
étourdie, — reprit-il d'un ton léger. — Riez ou pleurez,
lamentez-vous ou chantez, ma fille, je ne m'y oppose
pas ; mais laissez-moi passer, car je suis pressé.
— Un mot encore, mon père. J'avais une grâce à vous
demander en venant vous déranger de si bonne heure...
— Qu'est-ce donc, Nelly ?
— La matinée est charmante, et j'avais songé à aller
prendre le thé au pavillon des Ruines, dans le parc.
— Allez-y, ma fille ; j'attends du monde ici, et vous vous
trouveriez loin de votre place au milieu de ce remue-mé-
nage. Je vous dispense volontiers d'assister à notre repas
du matin, car j'ignore à quelle heure il aura lieu et s'il
aura lieu.
— Mon père, c'est que je ne puis prendre le thé seule,
et je comptais inviter...
— Invitez qui vous voudrez, petite folle ; n'êtes-vous
pas la maîtresse ? — dit le lord, impatienté d'être arrêté
par un caquetage de jeune fille. — Et maintenant que
cette grave question est réglée, adieu... nous nous verrons
dans la journée. Quoi qu'il arrive, ne vous effrayez pas.
Et il sortit précipitamment avec Clarence.
Ses dernières paroles avaient produit sur la jeune fille
un effet diamétralement opposé à celui qu'il en attendait,
c'est-à-dire que Nelly ressentit une vive inquiétude.
— Que je ne m'effraye pas ! — répéta-t-elle ; — et pour
quoi m'effrayerais-je ? Sans doute mon père va tirer un
châtiment sévère du pauvre paddy qui a brûlé son cottage
cette nuit ; mais qu'y faire ? Il ne m'est pas permis d'intercéder pour personne aujourd'hui ; j'aurais plutôt besoin
que l'on intercédât pour moi.
En même temps elle s'enfuit, légère comme une ombre,
et regagna son appartement.
Cinq minutes après, un domestique se rendait au village de Neath, avec un billet pour Julia O'Byrne.
Bientôt miss Avondale elle-même sortit de sa chambre.
Elle avait jeté une mantille de dentelle sur sa taille élégante ; sa tête était couverte d'un chapeau de paille, qui
n'empêchait pas les longues grappes de ses cheveux noirs
de rebondir à chaque mouvement contre ses joues ro-
sées.
Une agitation extraordinaire régnait dans la maison.
Quand Nelly atteignit le vestibule où s'ouvrait la salle

d'audience, elle entendit le ministre Bruce qui disait d'un ton animé :

— Je suis plein de respect pour Votre Seigneurie, milord ; mais, dans votre intérêt même, je ne signerai pas ce warrant... Nous deviendrions odieux à tout le pays ; après un pareil éclat, pas un paddy ne consentirait à me payer volontairement mes dîmes.

D'autres voix, parmi lesquelles miss Avondale distingua celle de son père, répliquèrent avec chaleur. La jeune Anglaise s'éloigna en souriant.

— J'étais bien sûre qu'il s'agissait de dîmes, — murmura-t-elle ; — pour aucun autre motif, le révérend monsieur Bruce n'eût fait de semblables efforts de poumons... Que de réglisse et de pâtes pectorales seront employées ce soir à réconforter la poitrine de Sa Révérence !

Au moment où elle se glissait dans le jardin pour regagner le parc, elle aperçut dans la cour un détachement de constables qui déjeunaient, appuyés sur leurs fusils. Au bout de la grande avenue, un détachement plus nombreux encore de ces soldats de police s'avançait pour se joindre aux premiers. Mais ce déploiement de force publique n'inquiéta pas miss Avondale ; elle l'attribua à la nécessité de maintenir le bon ordre dans le grand marché qui devait avoir lieu à Neath le jour même. Pleine de sécurité, elle se dirigea donc vers le pavillon des Ruines, où mistress Jones, sa gouvernante, l'avait précédée pour préparer le thé.

X

LE MARCHÉ.

Pendant que ceci se passait à Stone-house, le village de Neath présentait le spectacle le plus animé. Les routes avoisinantes étaient encombrées de paddies et de troupeaux qui se dirigeaient vers le centre commun. L'unique rue, étroite et raide, qui serpentait sur le flanc de la colline, eût été un espace insuffisant et peu commode pour recevoir la cohue qui commençait. Aussi la foule se portait-elle vers une grande plaine située en bas du village, et qui semblait créée pour la nature pour une semblable destination. Là, depuis les premières heures de la journée, c'était un tohu-bohu bizarre d'êtres humains, de chariots, de chevaux, de bestiaux, un fourmillement de matière animée qui eût donné le vertige. On était assourdi, même à distance, par les clameurs des gens, les claquements des fouets, les beuglemens sourds des vaches, les bêlemens aigus des moutons et les grognemens de ces animaux que miss Avondale, avec sa pruderie anglaise, appelait des animaux *sans nom*. Un temps magnifique éclairait la fête, et, malgré la poussière, un soleil ardent permettait de voir tous les détails de ce tableau mouvant.

Autour du marché s'élevaient des baraques misérables, des étalages ambulans, des tentes en toile déchirée, dont les propriétaires appelaient la pratique à grands renforts de gestes et d'éloquence. Il y avait des colporteurs, des marchands d'images, des débitans de bagues en plomb contre la fièvre ou des rosaires bénits par le pape ; des juifs qui vantaient aux passans demi-nus les vieilles défroques exposées aux regards sur des éventaires malpropres. Quelques-unes de ces tentes étaient aussi des salles de bal ou de cabaret. Dans les premières, le bag-pipper (*joueur de cornemuse*) ou le joueur de violon, montés sur une chaise, excitait avec force tons criards et fausses notes les garçons et les filles à montrer l'agilité de leurs pieds nus ; dans les autres, une vieille femme rechignée, assise devant un tonneau couvert de gobelets et de pots, faisait frire des puddings ou des rissoles de porc dont les émanations nauséabondes paraissaient pourtant fort appétissantes à certains pauvres diables arrêtés bouche béante devant ce restaurant improvisé, la main sur leurs poches vides. Parmi ces industriels femelles, mistress O'Flanagan se distinguait par une tente plus vaste, un tonneau plus ventru, une poêle mieux garnie que celles de ses rivales ; la bonne dame elle-même, avec son ample corpulence, son visage bourgeonné, son gros nez rouge, formait une vivante et attrayante enseigne pour son établissement. Au milieu de cette foule bariolée, où les cinq sens d'un homme délicat eussent été également affectés, quelques constables en uniforme sordide, le fusil sur l'épaule, le visage rogue, circulaient lentement. Plus loin, le sergent recruteur, précédé d'un tambour qui battait la marche sur une caisse crevée, promenait en triomphe un grand drôle couvert de haillons et de rubans, qu'il avait enivré la veille pour l'enrôler, et cherchait à tenter les badauds par ce brillant exemple du bonheur militaire.

Malgré tout cela, le marché n'avait pas sa physionomie accoutumée ; un observateur attentif eût deviné à certains symptômes menaçans la crise prochaine. D'abord, on avait vu des habitans du voisinage, venus à la foire avec leurs familles et leurs troupeaux, se retirer brusquement sans avoir vendu leurs denrées, après une conversation à voix basse avec des passans. Les hommes formaient de petits groupes où l'on causait d'un air animé. Certains individus, qui, le chapeau enfoncé sur les yeux, semblaient vouloir se cacher, allaient de l'un à l'autre, comme pour donner un mot d'ordre. Malgré les invitations du violon et de la cornemuse, les salles de danse restaient désertes : le pipper s'épuisait dans le vide, sans gagner de quoi renouveler son souffle avec une mesure de wiskey. Dans les cabarets, même solitude. Si une société paraissait disposée à stationner un peu longuement autour du tonneau provocateur, un des personnages dont nous avons parlé, prononçant tout à coup, prononçait quelques paroles d'un ton impérieux ; aussitôt la compagnie se dispersait sans avoir bu plus d'un seul verre de la liqueur nationale. Les paddies n'avaient d'autres armes apparentes que ces bâtons courts et noueux qu'on nomme *shillelaghs*, mais on devinait les couteaux cachés dans les poches, et on savait qu'à un moment donné un certain nombre de ces fusils rouillés, si rigoureusement prohibés dans les Iles Britanniques, apparaîtraient comme par enchantement.

Un cottage délabré qui s'élevait à l'entrée de la plaine, non loin de la grille de Stone-House, avait particulièrement une apparence mystérieuse. Les fenêtres en étaient fermées ; deux ou trois grands gaillards en guenilles, qui rôdaient alentour, semblaient chargés d'en garder soigneusement la porte. De temps en temps, des individus isolés ou par petites troupes de trois ou quatre se présentaient à l'entrée du cottage ; après quelques pourparlers avec les gardiens, on frappait doucement à la porte, qui s'ouvrait aussitôt et se refermait sur les arrivans. Mais leur visite n'était jamais longue ; bientôt ils sortaient et se mêlaient de nouveau à la foule immense qui couvrait le marché.

Ce cottage était le quartier général des insurgés. Au fond d'une pièce obscure, Richard O'Byrne, revêtu d'une espèce de petit uniforme, avec les insignes de son ancien grade dans l'armée anglaise, écrivait sur une table boiteuse, à la lueur d'une chandelle. Cinq ou six personnes se tenaient à distance respectueuse et chuchotaient avec chaleur.

William Sullivan entra, conduit par Tom Irwing. A sa vue, Richard se leva précipitamment et, prenant l'aveugle par la main, il le fit asseoir près de lui sur le banc.

— Bonjour, mon vieil ami, dit-il, — je vous attendais avec impatience. Eh bien ! que venez-vous m'apprendre ?

Avant de répondre, Sullivan promena ses doigts sur le bras du capitaine jusqu'à ce qu'il eût rencontré son épaulette d'argent.

— Je vous remercie, milord, — dit-il avec satisfaction ; — vous avez suivi mon conseil, vous vous êtes mis en uniforme... Vous ne savez pas combien un chapeau à cocarde et un habit galonné imposent à nos paddies !

— Je me suis plié à votre fantaisie, William, quoiqu'à mon sens la vue de cet habit détesté doive produire un résultat tout contraire... Mais c'est trop nous occuper des bagatelles dans ce moment critique. Nos gens sont-ils là ?

— Pas un n'y a manqué, milord ; white-boys, contre-bandiers, proscrits, tous sont accourus sous divers déguisemens, et ils se tiennent prêts à agir... Mais ce qui m'inquiète, milord, c'est la froideur de la population : la plupart des paddies hésitent, ils ont peur... Or, sans eux, nous ne pouvons rien tenter de sérieux.

— Peur, dites-vous ! et de quoi donc ?

— Des bruits sinistres commencent à se propager. On assure que toutes les constabularies du voisinage se sont transportées à Stone-House. et que d'un instant à l'autre sir Georges Clinton va venir nous charger à la tête d'une troupe nombreuse.

— Mais la troupe dont peut disposer sir Georges, fût-elle dix fois plus considérable, serait encore impuissante à arrêter les douze ou quinze mille hommes valides qui sont répandus dans le marché.

— Sans doute, milord, — répliqua William avec un soupir ; — mais vous voyez là les effets d'une longue oppression... L'Irlande ignore sa force, ou plutôt s'en défie : deux constables, le fusil sur l'épaule, suffisent pour contenir cent hommes vigoureux. Aussi furieux que devienne un ours apprivoisé, il se soumet humblement quand il voit le petit Savoyard, son conducteur habituel, le menacer d'un bâton...

— Jusqu'au jour où, poussé à bout, l'ours renverse l'enfant d'un coup de griffe et le tue, — répliqua Richard avec un sourire ; — mais croyez-vous, William, que ces gens qui se sont engagés par les sermens les plus solennels nous fassent défaut ?

— Il en est qui ne manqueront pas, milord ; quant aux autres, tout dépendra, comme je vous l'ai dit déjà, de l'impression du moment. Si Dieu ou saint Patrick, le protecteur de l'Irlande, suscite dans cette journée un événement favorable dont nous sachions habilement profiter, ces hommes si froids prendront feu comme un paquet d'étoupes ; sinon, ils resteront aussi peu inflammables qu'une motte de tourbe humide sortant du bog.

Richard appuya la main sur son front d'un air d'anxiété.

— Vous avez raison, William, — dit-il ; — mais j'ai beau me creuser la cervelle, l'heure se passe et je ne trouve rien. J'avais cru que ce vieil Avondale, exaspéré des événemens de la nuit dernière, nous fournirait un prétexte par quelque mesure odieuse...

— Nous pouvons encore l'espérer, milord ; ou je me trompe fort, ou Sa Seigneurie, qui reste enfermée là-bas à Stone-House avec une troupe de policemen, médite quelque chose d'inattendu... Sachons patienter et soyons attentifs.

En ce moment, plusieurs conjurés entrèrent dans le cottage pour prendre des ordres, et la conversation perdit son caractère confidentiel. Malgré les recommandations de William, Richard voulait se montrer à la foule et tenter d'opérer le soulèvement par sa seule présence ; mais on l'en dissuada, et force lui fut d'attendre que l'occasion favorable, dont il reconnaissait lui-même la nécessité, vînt enfin à se présenter.

A peu près au même moment, Julia O'Byrne, retirée dans une pièce écartée de la manse, restait indifférente aux passions et aux intérêts qui s'agitaient si près d'elle. Les rideaux de sa fenêtre étaient baissés, un faible et lointain murmure de la foule arrivait à peine jusqu'à son oreille. La pauvre enfant était très souffrante ; l'accident de la veille, joint aux émotions poignantes qui ne lui laissaient de repos ni le jour ni la nuit, avait épuisé ses forces. Assise dans un fauteuil, le front appuyé sur la main, son accablement était digne de pitié ; elle ne pleurait pas, son haleine était calme, mais aucun pinceau n'eût pu re-

produire ce qu'il y avait de douleur dans son œil bleu, fixe et grand ouvert.

La porte de sa chambre tourna sur ses gonds et on appela doucement :

— Julia !.. ma sœur !

La jeune fille tressaillit et se leva. Angus entra une lettre à la main.

— Bonjour, mon frère, — dit Julia en affectant l'assurance.

Angus la regarda en face avec une expression do tristesse.

— Julia, — dit-il, — comme vous êtes pâle ce matin ! Comme vos yeux sont caves et vos joues creuses ! Jamais ces cruels changemens ne m'avaient frappé à ce point. Ma pauvre sœur, quand donc saurai-je la cause du mal secret qui vous ronge et vous tue ?

Miss O'Byrne prit la main du prêtre et la baisa respectueusement.

— Vous la connaîtrez, Angus, — répondit-elle d'une voix étouffée ; — vous la connaîtrez un jour... Laissez-moi le temps d'assembler mes forces, d'aguerrir mon courage... Oh ! non, je ne reculerai plus devant cet aveu, car je suis sûre maintenant de pouvoir le faire en présence d'un frère sans crainte de vous voir tomber morte à mes pieds !

Angus poussa un profond soupir et garda le silence. Il reprit après une pause :

— Ma sœur, voici un billet que vient d'apporter un domestique de Stone-House... Il vous a été adressé par miss Avondale sans doute.

Julia prit le papier et rompit le cachet. Le billet était ainsi conçu :

« La reine de Glendalough est invitée à venir sans re-
» tard au pavillon des Ruines, dans le parc de Stone-
» House, où son humble sujette va se rendre pour prépa-
» rer le thé. Cette faveur d'une auguste souveraine sera
» d'autant mieux appréciée qu'on a beaucoup de choses
» à lui apprendre et davantage peut-être à apprendre
» d'elle. »

Miss Avondale, fatiguée sans doute du ton pindarique, ajoutait en terminant :

« Venez de suite, ma chère miss O'Byrne ; j'ai réelle-
» ment grand besoin de vous parler. J'attends et je vous
» aime.

                                        » NELLY. »

Julia relut deux ou trois fois ce billet.

— Que peut-elle me vouloir ? — dit-elle avec réflexion.

— Je l'ignore, ma sœur ; cependant, si vous me demandiez mon avis, je vous conseillerais fort d'accepter l'aimable invitation de miss Nelly. Cette petite promenade vous fera du bien ; le bruit et le mouvement du marché que vous aurez à traverser pour vous rendre à Stone-House dissiperont les fâcheuses idées dont vous paraissez obsédée. Enfin, s'il faut l'avouer, je pense que vous trouverez l'occasion de parler encore à miss Avondale en faveur de mes pauvres paroissiens, et vous pouviez la décider à tenter de nouveaux efforts pour apaiser la colère de milord...

— Ne l'espérez pas, Angus ; hier, lorsque miss Nelly me chargea de remettre son aumône aux malheureux expulsés de leurs cottages, elle m'annonça que ses instances seraient désormais impuissantes... D'un autre côté, les derniers événemens ont dû porter au comble l'exaspération de Sa Seigneurie... J'essayerai cependant, et, puisque vous le permettez, je me rendrai à l'invitation de mon amie.

— Fort bien, Julia ; mais vous ne pouvez traverser seule la foule qui se presse là-bas ; je vous accompagnerai donc jusqu'à la grille de Stone-House.

— Merci, mon frère ; dans un instant je suis à vous.

Peu de momens après, en effet, miss O'Byrne et le ministre descendaient côte à côte la rue principale de Neath. Julia se couvrait le visage de son voile pour cacher l'effrayante altération de ses traits ; Angus, appuyé sur sa canne, la suivait de près, en saluant à droite et à gauche. Ses paroissiens lui témoignaient leur respect ordinaire : néanmoins aucun n'approchait de lui et ne semblait vouloir lui parler. Or, il faut savoir de quelle importance est le prêtre catholique, aux yeux de ses coreligionnaires irlandais, pour s'expliquer combien cette circonstance devait paraître singulière à monsieur O'Byrne. Le curé est le conseiller, le confident des familles ; on ne fait rien sans le consulter, on prend son avis sur les événements les plus simples. Chaque fois qu'Angus se montrait dans les rues du village, il était suivi par une multitude de gens qui désiraient s'éclairer de ses lumières sur leurs intérêts privés, ou même par de simples dévots qui croyaient sanctifier leur journée en échangeant quelques mots oiseux avec Sa Révérence. Aussi Angus fut-il frappé de voir que ses paroissiens l'évitaient avec affectation, et qu'après l'avoir salué, ils s'enfuyaient comme s'ils eussent craint d'être interrogés.

Le seul qui osa l'aborder fut John Morris, le maître d'école de la paroisse. Le pauvre garçon était toujours vêtu de cet uniforme troué dont il était si fier. Il ôta son chapeau défoncé et s'inclina humblement.

— Salut à Votre Révéren e et à miss Julia, — dit-il. — Ah ! Votre Révérence, voilà bien du monde à Neath ce matin !

— En effet, mon cher John, — répliqua le ministre d'un air distrait, — et je ne sais si les amis de la paix devront s'applaudir de cette grande affluence...

— Ah ! ah ! — répliqua Morris avec un accent singulier, — vous avez remarqué déjà... ? Eh bien ! j'avoue qu'il se passe aujourd'hui des choses que je ne comprends guère, et, si je ne craignais d'effrayer cette bonne jeune dame...

Il attacha son regard timide sur Julia ; mais les craintes de Morris étaient bien inutiles ; miss O'Byrne, absorbée par ses pensées, s'était à peine aperçue de sa présence.

— Qu'y a-t-il donc, Morris ? — demanda Angus avec inquiétude en se rapprochant de son interlocuteur ; — les gens de Neath ont des allures nouvelles, ce matin.

— J'ai remarqué beaucoup de choses, Votre Révérence, — dit John, les yeux fixés sur Julia inattentive ; — mais quant à savoir ce qui se prépare, je suis dans une complète ignorance. Depuis quelque temps, vous le savez, on se cache de moi, et même les repealers me tournent le dos. Cependant je viens de voir, tout en rôdant dans les environs, des figures qui ne me plaisent pas.

— Quelles figures, mon cher John ?

— Je puis dire à Votre Révérence ce que je ne dirais volontiers à nul autre. Je suis sûr d'avoir reconnu le vieux Dan O'Pogherty, qui fut condamné à mort, il y a six ans, pour avoir tué un douanier, et le boxeur Samson Meggy, qui s'enfuit dans le Cunnemara après avoir assommé traîtreusement ce grand boxeur de Londres qui l'avait défié... Quand de pareils hommes se promènent en plein jour sur la place publique, à la barbe des constables, c'est un mauvais signe, je le crains.

— Et devinez-vous dans quel but ces hommes ont pu se rendre ici, John Morris ? J'ai bien entendu parler d'une sourde agitation dans cette paroisse ; mais aucune pensée de révolte ne pourrait se faire jour ainsi à l'improviste, sur ce coin éloigné de l'Irlande : ce serait une folie dont il résulterait de grands malheurs... John, —ajouta monsieur O'Byrne plus bas, — vous êtes un fidèle repealer et vous n'avez pas oublié les paroles de master O'Connell, qui recommande expressément de garder la paix de la reine. Restez près de moi ; lorsque nous aurons conduit ma sœur jusqu'à la grille de Stone-House, nous reviendrons nous mêler à la foule et nous unirons nos efforts pour pénétrer ce secret, si toutefois il existe.

— Je suis aux ordres de Votre Révérence, — répliqua John avec empressement.

Angus avait eu d'abord la pensée de revenir en arrière

et de ramener sa sœur à la manse ; mais il réfléchit que, quoi qu'il arrivât, Julia serait toujours respectée dans une bourrasque populaire ; que, dans le cas possible d'une agression de la population contre lord Avondale, la présence de la jeune fille à Stone-House deviendrait une garantie de ses bonnes dispositions personnelles envers la famille du landlord et une protection. Aussi persista-t-il dans son premier projet, et, touchant doucement le bras de miss O'Byrne, qui semblait avoir oublié où elle était, ils recommencèrent à descendre l'étroite rue du village, en compagnie de John Morris.

Partout où ils passaient, on continuait à les regarder d'un air de curiosité, mais toujours sans oser approcher ; on chuchotait quand ils étaient à distance ; on semblait se perdre en suppositions sur le but probable de leur promenade. Monsieur O'Byrne, avec sa fermeté ordinaire, eût bien voulu marcher droit à quelqu'un de ces causeurs et lui arracher le mot de l'énigme ; mais il craignait de provoquer encore une scène tumultueuse en présence de sa sœur. Modérant donc son impatience, il se résolut à attendre que Julia fût en sûreté pour éclaircir ses doutes.

Bientôt ils atteignirent l'espèce de plaine où se tenait particulièrement le marché. L'espace compris entre le pied du rocher et la grille du parc était encombré de monde ; mais, chose bizarre et qui n'échappa point au regard attentif d'Angus, les bestiaux, qui à cette heure peu avancée auraient dû être attachés aux piquets disposés pour cet usage, avaient déjà disparu. Il ne restait plus dans l'enceinte que des hommes dont la contenance trahissait la défiance et l'incertitude. Dès que le ministre et Julia se montrèrent, le foule s'entr'ouvrit, les fronts se découvrirent, les têtes s'inclinèrent, mais pas une parole ne leur fut adressée par ceux même qui les importunaient habituellement de leurs politesses et de leurs obséquiosités.

Angus, de plus en plus inquiet, pressait le pas pour gagner Stone-House, quand une fermentation nouvelle se manifesta parmi les paddies, et il s'aperçut que sa sœur et lui n'attiraient pl s l'attention exclusive des gens du marché.

Depuis quelques instants, on voyait briller dans le parc, à travers la grille, des baïonnettes de fusil. Bientôt les éclairs que le soleil tirait de ces armes meurtrières devinrent plus éblouissans, plus rapprochés ; enfin la grille s'ouvrit, et une douzaine de constables s'avancèrent en bon ordre, l'arm s au bras ; à l'extrémité de l'avenue, devant l'habitation, un grand nombre d'autres constables, les fusils en faisceaux, semblaient chargés de garder la demeure du landlord.

L'arrivée de ces soldats de police sur le marché fut accueillie par des huées. Mais comme les démonstrations hostiles se bornèrent là, les constables irlandais, habitués à de pareilles réceptions, ne s'émurent pas beaucoup. A leur tête marchait le bailli Jameson, remarquable à son costume noir. Le vieux légiste, la main passée dans l'ouverture de son ample gilet, affectait la tranquillité, mais il était fort pâle ; ses jambes, qu'il raidissait avec effort, paraissaient légèrement flageoler. Par intervalles, il baissait brusquement les épaules, comme s'il eût redouté une attaque soudaine.

Evidemment, les agens de la force publique avaient à remplir une mission déterminée ; mais quelle était cette mission ? Le premier mouvement de bravade passé, chacun commença à se demander, comme à l'ordinaire, s'il n'était pas personnellement menacé. On se regardait pour s'assurer si l'on pouvait compter les uns sur les autres, et le doute entra dans les esprits. Aussi, un profond silence s'établit-il autour des gens de justice ; on se mit à observer leurs démarches avec une véritable anxiété.

Angus O'Byrne soupçonna aussi que cette nombreuse expédition menaçait les habitans de Neath, et son cœur se serra. Néanmoins, il continua d'entraîner sa sœur, toujours inattentive et indifférente ; bientôt ils se trouvèrent en présence des constables et de Jameson qui les commandait,

À la vue de monsieur O'Byrne et de Julia, le vieux bailli parut vouloir s'arrêter. Angus comprit très bien son intention ; mais, ne se souciant pas d'avoir des rapports publics avec ces subalternes, sûr d'ailleurs que ses paroles d'indulgence et de conciliation ne seraient pas écoutées, il essaya de passer outre, après avoir salué d'une légère inclinaison de tête. Alors Jameson dit rapidement quelques mots aux constables, qui firent halte ; pour lui, ôtant son chapeau, il s'avança d'un air embarrassé vers le frère et la sœur.

Malgré les formes polies du bailli, il y avait dans son action une sorte de solennité qui impressionna vivement les spectateurs. Ils éprouvèrent comme une commotion électrique à la pensée que Jameson était peut-être porteur d'un ordre d'arrestation contre leur pasteur bien-aimé ; ils attendirent avec une terreur muette ce qui allait se passer. Pas un des paddies initiés à la conjuration ne songeait aux constables, qui firent projets de révolte et de vengeance qui l'occupaient peu de minutes auparavant.

Cependant Angus, calme et impassible, ne chercha pas à éviter l'homme de loi. Comme le bailli paraissait fort troublé, il lui dit d'un ton simple qui dénotait une entière liberté d'esprit :

— Vous voici bien accompagné, monsieur Jameson ! Malheureusement votre mission, j'en ai peur, coûtera des larmes aux pauvres gens de ma paroisse.

— C'est possible, Votre Révérence, — balbutia le bailli, les yeux baissés ; — mais j'accomplis un devoir.

— Soit, monsieur Jameson, — répliqua le prêtre avec sécheresse ; — mais plus ce devoir est pressant, plus je dois craindre d'en retarder l'accomplissement .. Veuillez donc nous laisser passer ; ma sœur est attendue à Stone-House ; elle a hâte de se rendre à une invitation de miss Avondale.

Le bailli fit un geste de surprise et sembla irrésolu.

Quoique cette courte conversation eût lieu à demi-voix, il était le silence qui régnait autour des interlocuteurs qu'elle avait été entendue par un grand nombre de personnes. Angus, avec son inaltérable sérénité, essayait toujours de frayer passage à sa sœur, quand Jameson se jeta brusquement au-devant de lui et balbutia :

— Monsieur O'Byrne... Votre Révérence... je vous supplie de m'excuser... mais les ordres que j'ai reçus...

— Qu'est-ce à dire, monsieur le bailli ? — demanda Angus, le sourire sur les lèvres; — auriez-vous reçu des ordres qui me concernent?

— Non, non pas vous précisément, Votre Révérence, — répondit Jameson pendant que de grosses gouttes de sueur lui découlaient du front ; — votre loyauté est trop bien connue ! Il s'agit d'une personne... Croyez que mon office ne m'a jamais paru si pénible, si douloureux.

Le jeune prêtre le regardait bouche béante ; Jameson se retourna vers Julia, dont il toucha l'épaule en disant avec une extrême volubilité :

— Julia O'Byrne, je vous arrête au nom de la reine !

— Ma sœur ! — s'écria Angus d'une voix éclatante, en reculant d'un pas.

Un grand cri retentit, poussé par plusieurs milliers de voix ; mais tout retomba aussitôt dans le silence.

La jeune fille avait fléchi au contact de la main du bailli, comme si elle se fût éveillée en sursaut.

— Que me voulez-vous? — dit-elle en frémissant ; — je ne vous connais pas... Laissez-moi passer... miss Avondale m'attend pour prendre le thé... Eh bien ! que faites-vous, Angus?

Le prêtre restait immobile comme une statue. Jameson, qui, la glace rompue, semblait avoir repris un peu d'assurance, répéta d'un ton plus distinct :

— Julia O'Byrne, je vous arrête au nom de la reine !

Aussitôt les constables entourèrent la malheureuse enfant et son frère.

La foule murmura encore sourdement, mais ne bougea pas.

Julia ne fit entendre aucune protestation nouvelle, et

demeura comme hébétée sous le coup imprévu qui la frappait. Angus se redressa avec énergie :

— Que signifie cette insolence, monsieur Jameson ? — s'écria-t-il. — Il doit y avoir là quelque erreur dont vous porterez la peine, prenez-y garde ! Ma sœur, une jeune fille innocente et pure, arrêtée par des constables à la face de tout le pays ! c'est une erreur, vous dis-je. Pas un magistrat n'eût autorisé une pareille monstruosité. Monsieur, il est écrit : Malheur à celui par qui le scandale arrive !

— Votre Révérence, — dit Jameson à voix haute, rassuré qu'il était par la présence des policemen et l'attitude morne des paddies, — je ne suis pas l'auteur du scandale, car j'obéis à un warrant signé, comme la loi l'exige, par deux juges de paix du comté, qui m'ordonne d'arrêter, partout où je la trouverai, miss Julia O'Byrne, demeurant au bourg de Neath.

— Mais sur quoi est fondé ce mandat? de quoi ma sœur est-elle accusée? — demanda la jeune prêtre, qui conservait avec peine son sang froid dans cette horrible circonstance.

— Oui, oui, de quoi suis-je accusée? — répéta Julia, sans savoir ce qu'elle disait.

— Le warrant porte, — reprit le bailli, reprenant peu à peu le ton nasillard d'un greffier de la cour des sessions, — que ladite miss O'Byrne est accusée d'avoir tendu un guet-apens à l'honorable sir Georges Clinton, baronnet, lieutenant de cavalerie au service de la reine ; de l'avoir frappé ou fait frapper, dans un lieu écarté, par des gens apostés, d'où sont résultés des sévices et blessures graves qui obligent ce gentleman à garder le lit.... Le warrant est signé de lord Avondale et du révérend monsieur Smith Bruce, juge de paix de cette paroisse, contresigné par Anselme Tyler, clerc de la justice de paix, et...

— Mensonge ! erreur ! insigne folie ! — s'écria Angus hors de lui, — je prends mes paroissiens à témoin de l'absurde fiction par laquelle on veut infliger ce traitement infâme à ma sœur, à une jeune fille catholique, à la descendante des anciens rois d'Irlande !... Mais dites-leur donc, — continua-t-il en s'adressant à Julia, qui semblait frappée d'idiotisme, — dites-leur donc qu'ils se trompent !

Julia ne répondit pas d'abord ; elle continuait à promener autour d'elle des yeux égarés.

— Nelly le savait, — murmura-t-elle enfin au milieu de l'attention générale ; — Nelly, en m'envoyant cette invitation, me tendait un piège... elle s'est liguée avec les autres !

Elle prononça encore quelques mots inintelligibles, elle poussa un grand soupir et se tut.

— Mais ce n'est pas cela qu'on vous demande, Julia — reprit Angus avec angoisse ; — je vous adjure de déclarer hautement, en présence de vos frères en religion, que les allégations émises contre vous sont d'absurdes mensonges !

— Nelly le savait... Comment ne l'eût-elle pas su ? — répéta la malheureuse enfant.

Jameson sentait le danger de prolonger cette scène ; mais, connaissant les ménagemens que son maître, lord Avondale, avait toujours eus pour Angus, il craignait des reproches s'il agissait avec trop de rigueur. Le pauvre prêtre restait dans un état de consternation et de douleur dont il serait difficile de donner une idée ; son accablement, sa pâleur faisaient mal à voir. Enfin il parvint à recouvrer un peu de présence d'esprit, et demanda à voir le warrant ; le bailli l'exhiba aussitôt.

Pendant qu'Angus examinait cette pièce importante, une vive agitation commença à se manifester dans la foule. On eût dit du murmure lointain de la tempête qui menace avant d'éclater. Jameson et ses gens se serrèrent autour de leur prisonnière.

— Par grâce, monsieur, — dit le bailli avec effroi, — hâtez-vous... Vous avez toujours été un ami du bon ordre... Si vous me retenez ici, il pourra arriver de grands malheurs.

Angus regarda autour de lui et comprit aussitôt de quoi il s'agissait.

— Obéissez aux ordres que vous avez reçus, — dit-il à voix haute en rendant le papier à Jameson ; — ce warrant est en règle ; des chrétiens, de fidèles sujets de la reine doivent se soumettre à la loi. J'accompagnerai ma sœur devant lord Avondale et son collègue, les magistrats signataires de cet acte; je n'aurai pas de peine, j'espère, à les convaincre qu'ils ont été trompés par de faux rapports... Marchez donc, messieurs ; personne ici ne songe à résister, je m'en porte garant.

Les assistans l'avaient écouté avec une religieuse attention ; les yeux étaient tournés vers lui comme pour deviner ses volontés. Si le pasteur respecté de Neath eût fait appel à la révolte, tous les paddies, se ruant sur les gens de justice, eussent en un clin d'œil arraché de leurs mains l'infortunée miss O'Byrne ; mais, dès qu'ils virent son frère lui-même renier sa cause, accepter cet acte de violence légale, leur ardeur tomba, et ils se regardèrent avec désespoir.

Le bailli et les constables, profitant de ce moment, voulurent entraîner le frère et la sœur ; mais un soldat ayant porté la main sur Julia, elle poussa un cri déchirant et se débattit avec force.

— Ne me touchez pas ! — s'écria-t-elle, — je ne veux pas aller en prison !... Prenez garde, *il* me vengera !... Malheur à ceux qui attireront *sa* vengeance sur leur tête !

Une voix puissante, qui semblait répondre à la sienne, retentit à quelque distance.

— Arrêtez ! — criait-on. — Misérables ! je vous défends de faire un pas de plus... Julia O'Byrne, courage !... me voici ! — Aussitôt, ces milliers d'individus qui remplissaient la plaine s'émurent comme un lac attaqué tout à coup par un vent furieux. L'assemblée oscilla en divers sens; un grondement formidable, mêlé à des cris de détresse, partit de toutes parts. Puis une troupe d'hommes fendit cette foule mobile et vint heurter les constables, qui furent dispersés et presque culbutés du choc. Ils tentèrent de se rallier, mais ils se virent cernés par des gaillards robustes, à figures menaçantes, armés de hâtons, de coutelas, de fusils même, et qui n'avaient plus rien de l'aspect débonnaire des paddies. Il y eut des rixes, des luttes partielles dont le bruit fut couvert par le tumulte général. A la tête de cette bande était Richard O'Byrne, en uniforme de capitaine de cavalerie. Il avait pénétré dans l'enceinte formée par les soldats de police, et, entourant de l'un ses bras la taille de sa sœur, il brandissait de l'autre main un pistolet : — Que l'un de vous ose seulement la toucher du bout du doigt, — dit-il aux constables, — et il va mourir !

Cette menace était inutile ; les gens de justice, déconcertés par cette attaque soudaine, dont un officier d'un grade élevé semblait être le chef, ne songeaient plus à employer la force. Angus, qui avait envisagé le nouveau défenseur de Julia, s'écria, au comble de la surprise :

— Grand Dieu ! serait-il possible?... Mon frère Richard, est-ce bien vous que je vois?

— C'est moi, Angus, — répondit Richard d'un ton sévère; — je viens réparer vos fautes.

— Ma conscience ne me reproche rien, mon frère, — répliqua le prêtre avec calme; — mais puis-je savoir...

— Tout à l'heure; d'autres soins me réclament, — dit l'aîné d'un ton farouche.

A quelques pas de là se trouvait une grosse pierre ; Richard monta dessus, en portant toujours sa sœur, qui se laissait aller comme une morte. De ce poste élevé, il dominait l'assemblée et pouvait à son tour être aperçu de tous ceux qui remplissaient le marché. Sitôt qu'il parut avec son gracieux fardeau, un immense applaudissement éclata dans la plaine; mais Richard agita la main, et le silence se rétablit comme par enchantement.

— Irlandais ! — s'écria-t-il d'une voix qui semblait sortir d'une poitrine de bronze et qui retentit jusqu'aux ex-

trémités de la vallée, — vous me connaissez... Je suis Richard O'Byrne, et je viens défendre ma sœur. — Un hourra plus bruyant que le premier accueillit ces paroles. Richard continua : — Savez-vous quel crime a commis cette enfant que lord Avondale et son digne collègue, le ministre Bruce, veulent faire traîner à la prison du comté comme une vile criminelle ? J'aurai le courage de vous le dire, moi son frère. moi à qui l'honneur de ma race est plus cher que la vie... Miss O'Byrne a été victime d'un acte de violence abominable, consommé par sir Georges Clinton, le descendant des usurpateurs, des traîtres et des assassins !...

Un rugissement d'indignation et de rage l'interrompit. Ce cruel aveu avait bien coûté à Richard; sa voix était rauque, son visage crispé ; ses yeux, injectés de sang, semblaient prêts à jaillir de leurs orbites. La pauvre créature qu'il tenait dans ses bras palpita faiblement, comme si elle eût senti ce nouveau coup, puis elle retomba inerte, inanimée.

— Cela est faux, mon Dieu ! vous savez bien que cela est faux ! — s'écria le prêtre en regardant le ciel ; — la passion politique l'égare... Mais devait-il donc lui sacrifier l'honneur de sa famille?

— Oui, oui, cela est faux ! — répliqua John Morris haletant, le poing tendu ; — mais si cela était, il faudrait venger miss O'Byrne, au risque même de la damnation éternelle !

Angus n'entendit pas ce blasphème. Richard reprit avec un nouvel élan de colère :

— J'ai déjà tenté de défendre ma sœur, moi le fils et l'héritier direct de Brondhub et de Feac-Mac-Hagh, le héros sans peur du comté de Wiclow. (Applaudissemens.) J'ai cherché sir Georges Clinton, ce monstre de lâcheté. J'ai voulu l'obliger à se battre avec moi ; il a refusé et je l'ai frappé de mon pistolet au visage. Voilà pourquoi le futur landlord de Stone-House désire envoyer Julia O'Byrne en prison... Irlandais, enfans du clan d'O Byrne, le souffrirons-nous?

— Non ! — s'écrièrent dix mille bouches à la fois.

— En avant donc pour la vieille Irlande ! — s'écria Richard impétueusement; — vengeons Julia O'Byrne sur les insolens sassenachs... O'Byrne pour toujours ! Aux armes ! hourra !

— Hourra ! pour toujours (*for ever*) ! O'Byrne pour toujours ! aux armes ! — répliqua la foule.

Rien ne saurait donner une idée des passions ardentes qui se firent jour alors. Une petite portion d'enthousiastes qui manifestait ses impressions, mais le pays tout entier. Plusieurs siècles de colères et de haines assouvies se révélaient à la fois ; l'énergie de Richard avait marqué l'extrême limite de cette longue patience. On se jeta sur les constables; ils furent renversés, désarmés avant qu'ils eussent eu le temps de se mettre en défense. Deux ou trois même furent tués ou grièvement blessés dans le premier mouvement, sans que Richard O'Byrne, qui ne voulait confier à personne son précieux fardeau, eût pu s'y opposer. La vue du sang, qui déjà inondait la poussière, semblait exalter les sentimens de destruction; Richard s'agitait au milieu du tumulte, impuissant encore à le dominer.

De son côté, Angus, aux cris poussés par les malheureux qu'on égorgeait, avait oublié ses chagrins personnels et s'était élancé dans la mêlée. Vainement chercha-t-il à protéger les vaincus; son autorité, toujours si sacrée pour ses paroissiens, fut méconnue cette fois. Il fut lui-même renversé, foulé aux pieds; autant eût valu battre de verges l'orageuse mer d'Irlande pendant une tempête que d'essayer de comprimer ces transports d'une population ivre de fureur.

L'aveugle William Sullivan, conduit par le jeune Pat Irwing et par Tom lui-même, qui ne croyait plus avoir à se cacher, se tenait à quelque distance du lieu du combat et disait avec un enthousiasme frénétique :

— Il se lève ! il se lève enfin !... Je reconnais ces cris;

ce n'est plus une émeute, c'est une révolution qui commence !... Le premier pas est fait, que Dieu soit béni ! Remerciez Dieu, vous autres qui pouvez voir ce premier élan de la nation irlandaise...Hourra pour la liberté! hourra pour l'Irlande ! Le sassenach sera vaincu et je mourrai content.

— Hourra ! — répéta Tom en lançant en l'air son vieux chapeau sans fond. Et il ajouta à voix basse : — Ah! voisin William, si ce n'était que je ne peux abandonner Votre Honneur au milieu de cette bagarre, quel plaisir j'aurais d'appliquer un ou deux coups de pieds à ce porc immonde de bailli Jameson qui est là-bas, tombé sur le nez dans la poussière, et qui ne pourrait rien voir! C'est une belle occasion que je perds... Mais il faut savoir sacrifier ses plaisirs à l'amitié... Eh bien ! Pat, mon garçon, — continua-t-il en s'adressant à son fils, — puisque je ne peux y aller, vas-y du moins, toi! Pince-moi rudement ce coquin qui nous a chassé de notre cottage; va lui tirer les cheveux, le mordre... et prends garde de déchirer ton habit noir.

Le polisson ne se fit pas répéter cette invitation ; il se glissa avec agilité entre les jambes des assistants pour exécuter les volontés paternelles, qui se trouvaient du reste parfaitement en harmonie avec son goût particulier. Mais ses efforts restèrent sans résultat ; avant qu'il eût atteint le lieu de la lutte, Richard O'Byrne était parvenu à maîtriser le désordre. Les voies de fait avaient cessé; les constables, désarmés, le bailli en tête, défilaient lentement, sous bonne garde, pour gagner le temple protestant, où Richard avait donné ordre de les enfermer, tandis que quelques paddies emportaient furtivement les cadavres dans une autre direction.

O'Byrne fit asseoir Julia sur la pierre qui lui avait servi de tribune. La jeune fille donnait quelques signes de connaissance ; mais, trop faible pour se soutenir, elle laissait tomber sa tête sur l'épaule de son frère. Les circonstances étaient trop graves pour que Richard pût même jeter sur elle un regard de pitié.

— Et maintenant, amis, — s'écria-t-il de sa voix puissante, — hâtons-nous de nous rendre à Stone-House. Il faut empêcher que les magistrats s'y réunissent pour lancer des mandats et des warrants. En avant donc! Surtout pas de cruautés inutiles, de pillage, de vengeances contre les personnes... Quiconque se rendrait coupable de tels crimes serait indigne de servir une sainte cause. Mais, afin qu'on ne nous prenne pas pour des malfaiteurs, arborons le noble drapeau sous lequel nous devons marcher désormais.

Il fit un signe à Jack Gunn; aussitôt celui-ci éleva dans les airs un drapeau vert sur lequel resplendissait une harpe blanche, et dont une croix dorée surmontait la hampe. Un souffle de la brise développa fièrement les plis de cet étendard national de l'Irlande, pendant que le soleil, arrivé à son midi, lui jetait du haut du ciel des éclairs éblouissans.

Alors les cris d'enthousiasme devinrent de véritables hurlemens. La joie semblait aller jusqu'au vertige dans ces âmes impressionnables, à la vue des couleurs si longtemps proscrites de la patrie. Il y avait des hommes qui s'embrassaient les larmes aux yeux; des vieillards tombaient à genoux pour remercier Dieu d'avoir vécu jusqu'à ce jour; des enfans se faisaient élever dans les bras de leurs parens pour mieux contempler ce symbole révéré de l'antique indépendance, et tous s'écriaient en battant des mains :

— Que Dieu le bénisse! O'Byrne pour toujours! Hourra!... En avant pour la vieille Irlande!

Jack Gunn agita son drapeau; puis, sur un mot de Richard, il se mit en marche vers Stone-House. La foule s'ébranla aussitôt et le suivit.

Richard lui-même voulait les précéder, mais il ne pouvait abandonner sa sœur évanouie. Cependant, comme les grilles de Stone-House avaient été fermées de nouveau, il espérait, pendant le temps nécessaire pour les faire ouvrir

ou pour les forcer, trouver une personne sûre à qui la confier; il regardait autour de lui avec anxiété, lorsque Angus, dont les vêtemens noirs étaient encore souillés de poussière, s'approcha rapidement.

— Ah ! mon frère Richard, — dit-il avec une douceur mélancolique, — qu'avez-vous fait? Voyez, — ajouta-t-il en désignant la jeune fille évanouie, — dans quel état vous avez mis l'enfant chérie de notre père... Eh bien ! vous avez été peut-être plus cruel encore envers l'Irlande.

— Dieu nous jugera, — répliqua Richard d'un ton sombre, — et l'avenir décidera qui de nous a le mieux compris les intérêts de son pays. Quant à notre sœur, est-ce moi qui l'ai perdue, ou vous, aveugle et imprudent, qui l'avez laissée exposée aux attentats de nos ennemis héréditaires? Je ne regrette pas ce que j'ai fait; si, pour opérer le salut de l'Irlande, il eût fallu imiter ce Romain qui tua sa fille Virginie en présence du peuple, je n'aurais pas hésité à accomplir ce sacrifice. Le mien n'a été ni moins grand ni moins douloureux peut-être!... Mais il n'est pas temps encore, — ajouta-t-il en se reprenant, — de songer aux plaies saignantes de notre cœur. Chargez-vous de cette malheureuse créature, et donnez-lui les secours dont elle a besoin... Aussitôt que les grands projets dont je poursuis l'accomplissement m'en laisseront le loisir, je vous dirai mes intentions à son égard. En attendant, retirez-vous à la manse et gardez-vous de vous opposer à ce qui est certainement la volonté de Dieu.

Il écarta les cheveux flottans de la pauvre Julia, déposa un baiser sur son front glacé, et, la remettant à Angus, il s'éloigna précipitamment. Le frère eût bien voulu le retenir, mais il sentait que ses paroles ne seraient ni comprises ni écoutées; il se contenta donc de lever ses mains au ciel, comme pour le prendre à témoin de son impuissance.

Julia, en ce moment, parut enfin revenir à la vie; elle souleva péniblement sa tête, et s'écria d'une voix faible mais distincte :

— Richard, sauvez miss Avondale!

Puis elle s'affaissa de nouveau.

Richard n'avait pas entendu cette recommandation; il se trouvait déjà près de la grille de Stone-House, quand un homme l'aborda; c'était l'aveugle de Lady's-Church.

— Milord, — dit le vieillard, — soyez béni pour votre héroïsme...! Dieu vous a fourni ce moyen que vous cherchiez avec tant d'ardeur, mais à quel prix!

— Qu'importe ! — murmura Richard d'une voix étouffée, pendant qu'une larme brillait dans ses yeux, en dépit de son stoïcisme.

Des coups de fusil, qui retentirent dans le parc, interrompirent l'entretien. Richard s'élança au milieu de la foule, et on attaqua les portes de Stone-House avec fureur.

XI

L'INSURRECTION.

Les coups de feu qui avaient attiré l'attention de Richard O'Byrne cessèrent bientôt. Les constables préposés à la garde de Stone-House n'avaient pas voulu abandonner leur poste sans une apparence de combat. Mais c'eût été folie à une poignée d'hommes de tenter d'arrêter les masses considérables qui se portaient sur l'habitation du landlord et, après avoir fait à travers la grille une décharge qui ne blessa personne, ils s'étaient enfuis et dispersés dans le parc.

Cette velléité de résistance augmenta encore l'ardeur des assaillans. En un clin d'œil, les murs furent franchis;

51

la grille, descellée par de puissans leviers, tomba avec fracas; et tandis que la foule se précipitait en poussant de grands cris dans l'avenue, des hommes choisis se dirigeaient par l'ordre d'O'Byrne, vers les autres issues du parc, afin de s'en emparer.

Richard pénétra lui-même un des premiers dans l'enceinte de Stone-House. Il sentait la nécessité de sa présence pour prévenir des excès auxquels les paddies n'étaient que trop disposés. D'ailleurs il désirait veiller sur miss Avondale, et peut-être avait-il des projets particuliers à l'égard de sir Georges. Aussi, après avoir donné mission à quelques insurgés de poursuivre les constables et de les désarmer, fit-il ses dispositions pour occuper sans retard l'habitation qui s'élevait à l'extrémité de l'avenue.

Avant tout, il essaya de mettre un peu d'ordre dans sa troupe indisciplinée, car les domestiques de Stone-House étaient nombreux, et, animés par lord Avondale ou par son odieux parent, ils pouvaient tenter une résistance désespérée. Il forma un corps des hommes les plus résolus et les mieux armés, en rejetant le fretin de la révolte à l'arrière-garde; puis il plaça au milieu de ce bataillon d'élite le drapeau irlandais, et, prenant lui-même le commandement, il se prépara à marcher.

Comme il achevait ces dispositions, John Morris, dont les traits bouleversés exprimaient encore une véritable égarement, s'approcha de lui.

— Milord, — dit le maître d'école d'une voix étouffée, — si vous avez une arme et un poste périlleux à me confier, comptez sur moi... Je mourrai sans regret pour la cause que vous défendez.

— Et qui êtes-vous, l'ami ? — demanda distraitement Richard.

— Je suis John Morris, milord.

— Le chef des repealers de Neath! — interrompit O'Byrne avec empressement. — J'ai entendu parler de vous, monsieur Morris, et je sais que votre conversion sera d'un excellent exemple dans le pays. Soyez le bienvenu parmi nous... Vous avez donc enfin compris que Daniel O'Connell nous trompait avec ses subtilités légales, et...

— Que sais-je, milord, — répliqua John d'un air sombre. — A vrai dire, je songe moins en ce moment à la cause de l'Irlande qu'à celle de miss O'Byrne, votre malheureuse sœur.

Richard le regarda fixement.

— Il suffit, monsieur Morris, — dit-il avec un peu de froideur. — Restez près de moi, c'est le poste le plus périlleux, s'il y a du péril, et, quant à une arme, prenez celle-ci.

Il lui tendit un de ses pistolets, que Morris saisit avec empressement et qu'il agita au-dessus de sa tête en s'écriant :

— Sir Georges! sir Georges! où es-tu maintenant?... Où trouverai-je l'exécrable sir Georges Clinton?

Il courait déjà comme un fou vers la maison, quand Richard le retint d'une main vigoureuse.

— Quoi! — dit-il à voix basse, — vous savez combien j'ai été outragé par cet homme abominable, et vous croyez que je laisserai à un autre le soin de me venger? Ne le touchez pas, monsieur, il m'appartient, à moi seul... De quel droit vous immiscez-vous dans cette querelle? — Morris, qui avait cédé à un accès de délire, sembla rappelé à lui-même par ces paroles; il regarda le frère de Julia d'un air de confusion; son visage pâle exprimait tant de tristesse et de souffrance, que l'étreinte convulsive de Richard diminua peu à peu jusqu'à devenir une pression caressante. — Pauvre jeune homme! — murmura-t-il.

Puis, l'invitant du geste à se confondre dans les rangs, il donna l'ordre d'avancer.

A mesure que l'on approchait, il était plus facile de reconnaître que personne ne songeait à défendre la magnifique demeure de lord Avondale. Les fenêtres et les portes étaient ouvertes; aucun domestique ne se montrait dans le vestibule encombré habituellement de ces fainéans galonnés que la morgue britannique étale avec tant de faste. Cependant, arrivé à la cour soigneusement sablée qui précédait l'habitation, Richard fit faire halte et préparer les armes; lui-même garda l'entrée principale avec le gros de la troupe, tandis que d'autres bandes s'élançaient dans les parterres et les boulingrins pour cerner le bâtiment.

Malgré le bruit occasionné par ces mouvemens tumultueux, rien ne bougea dans l'intérieur; il semblait que la maison fût abandonnée. Mais au moment où des cris annoncèrent qu'elle était complétement investie, deux hommes parurent sous le péristyle; ils agitèrent leurs chapeaux avec empressement et poussèrent des hourras en faveur de la cause irlandaise, comme pour inviter les conjurés à approcher.

— Och! c'est ce grand coquin de Clarence, — s'écria Tom Irwing tout ébahi, — c'est le valet de chambre favori de milord... Je me serais attendu à entendre le diable chanter les louanges de saint Kevin avant d'entendre sortir de sa bouche un hourra pour la vieille Irlande. Il n'était pas bon pour le pauvre monde.

— Et l'autre, — ajouta un paddy, — c'est Tyler, ce maudit gratte-papier à figure de parchemin, qui a griffonné tant de warrants et de mandats contre les malheureux... Il est plus méchant cent fois que le bailli Jameson lui-même... Défions-nous, il doit y avoir un piége là-dessous.

Ces gens simples, en effet, ne pouvaient comprendre que les deux favoris du comte Avondale fussent les premiers à accueillir ses ennemis; tant de bassesse leur paraissait incroyable. Richard, en dépit des avertissemens qu'on lui donnait, s'avança seul; son épée à la main, vers ces deux hommes, qui pouvaient lui fournir des renseignemens précieux. Il fut reçu avec tous les signes de la plus humble soumission, du respect le plus servile.

— Que Votre Seigneurie soit la bienvenue, milord... milord O'Byrne, je crois, ou plutôt Clarence s'inclinant jusqu'à terre; — vous ne trouverez plus ici que des amis de l'Irlande. Les domestiques se sont enfuis ou se sont retirés là-bas dans les communs de Stone-House. Nous seuls sommes restés pour saluer les défenseurs de la patrie... Ah! milord, cela réjouit le cœur de voir un si noble rejeton de la vieille souche à la place des usurpateurs qui ont si longtemps possédé ses domaines! On sait l'histoire, milord, et on n'ignore pas que tout à Stone-House appartient à Votre Seigneurie, à votre royale famille. Aussi, commandez, et nous vous obéirons avec amour.

— Et ce qui réjouit encore davantage, milord, — ajouta Tyler, dont la face blémissante essayait d'exprimer l'enthousiasme, — c'est de voir le descendant des rois du Munster reparaître sous les auspices de ce drapeau sacré de la vieille Irlande... Que Dieu le bénisse!... Bien des honnêtes gens qui, poussés par le besoin, ont mangé le pain des oppresseurs et se sont courbés sous leur odieuse autorité, suivront avec transport ces saintes couleurs de la liberté, et je suis fier d'être du nombre de ceux-là, milord. Je n'ai pas oublié que mon aïeul était catholique milésien, et, quoiqu'il ait eu la faiblesse d'abjurer en épousant une Anglaise...

Il s'interrompit en voyant Richard faire un geste de dégoût.

— Il suffit, messieurs, — dit le capitaine sèchement; — en vérité, la cause nationale trouve des auxiliaires où elle ne songeait pas à en chercher, et dont elle ne s'enorgueillira pas, j'imagine; mais, par la franchise de vos réponses, je jugerai de la sincérité de votre patriotisme. Où est lord Avondale en ce moment?

Les deux transfuges se regardèrent avec inquiétude.

— Il est parti, milord, — répondit Clarence timidement.

— C'est faux, vous me trompez! — s'écria Richard; — prenez garde! j'ai appris dans l'Inde de terribles moyens pour faire parler les espions!

— Par tout ce qu'il y a de plus sacré, milord, — répliqua Tyler à son tour, — monsieur Clarence a dit vrai. Les événemens de ces jours derniers avaient fort animé le vieux lord, comme vous le savez peut-être, et vous avez vu à quels excès l'a poussé son aveugle colère. Ah! ma main aurait dû se dessécher avant d'écrire cet abominable mandat, lancé contre la beauté, l'innocence et...— Comme le front de Richard se plissait d'une manière menaçante, le clerc s'empressa d'ajouter : — Quand des messagers sont venus annoncer coup sur coup que Votre Seigneurie était à Neath, que vous défendiez votre sœur, que vous souleviez les paddies, milord, jusque-là si hautain, a perdu tout à fait son courage. Il n'ignorait pas vos exploits dans l'Inde et l'immense influence que votre nom avait conservée dans le pays; il a prévu ce qui allait arriver. Il a couru lui-même aux écuries; il a enfourché, malgré sa goutte et ses rhumatismes, le premier cheval qu'il a rencontré, et il est parti à franc étrier par les derrières du parc.

— Soit! peu m'importe ce vieillard que l'orgueil a rendu fou. Mais sir Georges est là, du moins? Misérables! ne me dites pas que sir Georges est parti aussi, où je... Allons, conduisez-moi sur-le-champ vers lui. — Clarence et Tyler se taisaient. — Qu'est-ce à dire? — reprit Richard en frappant du pied, — ne m'avez-vous pas entendu?

— Je supplie Votre Seigneurie de ne pas s'en prendre à nous d'un événement qu'il n'était pas en notre pouvoir d'empêcher, — balbutia Tyler tout tremblant; — s'il faut l'avouer, sir Georges s'est enfui un peu après milord.

Une effroyable malédiction s'échappa des lèvres de Richard, en même temps qu'un rugissement d'hyène se faisait entendre derrière lui; ce rugissement, c'était John Morris qui l'avait poussé. Mais O'Byrne était trop ému lui-même pour s'occuper des sentimens des autres. Il reprit d'un ton dur, en s'adressant au valet et au secrétaire :

— Vous mentez, j'en suis sûr... Vous savez que j'ai une querelle à mort à vider avec cet homme, et vous voulez le sauver... D'ailleurs, ce que vous soutenez est impossible; on dit sir Georges malade au lit, des suites de son aventure d'hier, et quand même il aurait eu la force de fuir, il me répugnerait de croire qu'un jeune gentleman, un officier de l'armée anglaise, eût été assez lâche...

— Et pourtant, sur mon honneur! les choses se sont passées ainsi, milord, — dit Clarence avec l'accent de la vérité; — au premier bruit de la révolte, sir Georges a sauté à bas du lit, s'est vêtu tant bien que mal, et, le visage encore enveloppé de linges et de compresses, il est descendu à la hâte, son épée sous le bras... C'était vraiment une plaisante figure, et, si j'avais été en humeur de rire... Il a rencontré milord à la porte de l'écurie; après avoir échangé quelques paroles avec son parent, il est allé prendre un cheval à son tour, et il est parti sans même donner le temps de seller la bête... mais, vous savez, c'est un gentleman-rider renommé...

— Et de quel côté se sont-ils dirigés, — demanda Richard.

— Ils sont sortis par la grille du nord, Votre Seigneurie, et sans doute ils auront pris la route de Dublin, — dit Tyler avec empressement; — mais ils n'iront pas loin si, comme on l'assure, tout le pays est déjà en armes, et si les white-boys gardent les passages des montagnes.

O'Byrne resta un moment pensif.

— Vous ne me parlez pas de miss Avondale, — reprit-il d'un ton d'hésitation ; — elle aura suivi son père et son parent, sans doute?

Clarence parut frappé d'un souvenir, et partit d'un éclat de rire,

— Miss Avondale! — s'écria-t-il, — vous m'y faites penser, milord. Ah! ah! ah! cette pauvre miss Nelly a été oubliée par le père, par son parent, par tout le monde... Elle était dans le parc, je crois, ignorant ce qui se passait, quand le vieux et le jeune lord ont reçu la nouvelle que, selon toute apparence, vous alliez venir leur rendre visite avec les papistes du comté; dans leur panique, ils n'ont songé qu'à eux, et ils se sont enfuis sans s'inquiéter de la pauvre fille... Ah! ah! ah! la plaisante histoire!... Eh bien! Votre Seigneurie, — ajouta Clarence en ricanant

toujours, — vous aurez là un otage qui ne serait pas à dédaigner dans le cas où la fortune deviendrait contraire à notre parti, et vous pourriez... qui sait? vous venger, comme on dit... En définitive, c'est la fille d'un lord, quoique de la mauvaise souche.

Richard jeta à ce misérable un tel regard de mépris que le valet recula d'effroi; cependant le mauvais succès de Clarence ne rendit pas son digne émule Tyler beaucoup plus sage

— Milord, — dit le légiste d'un ton confidentiel, — tous les ennemis de Votre Seigneurie n'ont pas quitté Stone-House. Il y a encore ici le ministre Bruce, un des juges de paix qui ont signé le warrant... De sa vie il n'a su monter à cheval; il n'a donc pu suivre les lords, et il est resté là-haut, caché dans un cabinet de toilette avec de vieilles hardes pour couvrir sa grosse panse asthmatique; vous pourrez le prendre par les oreilles comme un lapin qui a donné dans une bourse... On trouvera aussi là-bas, dans les bâtimens de service, cet odieux renégat de Donnagh, le garde qui a causé tant de mal, ces derniers temps, aux pauvres gens de Neath. Comme il ne peut encore remuer ni pied ni patte, il sera facile...

Le capitaine allait exprimer à ces traîtres l'horreur qu'ils lui inspiraient, quand un grand bruit s'éleva dans la maison. Les insurgés y avaient pénétré d'un autre côté, et, la voyant sans défense, ils couraient de chambre en chambre avec des cris de triomphe. Alors la troupe, qui avait fait halte dans la cour, s'élança pour avoir part au pillage, malgré les injonctions de Richard et des officiers inférieurs. Bientôt un fracas de meubles et de vaisselle cassés annonça que l'œuvre de dévastation commençait.

— Il faut que j'aille moi-même arrêter ces forcenés, — dit Richard à ceux qui l'entouraient, — mais auparavant...

— Il appela John Morris, qui, assis sous le péristyle, la tête dans ses mains, paraissait indifférent à cette scène de désordre. — Monsieur Morris, — lui dit-il, — vous pouvez me rendre service, à moi et à une personne pour laquelle vous professez un respect particulier... à ma sœur Julia. — John tressaillit à ce nom, puis il s'inclina en silence. — Vous allez prendre quelques hommes avec vous, continua Richard, — et vous vous mettrez à la recherche de miss Avondale, qui doit être dans le parc. Ce domestique, — ajouta-t-il en désignant Clarence, — vous servira de guide, et il aura besoin de se montrer fidèle s'il veut que j'oublie ses bassesses et sa lâcheté... Vous protégerez miss Avondale contre toute insulte, et si quelqu'un osait l'outrager gravement, vous êtes armé... tuez-le... entendez-vous? tuez-le, je vous y autorise.

Ces paroles furent prononcées avec une fermeté qui fit dresser les cheveux sur la tête à Clarence et à Tyler.

— Et où devrai-je conduire miss Avondale, milord? — dit Morris.

— Vous lui demanderez ses ordres... Elle est libre, absolument libre de se réfugier où elle le jugera convenable.

Il désigna deux ou trois honnêtes paddies, qui acceptèrent avec empressement cette mission, et Morris, sous la conduite du valet de chambre, se disposa à partir avec eux.

— Milord, — reprit-il d'une voix sourde, — j'avais cru que miss Avondale... l'invitation adressée à votre malheureuse sœur...

— Ne me rappelez pas cette odieuse circonstance, — s'écria Richard avec agitation; — je n'y crois pas, je ne veux pas y croire. Si vous rencontrez miss Avondale, dites-lui... Mais non, ne lui dites rien de ma part, ne prononcez pas mon nom. Partez, allons, partez! Au milieu de ce tumulte, elle est en danger peut-être.

Et il se précipita dans la maison, tandis que Morris et les paddies s'engageaient sous les ombreuses avenues du parc.

Richard n'eut pas de peine à arrêter les dévastations qui menaçaient d'une destruction complète les richesses artistiques de lord Avondale. Sa présence imposa aux plus exaltés et aux plus avides. Néanmoins, il ne put préserver du pillage la riche collection d'armes anciennes et modernes réunie dans la galerie supérieure. Comment, en effet, résister aux sollicitations de paysans demi-nus, qui n'avaient que des shillelags et des couteaux pour combattre les soldats anglais? Aussi, les fusils de chasse damasquinés du vieux lord et de sir Georges, les fusils à mèche, les arquebuses à rouet du moyen âge, les épées à deux mains, les framées gauloises et les haches saxonnes, tout fut de bonne prise. On vit même des paddies, à défaut d'autres armes, se disputer les tomahawks des peaux rouges de l'Amérique du Nord et les criss empoisonnés de la Malaisie. La répartition achevée, Richard exigea que les insurgés quittassent la maison, et des sentinelles furent placées aux portes avec une consigne sévère. En revanche, il permit de prendre des rafraîchissemens, dont l'habitation était abondamment fournie. Les domestiques de Stone-House, qui s'étaient cachés dans le premier moment, et qui reparaissaient maintenant avec assurance, en apportèrent à l'envi. Bientôt, la pelouse, couverte de gens qui buvaient et mangeaient avec gaieté, présenta plutôt l'aspect d'une fête qu'un tableau de guerre civile. Cependant le chef donna les ordres les plus rigoureux pour qu'aucune boisson trop échauffante ne fût servie à ses gens, dont il savait l'ivresse terrible. Telle fut la sagesse de ses mesures, l'extrême surveillance des officiers subalternes, que pas un paddy, chose incroyable! ne s'enivra à Stone-House dans cette mémorable journée.

Quant à lui, il se retira dans le cabinet de lord Avondale pour écrire aux autres chefs de la conspiration et leur faire part des événemens de la matinée.

Il était occupé de ce soin quand de nouveaux cris retentirent dans la maison; au même instant la porte s'ouvrit, et quelques paddies entrèrent, conduisant en triomphe un prisonnier. C'était le ministre Bruce, qu'on eût découvert difficilement sous les vieilles tapisseries où il était blotti, si Tyler, impatient de prouver la sincérité de son apostasie, n'eût montré lui-même aux insurgés le lieu de sa retraite.

Le pauvre homme était atteint d'un catarrhe chronique, et pendant plusieurs heures il avait retenu héroïquement sa toux, de peur de se trahir; aussi s'en donnait-il maintenant à cœur joie. Pendant qu'on l'entraînait ainsi, sans perruque, sans chapeau, couvert de duvet et de poussière, il semblait tout entier au bonheur de pouvoir enfin tousser en liberté; les quintes acharnées se succédaient presque sans intervalles et dominaient même les clameurs de ses gardiens.

Parmi ceux-là on eût eu peine à reconnaître Tom Irwing, le héros white-boy de la soirée précédente. Il avait remplacé son feutre usé par un pesant casque d'acier, et emprisonné son buste étique dans un vieux justaucorps de buffle. Le casque avait la forme d'une pyramide, comme celui que l'on conserve au musée d'artillerie de Paris et qu'on prétend avoir été porté par Attila; il descendait très bas, et le paddy était obligé de jeter fortement la tête en arrière pour voir devant lui. Mais son arme offensive ne cadrait guère avec ces armes défensives: elle consistait en une hallebarde appelée hache de Lochaber, que Tom brandissait d'un air belliqueux. Ses compagnons, équipés d'une façon non moins hétéroclite, formaient la troupe la plus étrange qu'il fût possible d'imaginer.

Richard O'Byrne interrompit un moment son travail pour interroger le prisonnier; mais Bruce, tout en toussant, déclina la responsabilité des derniers événemens.

— Heug! heug! monsieur... milord... ou quel que soit votre titre... heug!... on sait que, par position, je suis obligé... heug! heug! moi, pauvre prêtre de campagne, de soumettre mes volontés à celles de milord... de milord Avondale, monsieur; un pair d'Angleterre, monsieur... heug! heug! un ami des ministres, de la reine, monsieur... heug! heug! heug!

— C'est juste, — répliqua le capitaine avec mépris; — vous êtes de ces magistrats serviles qui acceptent l'auto-

rité uniquement pour en user à leur profit ou au profit d'indignes patrons... Enfin, il suffit... Irwing, et vous, mes amis, vous allez reconduire le révérend monsieur Bruce chez lui; ne le maltraitez pas, mais qu'il soit gardé avec soin dans sa maison, et qu'on ne lui permette aucune communication avec le dehors... Du reste, — ajouta-t-il avec un sourire amer, — il comprendra, j'espère, la nécessité de soigner sa santé au sein de sa famille, au lieu de se mêler d'intrigues politiques. Son état exige le repos le plus absolu; vous m'entendez, monsieur? Mes respects à mistress Bruce.

Heureux d'en être quitte à si bon marché, le ministre voulut adresser au capitaine des remercîmens; mais son indomptable toux et ses gardiens ne le lui permirent pas. On l'entraîna vers l'escalier, et, malgré les recommandations du chef, Irwing, qui, nous le savons, n'avait pas de goût pour les attaques en face, diligenta sa marche à coups de manche de hallebarde, ce dont Sa Révérence profita plus tard pour se poser en martyr aux yeux de la congrégation.

Bientôt les dépêches furent écrites et scellées d'un sceau particulier. Puis Richard s'empressa de descendre, afin de les expédier à leur destination.

Une foule immense stationnait maintenant dans l'avenue et dans les jardins de Stone-House. Les femmes et les enfans étaient venus rejoindre leurs fils, leurs maris, leurs pères, et formaient çà et là des groupes animés. Les uns buvaient et mangeaient dans la cour, transformée en salle de festin. D'autres allaient et venaient sous ces ombrages fleuris du parc, et ce qui les étonnait le plus, comme le doge de Venise à Versailles, semblait être de s'y voir. Les hommes armés s'exerçaient déjà aux manœuvres ou discutaient tumultueusement un plan de campagne. Toute cette population se montrait pleine d'ardeur et d'espérance; elle considérait comme une grande victoire cette occupation de la maison des lords Avondale, cette capture d'une poignée de constables, cette fuite ou cette impuissance des magistrats de la localité. Ceux qui, le matin encore, ne rêvaient que désastres, cour martiale et gibets, croyaient déjà voir l'Anglais chassé à tout jamais de l'Irlande, et contemplaient avec des transports de joie le drapeau que Gunn avait arboré sur le piédestal d'un statue renversée.

Richard se dirigea vers cinq ou six hommes choisis, connaissant parfaitement le pays, et montés sur autant de magnifiques chevaux qu'on avait tirés des écuries de lord Avondale. Il remit à chacun d'eux un paquet cacheté, en leur donnant des instructions verbales pour le cas où leurs dépêches viendraient à être perdues; puis, après leur avoir recommandé la prudence et la célérité, il les laissa partir. Deux minutes après, les messagers avaient disparu au milieu d'un nuage de poussière et portaient dans toutes les directions la nouvelle de l'insurrection de Neath.

Une fois débarrassé de ces soins importans, O'Byrne sentit la nécessité de faire sérieusement le dénombrement de ses forces. Plusieurs milliers d'hommes étaient là réunis, déterminés en apparence à combattre jusqu'à la mort contre leurs ennemis de race. Mais, sur ce nombre, trois ou quatre cents, au plus, étaient armés de fusils; les autres n'avaient que des bâches, des fourches, des instrumens de labourage. Néanmoins, cette troupe pouvait être formidable partout ailleurs qu'en rase campagne, et elle s'accroîtrait avec rapidité sans doute dès que le bruit de ses premiers succès se serait répandu dans le pays.

Le capitaine O'Byrne, pour constater ce résultat, avait passé dans les rangs, suivi de l'inévitable Gunn, qui, ayant trouvé une trompe de chasse dans le mobilier de Stone-House, se promenait fièrement avec son instrument sur le dos, comme s'il eût paradé encore en tête d'un régiment régulier. Richard interrogea les principaux chefs et leur donna ses instructions les plus détaillées sur ce qu'ils avaient à faire. Ces chefs étaient presque tous des marins et d'anciens soldats, habitués de longue date au danger comme à la discipline, sur lesquels on pouvait compter. Malheureusement les munitions manquaient; mais on était sûr d'en trouver dans les *constabularies* du voisinage, dont plusieurs bandes détachées avaient dû s'emparer, pendant que le gros de l'insurrection stationnait à Stone-House. D'ailleurs l'important était de présenter aux populations un effectif d'hommes armés armés qui leur inspirât la confiance.

Richard revenait vers la maison, satisfait de sa revue, quand il se trouva face à face avec Sullivan, conduit par le petit Pat Irwing.

— Eh bien, William, — lui dit-il, — le succès passe nos espérances! La vallée de Glendalough a justifié son ancienne renommée, et je commence à croire...

— J'apporte des nouvelles, milord, — répondit l'aveugle laconiquement, — et je vous cherchais.

— Quelles nouvelles, mon bon vieil ami?

— Suivant le désir de Votre Seigneurie, j'ai envoyé quelques pauvres diables qui ne se soucient pas de se compromettre, mais qui au fond aiment leur pays, surveiller les passages des montagnes... L'un d'eux vient d'accourir pour m'annoncer qu'il a vu briller des armes du côté du Giant's-Cut; selon toute apparence, les soldats rouges ont pénétré dans la vallée.

— Quoi! déjà? Eh bien! tant mieux, William; les dispositions de nos gens sont excellentes; nous irons attaquer les Anglais dans des passages où nous les écraserons facilement... Un succès contre les troupes royales, dès le début de l'insurrection, aurait des conséquences incalculables pour notre cause... Pouvez-vous me fournir d'autres renseignemens sur la position de ces Anglais? — Sullivan lui apprit ce qu'il savait. — A merveille! — reprit Richard d'un ton animé; — le doigt de Dieu se montre: ils doivent passer nécessairement par le défilé du Bon-Messager, c'est là que je vais les attendre... Mais nous sommes dans un moment où il est plus besoin d'actions que de paroles.

Il donna un ordre à Jack Gunn, qui saisit sa trompe avec empressement et sonna une fanfare. Aussitôt la foule se réunit en tumulte autour de lui. Richard monta sur un banc et étendit la main.

Un grand silence s'établit alors. En quelques paroles chaleureuses et encourageantes, O'Byrne annonça l'arrivée des troupes régulières et l'intention où il était d'aller sur-le-champ les attaquer.

Les assistans l'écoutèrent avec une sorte de stupeur; ces populations, élevées dans la crainte du soldat anglais, ne pouvaient d'abord envisager de sang-froid un pareil acte d'audace. Mais l'assurance de leur chef, son habileté bien connue, la confiance que leur inspirait leur grand nombre, l'emportèrent bientôt sur les instincts de l'oppression. Après une minute d'hésitation, l'assemblée entière s'écria tout d'une voix:

— Oui! oui! conduisez-nous... En avant pour l'Irlande! O'Byrne pour toujours!

— En avant donc, mes amis! — répéta Richard, — électrisé lui-même par cette explosion de sentimens patriotiques. — Ces Anglais veulent la guerre comme nous, donnons-la-leur bonne et sérieuse... Il ne s'agit plus de punir un landlord impitoyable ou un maître sans entrailles, mais de chasser l'étranger qui, depuis tant de siècles, opprime la verte Erin, qui a posé sa main de fer sur nos bouches, sur nos cœurs, sur nos consciences... La guerre donc! la guerre sans repos et sans trêve, jusqu'à ce que notre patrie ait reconquis son rang parmi les nations de l'Europe! Pour une pareille cause, nous devons sacrifier nos biens, notre existence... Sus donc, hommes, femmes, enfans, vieillards! Que tout le pays soit debout et en armes, comme au temps de nos pères, quand il fallait repousser les invasions des hommes du Nord! Que la croix de feu coure de village en village, suivant l'antique tradition, pour appeler les enfans de la prière à la défense de leurs foyers! Que des feux brillent sur les hauteurs! Que les trompes d'alarme retentissent sur les montagnes!...

Donnons pour fête à ces insolens sassenachs le spectacle d'un peuple chrétien prêt à périr jusqu'au dernier homme avant de renoncer à sa religion, à ses droits, à son indépendance!

Cette courte allocution eut un puissant effet. L'Irlandais est presque aussi impressionnable, aussi démonstratif que le Français lui-même. On trépignait, on pleurait d'impatience. Ne voulant pas donner le temps à cet enthousiasme de s'éteindre, Richard demanda son cheval pour partir.

Pendant qu'on allait chercher la monture du capitaine, qu'on avait amenée de Lady's-Church, O'Byrne appela un vieux pêcheur, moitié white-boy, moitié contrebandier, mais plein de fermeté, et réputé, malgré ses mauvais antécédens, pour sa fidélité à garder sa parole.

— Thomas Clink, — lui dit-il avec la rudesse mâle qui impose à ces sortes de gens, — vos hommes, n'étant pas pourvus d'armes à feu, ne pourraient nous être d'une grande utilité là-bas dans les montagnes: vous resterez ici à garder Stone-House; mais me donnez-vous votre parole que personne en mon absence ne détournera quoi que soit appartenant à lord Avondale?

— Och! milord, le vieux whig ne valait pas une pipe cassée, — répondit Clink en mâchonnant son tabac. — Et dire qu'on n'a que la main à étendre pour ramasser tant de belles choses! C'est dur!

— N'importe! promettez-vous?

Le contrebandier regarda à droite et à gauche d'un air embarrassé; enfin il envoya à six pas un jet de salive noirâtre, et répliqua d'un ton d'ironie:

— Enfin, si cela fait grand plaisir à Votre Honneur, c'est dit... Les pillards ne s'y frotteront pas, quand je devrais...

— Il suffit, Clink; je sais ce que vaut votre parole. Je pars tranquille.

Et il s'éloigna sans remarquer le sourire étrange qui éclairait la physionomie refrognée du vieux pêcheur.

Les bandes armées étaient déjà en marche. Richard s'empressa de monter à cheval pour diriger lui-même l'expédition. Il fut en selle, Gunn, avec sa trompe en sautoir et son drapeau à la main, monta sur un poney qu'il s'était procuré d'une manière sans doute un peu illégale. Au moment où ils allaient partir, John Morris accourut haletant.

— Milord, — dit-il à voix basse, — nous avons trouvé la jeune dame au pavillon des Ruines, où elle s'était barricadée avec sa gouvernante. Elle se lamente et ne veut rien entendre; elle m'a chargé de vous dire qu'elle désire vous voir un instant.

— C'est impossible, — s'écria Richard avec agitation; — je ne puis abandonner mon poste en ce moment... Qu'attend de moi miss Avondale? J'ai pourvu à la sûreté de sa personne, j'ai protégé ses biens... Je n'irai pas!

Et il voulut partir.

— A mon tour, milord, — reprit John Morris timidement, — je vous rappellerai les recommandations de miss Julia... D'ailleurs, votre refus affligera beaucoup la jeune dame, qui est déjà réduite au désespoir par l'abandon de son père et de l'*autre*.—Richard était ébranlé. — Milord, — ajouta Morris, — avec ce bon cheval vous serez en quelques minutes au pavillon des Ruines; après avoir accordé un instant à miss Avondale, il vous sera facile de rejoindre nos gens bien avant leur arrivée aux montagnes.

— C'est juste. Et elle est plongée dans le désespoir, dites-vous? Eh bien! soit... Je ne dois pas oublier qu'elle m'a gardé le secret quand un mot de sa bouche pouvait me perdre... Allons!

Il ordonna à Gunn de courir en avant et d'annoncer aux insurgés qu'il ne tarderait pas à les rejoindre; puis il s'élança dans l'avenue qui conduisait au pavillon.

Malgré la rapidité de sa course, il put s'assurer que sa protection à l'égard des propriétés de lord Avondale n'avait pas été d'une efficacité complète. Beaucoup d'arbres étaient brisés, d'autres avaient été frappés à coups de hache et privés de leur écorce ; les statues, les vases de marbre étaient renversés de leurs piédestaux ; les kiosques rustiques n'avaient plus ni portes ni fenêtres. Des bandes joyeuses et bruyantes, composées de jeunes garçons, de femmes et d'enfans, erraient dans le parc et semblaient vouloir se prouver à elles-mêmes, par ces dégradations inutiles, leur pouvoir du moment sur cette somptueuse propriété. Quelques-uns des pillards étaient occupés à pêcher le poisson, dont les viviers étaient abondamment garnis pour l'approvisionnement de la table de milord ; plus loin, une vieille ménagère, après avoir tordu le cou à deux beaux cygnes qui nageaient sur le lac, emportait tranquillement, pour le souper de sa famille, les nobles oiseaux suspendus sur son épaule.

Mais Richard ne songeait pas à punir ces infractions à ses ordres. Il ne ralentit pas le galop de son cheval, qui soulevait des flots de sable autour de lui, et il passa rapidement auprès de ces dévastateurs, que sa présence parut déconcerter un peu. Il atteignit ainsi l'éminence sur laquelle s'élevait le pavillon gothique.

Devant l'entrée, Clarence et quelques paddies se promenaient en long et en large, fort impatiens en apparence d'aller voir ce qui se passait du côté de Stone-House ; Clarence voulut parler au capitaine ; mais celui-ci, mettant pied à terre, lui jeta la bride de son cheval et entra dans la tour, dont la porte était entr'ouverte.

Miss Avondale et sa gouvernante se trouvaient seules dans la pièce élégante que nous connaissons ; sur un guéridon était encore servi un déjeuner à l'anglaise, auquel personne n'avait fait honneur, et qui semblait avoir été oublié au milieu des grands événemens de la journée. Mistress Jones, femme d'un certain âge, et qui avait élevé sa jeune maîtresse, était assise dans un fauteuil et se cachait le visage dans ses mains. Quant à Nelly, encore vêtue de son joli négligé du matin, elle se promenait d'un air égaré ; ses yeux brillans de fièvre, son teint rouge témoignaient d'une agitation extraordinaire. A la vue de Richard, elle s'avança brusquement et le salua avec une politesse pleine d'amertume.

— Je vous remercie d'être venu, capitaine O'Byrne, — dit-elle ; — c'est une grande faveur, et j'en sens tout le prix... Le soleil a tourné pour vous, monsieur O'Byrne, et les enfans de Brondhub prennent leur revanche aujourd'hui contre les descendans de John Multon ; c'est justice, sans doute. Si j'étais en numeur de citer, je pourrais peut-être vous rappeler les textes des anciennes poésies qui prédisaient ce changement. Recevez mes félicitations, milord O'Byrne ! Vous qui vous cachiez, il y a deux jours, comme un malfaiteur et un proscrit, vous commandez ici maintenant ; vous êtes le chef de ces scélérats qui nous chassent de notre maison et menacent de ne pas en laisser pierre sur pierre... Eh bien ! monsieur, malgré tout le mal que vous m'avez fait dans cette journée, ce n'est pas vous encore qui m'en avez fait le plus. — Et elle reprit sa promenade en se frappant le front avec désespoir. — Abandonnée ! abandonnée ! — murmurait-elle. — Sir Georges, cet égoïste, ce lâche, passe encore ; mais mon père, mon père, pour qui j'avais tant de respect et d'amour !

Cette douleur était si profonde et si vraie que Richard, malgré les torts qu'il croyait pouvoir reprocher à la jeune Anglaise, fut vivement ému.

— Miss Avondale, — dit-il d'un ton pénétrant, — votre position me touche et je voudrais l'adoucir. Comme vous, j'ai été cruellement éprouvé depuis peu dans mes affections de famille, et je sais combien sont douloureuses de pareilles blessures. Mais si je ne puis rien contre ce qui fait l'objet principal de vos plaintes, il est du moins en mon pouvoir de vous protéger, et partout où j'aurai de l'autorité vous serez respectée comme moi-même.

— Ah ! je le sais, — répliqua Nelly de son ton ironique ; — on m'a annoncé, en effet, que le capitaine O'Byrne était un vainqueur généreux ; que je ne serai ni prison-

nière, ni mise à rançon, ni gardée en otage... C'est une générosité de prince, et j'en dois sans doute des remercîmens à lord O'Byrne. Qu'il les reçoive donc !... Après tant d'années d'oppression, les héritiers des anciens maîtres du sol pouvaient, avec une apparence de justice, se montrer impitoyables envers la race des usurpateurs ; ils pouvaient, par exemple, abuser de leur position pour torturer une jeune fille oubliée par ses parens : cette conduite eût été en rapport avec les traditions barbares dont ils conservent si religieusement le souvenir... Je dis eux, — ajouta-t-elle en se reprenant, — et cependant moi aussi, pauvre folle sans cervelle, je m'étais laissé prendre à la sauvage poésie de ces temps reculés ; j'étais pleine de sympathie pour les vaincus ; je regrettais presque d'être née parmi les vainqueurs... Oh ! j'en suis bien punie ! Je sais maintenant ce qu'ils appellent patriotisme et liberté ; c'est pillage, violence, assassinat...

— Ne parlez pas ainsi ! — s'écria Richard : — malgré les égards dus à votre sexe et à votre malheur, je ne souffrirai pas que vous vous exprimiez ainsi en ma présence, sur le compte de ces malheureux que la misère et l'injustice ont poussés à une révolte légitime. Quant à moi qui les commande, — ajouta-t-il en attachant sur Nelly un regard perçant, — miss Avondale, je l'espère, ne me contestera pas mon droit de protéger une femme de mon sang, quoique miss Avondale ait pris part elle-même aux cruelles intrigues dont ma pauvre sœur a manqué d'être victime.

Un étonnement réel se peignit sur les beaux traits de Nelly.

— Votre sœur !... Des intrigues auxquelles j'ai pris part ? — répéta-t-elle. — Je ne vous comprends pas, monsieur O'Byrne, et je vous prie de vous expliquer.

— Quoi ! — s'écria Richard avec explosion, — il serait possible...! Oh ! Dieu fasse que je me sois trompé en vous accusant de cette odieuse complicité ! Mais ce matin, quand vous avez écrit à miss O'Byrne pour l'engager à se rendre ici, ignoriez-vous réellement que lord Avondale venait de signer l'ordre d'arrêter ma sœur ?

— Arrêter miss O'Byrne ! c'est de la folie, de l'extravagance... Par grâce, donnez-moi le mot de ces énigmes !

— Eh bien ! donc, miss Avondale, j'aurai encore le courage de vous apprendre moi-même cet horrible secret... J'ai bien eu la force, — ajouta Richard avec un sourire amer, — de le révéler tout à l'heure en présence de plusieurs milliers de personnes !

Et il raconta en peu de mots la triste histoire de sa sœur, ainsi que l'événement de la veille au lac de Glendalough.

En écoutant ce récit, Nelly rougit et pâlit plusieurs fois ; son visage exprimait tour à tour la pudeur, l'indignation, la pitié.

— L'infâme ! — dit-elle enfin en songeant à sir Georges ; — il est plus méprisable encore que je ne pensais... Je n'avais aucune idée de ces affreux scandales, capitaine O'Byrne, — ajouta-t-elle avec chaleur, — et rien ne m'avait rien dit de ses malheureux projets... Oh ! si j'avais pu les prévoir, je serais allée au milieu des constables prendre ma pauvre Julia dans mes bras, lui faire un rempart de mon corps ! Non, je n'ai rien su, rien deviné... A la vérité, la pensée m'était venue ce matin que vous pouviez être pour quelque chose dans la mésaventure de sir Georges ; c'était afin de m'en assurer que j'avais désiré voir Julia. Je voulais lui demander quelle part vous aviez prise à cet événement ; m'entendre avec elle sur les moyens d'en prévenir les suites fâcheuses... Voilà tout, capitaine O'Byrne, je vous le jure... Mais les apparences étaient contre moi ; vous avez dû me maudire.

— J'ai cruellement souffert de ces apparences, miss Avondale, j'en ai souffert d'autant plus que j'avais pour vous une estime plus haute ; et, pourquoi ne l'avouerais-je pas ? une affection plus vive, malgré nos dissensions de famille. Mais pardonnez-moi mes soupçons ; j'aurais dû penser que vous étiez trop franche, trop loyale pour qu'ils pussent vous atteindre. — Il avait pris la main de la jeune fille, qui la retira, mais sans colère. Richard continua : — Mes instans sont comptés, et je ne saurais sans m'exposer à de justes reproches demeurer ici plus longtemps. Veuillez donc m'indiquer la retraite que vous vous êtes choisie pendant ces temps de troubles, et l'on vous y conduira sur-le-champ avec tous les égards qui vous sont dus.

— Ai-je pu y songer au milieu de ce chaos? — dit Nelly avec angoisse, en portant la main à son front. — Eh bien! monsieur O'Byrne, pourquoi ne demeurerais-je pas à Stone-House, sous votre protection, gardée par mes domestiques? Ce serait la retraite la plus convenable, je pense, pour une pauvre fille abandonnée de ses proches... même de son père!

— Avec votre permission, miss Avondale, je vois de grands inconvéniens à ce projet. Si je devais résider constamment dans le voisinage de Stone-House, j'empêcherais bien que l'offense arrivât jusqu'à vous; mais c'est la guerre qui commence, et Dieu sait où pourront me jeter les hasards de la guerre! Or, en mon absence, je n'oserais répondre... Miss Avondale, — continua-t-il avec un sourire mélancolique, — je suis comme cet adepte allemand qui avait trouvé la formule pour évoquer le diable, mais qui ignorait comment le renvoyer après l'avoir fait venir. J'ai soulevé une tempête populaire, mais je ne suis pas encore sûr de l'apaiser ou de la diriger à mon gré... Quant à vos domestiques, vous comprendriez quel fond vous pouvez faire sur de pareilles gens, si vous aviez vu tout à l'heure comment ils recevaient vos ennemis.

Mistress Jones, qui, en gouvernante bien apprise, était restée jusque-là comme indifférente à la conversation, se leva tout en larmes, et vint se jeter dans les bras de sa maîtresse, balbutiant des protestations de dévouement.

— Calmez-vous, ma chère Jones, — dit Nelly non moins émue; — ce n'est pas de vous que le capitaine O'Byrne a voulu parler; vous êtes mon amie, ma compagne, et je suis sûre... Eh bien! monsieur, — ajouta-t-elle avec résolution, — mon devoir est tracé : je dois rejoindre mon père. Faites-moi donner mon poney, la *Reine-Mab*, et un autre cheval pour mistress Jones, qui est aussi une écuyère passable; chargez un homme fidèle de nous accompagner, et nous partirons sans retard.

— Et où irez-vous, miss Avondale? Savez-vous de quel côté votre père et votre indigne parent ont porté leurs pas? D'ailleurs y aurait-il de la prudence à parcourir ainsi, presque seule, un pays livré aux fureurs de la guerre, où les haines de caste, les vengeances particulières, les sanglantes réactions éclatent sans doute de toutes parts?

— C'est juste; mais alors que devenir? Ah! Richard O'Byrne, — ajouta Nelly avec un soupir, — qui m'eût dit, quand je vous rencontrai sur le steam-packet de Dublin, et quand j'admirais naïvement, sans vous connaître, votre ardent amour pour l'Irlande, votre généreux et chevaleresque patriotisme; qui m'eût dit qu'un jour viendrait où vous déchaîneriez sur moi et sur les miens tant d'effroyables maux!

Il y eut un moment de silence pendant lequel Richard sembla rêveur. Il reprit enfin :

— Un seul parti vous reste à prendre : c'est de demeurer à Neath, où vous avez des amis et où vous êtes toujours assurée de trouver protection. Deux maisons s'empresseront de vous offrir un asile, à vous et à votre gouvernante : l'une est celle de monsieur Bruce, le ministre anglican, l'ami, le collègue de lord Avondale. Il est riche; il a une famille nombreuse, des jeunes filles de votre âge...

— Ne me parlez du révérend monsieur Bruce et de sa famille, — interrompit Nelly avec une expression de répugnance; — comment pourrais-je accepter les services de gens à qui, malgré mes efforts, je n'ai pu cacher l'éloignement qu'ils m'inspirent? Êtes-vous certain, monsieur, que dans mon malheur je trouverais chez monsieur Bruce la sympathie, les égards que je serais en droit d'attendre? Parlez-moi de cette autre maison où je pourrais demander asile, capitaine O'Byrne; quelle qu'elle soit, je serais sûre d'y trou-

ver des hôtes plus bienveillans, des cœurs plus sincères·

— Cette maison, miss Nelly, ce n'est qu'en tremblant que j'ose la citer : c'est celle mon frère Angus.

— Avec ma chère Julia, avec votre bonne et malheureuse sœur! — s'écria miss Avondale d'un ton chaleureux; — je pourrais la voir à toute heure, lui prodiguer des consolations, réparer autant qu'il sera en moi les mortels chagrins que ma famille lui a causés? J'accepte, monsieur Richard; partons, allons trouver Julia... Mistress Jones, êtes-vous prête?

— Miss Avondale, — dit le capitaine avec émotion, — votre âme est pleine de noblesse; si des circonstances funestes ne creusaient pas un abîme entre nous... Mais avez-vous bien réfléchi? — ajouta-t-il en se reprenant; — avez-vous bien songé à la terrible réprobation qui pèse aujourd'hui sur cette pauvre fille? D'ailleurs la maison est exiguë et mon frère n'est pas riche; je crains...

— Croyez-vous que de pareilles considérations m'arrêteront? — reprit Nelly vivement. — Julia est à mes yeux aussi pure qu'aux yeux de Dieu lui-même... Quant aux privations que je pourrais souffrir sous le toit de votre frère, elles seront compensées par l'affection et les égards que je compte y trouver. D'ailleurs, monsieur O'Byrne, — continua-t-elle en baissant la voix, — une autre raison me fait vivement désirer de chercher un asile à la manse catholique. Malgré votre confiance dans l'avenir, nul ne sait encore à qui restera la victoire... Eh bien! si Dieu voulait que la chance tournât en faveur de l'Angleterre, j'ai pensé que ma présence dans la maison de votre frère pourrait devenir une protection pour monsieur O'Byrne, pour Julia, pour vous peut-être.

— Merci de cette pensée, miss Avondale; elle ne m'était pas venue, mais c'est du fond du cœur que je vous remercie. Si vous êtes décidée à accepter ma proposition, ne perdons pas de temps... Votre gouvernante va prendre dans votre appartement de Stone-House les effets dont vous pourrez avoir besoin; puis John Morris vous conduira l'une et l'autre.

En ce moment un bruit confus se fit entendre au dehors du pavillon, Richard allait s'informer des causes de cette rumeur, quand la porte s'ouvrit brusquement et Morris entra :

— Milord, — s'écria-t-il, — oh! milord!

— Eh bien! qu'y a-t-il? — demanda Richard avec inquiétude.

Le pauvre garçon ne pouvait parler; mais il montra par un geste significatif des tourbillons de fumée qui s'élevaient au-dessus des arbres, dans la direction de Stone-House.

— Quoi donc! — s'écria O'Byrne en pâlissant; — quel qu'aurait-il osé...

— Stone-House est en feu, milord! — balbutia Morris. Les deux femmes poussèrent un cri d'effroi.

— Impossible! — reprit Richard; — Clink m'avait donné sa parole. Le scélérat m'aurait-il trompé? Voilà donc l'explication de ce sourire sinistre qu'il avait en m'écoutant!

— C'est Clink qui a mis le feu, milord... Ne pouvant plus contenir l'exaspération des paddies contre le landlord, il a jeté lui-même des brandons allumés dans toutes les salles de l'habitation, en criant qu'il vous avait promis d'empêcher Stone-House d'être pillé, et que c'était le seul moyen d'empêcher le pillage.

— Le misérable! il va me payer cher ce crime inutile! — s'écria O'Byrne impétueusement.

— Arrêtez! Richard, — dit miss Avondale en joignant les mains d'un ton suppliant; — n'allez pas compromettre votre autorité, encore contestée, par un acte de violence. Vous pouvez juger, à ce nuage de fumée qui s'élève jusqu'au ciel, que tout secours est maintenant inutile; laissez donc la colère qui nous châtie s'exercer librement, de peur qu'elle ne retombe aussi sur vous!

Malgré son courage, elle se couvrit les yeux pour ne pas voir cette destruction de la maison de ses pères. Richard

dit quelques mots à Morris, qui s'inclina d'un air d'assentiment.

— Monsieur O'Byrne, — reprit Nelly après une pause,
— vous êtes libre de partir ; mais nous nous reverrons
bientôt sans doute auprès de Julia... Si misérable que vous
m'ayez faite, la famille O'Byrne est plus à plaindre que
moi, et il me semble que chacun des malheurs qui nous
arrivent par vous diminue d'autant le poids de mes remords.

Elle salua avec dignité et sortit en s'appuyant sur le bras
de sa gouvernante. Morris, chargé expressément de la protéger, lui fit prendre la route de Neath, sans passer devant
Stone-House, dont l'aspect, en ce moment, eût dû être si
douloureux pour elle.

Une seule personne périt dans l'incendie : ce fut le garde
Donnagh, qui était encore alité par suite de ses blessures.
Soit ignorance, soit haine atroce de quelqu'un des incen-
diaires, le malheureux, abandonné dans un bâtiment de
service, se vit tout à coup entouré de flammes sans pouvoir fuir. Vainement poussa-t-il des cris déchirans ; il fut
impossible de venir à son secours, ce que d'honnêtes paddies essayèrent courageusement : l'apostat fut brûlé vif.
Ainsi se réalisèrent les malédictions de l'aveugle, et les
habitans du pays ne manquèrent pas de voir dans ce
triste événement un effet de la réprobation divine contre
un de leurs plus impitoyables persécuteurs.

XII

LE LIT DE MORT.

Le reste de cette journée se passa pour les habitans de
Neath en agitations et en alarmes. La place du marché, si
animée le matin, était maintenant comme ravagée. On ne
voyait que tentes renversées, piquets arrachés, débris dispersés sur le sol. Bestiaux, chariots, boutiques ambulan-
tes, tout avait disparu ; chacun avait cherché à mettre sa
modeste propriété à l'abri des événemens, sans songer que
l'isolement du voyage pouvait avoir aussi ses périls, à
travers les pays où venait d'éclater la révolte. Il ne restait plus dans la vallée que des groupes épars, où l'on
chuchotait d'un air de défiance. Quelques curieux, postés
sur un rocher qui dominait Stone-House, s'amusaient
philosophiquement à contempler les grosses bouffées de
vapeur s'élevant encore des débris de cette aristocratique
demeure. A l'endroit où l'œil était habitué à rencontrer
une élégante colonnade, un belvédère aux vitraux coloriés, des terrasses garnies de vases de fleurs, il ne trouvait plus que des pignons noircis et croulans, d'informes
amas de pierres, un gouffre fumant comme un cratère
près de s'éteindre.

Les habitans de Neath avaient manifesté hautement leur
mécontentement de voir tant de richesses perdues sans
profit pour personne. Plusieurs d'entre eux, notamment
de vieilles femmes avides et peu scrupuleuses, s'étaient
glissés vers Stone-House, afin d'essayer d'arracher quelque chose aux ravages du feu. Le moindre morceau d'é-
toffe, le plus simple ustensile de ménage eût été un trésor
précieux pour ces gens. Mais ils avaient trouvé autour du
foyer de l'incendie le redoutable Clink, qui faisait bonne
garde avec une douzaine de chenapans à demi ivres. Aux
sollicitations, aux menaces qu'on lui adressait, Clink répondit avec d'effroyables blasphèmes qu'il avait reçu du
grand comte O'Byrne la consigne d'empêcher le pillage de
Stone-House, et qu'il l'empêcherait, dût-il casser la tête
au premier récalcitrant ; enfin qu'on n'emporterait rien,
« fût-ce un tison assez gros pour allumer un feu de
tourbe sous la marmite aux pommes de terre. » Force
avait donc été aux fourmis prévoyantes de Neath de s'en

retourner les mains vides, comme elles étaient venues,
non sans déplorer l'entêtement de ce bouledogue de
Clink, « qui les privait, » disaient-elles, « de ce que le bon
Dieu avait destiné pour leur part. »

A la chute du jour, la vallée de Glendalough prit un
aspect plus sinistre encore. On vit de grands feux s'allumer sur les hauteurs ; il y avait de ces fanaux lugubres
qui brillaient à plusieurs lieues de distance et qui, par
leur élévation, semblaient des météores sortis des nuages.
On entendait des sons étranges qui se répétaient au loin,
d'écho en écho, avec des intonations sauvages : c'étaient
les trompettes rustiques qui, suivant les instructions de
Richard, appelaient aux armes les habitans des montagnes. En outre, plus la nuit approchait et plus le calme
se faisait dans la nature, plus le bruit d'une fusillade in-
cessante dans la direction du défilé du Bon-Messager devenait distinct. Or, on savait que de ce côté la population
masculine de Neath et des villages voisins était aux prises
avec un fort parti de soldats rouges si redoutés, et, malgré les ardentes prières adressées à Dieu et aux saints du
pays, malgré la confiance qu'inspirait l'habileté de Richard
O'Byrne, chaque explosion de fusil avait un douloureux
retentissement dans le cœur des mères et des épouses.

Aussi, dans le village même, ce qui restait d'habitans
éprouvait-il une anxiété inexprimable. Devant les portes
étaient réunies des familles inquiètes, attentives au moindre événement. L'obscurité empêchait de voir les visages
consternés, mais des gémissemens et des plaintes éclataient çà et là dans l'ombre. Par intervalles, de fâcheuses
nouvelles, venant on ne sait d'où, augmentaient encore
la terreur des pauvres gens de Neath. Chaque fois que le
feu cessait dans le lointain, on disait que les soldats rouges, après avoir battu les insurgés et tué le capitaine
O'Byrne, avaient forcé le passage du Bon-Messager et allaient envahir la vallée ; à tous momens on s'attendait à
les voir paraître pour mettre le village à sac et venger
ainsi les dévastations de Stone-House. Puis, les décharges
reprenant de plus belle, les trembleurs étaient bien obligés de reconnaître que le combat durait encore ; mais alors
c'étaient les plus sombres hypothèses sur l'issue probable
de cette lutte et sur le sort de chaque paddy qui y prenait
part.

Cependant le vieil aveugle Sullivan, appuyé d'un côté
sur un bâton noueux et de l'autre sur le petit Pat Irwing,
parcourait la longue rue de Neath, s'arrêtant devant chaque cottage pour prononcer des paroles de consolation.
Dans son langage pittoresque, tout rempli d'images et de
réminiscences du temps passé, il annonçait la victoire
comme certaine, et citait à l'appui de cette opinion une
foule de circonstances où se manifestait selon lui la prédilection de la Providence pour la cause des opprimés. Il
joignait à ces considérations générales des considérations
particulières sur le caractère et les habitudes du père, du
mari, du frère dont on regrettait l'absence ; celui-ci était
prudent et prendrait garde de s'exposer inutilement ; tel
autre, au contraire, avait une hardiesse extrême, mais le
grand comte, qui était un père pour les hommes de son
clan, veillerait sur lui et saurait l'empêcher d'être victime
d'une folle témérité. On écoutait William avec déférence ;
sa voix onctueuse ramenait un peu de calme dans les
esprits. Néanmoins ceux qu'il cherchait à encourager ne
pouvaient s'empêcher de remarquer que le vieillard lui-
même paraissait bien triste, que le son de sa voix, un
geste abattu démentaient ses paroles. Quand on lui en
faisait l'observation, William étendait la main vers la demeure du ministre catholique et disait avec un accent de
profonde douleur :

— Ne savez-vous pas ce qui se passe là ?... L'Irlande
sera sauvée peut-être, mais la race d'O'Byrne sera plongée
dans le deuil... Priez pour elle !

Et il continuait sa tournée, laissant pour un moment
les questionneurs en proie à de tristes pensées qui n'a-
vaient plus eux-mêmes pour objet.

C'est qu'en effet un nouveau malheur menaçait l'illustre famille si chère à toute la population du voisinage. Julia O'Byrne, à la suite de la terrible scène de la place du marché, avait été transportée à la manse dans l'état le plus alarmant. Le chagrin, des agitations incessantes, minaient depuis longtemps déjà sa constitution; les événemens de la veille et ceux de la journée lui avaient porté le dernier coup. A peine était-elle retirée chez elle, que les accidens les plus graves se succédèrent sans relâche. Les secours d'un médecin habile eussent pu la sauver peut-être dans les premiers momens de la crise; mais il avait été impossible de trouver un médecin au milieu de l'effroyable perturbation où le pays était plongé. En désespoir de cause, on appela près d'elle deux vieilles matrones de village, qui usaient de quelque expérience en médecine; mais leurs recettes précieuses, leurs panacées les plus vantées furent sans résultat: l'état de la malade ne fit qu'empirer. Vers la fin de la journée, Julia était à toute extrémité, et on s'attendait d'une minute à l'autre à la voir expirer.

En temps ordinaire, une pareille nouvelle, éclatant tout coup dans le village, l'eût mis en émoi.

On n'eût pas manqué non plus de prendre un intérêt extraordinaire à la présence de miss Avondale dans la demeure du prêtre catholique, où, disait-on, la noble demoiselle, toujours au chevet de son amie, lui prodiguait les soins les plus affectueux. Mais ces grands événemens, ces bizarres contrastes passaient inaperçus au milieu des préoccupations personnelles des habitans, et, sauf un petit nombre d'amis particuliers de la famille O'Byrne, on songeait à peine qu'une belle et gracieuse enfant, l'ange du pays, allait rendre son âme à Dieu.

William Sullivan, après avoir porté de cottage en cottage ses encouragemens, ordonna à son jeune guide de le conduire à la manse. Nous savons déjà que c'était une modeste maison blanche, située à mi-côte du village, non loin de l'église ruinée de Saint-Patrick. En ce moment, toutes les fenêtres étaient éclairées; des ombres qui passaient et repassaient annonçaient une extrême agitation à l'intérieur. Cinq ou six personnes, arrêtées devant l'entrée, causaient à voix basse. Contre le montant de la porte était appuyé un homme silencieux, le chapeau enfoncé sur les yeux; il tenait à la main une demi-pique de matelot, comme s'il eût été en sentinelle.

— Où est monsieur Morris? John Morris est-il là? — demanda l'aveugle en s'approchant de ce groupe. Personne ne répondit; mais William sentit une main brûlante se poser sur la sienne. — Eh bien? — reprit le vieillard haletant, — quelles nouvelles? Y a-t-il du mieux, enfin?

Le pauvre Morris secoua la tête.

— Plus d'espoir, monsieur Sullivan, — dit la veuve O'Flanagan, qui se trouvait là, avec le même empressement qu'elle eût mis à annoncer une bonne nouvelle; — la vieille Alison vient de passer pour aller chercher un médicament chez monsieur Bruce, le ministre anglican, et elle m'a assuré que la pauvre petite n'avait plus une goutte de sang dans les veines. Sa Révérence lui a déjà administré les derniers sacremens, et elle a versé plus de larmes encore que d'huile sainte sur sa malheureuse sœur.

William resta comme accablé par cette cruelle certitude.

— Mon Dieu! — dit-il enfin d'une voix tremblante, — n'aviez-vous pas fait payer assez cher au défenseur de l'Irlande la gloire et le succès qui l'attendent peut-être? Le sacrifice d'aujourd'hui n'était-il pas assez grand, assez complet? — Il reprit après un intervalle de silence: — J'ai envoyé déjà deux messagers dans les montagnes pour prévenir le chef de la famille du malheur qui le menace; aucun d'eux n'est revenu. Si milord arrive maintenant, il arrivera trop tard.

— Trop tard! — répéta Morris avec un sanglot convulsif.

— Oh! pour cela, oui, — dit mistress Flanagan; — Ali-

son m'assurait que sa jolie petite miss n'entendrait pas le chant du coq de minuit; mais il faut que l'âme n'ait pas quitté encore son enveloppe terrestre, car on n'a pas encore poussé le cri de mort pour appeler les voisins et les amis. La famille O'Byrne, si puissante qu'elle soit, ne voudrait pas manquer, j'imagine, à cette vieille coutume de nos pères.

— Chut! — interrompit William en étendant la main vers la vallée, — ne vous semble-t-il pas que, depuis quelque temps déjà, la fusillade a cessé du côté de la gorge du Bon-Messager? — Les assistans prêtèrent l'oreille, et ils purent s'assurer qu'en effet le plus profond silence régnait dans la campagne. — Le combat est fini, — dit l'aveugle d'un ton solennel; — quel est le vainqueur? nous ne tarderons pas à le savoir maintenant. — A peine achevait-il ces mots qu'on entendit le galop d'un cheval sur le pavé raboteux du village. Le cavalier passa comme un trait devant les groupes réunis sur les portes des cottages, et s'arrêta à la manse du ministre catholique. C'était Richard O'Byrne. Son uniforme était déchiré, sa tête nue; ses mains, son visage étaient souillés de poudre et de sang.

— Milord, — s'écria l'aveugle, qui devina quel était ce voyageur, — milord, un seul mot... au nom de l'Irlande!

— Les troupes régulières ont été battues et obligées de se replier en arrière, — répliqua Richard d'une voix sourde; — un grand nombre de soldats ont été écrasés sous les pierres et les troncs d'arbres dans le défilé du Bon-Messager.

William retint avec effort un cri de triomphe; mais les autres personnes présentes n'eurent pas la même réserve, et s'éloignèrent en poussant des hourras afin de répandre l'heureuse nouvelle dans le village. Richard, sans ajouter un mot, avait remis la bride de son cheval au petit Pat et se disposait à entrer dans la maison.

— Milord, — reprit William, — je supplie Votre Honneur de m'excuser, mais je désirerais encore apprendre...

— Homme, — interrompit O'Byrne avec violence, — vous savez pourquoi je viens et vous osez m'arrêter sur le seuil de cette maison mortuaire! — Il ajouta aussitôt d'un ton plus doux: — Pardonnez-moi, William; ma tête se perd... Un poste est resté pour garder le passage, mais la plupart des gens de Neath vont revenir afin de rassurer leurs familles. Vous les interrogerez; ils vous instruiront mieux que moi... A votre tour, quelqu'un ici peut-il m'apprendre en quel état je vais trouver ma sœur?

Personne ne répondit, et William baissa la tête. — Quoi! déjà? — murmura Richard, qui interpréta cette hésitation dans le sens le plus sinistre.

— Non, non, milord, — s'écria d'une voix vibrante John Morris, qui se dressa tout à coup devant lui comme un spectre menaçant; — non, elle n'est pas morte encore, et vous pourrez contempler votre ouvrage...! Entrez, excellent frère, qui avez sacrifié votre sœur à vos rêves politiques! Entrez, illustre chef de la maison royale d'O'Byrne, qui avez vous-même déshonoré publiquement la race de Brondhub! Allons, entrez, pour mourir la plus belle, la plus innocente, la plus touchante créature que le ciel ait jamais donnée à la terre...! Seul vous aurez le cœur assez dur, assez flétri par l'ambition et l'orgueil, pour contempler un pareil tableau sans mourir de honte et de douleur.

Aux premiers mots de ce discours outrageant, Richard avait porté la main à son épée. Mais en reconnaissant John Morris, il laissa retomber l'arme dans le fourreau et resta immobile, le front baissé, sans répondre un seul mot. William s'écria en écartant rudement le jeune homme égaré:

— Insensé! pouvez-vous parler ainsi à votre lord, au courageux Irlandais qui va peut-être assurer à tout jamais l'indépendance de son pays?

— Mais il a tué sa sœur! — hurla Morris avec un accent de rage. — Oh! puisse cette pensée empoisonner la joie de son triomphe! puisse-t-il ne trouver qu'ingratitude et mépris auprès de ceux à qui il a sacrifié Julia O'Byrne et l'honneur de son ancienne famille!... Et d'ailleurs, que me fait l'Irlande, à moi, maintenant que Julia va mourir? Périsse l'Irlande, car c'est elle qui a tué Julia... Julia... Julia...!

Et le malheureux tomba à terre, en proie à d'effrayantes convulsions. Richard le contempla quelques secondes en silence.

— Il aimait bien cette pauvre fille, — dit-il d'un air pensif; — il l'aimait plus que moi peut-être, puisque j'ai préféré... William, — ajouta-t-il rapidement, — faites donner des soins à cet infortuné; quand il reviendra à lui, assurez-le que ses reproches ne seront pas perdus, qu'ils ont retenti dans mon cœur, que Julia sera bien vengée... Oui, dites-lui cela, s'il peut trouver des consolations à ce qui sera désormais le supplice de ma vie.

Puis il entra précipitamment dans la maison.

Encore bouleversé par ces témoignages inattendus de réprobation, il traversa à tâtons le vestibule obscur. Un rayon lumineux, s'échappant par la fissure d'une porte entr'ouverte, attira son attention. Machinalement il poussa cette porte et se trouva dans le *parloir* ou salon de la manse.

Cette pièce qui, d'ordinaire, dans les habitations anglaises, est la plus luxueuse de la maison, était d'une austérité claustrale. Ni tapis ni boiseries ne la décoraient; elle était enduite d'une espèce de stuc brillant, sans moulures et sans ornemens. Des gravures de religion, un christ encadré de bois noir, étaient suspendus aux murailles. Les meubles consistaient en quelques chaises de paille, une table et un prie-Dieu disposé devant le crucifix. À la lueur d'une petite lampe, Richard aperçut un homme agenouillé sur le prie-Dieu et paraissant également absorbé par sa prière et par sa douleur. C'était Angus, encore vêtu de ses ornemens sacerdotaux.

Au bruit que causa Richard en entrant, le prêtre se retourna. Sans adresser un mot à son frère, il lui désigna du doigt une place sur le prie-Dieu, près de lui; mais Richard resta debout, les bras croisés sur la poitrine, et attendit.

Enfin Angus fit le signe de la croix, se leva, et, s'approchant de son frère, lui dit avec douceur:

— Pourquoi avez-vous refusé de vous joindre à ma prière, Richard? Manque-t-il de grâces que vous puissiez demander à Dieu, de concert avec moi, dans cette terrible soirée?

— La prière est chose grave, — répliqua O'Byrne d'un ton farouche; — pour l'adresser à Dieu avec espoir de la voir exaucée, il faut un cœur simple, exempt de haine et de colère... Tel n'est pas l'état de mon cœur en ce moment.

— De la haine, de la colère, Richard? — reprit Angus en soupirant, — et contre qui donc pourriez-vous en avoir, sinon contre vous-même, vous dont le fol enthousiasme a causé ce grand scandale où nous perdons notre sœur?

— Ne dites pas cela, — interrompit le capitaine en frappant du pied; — ces affreuses imputations ont déjà retenti à mes oreilles, là, tout à l'heure, sur le seuil de votre porte; mais que je ne les entende pas sortir de votre bouche, ou elles me rendraient fou! Peut-être alors vous demanderais-je compte, à mon tour, de la manière dont vous avez conservé en moi son absence nos haines de famille, qui étaient aussi un héritage, de l'imprudence avec laquelle vous avez laissé une naïve enfant, notre sœur, exposée aux entreprises infâmes de nos ennemis... Je vous demanderais compte enfin de ces malheurs qui éclatent autour de nous et dont on m'accuserait seul à tort, car leur premier et principal auteur, c'est vous, Angus O'Byrne.

Le prêtre devint pâle, mais il étouffa aussitôt les sentimens tumultueux que ces accusations venaient de soulever dans son âme.

— Richard, — répondit-il avec un léger tremblement dans la voix, — vous êtes mon aîné, et vous avez peut-être le droit de me parler ainsi. Mais nous voyons l'un et l'autre toutes choses à des points de vue différens: vous

pensez en homme du monde, et moi en chrétien; vous faites presque des vertus de ces colères et de ces vengeances que la loi divine m'ordonne de repousser... Quelle que soit votre opinion de ma conduite passée, je ne m'en offense pas, et, si j'ai péché, que le ciel me pardonne, car mes intentions étaient pures.

Richard ne répondit rien, mais il jeta un regard sombre sur son frère, qui achevait de quitter les ornemens sacrés.

Miss Avondale entra dans le parloir. Elle était méconnaissable, tant les larmes et les sanglots avaient altéré ses traits dans l'espace de quelques heures.

— Monsieur Richard, — dit-elle avec agitation, — est-ce vous? La pauvre Julia, entendant du bruit à la porte de la maison, s'est doutée de votre retour, et elle m'a envoyée pour m'en assurer. Elle a un si grand désir de vous voir, de vous embrasser! Elle me disait tout à l'heure qu'elle n'attendait plus que vous pour...

— Pour quoi, miss Avondale? Achevez.

— Pour mourir en paix! — murmura la jeune fille en sanglotant.

Elle entraîna le capitaine dans l'escalier; Angus les suivit.

Julia était couchée dans sa petite chambre virginale. Une longue robe blanche l'enveloppait tout entière; ses mains et son visage avaient eux-mêmes la blancheur transparente de la cire. Déjà le sang ne paraissait plus circuler sous cette peau satinée; une légère teinte violette se montrait autour de la bouche, autour des yeux, qui conservaient un reste d'éclat fiévreux. La pauvre enfant pouvait à peine faire quelques mouvemens languissans. Elle ne vivait plus que par la pensée et le regard. Un seul flambeau éclairait la chambre d'une lumière insuffisante, et laissait dans la pénombre cette forme livide et vague déjà prête pour le cercueil. Un crucifix d'ivoire, qui provenait de sa mère, était posé devant la mourante et sanctifiait son agonie.

Une seule personne veillait sur elle pendant l'absence de miss Avondale: c'était une des matrones qui avaient été appelées pour lui porter secours. Celle-ci, vieille femme rechignée, couverte de haillons, se tenait à l'écart, convaincue de l'inutilité de ses efforts pour sauver Julia; elle croyait n'avoir plus qu'à attendre l'événement. On se demandait, à voir cette vieille, hébétante, étique, véritable squelette, à la peau de parchemin, comment la mort avait pu l'épargner, quand elle frappait à côté d'elle cette belle jeune fille, l'amour de ses proches et l'orgueil de la contrée.

Dès que Richard entra, miss O'Byrne parut se ranimer un peu: une nuance rose passa rapidement sur ses joues; elle essaya d'étendre vers lui sa main diaphane.

— Richard! — murmura-t-elle, — oh! merci, mon Dieu! vous exaucez mon désir le plus cher.

Son frère, malgré sa force d'âme, ne put rester maître de lui-même devant ce lit d'agonie. Fou de douleur, il se précipita à genoux en s'écriant d'un ton déchirant:

— Ma pauvre sœur! ma chère Julia! me pardonnes-tu le mal que je t'ai fait?

Les sanglots l'empêchèrent d'en dire davantage.

La mourante voulut encore se soulever, mais, ne pouvant y parvenir, elle chercha en tâtonnant la main de son frère.

— Richard, — dit-elle, pendant qu'un léger sourire se jouait sur ses lèvres entr'ouvertes, — pourquoi me demander pardon? Ne suis-je pas la plus heureuse des femmes, et Dieu lui-même n'a-t-il pas pris soin de trancher un nœud inextricable pour notre prudence humaine? Que serais-je devenue dans le monde, si ce Dieu tout-puissant ne m'eût épargné de longues années de supplice en m'appelant à lui avant l'heure? — Elle s'arrêta pour respirer; ce peu de mots l'avaient épuisée. — Richard, — poursuivit-elle, — j'avais déjà entrevu cette solution, et j'avais voulu hier la précipiter par une action coupable, par un crime... Le ciel soit béni, qui m'a sau-

vée de mon aveugle désespoir pour me pousser aujour-
d'hui dans ce port de salut auquel j'aspirais! Ne pleurez
donc pas sur moi, mon frère, quand mon bonheur est si
digne d'envie. Je suis désormais en paix avec Dieu et
avec mes semblables; dans quelques instans les portes de la
béatitude éternelle s'ouvriront devant moi. Vous tous que
j'ai aimés, que j'aime encore, je prierai pour vous, et je
vous plaindrai à mon tour! — Richard, suffoqué par la
douleur, était incapable de parler; miss Avondale, age-
nouillée près de lui, fondait en larmes. A quelques pas
en arrière, Angus se tenait debout, recueilli, mais calme;
le prêtre dominait du haut de sa piété les passions et les
misères humaines. La mourante parut prendre plaisir à
contempler les têtes des deux jeunes gens, si rapprochées
l'une de l'autre que leurs chevelures se touchaient. —
Que vous êtes bien ainsi, — dit-elle avec un accent de
joie enfantine, — toi, Richard, si grave, si noble, si généreux; vous, Nelly, si belle, si aimante, si dévouée! Ne
semble-t-il pas que le ciel vous ait faits l'un pour l'autre
tandis que le monde creusait entre vous un abîme de
haine et de colère? La pensée m'est venue bien des fois..
mais quand je serai devant Dieu je le prierai d'exaucer
ces vœux que j'ai formés dans le secret de mon cœur.
Déjà sans doute il a voulu, en vous réunissant autour
de ce lit de mort, anéantir ces traditions sanguinaires, ces
rivalités impies qui se sont perpétuées entre nos deux familles. O mon Richard, sois un frère pour ma chère
Nelly; protège-la quand elle aura besoin de secours! Ai-
me-la comme tu m'aimais moi-même! Vous, Nelly, soyez
une sœur pour Richard; consolez-le quand il pleurera...
Je serai en tiers avec vous du haut du ciel. — Par un
mouvement spontané, les deux jeunes gens joignirent
leurs mains à cette exhortation de la mourante; mais
presque aussitôt miss Avondale retira la sienne, et, se levant brusquement, se réfugia derrière le rideau du lit
pour cacher son trouble. Le regard de Julia s'arrêta alors
sur Angus. — Approchez aussi, mon frère, — lui dit-elle,
— venez recevoir mes derniers remercîmens pour les
soins affectueux, les conseils si sages que vous avez prodigués à ma jeunesse. Il n'a pas tenu à vous que je n'aie
toujours goûté les douceurs de l'innocence et de la paix
de l'âme; soyez béni pour tant de bienfaits.. Mais il me
reste encore un devoir à remplir... — Elle se souleva péniblement sur le coude. — Richard, Angus, — reprit-elle
en s'adressant aux deux frères, — des nuages se sont élevés entre vous; peut-être ma mort altérerait-elle plus
profondément encore cette vive amitié que vous aviez
l'un pour l'autre au temps heureux de notre enfance. Que
je vous voie vous embrasser encore une fois: c'est mon
dernier vœu.. Mes frères, accomplissez-le... Je vous en
prie au nom de notre pauvre mère, qui nous chérissait
tous d'une affection égale!
L'aîné parut hésiter; mais Angus s'avança vers lui avec
émotion.
— Richard, — dit-il, — je n'ai contre vous ni fiel ni
colère; si ma conduite passée n'a pas obtenu votre appro-
bation, je suis prêt à m'humilier.
— Assez, mon frère, — interrompit Richard revenant
aussitôt à sa générosité naturelle; — je pardonnerais volontiers à mon plus mortel ennemi si Julia me le demandait; comment, à plus forte raison, ne pardonnerais-je
pas à mon frère, surtout quand j'ai besoin peut-être qu'il
me soit beaucoup pardonné à moi-même?
Ils tombèrent en pleurant dans les bras l'un de l'autre
et demeurèrent un instant embrassés.
— Bien, merci, mes frères! — reprit Julia en s'affaissant
de nouveau sur sa couche; — maintenant je mourrai tranquille. — Elle ferma les yeux et resta quelques minutes
sans mouvement. — Mes amis, vous tous qui m'entourez, —
ajouta-t-elle enfin si bas qu'on l'entendait à peine, — adieu...
je sens que mon heure est venue...
Aussitôt Angus se prosterna pour réciter *la prière des
agonisans*. Les assistans l'imitèrent, même la pauvre miss
Avondale, qui avait été élevée dans la haine du rit catho-

lique, mais qui oubliait en ce moment solennel la diffé-
rence des cultes, pour invoquer en faveur de son amie le
Père commun de tous les hommes.
La prière allait commencer quand des cris de joie, accompagnés d'explosions d'armes à feu, retentirent dans
le village. Julia s'agita faiblement sur son lit funèbre.
avec une épouvante involontaire.
Une vieille femme qui entrait, et qui n'était autre qu'A-
lison, la seconde matrone dont on avait réclamé les soins,
se chargea de répondre.
— Ce que vous entendez, ma belle miss Avondale, —
dit-elle avec un accent de satisfaction méchante, — ce
sont les paddies de Neath qui viennent de remporter la
victoire sur les habits rouges, dans le défilé du Bon-Messager... Le grand comte O'Byrne a fait un massacre de ces
Anglais, et bientôt il n'en restera pas un dans la vieille
Irlande. Hourra donc pour...!
— Silence, femme! — interrompit Richard avec colère.
— Oh! maudite soit cette victoire dont la bruyante joie
vient insulter à notre recueillement!
— Et qui êtes-vous? — s'écria la mégère avec rage, —
pour empêcher les bons Irlandais.....
Mais un reflet de lumière lui montra tout à coup le visage irrité de Richard; elle recula d'un pas.
— Och! sirs, — s'écria-t-elle, — c'est Sa Seigneurie le
grand comte lui-même... et la jeune dame existe encore!
Eh bien! je suis arrivée à temps pour pousser le *keene*.
D'un geste impérieux Richard lui désigna l'autre extrémité de la chambre; Alison rejoignit sa compagne Jenny,
et elles se mirent à chuchoter avec animation. Les prières
commencèrent. Par intervalles, les cris de triomphe poussés par les habitans de Neath s'élevaient de la rue et
semblaient devoir troubler la cérémonie. Mais les personnes prosternées autour du lit de mort ne paraissaient
plus entendre ces clameurs discordantes; à la faible lumière qui éclairait la chambre, on les voit vues mourantes,
abattues, les yeux gonflés de larmes, la poitrine oppressée
de soupirs. Au moment où le prêtre prononça les paroles
sacramentelles: *Partez, âme chrétienne!* Julia fit un léger
mouvement.
— Je vais rejoindre ma mère, — murmura-t-elle.
Elle ouvrit encore les yeux, les fixa sur ses amis comme
pour leur dire adieu, puis elle les referma; le léger souffle qui soulevait encore son sein diminua peu à peu, et
elle s'éteignit enfin sans efforts et sans convulsions. Les
deux frères et Nelly contemplaient avec anxiété ce visage
livide dont aucun muscle ne remuait plus. L'âme avait
quitté son enveloppe terrestre, et ils doutaient, ils attendaient encore. Jenny s'approcha du lit et se pencha vers
la morte; au bout d'une minute, elle se releva.
— Tout est fini, — dit-elle.
Une explosion de gémissemens accueillit cette fatale
nouvelle.
A même instant Alison, celle qui avait montré une si
odieuse insensibilité, courut à la fenêtre qui donnait sur
la rue, l'ouvrit, et jeta dans l'obscurité un hurlement
plaintif, lugubre, qui retentit à une grande distance. C'é-
tait le *keene* ou cri de mort (l'*hululu* des anciens). La
vieille femme répéta plusieurs fois cet appel funèbre;
quand elle se tut, un grand silence régna dans le village.
Les hourras, les chants de triomphe avaient cessé tout à
coup; sans doute les paddies victorieux demandaient à
leurs proches quelle mort annonçait ce signal si connu.
Après un moment d'hésitation, un cri lamentable s'éleva
dans l'ombre et répondit au premier; puis plusieurs autres retentirent çà et là, à des distances inégales; puis
enfin ce fut un épouvantable concert de plaintes et de lamentations qui partirent à la fois de tous les points du
village.
Alors mistress Alison referma la fenêtre et s'approcha
des deux frères.
— Voici les bonnes gens de Neath qui vont venir pour
la veillée de mort, — dit-elle; — avec votre permission,

milord et Votre Révérence, il faut que Jenny et moi nous disposions le corps et que nous allumions les ciérges... Ensuite j'espère que vous ne regretterez pas une goutte de wiskey pour les pauvres vieilles gardes-malades. Aussi bien, Votre Révérence, l'enterrement ne vous coûtera pas trop cher, à vous qui les faites, comme on dit!

Richard ne put retenir un geste d'horreur et se détourna avec dégoût; mais Angus, plus aguerri contre les usages parfois révoltans des anciennes mœurs irlandaises, donna des ordres à la matrone, qui sortit aussitôt. Puis il s'avança vers Richard et Nelly, qui semblaient ne pouvoir s'arracher à la contemplation de la morte.

— Mon frère, miss Avondale, — dit-il avec un accent de douce autorité, — vous ne pouvez plus rester ici... Dans un instant, cette chambre sera remplie d'étrangers; faites donc un dernier adieu à la dépouille terrestre de la sainte qui vient de monter au ciel, et suivez-moi.

— Votre Révérence, — murmura miss Avondale, dans un transport de douleur, — une minute encore...

— Angus, — dit Richard à son tour, d'une voix sombre, — je ne la verrai plus!

Mais Angus les prit l'un et l'autre par la main, et, après leur avoir permis de déposer un baiser sur le front de celle qui avait été Julia O'Byrne, il les conduisit dans le parloir du rez-de-chaussée, où il les laissa pour s'occuper des nombreux devoirs imposés par la circonstance.

Restés seuls, Richard et miss Avondale s'étaient jetés sur des siéges, à quelque distance l'un de l'autre. La jeune fille continuait à sangloter, en laissant échapper des paroles entrecoupées au souvenir de son amie. Richard, au contraire, ne pleurait plus, ne parlait plus : la tête baissée, l'œil fixe, sa douleur était d'autant plus poignante qu'elle ne se faisait plus jour au dehors.

Un quart d'heure s'écoula ainsi. Enfin miss Nelly se leva ; écartant ses cheveux qui la couvraient comme d'un voile, elle s'approcha du capitaine et lui dit d'un ton affectueux :

— Un pareil accablement est excusable chez une femme comme moi, Richard; mais un chagrin de famille, si grand qu'il soit, devrait-il abattre à ce point un brave soldat, un homme de cœur qui a conçu le gigantesque projet de délivrer sa patrie du joug de l'Angleterre ? — Richard se redressa ; son œil noir se mira dans l'œil humide de la jeune fille ; mais il ne dit rien et secoua la tête d'un air d'égarement. — Écoutez, — reprit Nelly, — celle que nous avons vue mourir a fait à chacun de nous une recommandation dernière : vous de me défendre et de me protéger, moi de vous offrir des consolations quand je vous verrai accablé par le malheur...

— Miss Avondale, — interrompit Richard avec une énergie fébrile, — cette sainte enfant nous a aussi recommandé autre chose; elle nous a recommandé de nous aimer, en dépit de tant d'obstacles qui nous séparent... Elle avait deviné les plus secrets sentimens de mon cœur.

— A mon tour, Richard, — répliqua la jeune fille, — la tâche qu'elle m'a imposée me sera facile ; avant même que vous m'eussiez sauvé la vie, je vous aimais, et, quand j'ai été abandonnée par mes proches, par celui même à qui je devais être le plus chère, j'ai trouvé en vous un protecteur et un ami. D'ailleurs j'ai apprécié la grandeur et l'héroïsme de votre âme ; j'ai mesuré toute la profondeur de votre dévouement pendant la journée terrible qui vient de finir, et je me suis sentie pénétrée d'admiration. Je me suis dit que, cette fois encore, la race d'Avondale n'avait pas sur la vôtre les avantages de la générosité et de la justice. Aussi, Richard, je vous le répète, la tâche que m'a imposée Julia O'Byrne me sera facile.

Le capitaine semblait ne pouvoir en croire le témoignage de ses sens.

— Ne me trompé-je pas ? — dit-il enfin ; — la douleur ne me rend-elle pas insensé ? Est-ce bien mis Avondale que je viens d'entendre?

— J'ai toujours été une fille bizarre, — interrompit Nelly avec un sourire, — ne sachant, malgré les prescriptions du monde, cacher ni son amour ni sa haine. Vous voyez là peut-être le tort d'une éducation d'enfant gâtée, toujours entourée d'inférieurs et de courtisans... Mais si je parle maintenant avec cette franchise, mon Richard, c'est que votre sœur nous a fiancés elle-même à son lit de mort, et ces fiançailles sont aussi sacrées que si elles avaient eu lieu devant un prêtre, dans un temple de votre religion ou de la mienne, car Dieu les approuve.

Le capitaine saisit la main de Nelly et la pressa contre sa poitrine.

— Merci, ma sœur, —dit-il en levant les yeux au ciel;— l'accepte de vous ce précieux cadeau qui me rappellera toujours vos vertus et votre image...! Oui, Nelly, —continua-t-il avec transport, — nous sommes fiancés. Julia a voulu par ce mariage mettre un terme à ces querelles, à ces luttes acharnées de plusieurs siècles ; que sa volonté s'accomplisse! Pour moi, je jure d'employer toutes mes forces à opérer un rapprochement, une réconciliation entre nos deux familles, autant du moins que me le permettront mes devoirs envers mon pays, envers mon honneur, envers moi-même. Si ce rapprochement devenait impossible, nous saurions braver...

— Et moi, je jure, — s'écria Nelly à son tour, — que je n'aurai jamais d'autre époux que Richard O'Byrne!... Julia, sainte martyre, recevez ce serment!

Ils s'abandonnèrent un moment à leurs doux rêves, à leurs projets d'avenir. Dans cette causerie, pleine d'un charme douloureux, ils oubliaient le présent, quand Angus rentra. Il ne parut pas surpris de voir les deux jeunes gens assis l'un près de l'autre, leurs mains entrelacées.

— Miss Avondale, —dit-il avec mélancolie, — je crains que mon hospitalité ne devienne désormais trop pénible pour vous. Ces scènes de mort et de désolation ne sont pas faites pour une jeune fille délicate. Aussi vous me pardonnerez si je vous conseille d'accepter l'offre du révérend monsieur Bruce, qui vous propose une retraite dans sa maison, au sein de sa famille. Votre bien-être, les convenances, et, plus que cela, le deuil qui règne à mon foyer,..

— Je vous comprends, monsieur O'Byrne, — répliqua Nelly en soupirant ; — c'est en effet maintenant une nécessité pour moi de prendre ce parti, quelles que soient mes répugnances ; je vais donc me rendre à l'invitation de monsieur Bruce... Mais auparavant personne ne pourrait-il me dire si l'on a des nouvelles du lord Avondale?

— On ne sait rien de positif, —répondit Richard ; — un paddy venant du Nord m'a assuré seulement qu'il avait vu passer ce matin deux cavaliers dont le signalement se rapporte à celui de votre père et de... l'individu qui l'accompagne. Ils suivaient la route de Dublin, et, comme ils étaient bien montés, comme ils allaient vite, ils auront pu atteindre, selon toutes probabilités, une ville voisine où ils sont pour le moment à l'abri de l'insurrection.

— Dieu soit loué! — dit Nelly avec amertume ; — le sacrifice qu'a fait lord Avondale en abandonnant ainsi sa fille pour pourvoir à sa propre sûreté lui aura été du moins utile à quelque chose! Quant à cette autre personne dont vous parlez, que m'importe son sort? Elle a payé assez cher mon mépris et ma haine. —Elle ajouta au bout d'un moment : — Et vous, capitaine, comptez-vous résider à Neath jusqu'à l'heure où les honneurs funèbres seront rendus à votre malheureuse sœur? ou bien...

— J'espère que mon frère, — s'écria Angus, — veillera ici avec moi sur les restes de notre jeune sœur. Des projets de révolte tiendraient-ils plus de place dans son cœur que les sentiments de la nature?

Richard allait répondre quand Jack Gunn, couvert de poussière et de sueur, entra dans le parloir avec Sullivan.

— J'arrive des montagnes, milord, — dit l'ancien trompette en faisant rapidement un salut militaire ; — vous plairait-il d'entendre mon rapport?

Le capitaine se leva et entraîna Gunn dans l'embrasure d'une fenêtre. Ils causèrent à voix basse, tandis que William adressait au ministre catholique son compliment de condoléance sur le malheur qui le frappait. Bientôt Richard s'approcha d'eux.

— Mes bons amis, — dit-il avec agitation, — il ne m'est pas permis de me livrer plus longtemps à mes affections privées ; je dois partir sur-le-champ. On m'annonce que les troupes régulières, battues aujourd'hui, se sont ralliées et se disposent à profiter de la nuit pour forcer un autre passage de la vallée. Le sort de notre cause dépend peut-être de ces premiers succès de nos armes ; je ne puis abandonner dans une pareille crise ceux que j'ai moi-même poussés à la guerre : ce serait un crime ! Néanmoins, je concilierai mes devoirs d'Irlandais avec ceux de frère... Angus, quel jour avez-vous fixé pour les funérailles ?

— Vu les circonstances, et afin de ne pas heurter certains préjugés de mes paroissiens, la cérémonie ne pourra avoir lieu avant trois jours d'ici...

— Eh bien donc, — reprit Richard d'un ton grave, — quels que soient les hasards de cette terrible partie où je suis engagé, je reviendrai à Neath ! Si je manquais à ma parole, ce serait que je n'appartiendrais plus à moi-même à ce monde, et mes amis devraient prier pour moi en priant pour Julia. — Après avoir échangé quelques mots encore avec Gunn et William, il se tourna vers son frère et l'embrassa. — Adieu, Angus, — lui dit-il d'une voix émue. — Il n'y a plus, il est vrai, d'amertume dans nos cœurs ; mais laissez-moi espérer que, quand nous nous reverrons, nous n'aurons plus qu'un cœur et qu'une pensée.

— Puisse le ciel exaucer ce souhait ! — dit Angus en lui rendant ses caresses.

Puis le capitaine s'approcha de miss Avondale.

— Adieu aussi, ma sœur... ma fiancée, — murmura-t-il de manière à n'être entendu que d'elle ; — j'ai reçu vos sermens, je garderai les miens jusqu'au dernier soupir.

— Richard, mon Richard, — répliqua Nelly toute tremblante, — vous venez de prononcer des paroles qui m'ont fait frémir... ! Serait-il donc possible que vous ne revinssiez pas ?

— Je reviendrai, Nelly, ma bien-aimée, je reviendrai pour accomplir les dernières volontés de ma sœur !

Il baisa encore une fois la main qu'il tenait, salua Angus, et sortit brusquement.

XIII

LES FUNÉRAILLES.

Durant les trois jours qui suivirent la mort de Julia, la chance avait tourné contre le parti dont Richard O'Byrne était un des chefs. L'insurrection, après avoir débuté d'une manière si formidable à Neath et aux alentours, avait complètement avorté dans les comtés voisins, ou n'y avait obtenu que des résultats insignifians. La vigilance des autorités anglaises, à qui la trahison avait livré de longue main le secret du complot, l'hésitation de certains conjurés haut placés, qui avaient manqué de courage au moment décisif, les prédications d'O'Connell et des repealers, restés fidèles pour la plupart au système d'agitation pacifique, avaient arrêté partout le mouvement. Un fait politique de grande importance avait particulièrement découragé les hommes de cœur qui venaient de relever le vieux drapeau de la nationalité irlandaise : les journaux venaient d'apporter la nouvelle d'une réconciliation entre les gouvernemens de France et d'Angleterre. Or, que pouvait l'Irlande seule contre sa puissante rivale, si l'influence de ce grand pays situé au-delà de la Manche ne la soutenait dans sa lutte hardie ? Aussi l'espérance s'éteignit-elle subitement au fond des âmes ; les bras qui déjà bran-

dissaient les armes retombèrent sans force ; les fronts qui se redressaient déjà s'inclinèrent de nouveau ; sauf une assez vive fermentation dans les districts montagneux du centre, l'Irlande resta calme et muette.

Du moment que l'insurrection n'était ni spontanée ni générale, elle devait être étouffée promptement dans son premier foyer. En effet, on s'empressa de diriger sur le comté de Wiclow une quantité de troupes assez considérable pour rendre impossible toute résistance sérieuse. En même temps, on vit paraître sur les côtes de gros vaisseaux de guerre, qui croisaient à peu de distance de la terre, et empêchaient les communications par eau entre les pays insurgés et les pays voisins. De la sorte, les rebelles étaient complètement cernés et il ne leur restait guère d'autres ressources que de mourir en combattant ou de s'en remettre à la générosité plus que suspecte du vainqueur.

Richard O'Byrne n'ignorait aucune de ces circonstances ; cependant il continuait à lutter avec une énergie digne d'un meilleur sort. Quand chaque heure lui apportait une sinistre nouvelle, il espérait encore que son exemple finirait par déterminer ses amis à un acte de vigueur ; il attendait un événement, un hasard, un miracle qui le sauvât ; il voulait aller jusqu'à la dernière minute, afin de s'assurer que toujours la Providence ne se déclarerait pas pour lui et pour l'Irlande. Aussi se défendait-il comme un lion dans les montagnes où il s'était réfugié ; il semblait avoir communiqué son ardeur à ce ramas de paysans et de proscrits qui lui obéissaient ; c'étaient chaque jour des escarmouches, des attaques, des surprises qui ne laissaient pas de repos aux troupes régulières, et le descendant de Feag-Mac-Hugh renouvelait ainsi les prodiges de valeur et d'habileté opérés autrefois, dans le même lieu, par ses vaillans ancêtres.

Mais on ne se contenta pas de l'attaquer en face avec des armes courtoises. On savait qu'il était le provocateur, l'âme de l'insurrection ; on voulait atteindre personnellement ce chef audacieux dont l'influence avait pu en si peu de temps produire de tels résultats. Une somme considérable fut promise à celui qui le livrerait mort ou vif ; des avis à ce sujet avaient été publiés par les journaux et s'étaient glissés jusque dans le petit camp des insurgés. Une pareille tentation pouvait être trop forte pour certains compagnons de Richard. Néanmoins le capitaine continua d'agir avec une complète sécurité, et de se montrer plein de confiance avec ceux qui l'approchaient. Il avait foi dans ce sentiment de patriotisme religieux qui subsiste vivace, indestructible, au fond de toutes les âmes irlandaises, même les plus flétries par l'oppression et la misère. Quant au petit nombre d'êtres vils, étrangers à tout mobile généreux, qui pouvaient être disposés à gagner l'or de l'Angleterre par une trahison, il les supposait lâches et ne les craignait pas.

Néanmoins sa constance et son dévouement devaient aboutir à l'impuissance. Pendant se multipliait pour faire face à l'ennemi, le découragement se mit parmi les siens ; les succès partiels qu'il obtenait ne lui amenaient pas de nouvelles recrues. Loin de là, les défections augmentèrent avec une rapidité toujours croissante. Les paddies, sentant l'inutilité de se compromettre davantage, regagnèrent un à un leurs cottages, après avoir jeté leurs armes, et, suivant l'habitude, ils comptaient échapper aux vengeances du pouvoir en niant toute participation à cette malheureuse échauffourée.

De la sorte, il ne resta bientôt plus autour de Richard que les proscrits, les white-boys, les contrebandiers, dont la guerre contre le gouvernement était l'état permanent ; c'étaient, il est vrai, les hommes les plus audacieux et les plus propres au genre de service auquel on les employait, mais le caractère moral de l'insurrection était perdu. Aussi, réduit à une poignée de partisans, le chef, malgré ses prodiges de valeur, ne put-il empêcher quelques partis de troupes régulières de pénétrer dans la vallée de Glendalough, ce boulevard de la révolte ; les passages des montagnes furent forcés sur plusieurs points, et les habitans

de Neath virent avec terreur de fortes patrouilles de cavalerie anglaise pousser des reconnaissances jusqu'à cent
pas de leur village, sans toutefois oser y pénétrer.

Voilà où en étaient les choses la veille du jour fixé pour
les funérailles de Julia O'Byrne. Il semblait impossible
que Richard pût tenir sa promesse d'assister à la cérémonie. On avait appris que, le matin même, il avait soutenu
un combat acharné contre les Anglais, à une grande distance du village, et on savait à quelle extrémité il était
réduit. On avait donc la certitude qu'il ne se montrerait
pas à Neath le lendemain, surtout quand les soldats rouges, cachés dans le voisinage, n'attendaient peut-être
qu'une démarche imprudente, un acte de témérité, pour
en profiter.

Le soir même de ce jour, un peu après le coucher du
soleil, William Sullivan était assis à sa place ordinaire,
devant les ruines de Lady's-Church. Dans ce lieu, dont
chaque recoin lui était connu, l'aveugle n'avait plus besoin
de conducteur; aussi avait-il donné congé au petit Pat
Irwing, son conducteur en titre, et, tandis que le polisson
était allé jouer insoucieusement avec d'autres enfants de son
âge, sur les ruines du cottage de son père, William pouvait se livrer en liberté aux douloureuses réflexions que
lui suggérait le renversement de ses espérances.

Des pas se firent entendre dans le sentier qui longeait
les ruines; ils se rapprochèrent, et bientôt une voix de
femme dit au vieillard :

— Bonsoir, monsieur William.

L'aveugle tourna ses yeux éteints vers la personne qui
venait de parler, comme s'il eût voulu secouer l'obscurité
qui pesait sur eux depuis tant d'années. Mais lors même
qu'ils eussent été doués de la faculté de voir, il ne lui eût
pas été facile de distinguer les traits de l'inconnue. Elle et
sa compagne, car elles étaient deux, s'enveloppaient soigneusement de ces capuchons noirs en usage dans les
comtés du centre, et dont la disposition a, dit-on, des si-
gnifications particulières. D'ailleurs le crépuscule devenait de plus en plus sombre; les dernières teintes du cou-
chant s'effaçaient au ciel.

Mais, à défaut de la vue, William avait un instinct merveilleux qui ne le trompait jamais.

— Miss Avondale! — dit-il. — Et il se leva. — Que miss
Avondale soit la bienvenue à Lady's-Church! — ajouta-t-il.

— Vous m'avez reconnue ? — s'écria la jeune fille avec
étonnement; — mais, en effet, le son de ma voix doit vous
être familier, car vous l'avez entendu bien des fois.
Vous souvenez-vous, bon William, du temps où vous me
chantiez et où je chantais après vous vos vieilles bal-
lades irlandaises, où je prenais tant de plaisir à écouter
vos merveilleuses histoires des eagles-bandes de Wiclow.
Ah! William, nous voyons aujourd'hui où ces récits et ces
chansons du temps passé ont conduit tant de pauvres
gens !

— Vous êtes généreuse de les plaindre, miss Nelly, —
répliqua le vieillard avec un soupir ; — mais est-ce pour
me parler d'eux que vous êtes venue me rendre visite à
pareille heure ?

— On épie mes démarches, William, et je ne puis pas
toujours m'échapper quand je veux. J'ai des choses importantes à vous apprendre à ce sujet... Laissez-nous un
moment, miss Jones, — ajouta-t-elle en s'adressant à sa
compagne; — je ne tarderai pas à vous rejoindre. — La
gouvernante se retira hors de la portée de la voix; elle
mit à se promener à grands pas pour se défendre contre
le vent frais qui venait du lac. — Sullivan, — reprit Nelly
avec agitation, — vous m'avez remis, il y a deux jours,
une lettre de quelqu'un dont le sort me touche vivement...
J'ai conclu que vous deviez avoir des moyens de communication prompts et sûrs avec cette personne ; me suis-je
trompée ?

— Expliquez-vous plus nettement, jeune dame; je ne
vous comprends pas.

— Vous me comprenez parfaitement, au contraire, William... Écoutez : celui dont il s'agit court les plus grands

dangers, s'il n'est prévenu ; voulez-vous m'aider à lui
faire parvenir de suite un avertissement dont dépend sa
liberté, sa vie ?

— Quels sont ces dangers ?

— Ils sont énumérés, ainsi que les moyens de les éviter,
dans une lettre que voici, — répliqua miss Avondale en
tirant de sa poche un papier soigneusement caché, —
Sullivan, vous me connaissez ; vous savez si je serais
capable d'une trahison envers le frère de la malheureuse
amie que j'ai perdue... D'ailleurs, que pouvez-vous craindre ?

Elle parlait avec une extrême chaleur ; William l'écoutait d'un air de réflexion.

— Serait-il possible, — murmura-t-il comme à lui-
même ; — j'aurais cru que l'eau et le feu se seraient con-
fondus avant d'apprendre... Au fait, pourquoi non ? Tout
est fini maintenant, et les vieilles querelles doivent s'é-
teindre... Dieu s'est prononcé ! — Il reprit d'un ton plus
ferme : — Il suffit, miss Avondale; cette lettre sera remise
à son adresse.

— Mais quand, mon bon William ? Un instant de retard
peut tout perdre, et celui dont nous parlons est peut-être
loin d'ici.

— Avant que vous ayez atteint les premières maisons de
Neath, la lettre sera en route. Ayez l'esprit en repos... Il
l'aura cette nuit.

— Que le ciel vous récompense, mon cher William, —
reprit Nelly avec un accent de joie ; — je suis pleine d'espoir maintenant... Seulement, Sullivan, — ajouta-t-elle
avec embarras, — ma démarche actuelle pouvant être mal
interprétée, j'ose compter...

— Mes lèvres ne trahiront jamais votre secret, miss
Avondale ; mon cœur est celui d'un Irlandais loyal.
D'ailleurs, ce secret, je n'aurai pas longtemps à le gar-
der !

— Que voulez-vous dire, Sullivan? J'espère que vous
n'êtes pas trop compromis dans cette funeste rébellion, et
que vous n'avez pas à redouter pour vous-même les châ-
timens sévères qui, sans doute, vont bientôt désoler ce
pays. On n'oserait pas demander compte à un pauvre
vieil aveugle de la part toute passive qu'il a pu prendre
aux derniers événemens... Dans le cas contraire, William,
vous vous souviendrez que vous avez en moi une amie
sûre et dévouée.

— Merci, jeune dame, mais vous ne m'avez pas compris.
Ce ne sont ni les Anglais, ni leurs prisons, ni leurs vaisseaux de transportation, ni leurs gibets qui occupent ma
pensée. J'ai reçu depuis peu une blessure qui me tuera
plus sûrement que tous les supplices inventés par les vainqueurs contre les vaincus... Merci, néanmoins, encore une
fois. Eh bien! Nelly Avondale, — continua-t-il d'un ton
grave, — si vous avez du crédit pour soustraire des victimes aux horreurs qui se préparent, employez-le en faveur de plus jeunes, de plus braves, de plus nécessaires
que moi... Hélas ! ils auront besoin de puissantes protec-
tions pour se sauver !

Nelly se pencha vers le vieillard.

— Vous entendez, William, — dit-elle avec entraînement ; — mais si mon crédit était insuffisant pour protéger
les plus brave de tous, les consolations du moins ne lui
manqueraient pas, quand je devrais...

Elle s'arrêta, rougissant et pâlissant tour à tour. Le
vieillard tenait toujours ses yeux vitreux attachés sur elle,
comme s'il eût attendu qu'elle achevât sa pensée.

— Nelly Avondale, Nelly Avondale, — dit-il enfin en
posant doucement la main sur la tête de la jeune fille, —
votre âme est ardente et votre imagination s'exalte avec
facilité, je sais depuis longtemps ; mais ce beau feu
d'enthousiasme ne s'éteindra-t-il pas bientôt comme ces
feux de chaume qui brillent un moment sur nos plaines?
Prenez garde ! les mauvais jours sont à peine commencés;
êtes-vous sûre que votre courage ne faiblira pas avant la
fin ? Vous avez été élevée dans l'orgueil et l'opulence ;
vous ne connaissez pas le mépris, la proscription, la mi-

sère... C'est à cette épreuve qu'il faut attendre la fille unique de lord Avondale !

Il fit un signe de la main et rentra à pas lents dans les ruines, laissant la jeune fille fort troublée de ses étranges paroles. Au bout d'un moment, néanmoins, elle s'enveloppa de son capuchon, et rejoignit mistress Jones ; puis, se tenant l'une et l'autre par le bras, elles reprirent furtivement le chemin du village. Quand elles furent à quelque distance, un son de trompe retentit derrière elles.

— C'est un signal, — pensa Nelly ; — sans doute Sullivan appelle un messager pour porter ma lettre à son adresse. Ce vieillard est bizarre, mais il est fidèle... Je saurai bien lui prouver, à mon tour, qu'il avait mal jugé de ma constance et de mon courage.

La lettre adressée à Richard O'Byrne était ainsi conçue :

« Vous faites des efforts héroïques pour sauver une
» cause désespérée, mais ces efforts ne la sauveront pas.
» Je vous adjure, par ce que vous avez de plus cher, de
» renoncer à une lutte sans but désormais, et d'éviter une
» effusion inutile de sang humain. Surtout gardez-vous
» bien d'assister demain à la cérémonie des funérailles ;
» la sainteté du devoir que vous viendriez remplir à Neath
» ne vous préserverait pas des pièges de vos ennemis. J'ai
» reçu une lettre de mon père, qui s'est enfin souvenu de
» moi ; il est dans une ville voisine, attendant que le pays
» soit entièrement pacifié pour se venger du mal qu'on lui a
» fait. Il ne saurait tarder, et d'un moment à l'autre je
» m'attends à le voir fondre, comme un fléau de Dieu, sur
» ce pauvre village. Mais ce n'est pas encore là le plus
» grand de vos dangers : j'ai appris du ministre Bruce
» qu'un homme, qui est pour vous comme pour moi un
» objet d'exécration et de mépris, s'était joint aux troupes
» royales et s'était emparé de l'esprit du major D..., qui
» les commande. Cet homme ne doit pas ignorer mainte-
» nant par qui il a été si cruellement maltraité au bord du
» lac de Glendalough ; son âme basse et vile en a conçu
» certainement une rancune mortelle, et vous devez tout
» craindre de sa part.

» Je vous supplie donc, mon cher Richard, de profiter
» des courts instans qui vous sont laissés pour quitter
» l'Irlande, l'Angleterre, et gagner le continent. Les côtes,
» à la vérité, sont soigneusement gardées sur le canal
» Saint-Georges, mais celles de Galway, m'a-t-on dit, sont
» libres encore. Il vous sera facile de vous jeter sur un
» bâtiment contrebandier qui vous conduira en lieu de
» sûreté. Partez sans crainte ; votre fiancée ne manquera
» pas à ses engagemens sacrés. Je ne dois pas vous cacher
» que lord Avondale, dans sa lettre, me glisse quelques
» mots sur la nécessité de donner suite, dans le plus bref
» délai, à un arrangement de famille auquel j'ai su me
» soustraire jusqu'ici ; il prétend que la dévastation de
» Stone-House, lors des derniers événemens, rend cette
» nécessité plus impérieuse que jamais. Mais, dussé-je
» être condamnée à l'indigence, dussé-je même encourir
» la malédiction de mon père, je ne donnerai jamais ma
» main au monstre qui a tué votre sœur. Ma main appar-
» tient à celui que j'ai épousé devant le lit de mort de
» Julia, et puisse-t-elle se dessécher avant que je la laisse
» tomber dans celle d'un autre ! Adieu.

» N. A. »

Une bank-note de cinquante livres était jointe à cette lettre, et un post-scriptum, conçu dans les termes les plus pressans, conjurait Richard de faire usage de cette somme pour assurer sa fuite.

Dans cette épître si précise et si chaleureuse, la jeune fille croyait avoir prévu toutes les objections ; elle ne doutait pas qu'O'Byrne ne s'empressât d'obéir à ses volontés. Aussi, rassurée de ce côté, elle se livra-t-elle sans préoccupation à ses regrets pour la malheureuse amie dont la terre devait recevoir les restes le lendemain.

Le jour fixé pour cette lugubre cérémonie se leva enfin. Le temps était sombre, pluvieux et froid, comme il arrive

parfois encore au mois de mai dans nos climats septentrionaux. Une brume épaisse enveloppait le village de Neath, la vallée et les montagnes voisines, dont elle cachait en partie les formes et les contours. L'horizon était bas, resserré ; les fines molécules d'eau glaciale qui remplissaient l'atmosphère produisaient sur la chair nue la sensation d'un millier de piqûres d'aiguilles. Le sol était boueux, glissant, parsemé de flaques d'eau jaunâtre. Enfin c'était un de ces temps dont le peuple dit quelquefois avec naïveté : « Il ne doit pas faire bon dans la terre, et les morts sont bien à plaindre ! »

A mesure que l'heure des funérailles approchait, le village lui-même prenait un aspect sinistre. Des paddies et leurs familles, revêtus de loques noires, commençaient à s'agiter dans la rue, les yeux tournés vers la maison catholique, dont la porte principale était décorée d'une draperie. On voyait continuellement arriver sur leurs poneys étiques des cavaliers ayant pour la plupart leurs femmes en croupe. Les hommes portaient une serviette blanche roulée autour de leur chapeau, en signe de deuil ; les femmes étaient enveloppées dans leurs manteaux bruns à capuchon. Plusieurs de ces voyageurs venaient de fort loin pour s'associer à la douleur de ces illustres O'Byrne qui, de temps immémorial, en respectait comme des chefs légitimes. Quant aux habitans de Neath, ils comptaient suivre en masse le convoi, et beaucoup, qui avaient disparu depuis plusieurs jours, reparaissaient tout à coup pour cette circonstance, au grand étonnement de leurs amis et de leurs voisins.

Dans un mauvais cottage situé sur le bord de la grand'-rue, non loin de la maison mortuaire, les vieilles matrones Jenny et Alison examinaient curieusement les passans par la porte entr'ouverte et n'épargnaient pas les commentaires peu charitables sur chacun d'eux. Jenny, la maîtresse du logis, en train de raccommoder tant bien que mal une sale robe noire dont elle comptait se parer à la cérémonie funèbre, l'autre, accoudée sur une table boiteuse qui était ornée de deux verres et d'une petite mesure de wiskey, sirotait avec complaisance sa part de la précieuse liqueur.

— Tenez, voisine Jenny, — dit Alison d'un ton narquois, en désignant un groupe qui montait lentement la rue, — voici encore Mac Tool avec sa sotte pécore de femme et ses grandes nlaises de filles. Croirait-on, à le voir si tranquille, qu'il y a deux jours il faisait le loup et tirait contre les soldats rouges avec un fusil volé aux constables ? Ils rentrent tous, vous dis-je : O'Dogherty, Leinster, Fitz Moor, les plus endiablés de ceux qui sont allés dehors, et ils sont prêts à jurer sans doute qu'ils n'ont jamais quitté leur cottage et leur champ de pommes de terre. Il n'y a que ce pauvre Tom Irwing qui, m'a-t-on dit, ne se hasardera plus à venir rôder par ici ; il n'ignore pas de quoi il retourneroit pour lui, s'il s'est décidé à se faire white-boy ou distillateur, je ne sais pas lequel des deux... Toujours est-il qu'il ne distillera jamais autant de wiskey qu'il en pourrait boire... Et à propos de wiskey, remarquez-vous qu'en voilà d'excellent, et que mistress Flanagan nous a vraiment traitées en amies ?

— En effet, ma chère, — répliqua Jenny avec aigreur en interrompant son ouvrage, — et je crois que vous vous en apercevez trop... Remplissez mon verre, je vous prie ; je ne méprise pas non plus les biens de Dieu, et je ne céderai volontiers à personne ma part légitime de quoi que ce soit. — Puis, quand elle eût vidé la ration que sa commère s'était empressée de lui verser : — Voyez-vous, Alison, — reprit-elle en faisant claquer sa langue, — nous avons besoin de forces aujourd'hui ; nos pauvres yeux vont avoir de la besogne à cet enterrement, et il nous faudra gagner rudement les deux schellings que Sa Révérence nous donne pour pleurer sa sœur d'une manière décente (1). Entre nous, ma chère, Sa Révérence a fait les

(1) On sait que les pleureuses à gages sont encore d'usage en Irlande.

choses avec une lésinerie dont j'ai honte pour cette grande famille... N'avoir pas voulu qu'il y eût une veillée de mort où, tout en pleurant la défunte, les amis et les parens se seraient réconfortés de temps en temps avec un verre de vin ou d'eau-de-vie de France! C'est pourtant un usage vieux comme l'Irlande, cela. Mais monsieur O'Byrne m'a dit à moi-même qu'il réprouvait ces anciennes coutumes parce qu'elles étaient un prétexte au désordre et à l'ivrognerie. C'est à peine s'il a consenti à faire prix avec de vieilles femmes comme nous pour pleurer sa sœur, prétendant que miss Julia avait été assez aimée pendant sa vie pour être pleurée gratis après sa mort... Un saint prêtre soutenir de pareilles choses! Mais, voyez-vous, Alison, j'ai le nez fin et j'ai flairé la vérité pure: on veut économiser sur la morte, et c'est d'autant plus mal que l'enterrement ne coûtera rien à Sa Révérence, comme j'ai osé le lui dire en face il y a trois jours. Quelques mesures de poothen ou même de simple ale, bues en l'honneur de la jeune dame défunte, n'auraient pas ruiné la manse, j'imagine!

— Oui, oui, vous avez raison, Jenny, — répliqua l'autre mégère en s'ingéniant à puiser deux fois au vase déposé sur la table, tandis que sa compagne n'y puisait qu'une; — c'est de la ladrerie... Les gens riches ne savent qu'inventer pour rogner la portion au pauvre monde; ils voudraient bien aussi se dispenser de mourir, mais ils n'ont pu encore trouver ce secret... Tenez, Jenny, — ajouta-t-elle en baissant la voix et en grimaçant un sourire, — n'est-ce pas qu'il y a des momens où le diable semble nous donner notre revanche contre ces grands lords et ces belles ladies? Voyez, par exemple, cette miss Julia O'Byrne, la défunte... ce n'est pas que j'en veuille dire du mal! elle était bonne, charitable, et n'avait pas mérité son malheur, Dieu le sait; mais enfin elle était jeune, charmante, aimable, bien élevée et de haute noblesse; les uns l'adoraient, comme ce pauvre corps de John Morris, qui, depuis trois jours et trois nuits, est là debout, à la porte de la manse, sans boire, ni manger, ni dormir, à moitié idiot de douleur; les autres faisaient des simagrées sur son passage qu'on eût dit de la sainte Vierge en personne, et j'ai vu le vieux lord Avondale lui donner la main, chapeau bas, comme si elle eut été une pairesse d'Angleterre... eh bien! la voilà morte, on va l'emporter là-bas au cimetière de Rhefeart, et tout sera dit pour elle. Nous, au contraire, qui sommes vieilles, laides, ridées (quoique nous ayons eu aussi notre jeune temps, voisine!), nous que tout le monde repousse, à qui l'on ne songe que pour nous injurier et nous maudire, nous allons encore pleurer, à beaux schellings comptant, sur le cerceuil de la jolie miss, et ce soir nous serons encore devant notre feu de tourbe à fumer notre toudine. J'ai donc raison de dire que de temps en temps le grand landlord de là-haut veut un peu régler les comptes et répartir à chacun sa part de peines... A votre santé, Jenny, ma commère!

L'autre vieille cligna ses yeux rouges et chassieux d'un air de gaieté:

— C'est bien vrai, Alison, — répliqua-t-elle; — d'ailleurs il ne manquerait pas à dire sur la mort de la jeune miss, car enfin personne ne sait au juste ce qui s'est passé là-bas, à Stone-House... Aussi le nom d'O'Byrne n'a-t-il pas acquis un grand lustre à tout cela. On prétend que Sa Révérence est si affligée du scandale, qu'elle veut quitter cette paroisse et aller tenir les *stations* à travers l'Irlande; ce sera une perte pour nous autres, car, après tout, elle ne refuse jamais une aumône; mais elle est si impitoyable pour quiconque boit une goutte de wiskey de trop!... Véritablement, Alison, cette noble famille s'en va à vau-l'eau, comme on dit. Le grand comte Richard, après avoir poussé tant de gens à la révolte, se trouve maintenant fort empêché; on assure qu'il ne viendra pas aux funérailles comme il l'avait promis, et, s'il y vient, il pourra lui en cuire, car il y a aujourd'hui plus de soldats anglais que de chenilles dans nos vallées.

— Eh bien! Jenny, nous sommes trop vieilles et trop

pauvres, vous et moi, pour craindre beaucoup les soldats; qu'ils viennent donc, et je compte bien ne pas leur céder ma part de wiskey chez notre bonne amie, la veuve O'Flanagan... Mais, — ajouta-t-elle en jetant un regard dans la rue, qui devenait de plus en plus animée, — les gens des environs arrivent en foule; l'heure de la cérémonie ne doit être pas éloignée, voisine, et vous travaillez encore, quand nous avons à placer le corps dans la bière!

— Voilà qui est fini, ma chère, — répliqua sa compagne en se levant et en étalant avec complaisance sa guenille noire criblée de reprises et de trous; — j'espère que j'aurai bonne façon avec cette robe! je pourrais vraiment être la pleureuse d'une reine aussi bien que celle d'une pauvre fille des anciens rois d'Irlande... Je suis à vous, voisine; le temps de me vêtir convenablement et nous irons vite gagner notre argent.

— Fort bien, Jenny; mais venez donc voir le vieil aveugle, monsieur William Sullivan, qui se rend à l'enterrement avec son conducteur, le petit Pat Irwing... Il porte la crête basse maintenant; il n'y a pourtant pas plus de deux jours qu'il se promenait dans le village de l'air d'un commodore, et on disait que le grand comte l'avait nommé gouverneur de Neath.

— Dame! Alison, c'est qu'il pourra bientôt trouver son porridge trop chaud, si ce que l'on conte est vrai... Mais chut! commère, — continua Jenny en se reprenant avec inquiétude, — ne disons pas de mal de monsieur Sullivan; s'il a de mauvais yeux, il a de bonnes oreilles, et mieux vaudrait avoir la langue arrachée que de prononcer un mot de travers à son adresse... Souvenez-vous comment est mort ce renégat de Donnagh, voisine, et ne parlons plus de Son Honneur et occupons-nous de nos affaires, c'est ce qui vaut le mieux.

Aussitôt les deux mégères se rendirent à la manse pour y remplir leur lugubre ministère.

Une foule considérable de gens, les uns à pied, les autres à cheval, encombrait maintenant les abords de la maison mortuaire. La plupart appartenaient à l'ancien clan d'O'Byrne, et par conséquent pouvaient se vanter d'une parenté plus ou moins éloignée avec la famille de la défunte; néanmoins la douleur toujours si démonstrative, si bruyante chez le bas peuple d'Irlande, avait, ce jour-là, des allures timides et silencieuses. Une sombre préoccupation semblait peser sur les esprits. On échangeait des signes, on se parlait bas. Partout où un espace découvert permettait d'apercevoir une portion de la vallée, on s'arrêtait, on regardait la campagne avec anxiété, comme.si de ce côté eût dû venir un péril inconnu. Mais la pluie et la brume réduisaient au quart de ses proportions l'immense perspective dont on jouissait d'ordinaire à cette hauteur; les montagnes ne se dessinaient que vaguement à l'horizon, et un voile impénétrable cachait ce qui pouvait se passer à un demi-mille du village.

Enfin la cloche fêlée de l'église de Saint-Patrick commença à tinter lentement dans les débris de sa tour. A ce signal, l'assemblée se mit en mouvement. Toute autre pensée parut s'effacer devant le sentiment de douloureux recueillement qu'inspirait ce lugubre appareil. On garda le silence, et chacun se prépara à prendre son rang dans le cortège qui allait se former.

Bientôt le cercueil sortit de la maison, précédé par une croix de bois et porté par des hommes vêtus de deuil; il était couvert d'un grand drap blanc dont quatre jeunes filles, pieds nus, soutenaient les extrémités. Autour du corps, des pleureuses à gages, parmi lesquelles on remarquait Jenny et Alison, faisaient retentir l'air de leurs lamentations. Derrière la bière marchait Angus O'Byrne, en habit de ville, car nous savons déjà que l'intolérance protestante lui ne permettait pas de se montrer avec les ornemens sacerdotaux en dehors de l'église consacrée au culte catholique. Il lisait les prières d'usage dans un livre de liturgie; mais les larmes qui souvent obscurcissaient ses yeux, les subites altérations de sa voix sonore, témoignaient combien ce pieux devoir lui était pénible. Les assistans se placèrent à la suite en bon ordre, et le convoi se dirigea vers Saint-Patrick, dont la cloche continuait d'attrister les âmes par ses tintemens plaintifs.

Or, au moment où Julia quittait pour toujours la demeure de son frère, deux cavaliers, lancés à fond de train, atteignaient les premières maisons de Neath. Celui qui s'avançait le premier était enveloppé d'un long manteau noir; son chapeau rabattu ne laissait voir qu'une partie de son visage d'une pâleur livide et deux yeux flamboyans. Son compagnon, beaucoup moins bien monté, portait le costume un peu délabré des gens du pays. Ces voyageurs semblaient avoir grande impatience d'arriver, et jetaient fréquemment les yeux vers le sommet de la colline où se formait le cortège. La portion du village qu'ils traversaient était complètement déserte. Les habitans de tout sexe et de tout âge assistaient aux obsèques de Julia. Les deux cavaliers n'avaient donc aucune raison de ralentir leur course, et ils continuèrent d'éperonner leurs chevaux, malgré la pente rapide de la rue.

La manse anglicane se trouvait sur leur chemin, et nul doute qu'en ce moment monsieur Brüce ne fût chez lui avec sa nombreuse famille. Néanmoins les portes et les volets étaient hermétiquement fermés; nul bruit ne sortait de la maison, qui semblait abandonnée. C'est qu'en effet le pieux ministre avait voulu épargner à lui et aux siens le spectacle des odieuses cérémonies papistes; il avait donc ordonné que sa femme et ses enfans restassent dans le silence et l'obscurité, tandis que Neath était livré *aux abominations de la grande prostituée qui est assise sur sept collines.*

Quand les cavaliers passèrent devant cette habitation si soigneusement close, un cri déchirant partit derrière un des volets du premier étage, et les deux chevaux se cabrèrent effrayés. Aussitôt la persienne s'entr'ouvrit; une femme tout en larmes, les mains jointes, dit d'une voix haletante, en se penchant à la fenêtre:

— Richard, qu'avez-vous fait? au nom du ciel, retournez... n'avez-vous donc pas reçu ma lettre? Retournez ou vous êtes perdu!

Richard, car c'était lui, releva la tête, et reconnut Nelly Avondale. Il ôta son chapeau et voulut s'approcher de la fenêtre. Mais au moment où il allait répondre, plusieurs personnes surgirent derrière la jeune fille et semblèrent lui parler avec force. Il se contenta donc d'adresser à miss Avondale un sourire mélancolique, lui montra, par un geste expressif, le convoi qui commençait à se dérouler en haut du village, et partit de nouveau avec rapidité, suivi de son compagnon. Une ou deux fois, en s'éloignant, il retourna la tête, mais le volet avait été refermé brusquement, et la maison du ministre semblait retombée dans un silence morose.

Au bruit du galop des chevaux, les gens qui formaient la queue du cortège s'écartèrent instinctivement; mais bientôt ce premier mouvement de crainte fit place à un sentiment d'étonnement et de respect. Le chef de la famille O'Byrne, le vaillant défenseur de la cause irlandaise, avait été reconnu; on était pénétré d'admiration pour ce grand exemple de dévouement fraternel. Néanmoins, la foule devint bientôt si compacte qu'il fut impossible d'aller plus loin à cheval; alors le capitaine mit pied à terre, confia la bride à Jack, puis, seul et le front nu, il s'avança vers l'église.

Chacun s'empressait de lui faire place; le frère de Julia put encore recueillir bien des marques de sympathie et de vénération sur son chemin. William, à qui un voisin venait d'annoncer l'arrivée de Richard, se fit conduire vers lui.

— Où est-il? où est-il? disait le vieillard avec une émotion profonde; — je l'attendais! J'étais sûr qu'aucune considération humaine ne serait capable de le retenir. Il appartient à l'ancienne race des rois du Munster, et il eût sauvé l'Irlande si l'Irlande pouvait être sauvée!

— Ami, — lui dit Richard d'une voix sourde, — je n'ai

pas été trouvé digne de faire triompher cette grande cause, et pourtant vous savez à quels douloureux sacrifices je m'étais résigné!—il ajouta, après un moment de silence:

— William, nous nous reverrons, peut-être...

— Oui, milord; mais au ciel, car c'est là seulement que la lumière pourra m'être rendue.

Ils échangèrent un serrement de main et se séparèrent tristement, comme s'ils venaient de se dire un éternel adieu.

Richard atteignit la tête du cortège au moment même où le cercueil allait pénétrer à Saint-Patrick. Le prêtre, en s'arrêtant pour prononcer les prières d'usage à la porte de l'église, aperçut tout à coup son frère à quelques pas. Malgré sa vigilance sur lui-même, il ne put retenir un mouvement de surprise et d'effroi; les paroles sacrées expirèrent sur ses lèvres; son livre lui tomba des mains.

Richard lui adressa un signe respectueux pour l'engager à poursuivre, et murmura à demi-voix:

— Pensiez-vous donc, Angus, que j'aimais notre sœur moins que vous?

Si forte que fût l'émotion du jeune prêtre, elle ne pouvait lui faire oublier longtemps ses pieux devoirs. Aussi s'empressa-t-il de dominer son trouble et de reprendre la lecture de l'office. Bientôt le corps, suivi de sa nombreuse escorte, fut introduit dans l'église de Saint-Patrick.

La cérémonie religieuse s'accomplit suivant les formes en usage dans nos églises de France. Richard était l'objet de l'attention universelle; chaque fois qu'un bruit alarmant s'élevait du dehors, les regards se tournaient de son côté avec une expression d'angoisse. Pour lui, debout près du cercueil, les bras croisés sur sa poitrine, il conservait son attitude triste et recueillie, mais calme. Il ne semblait plus avoir d'autre pensée que celle de l'infortunée jeune fille dont il honorait les restes.

Le service achevé, la foule sortit lentement pour se reformer en cortège. On devait se rendre au cimetière catholique, situé dans les ruines de Rhefeart, à deux milles environ du village. Rhefeart était jadis une des sept églises auxquelles la vallée de Glendalough avait dû son nom de *Seven-Churchs.* Là avaient été ensevelis, à une époque reculée, grand nombre de hauts personnages, guerriers, évêques, saintes femmes appartenant à la famille O'Byrne, et la cendre de Julia allait se mêler à celle de ses ancêtres.

Richard accompagna le corps jusqu'à la place de Saint-Patrick. La bière fut placée sur un chariot peint en no r, et les pleureuses, assises aux quatre coins, recommencèrent leurs bruyantes lamentations. Le capitaine allait donner le signal du départ, quand Angus, qui venait de quitter ses ornemens sacerdotaux, sortit de l'église. Il courut à son frère, lui prit les mains et les serra avec chaleur.

— Richard, — lui dit-il, — c'est assez... c'est trop! Dieu, à la prière sans doute de notre sœur, a voulu jusqu'ici que votre témérité demeurât impunie; mais faire un pas de plus serait tenter la bonté céleste. Les troupes royales sont cantonnées près de Rhefeart.

— Je le sais, Angus, — répondit Richard avec énergie, — mais rien ne m'empêchera de rendre à une généreuse fille d'O'Byrne tous les honneurs qui dépendent de moi. Je l'ai résolu: respectez mes scrupules de conscience; mieux que personne vous devez les comprendre.

— Richard, au nom de notre mère, au nom de Julia elle-même, réfléchissez.

— Ne craignez rien, Angus; j'ai maintenant trop peu de temps à rester avec des personnes chères, vivantes ou mortes, pour que je consente volontairement à abréger ces instans. J'ai pris quelques précautions... D'ailleurs, rien n'arrive que par la volonté de la Providence; marchons!

Angus connaissait trop l'inflexibilité de son frère pour insister davantage. Il poussa un profond soupir, et, prenant le bras de Richard, ils se mirent à la suite du char funèbre, qui s'ébranla lentement; puis le convoi traversa de nouveau le village pour se rendre au cimetière.

Bientôt on se trouva en rase campagne. La pluie continuait de tomber, et ruisselait en perles liquides sur les vêtemens. Le cercueil se faisait reconnaître de loin, à travers le brouillard, au drap blanc qui le recouvrait. Derrière lui, une longue file de paddies, aux costumes sombres, se repliait, comme un immense serpent, dans les sinuosités du chemin.

On côtoya un moment le lac de Glendalough, dans une direction opposée à celle de Lady's-Church. De ce côté, on n'apercevait partout que des rochers nus, des bruyères arides, des landes incultes sans verdure et sans arbres. A l'horizon, des monts sourcilleux, d'un aspect plus repoussant encore, semblaient former une barrière infranchissable. Au pied de ces montagnes se trouvait le cimetière de Rhefeart, et déjà on entrevoyait confusément les ruines sombres qui le dominaient.

Le convoi s'engagea dans un chemin creux, bordé de hauts talus. La foule des piétons et des cavaliers, resserrée dans cet étroit passage, reflua en arrière; il en résulta un léger encombrement qui ralentit la marche du cortége. Au milieu de ce désordre momentané, Richard fut séparé de son frère, qui continua de suivre le corps. Comme il cherchait à rejoindre Angus, une femme vêtue de deuil, le visage complétement caché par un capuchon, lui saisit le bras:

— Richard... Richard O'Byrne! — dit une voix vibrante à son oreille.

Le capitaine ne put retenir une exclamation de surprise.

— Miss Avondale! — dit-il, — comment êtes-vous ici? comment avez-vous osé...?

— On a voulu me persuader que je manquerais à ma religion en assistant à vos cérémonies papistes, — répliqua la jeune fille d'un air agité; — on a essayé même de me retenir de force; mais quand j'ai su que vous étiez ici, malgré mes avertissemens et mes prières, vous vous êtes enfui, je suis venue vous joindre. Si aucun péril n'a pu vous empêcher d'assister aux funérailles de Julia, votre sœur, pourquoi, n'y assisterais-je pas aussi, moi sa sœur et votre fiancée?

— Merci, Nelly! — murmura Richard avec chaleur; — si quelque chose pouvait me rattacher à la vie, après la ruine de mes projets, ce serait l'amour d'une femme généreuse et intrépide dans son dévouement, telle que vous... Cependant je ne saurais approuver votre démarche actuelle. Vous avez été la première à m'instruire des dangers qui me menaçaient dans cette partie de la vallée; ces dangers sont réels; je crains à chaque instant que des scènes de désordre et de violence ne succèdent à ces scènes de deuil paisible et religieux. Je vous supplie donc de retourner sur vos pas... Comme vous l'avez dit vous-même, de meilleurs jours viendront pour nous, et plus tard...

— Non, non, — répondit Nelly avec fermeté; — vous ne me connaissez pas encore, Richard: je suis, moi aussi, fière et opiniâtre dans mes volontés. Puisque vous êtes décidé à braver le péril, pourquoi ne le braverais-je? Julia m'était chère aussi, et j'aime la sainte cause de l'Irlande; pourquoi me traiteriez-vous en étrangère, en ennemie? Richard, je l'ai résolu, je resterai. Si l'on vous attaque, je vous protégerai par ma présence, par mes efforts, par ma faiblesse!

Cette conversation avait lieu à voix basse et en langue anglaise, que la plupart des montagnards du comté de Wiclow ne comprennent pas. D'ailleurs, on s'était remis en marche, et, au milieu de l'agitation générale, on ne pouvait donner une attention suivie à cet entretien de Richard O'Byrne avec une femme inconnue. On prit miss Avondale pour quelque parente éloignée de Richard, et nul ne parut s'étonner des attentions dont elle était l'objet de sa part. Ils marchèrent un instant en silence; le capitaine était pensif.

— Miss Nelly, — dit-il enfin, — je suis pénétré de reconnaissance pour les sentimens d'affection que vous me

témoignez, en dépit de votre rang, de votre naissance, de vos préjugés de famille et d'éducation; mais les sacrifices que j'aurais à exiger de vous, si je cédais au mouvemens égoïste de mon cœur, seraient si grands, qu'il y aurait lâcheté à vous les imposer... Écoutez-moi: Il y a trois jours, mon âme était enivrée d'espérance; je me voyais déjà l'un des premiers citoyens de l'Irlande régénérée; ce titre de sauveur de mon pays me semblait assez brillant pour me rendre digne de vous. J'acceptai donc le précieux legs de Julia, et je m'abandonnai à un sentiment irrésistible... Aujourd'hui les circonstances sont bien changées: je ne suis plus qu'un misérable rebelle, compagnon de quelques malfaiteurs, vaincu, calomnié, une sorte de bête féroce dont la tête est mise à prix, et que le premier venu peut tuer avec la certitude d'obtenir des récompenses et des éloges. Je ne suis pas sûr encore d'atteindre un port où je pourrai m'embarquer pour la France, et, si j'y parviens, je ne serai jamais remettre le pied sur une terre anglaise. Il me faudra donc végéter obscurément à l'étranger, sans espoir de revoir jamais ceux que j'aurai laissés en Irlande. Et cela, miss Avondale, est la prévision la plus favorable; car, si je venais à être pris, vous savez quelle mort ignominieuse me réserve l'Angleterre... Vous frémissez, Nelly! Eh bien donc, croyez-vous que, du fond de l'abîme où je suis tombé, j'oserais dire à une jeune et belle créature, que la nature et la société ont comblée de dons à l'envi: « Vous êtes ma fiancée, ma femme; vous m'appartiendrez à nul autre que moi; vous partagerez de loin les misères de mon existence de banni; ma mort seule pourra vous soustraire à cette communauté de peines et de souffrances. » Non, non, Nelly Avondale, je n'abuserai pas à ce point d'un engagement précipité. Cette parole dernière de ma sœur, qui vous aimait tant, ne peut, ne doit pas, enchaîner votre avenir... Oubliez-moi, laissez-moi achever seul ma triste destinée; je vous rends vos promesses, vos sermens...

Miss Avondale retira vivement son bras et s'éloigna d'O'Byrne avec colère.

— Laissez-moi, — dit-elle, — je comprends maintenant, pauvre folle que j'étais! vous ne m'aimez pas, vous ne m'avez jamais aimée!

— Moi, Nelly? — répliqua Richard avec feu; — ah! si vous pouviez savoir ce qui se passe dans mon âme!

— Non, vous dis-je! — répliqua la jeune fille en comprimant à peine les éclats de sa voix sous son épais capuchon. — Si vous m'aimiez, n'auriez-vous pas deviné ce que je suis et ce que je veux? Je m'étais dit, dans mon naïf orgueil, que peut-être mon amour vous compenserait l'injustice de mes aïeux, les crimes de mes parens, la mort tragique de votre sœur, la ruine de vos patriotiques espérances, l'exil, la proscription, la pauvreté... En acceptant ce titre de fiancée, je l'avais accepté avec toutes ses exigences, tous ses devoirs, tous ses sacrifices, et j'étais prête... Mais à quoi bon vous avouer jusqu'où m'avait poussée cette exaltation funeste, puisque vous ne m'aimez pas?

— Nelly, Dieu m'est témoin...

— Je ne vous crois plus, — répliqua miss Avondale avec égarement; — eh bien donc, puisque vous me repoussez, que mon sort s'accomplisse! De nouvelles lettres me sont parvenues ce matin, Richard: l'une, de cet homme qui nous a coûté tant de mal; l'autre, de mon père. Sir Georges m'annonce qu'il est dans le voisinage et qu'il compte me voir aujourd'hui même à Neath; mon père, de son côté, m'apprend son retour prochain et me presse de consentir à un mariage pour lequel j'ai toujours manifesté une invincible répugnance. Ce mariage, on me l'affirme, pourra seul réparer la brèche profonde faite à notre fortune par le désastre de Stone-House. J'écouterai donc la voix de l'ambition, je me soumettrai aux convenances, j'obéirai à mon père, j'épouserai cet homme... oui, je l'épouserai, dussé-je mourir de honte et d'horreur le jour même de mes noces!

— Ne dites pas cela, Nelly, — interrompit Richard avec

violence, — ne me dites pas que cet infâme assassin pourrait
encore devenir... Savez-vous, miss Avondale, — ajouta-
t-il d'une voix profonde, — que je serais capable de vous
tuer ?

— Tuez-moi donc, Richard ! la mort serait préférable à
l'existence qui m'attend désormais.

O'Byrne passait la main sur son front d'un air d'angoisse.

— Nelly, — murmura-t-il, — me serais-je trompé ? Ne
tiendriez-vous pas réellement à ces avantages de richesse
et de naissance qui sont ordinairement plus chers que la
vie aux personnes de votre sexe et de votre condition ?
J'avais cru... des doutes étranges avaient traversé mon
esprit... oui, je l'avoue, je n'osais pas attendre de vous
un dévouement si entier, si absolu. Mais à présent je vous
ai montré dans toute son horreur ma destinée future, et,
si vous êtes encore résolue...

— Je le suis, Richard.

En ce moment, on arrivait au cimetière de Rhefeart;
un mouvement de recul qui se fit dans le cortège annonça un nouveau motif d'alarme. Richard regarda de
tous côtés, mais il ne vit rien qui pût expliquer cette panique.

— Tenez-vous toujours près de moi, — dit-il bas à
Nelly ; — quoi qu'il arrive, ne me quittez pas.

Et il s'empressa de se rapprocher du corps, qui venait
d'atteindre sa dernière demeure.

XIV

LE CIMETIÈRE IRLANDAIS.

Rhefeart était un vaste amas de ruines saxonnes, situé
au sommet d'une petite éminence d'où l'on dominait la
contrée environnante. Là, à une époque reculée, florissait
une puissante abbaye, le plus considérable peut-être des
monumens religieux de Glendalough. Quelques pignons
délabrés, quelques arches majestueuses dans lesquelles
s'engouffrait le vent, s'élevaient encore vers le ciel; à leur
pied, des pierres sculptées, des chapiteaux de colonnes,
des statues mutilées jonchaient le sol, tout revêtu du gazon vert et du trèfle symbolique de l'Irlande.

C'était dans ces ruines, sous ces arches solitaires, que,
selon la coutume du pays, se trouvait le cimetière catholique. Primitivement, le lieu de sépulture semblait s'être
borné à l'enceinte de l'église, dont plusieurs piliers
avaient résisté au temps et aux intempéries des saisons.
Là, en effet, on remarquait encore des tombes grossières
appartenant à d'anciens chefs du clan d'O'Byrne. La plus
apparente, celle du grand O'Tool-Hole, roi d'Ismaly, était
surmontée d'une statue d'un travail barbare. Sur d'autres, on voyait des crosses et des mitres annonçant des
princes de l'Église, ou d'informes armoiries qui es-
sayaient vainement de protéger contre l'oubli des personnages jadis fameux. Mais, dans la suite des âges, une
poussière plus humble et plus obscure était venue se mêler à cette poussière de héros, d'évêques et de rois.

En Irlande, où la terre appartient au landlord protestant, il n'y a pas de place pour le paddy catholique; il
faut que celui-ci aille chercher son dernier asile dans
l'ancienne circonscription des églises et des monastères,
quelquefois même, comme le dit un voyageur contempo-
rain (1), « dans la circonférence de la tour rasée d'un
clocher. »

Or, de temps immémorial, la population de Neath et des
alentours, exclusivement catholique, comme on le sait,

(1) Monsieur de Feuillide, dont l'excellent ouvrage, l'Irlande,
est plein de détails et d'aperçus aussi curieux qu'intéressans.

apportait ses morts à Rhefeart. Aussi les cloîtres, les
cours, les voûtes regorgeaient-ils de cadavres. Les générations, à force de se superposer sans relâche, de se confondre dans cet étroit espace, avaient fini par former
une sorte de détritus humain où la terre et le sable s'é-
taient absorbés. Ce sol hideux, sans cesse retourné pour
recevoir de nouveaux hôtes pendant les famines et les
épidémies, était parsemé d'ossemens, de fragmens de
cercueil, de crânes jaunis. Souvent on les relevait en tas
le long des murailles; mais une pluie d'orage ou un coup
de vent d'ouest faisait bientôt paraître une nouvelle mois-
son de ces effrayans débris.

Tel était l'horrible lieu où allait s'engloutir la dépouille
mortelle de la belle et touchante Julia O'Byrne. Une fosse,
peu profonde suivant l'usage, avait été creusée, par les
soins d'Angus, à côté de la statue du roi O'Tool, son ancêtre. Le char funèbre, passant lentement sous une arcade
ruinée, s'avança jusqu'à ce qu'un amas de décombres
l'empêchât d'aller plus loin. Alors les porteurs s'occupè-
rent de descendre la bière du chariot, afin de la placer
dans la fosse.

Cette cérémonie est accompagnée ordinairement d'un
redoublement de cris et de lamentations de la part des
pleureuses à gages qui se tiennent autour du corps; mais
les pleureuses se taisaient et regardaient avec inquiétude
du côté des montagnes. On voyait des bras s'étendre dans
cette direction, comme pour indiquer un objet d'alarme,
et déjà des paddies timides reprenaient furtivement le
chemin du village.

Cependant l'immense majorité des assistans ne songeait
pas à faire retraite : groupés d'une manière pittoresque
autour des tombes, ils donnaient toute leur attention au
triste appareil de l'inhumation. Angus priait à genoux
près de la fosse; Nelly, toujours cachée sous sa mante, se
tenait à quelques pas de là, dans l'attitude de la douleur.
On retrouvait aussi au milieu de la foule la plupart des
personnages qui avaient joué un rôle dans les événemens
récens. William Sullivan, assis sur une pierre brisée qui
avait autrefois décoré le tombeau d'un abbé de Rhefeart,
versait ses dernières larmes pour sa jeune bienfaitrice.
John Morris, tête nue, les bras pendans, était appuyé au
monument du roi O'Tool-Hole; il se penchait sur la fosse
entr'ouverte, comme s'il espérait que la douleur finirait
par le tuer et qu'il s'engloutirait dans ce gouffre béant
avec la femme qu'il avait tant aimée.

Richard O'Byrne, par cet instinct de prudence qui n'a-
bandonne jamais l'homme d'action, voulut s'assurer de
ce que Jack Gunn était devenu. Il l'aperçut bientôt sur la
limite du cimetière, à cheval, et tenant par la bride la
monture de son maître. Ils échangèrent un signe rapide;
mais aussitôt Richard, se reprochant dans un pareil moment cette distraction nécessaire, ramena son regard vers
les principaux acteurs de cette scène funèbre.

Les prières terminées, le cercueil fut descendu dans la
fosse, et les fossoyeurs se mirent en devoir de la combler
avec les débris humains qu'ils avaient retirés pour la
creuser. On faisait silence ; chaque pelletée d'ossemens
retombait sur le cercueil avec un bruit mat que répétait
l'écho des ruines.

Cette lugubre besogne tirait à sa fin, quand, du fond des
défilés voisins, s'éleva tout à coup un chant rauque et dis-
cordant, formé d'un grand nombre de voix. On prêta l'o-
reille, et on reconnut l'odieux Rule Britannia. Au même
instant, une compagnie de dragons à cheval et une trentaine de constables à pied débouchèrent d'un chemin
creux et s'avancèrent avec vitesse vers le cimetière, en
répétant leur chant provocateur. Une terreur irrésistible
s'empara de l'assemblée.

— Les habits rouges ! les habits rouges ! — cria-t-on de
toute part ; — nous sommes perdus !

Et on se précipita aveuglément du côté opposé à l'ennemi. On se culbutait, on enjambait les tombes. Des gens
qui avaient été renversés en fuyant et que l'on foulait aux
pieds poussaient des cris déchirans. En quelques secon-

des, il ne resta plus dans l'ancienne nef de Rhefeart qu'un petit nombre de personnes. La foule éperdue continuait à courir en désordre du côté de Neath. Mais les troupes anglaises avaient aperçu ce mouvement et manœuvraient déjà pour le déjouer. La cavalerie, tournant l'éminence sur laquelle s'élevaient les ruines, se mit à la poursuite des fuyards, tandis que les constables, conduits par un officier de dragons à cheval, gravissaient résolûment la hauteur pour envahir le cimetière.

Au milieu du danger, le sang-froid de Richard et celui d'Angus ne se démentirent pas. Richard saisit la main de miss Avondale, qu'il attira près de lui ; puis s'adressant aux fossoyeurs, qui gagnés par la frayeur générale faisaient mine de quitter leur travail inachevé,

— Courage ! continuez ! — dit-il avec fermeté. — Laisserez-vous le corps de Julia O'Byrne sans sépulture? Ne craignez pas ces Anglais, — ajouta-t-il avec une amère ironie ; — ce sont les fils des *undertakers* (entrepreneurs de funérailles) de Walter Raleigh et de Cromwell ; vous vous entendrez avec eux, soyez-en sûrs ! — Mais l'un des fossoyeurs, malgré ses représentations, avait pris la fuite ; l'autre était si effrayé qu'il pouvait à peine se mouvoir. — Donnez-moi cette pelle, — reprit Richard en lui arrachant l'instrument de sa sinistre profession, — et vous, Angus, ramassez la bêche que cet autre lâche vient d'abandonner ; quand ce devrait être ici notre dernière heure, Julia aura une sépulture honorable et chrétienne !

Il se mit à combler la fosse sans précipitation et sans crainte. Angus l'imita, en lui disant d'une voix tremblante :

— Partez, Richard ; les voici !... Laissez-moi m'acquitter seul de ce devoir sacré ; fiez-vous à mon respect, à mon amour pour notre sœur. Partez, vous dis-je, au nom de Dieu !... Julia elle-même vous l'ordonne par ma bouche.

— Capitaine O'Byrne, — reprit Jack Gunn, qui s'était approché avec les chevaux jusqu'à deux pas de la fosse ; — cette fois on nous charge tout de bon... Les sassenachs sont nombreux, et j'aimerais autant avoir affaire à une bande de tigres indiens qu'à ces constables endiablés.

— Richard, mon Richard ! — murmura Nelly à son tour ; — voulez-vous tomber vivant entre leurs mains ? Ils viennent... fuyez !... mais fuyez donc !

Malgré ces ardentes supplications, Richard, impassible, continuait son travail. Heureusement, le terrain que les Anglais avaient à franchir pour atteindre les ruines était raide et glissant ; aussi les deux frères eurent-ils le temps de combler entièrement la fosse. Puis l'aîné saisit une modeste croix de bois exposée contre un pilier voisin, et l'enfonça dans la terre au-dessus du cercueil,

— Et maintenant, pauvre Julia, — dit-il en levant les yeux au ciel, — repose en paix ! mon œuvre est finie.

Néanmoins il restait encore immobile, les mains jointes, comme s'il eût fait mentalement une prière.

En ce moment, il n'y avait plus dans le cimetière, outre les deux frères, Nelly Avondale et Jack Gunn, que le vieux Sullivan et John Morris. L'aveugle, toujours assis sur un tombeau, semblait avoir été oublié ou s'être oublié lui-même, et il attendait l'événement avec la résignation d'un martyr. Quant à Morris, pétrifié devant la fosse de Julia, il paraissait avoir perdu à la fois le sentiment, la pensée et la mémoire. Richard, cédant enfin aux sollicitations de ses amis, se dirigeait vers son cheval, quand une voix insolente retentit sous les arcades sonores :

— En avant, mes amis, — disait l'officier anglais aux soldats ; — dispersez ces damnés papistes, ces chiens de rebelles... chassez-les comme un troupeau de bêtes. Arrêtez tous les hommes, et, s'ils veulent résister, feu sur eux ! la loi martiale est proclamée. En avant donc pour la joyeuse Angleterre ! — Tous ceux qui étaient restés dans les ruines tressaillirent d'horreur. C'était moins l'atrocité de ces paroles que la voix même de l'officier qui était cause de ce mouvement : on avait reconnu la voix de sir Georges Clinton. Bientôt il parut lui-même, dans son bel

uniforme de lieutenant de dragons, l'épée à la main. Il poussait son cheval à travers les croix et les cercueils, qui se brisaient avec d'horribles craquemens sous les pieds ferrés de l'animal. Derrière lui marchaient les constables, la baïonnette croisée. En voyant le cimetière presque vide, ils éprouvèrent une sorte de désappointement. — Arrêtez toujours ceux-ci, — dit sir Georges en désignant de la pointe de son épée le petit groupe réuni autour de la tombe de Julia.

Il s'avançait aussi pour reconnaître ces gens qui demeuraient calmes au milieu de la terreur générale ; Richard, déjà en selle et le pistolet au poing, se plaça en face de lui.

— Soyez le bienvenu, sir Georges, — dit-il avec une sombre ironie ; — soyez le bienvenu aux funérailles de ma sœur... ma sœur que vous avez déshonorée et qui est morte de douleur ! C'est la volonté divine qui vous a amené ici... Allons ! le pistolet à la main, monsieur, — ajouta-t-il avec violence ; — tout infâme que vous soyez, je ne veux pas vous assassiner ! — Le piétinement des chevaux ne permit pas à sir Georges d'entendre distinctement ces paroles. Comme il hésitait, ne sachant quel était cet adversaire qui se plaçait ainsi sur son passage, Richard reprit : — Ne me reconnaissez-vous pas ? Je suis Richard O'Byrne ; c'est moi qui vous ai frappé au visage, il y a quelques jours, près du lac de Glendalough !

Cette fois, les yeux de sir Georges s'enflammèrent. Il jeta son épée et atteignit dans les fontes de sa selle un de ses pistolets.

— Ah ! je vous retrouve enfin ! — s'écria-t-il en grinçant des dents ; — je sais maintenant que, malgré votre qualité de rebelle, on peut échanger une balle avec vous... De par tous les diables ! je vous traiterai comme un cheval morveux, monsieur, le gentleman des grands chemins !

Les constables, qui arrivaient en ce moment, voyant qu'il s'agissait d'un duel, ne savaient s'ils devaient s'y opposer. Pendant qu'ils restaient indécis, deux personnes se jetèrent courageusement entre Richard et l'officier anglais : c'étaient Angus et miss Avondale. Le prêtre avait saisi d'une main la bride du cheval de son frère ; de l'autre il cherchait à désarmer Richard, qui résistait de toutes ses forces. Nelly, de son côté, s'était précipitée vers sir Georges ; son capuchon, relombant en arrière, laissait voir son beau visage resplendissant d'indignation.

— Impie ! — s'écria-t-elle ; — savez-vous où vous êtes ? savez-vous quelle est cette tombe que vous profanez ? C'est celle de Julia O'Byrne, votre victime !

— Miss Avondale ! — s'écria sir Georges au comble de l'étonnement, — que faites-vous ici ?

— Je veux empêcher un nouveau crime, — dit Nelly avec énergie ; — je ne souffrirai pas que le sang du frère se mêle à celui de la sœur... Partez, emmenez ces soldats... Laissez-nous pleurer en paix dans ce lieu consacré à la mort et à la prière.

— C'est impossible, — interrompit sir Georges d'un ton farouche ; — lors même que je serais assez lâche pour vous sacrifier ma vengeance, il ne me serait pas permis d'épargner un traître en révolte contre les lois et contre la reine. Écartez-vous donc, miss Avondale ; mon honneur et mon devoir m'ordonneraient d'aller attaquer cet homme jusque dans les bras de sa mère !

Il fit faire volte-face à sa monture, qu'il maniait avec une habileté consommée, et, allongeant le bras, il se disposa à tirer.

Précisément au même moment Richard était parvenu à repousser Angus, qui le suppliait, dans les termes les plus pressans, de ne pas ensanglanter la dernière demeure de Julia, et de fuir, s'il le pouvait encore. Redevenu libre de ses mouvemens, il ajusta à son tour son odieux adversaire. Une seconde encore, et les deux coups allaient partir... Un incident inattendu vint interrompre ce duel, qui, dans un semblable lieu, était presque un sacrilège.

John Morris, pendant une partie de cette scène, était demeuré appuyé contre la statue d'O'Tool, à laquelle il ressemblait par sa pâleur et son immobilité. Peu à peu, cependant, il sortit de son atonie; ces cris, ces trépignemens, ces provocations parurent le mettre au courant de ce qui se passait. Son œil se fixa sur sir Georges, sur l'assassin de Julia O'Byrne, et une rougeur subite vint colorer ses joues creuses et livides. Tout à coup, John, les traits décomposés, la bouche écumante, s'élança avec frénésie vers l'officier de dragons. Par un bond prodigieux, il sauta sur la croupe du cheval, et, étreignant sir Georges convulsivement, il sembla vouloir l'étouffer entre ses bras, tandis que de ses dents il lui arrachait des lambeaux de chair et d'uniforme. Sir Georges, pris à l'improviste, se tordait de douleur, sans pouvoir se retourner pour reconnaître le démon furieux qui l'attaquait ainsi. A demi étranglé par ces doigts de fer qui lui pressaient la gorge, il sentait une haleine de feu lui brûler l'épaule, il entendait un grondement semblable à celui d'une panthère près de son oreille; mais aucune parole humaine ne venait lui révéler en quel pouvoir infernal il était tombé.

Richard était trop généreux pour faire feu sur un ennemi ainsi réduit à l'impuissance. D'ailleurs il craignait de blesser Morris, qu'il avait reconnu, malgré les signes de démence furieuse qui défiguraient le pauvre maître d'école. Il se contenta donc de rester sur la défensive, l'arme en arrêt.

Mais on ne songea pas à l'inquiéter; toute l'attention se concentrait sur la lutte étrange que soutenait l'officier contre son féroce agresseur. Bientôt l'un et l'autre tombèrent de cheval sans cesser de s'étreindre avec rage, et ils se roulèrent dans la poussière. Enfin sir Georges parut avoir épuisé par quatre jours d'agitation et de jeûne; il parvint à se dégager, non sans laisser entre les mains de son adversaire de nouveaux lambeaux de sa chair et de ses vêtemens. Quand il se releva, fou lui-même de honte et de douleur, il saisit son pistolet et le déchargea sur la tête du malheureux Morris, qui resta immobile. Le sang coula à flots sur la tombe de Julia.

Sans même jeter un regard à ce cadavre, sir Georges se retourna tout haletant; mais ce qu'il vit alors le frappa de stupéfaction. Richard, passant à son bras la bride de sa monture, avait soulevé Nelly Avondale, à demi évanouie d'épouvante, et l'avait posée sur le devant de la selle. Tandis qu'il la retenait d'une main contre sa poitrine, de l'autre il brandissait un pistolet; puis, dirigeant par le seul mouvement des pieds son cheval bien dressé, il s'élança vers l'extrémité de la nef avant que personne eût songé à s'y opposer.

— Sir Georges! — cria-t-il en se retournant à demi, — l'enfer s'oppose à ce combat; mais, du moins, je vous rendrai coup pour coup... Vous m'avez tué ma sœur, moi je vous vole votre fiancée!

Et il piqua sa monture, qui partit avec ardeur, comme s'il n'eût pas été surchargé d'un double fardeau. Gunn, qui avait observé avec une attention minutieuse les mouvemens de son maître, s'empressa de le rejoindre. Bientôt tous les deux passèrent avec impétuosité sous l'arche saxonne et descendirent la pente rapide du cimetière.

Sir Georges, revenu d'un premier sentiment de surprise, s'écria d'une voix tonnante :

— Ne le laissez pas échapper, constables! feu sur lui! C'est Richard O'Byrne, le chef des rebelles! Feu! vous dis-je! Il emporte miss Avondale, la fille d'un pair d'Angleterre! — Les constables déchargèrent en effet leurs fusils; mais l'avertissement était venu trop tard, et d'ailleurs la plupart avaient craint de blesser la jeune fille. Aussi les balles ne firent-elles que siffler aux oreilles des chevaux, dont elles accélérèrent la fuite. Sir Georges espéra un moment que Richard et son compagnon trouveraient sur leur chemin la cavalerie qui avait tourné le cimetière pour couper la retraite aux paddies du convoi. Mais les dragons donnaient la chasse aux fuyards dans une direction différente, et le futur héritier d'Avondale

eut le chagrin de voir O'Byrne disparaître au loin dans une partie de la montagne où personne n'eût osé le poursuivre. Alors sir Georges revint d'un air sombre et mécontent vers sa troupe. En son absence, on avait arrêté William Sullivan et Angus O'Byrne, un aveugle et un prêtre, triste capture, comme le fit remarquer en ricanant le chef des constables dans son rapport à l'officier supérieur. — Gardez ce vieux rebelle obstiné, — dit sir Georges en désignant Sullivan avec mépris; — mais c'est un cheval qui ne vaut pas le licou... Quand à Sa Révérence monsieur O'Byrne, vous allez le mettre en liberté sur-le-champ : c'est l'ordre de lord Avondale... On sait que le révérend monsieur Angus a fait tous ses efforts pour empêcher cette abominable insurrection, et d'ailleurs... Enfin, c'est l'ordre.—Les constables relâchèrent Angus comme à regret. Aussitôt le prêtre se dirigea vers John Morris pour s'assurer s'il vivait encore. — Vous ne me remerciez pas, monsieur O'Byrne? — dit sir Georges d'un air hautain; — nous autres, officiers de la reine, nous avons pourtant une autorité absolue en temps de guerre. J'aurais pu vous garder en prison, car je ne suis pas obligé à beaucoup de déférence envers le frère de Richard O'Byrne.

— Il est vrai, sir Georges Clinton, — répondit Angus d'un ton grave; — mais vous deviez au moins justice au frère de Julia.

Et comme le cœur de John avait entièrement cessé de battre, le prêtre s'agenouilla près du cadavre et pria.

Un moment après, la troupe quitta le cimetière de Rhefeart en emmenant William. Le vieil aveugle était calme, résigné, et il murmurait de temps en temps avec un accent de joie :

— Il est sauvé! il est sauvé!

Quant au malheureux Morris, on se décida à l'enterrer sur la place même où il avait été tué. Le constable qui fut chargé de creuser la fosse, rencontrant une terre tendre et fraîchement remuée, eut l'idée de placer le corps dans la tombe même de miss O'Byrne.

Jamais l'amant infortuné n'avait osé espérer, dans ses rêves les plus hardis, cette réunion suprême, qui eût été l'objet de tous ses vœux.

XV

LA VALLÉE DES TROIS-SOEURS.

Il est une partie de l'Irlande où, malgré l'occupation de six siècles, l'action du gouvernement anglais est presque toujours impuissante, sinon tout à fait nulle : elle s'appelle le Cunnemara; elle est située dans la province du Connaught, sur la côte occidentale de l'île verte. Jamais pays, en effet, ne parut mieux disposé pour servir de retraite à des proscrits. Il est couvert de lacs, de marais impraticables, de montagnes inaccessibles. Les voies de communication sont d'étroits et périlleux sentiers qui, par leur multiplicité, forment un dédale inextricable. D'ailleurs le sol est si pauvre que l'on ferait bien des milles sans rencontrer des traces de culture. Peu de propriétaires ont osé établir des exploitations rurales de quelque importance dans ces contrées perdues, dont toute la valeur consiste en pâturages. Aussi sont-elles habitées exclusivement par des pâtres farouches ou par ces malfaiteurs et ces proscrits qui y affluent des comtés les plus éloignés.

Ce mot de malfaiteur ne doit pourtant pas être pris dans les sens absolu qu'il aurait partout ailleurs. En Irlande, comme nous l'avons dit déjà, les faits réputés crimes ont presque exclusivement une cause politique. Les haines de race, l'injustice et la partialité révoltante de la loi anglaise, sont ordinairement les motifs des actes coupables auxquels

se laissent emporter des malheureux abrutis par l'ignorance et la misère. L'étranger qui voyage pour son agré-
ment ou ses affaires n'a rien de plus à redouter dans ce
pays que dans les régions riches et policées du Nord. S'il
a faim ou soif, il peut frapper à la porte du premier cottage qui se présentera à ses regards : on l'y accueillera
comme un hôte et un ami. Le *ceàd mile faite* lui sera
adressé par toutes les bouches; la famille lui offrira son
dîner de pommes de terre et de lait; le vieillard lui ra-
contera des légendes; la jeune fille lui chantera les airs
gaéliques, si harmonieux et si doux. Mais, en revanche,
malheur à l'Anglais suspect, à l'espion, au constable, à
l'officier judiciaire qui s'aventure sur cette terre franche
de la proscription ! le Cunnemara tout entier se ligue contre lui.

Partout où ils s'adressent, les agens du pouvoir central
ne rencontrent que mauvais vouloir, faux rapports, piéges
de toutes sortes. Dans ce pays, dénué d'auberges et d'autres
lieux publics, la ménagère les laisserait mourir de froid et
de faim à la porte de son cottage sans les secourir. Souvent les pauvres diables, rebutés par cet accueil hostile,
s'en retournent comme ils étaient venus; mais s'ils per-
sistent, il arrive parfois qu'on les trouve, le corps percé
d'une balle, dans quelque endroit désert, sans qu'on sache
quelle main a commis le meurtre. Aussi, de guerre lasse,
l'autorité administrative a-t-elle reconnu le Cunnemara
pour un lieu d'asile, et il est rarement troublé par ces
odieux agens pour lesquels l'Irlandais a tant de haine et
tant de cruautés.

C'est dans cette contrée peu connue que nous allons
introduire le lecteur, sept mois environ après les événemens dont le village de Neath avait été le théâtre.

Un amateur de sites pittoresques trouverait difficilement
un endroit plus sauvage que la vallée des Trois-Sœurs,
située dans la partie la plus inabordable du Cunnemara.
C'est un grand ravin, ou plutôt une espèce d'abîme, creusé
à la base de trois montagnes qui sont disposées en triangle.
Le soleil ne pénètre qu'à une certaine saison de l'année
dans ces profondeurs; il y règne à peu près constamment
une obscurité humide qui dispose à la tristesse et à l'effroi. Au centre se trouve un lac, alimenté par un torrent
qui tombe en cascade retentissante des hauteurs voisines.
La végétation, comme on peut croire, est chétive et rare
dans cette solitude. On aperçoit néanmoins çà et là quelques chênes rabougris, quelques bouleaux implantant
avec effort leurs racines dénudées dans les crevasses où
les eaux ont apporté un peu de terre végétale. Le grondement de la cascade est le seul bruit que l'on entende aux
Trois-Sœurs; le chant mélodieux du rouge-gorge, du roi-
telet et du cabaret d'Irlande n'égayent jamais l'écho farouche de ces déserts.

Si la vallée ou glen des Trois-Sœurs offre un aspect lugubre dans la belle saison, qu'on juge de sa désolation à
l'époque où nous reprenons notre récit, c'est-à-dire au
commencement d'un rude hiver. Quoiqu'on fût seulement
vers le milieu de novembre, une couche de neige couvrait
déjà la cime des montagnes; les arbres, privés de feuilles,
se hérissaient de givre qui ne devait plus fondre jusqu'au
retour du soleil, au mois de mai suivant.

Le lac dormait sous une croûte de glace bleuâtre que
trouaient de loin en loin des touffes flétries de joncs et de
roseaux. La chute d'eau avait été préservée jusque-là de la
gelée par son mouvement rapide; mais on jugeait, aux
longues stalactites de glace qui obstruaient son cours, que
l'hiver ne tarderait pas à la pétrifier elle-même, afin que
rien ne troublât plus le silence de ces lieux maudits où il
prétendait régner seul.

Un voyageur à cheval suivait un sentier à peine tracé
sur le bord du lac. Le vent âpre et piquant soufflait par
bouffées. En dépit d'un ample manteau qui recouvrait
presque entièrement son poney, en dépit d'un chapeau à
larges bords, qu'il enfonçait de manière à laisser à peine
un intervalle pour voir et pour respirer, l'inconnu paraissait saisi par le froid. En outre, on devinait, à l'incertitude

de ses allures, qu'il n'était pas bien sûr de son chemin.
Il regardait à droite et à gauche d'un air embarrassé;
mais ni hommes ni habitation ne se montraient; il semblait que l'horreur de ces lieux en eût écarté tous les êtres
humains.

Le voyageur cependant avait sans doute ses raisons pour
ne pas s'en rapporter aux apparences. A force d'attention
il parvint à distinguer de légers flocons de fumée qui
s'élevaient d'un rocher, à petite distance de la chute d'eau;
en même temps, une vague odeur de tourbe, apportée par
la brise, vint frapper son odorat. Partant du principe qu'il
n'y a pas de fumée sans feu et pas de feu sans quelqu'un
pour l'allumer ou en prendre soin, il conjectura qu'un
cottage, encore invisible, devait se trouver de ce côté, et
il tourna dans cette direction la tête de sa monture. Mais
le chemin devint bientôt si difficile, qu'il craignit de voir
son cheval fatigué trébucher contre les rochers et rouler
dans le lac; il mit donc pied à terre d'autant plus volontiers qu'un peu d'exercice devenait impérieusement nécessaire à ses membres engourdis.

Il marcha ainsi pendant près d'un quart d'heure; mais,
plus il avançait et plus il croyait avoir été dupe d'une
illusion de ses sens. Les vapeurs fugitives qu'il avait prises
pour de la fumée apparaissaient bien encore par momens
à la même place; mais, à l'endroit d'où elles semblaient
s'élever, il ne voyait trace ni de feu ni d'habitation. C'était
un assemblage de rocs moussus, ombragés de houx et de
prunelliers; alentour on n'apercevait aucun sentier, aucun
signe du passage des pâtres. Les renards de la montagne
ou les loutres du lac semblaient seuls fréquenter cette
partie du glen.

Le voyageur demeura convaincu qu'il avait vu de loin
pour de la fumée ces brouillards blancs qu'exhalent parfois les eaux souterraines à travers les fissures du sol, et
il allait revenir tristement sur ses pas. Néanmoins, avant
de s'y décider, il eut la pensée de crier et d'appeler de
toute sa force. Aussitôt, à son grand étonnement, une
voix qui sortait des entrailles de la terre lui répondit
quelques mots inintelligibles.

Le cavalier appartenait aux classes distinguées de la
société, et ne partageait pas certainement les croyances
populaires sur les démons, les lutins et les fées dont les
paddies irlandais peuplent les solitudes. Néanmoins, il ne
put se défendre d'un sentiment de surprise qui ressemblait à de l'effroi, et il garda le silence. Mais, le premier
mouvement passé, il rougit de sa faiblesse et recommença
ses appels.

La réponse ne se fit pas attendre. Ce furent d'abord des
sons inarticulés, qui devinrent tout à coup plus précis,
comme si celui qui parlait venait de quitter une retraite
souterraine. Le voyageur entendit enfin des mots, prononcés à quelques pas de lui, derrière les arbustes qui couronnaient le rocher :

— La! la! Jack, mon ami, vous êtes bien pressé aujour-
d'hui ! Je suis à vous à l'instant; le temps d'éteindre mon
feu et de démonter mon alambic... Si vous êtes sage, vous
aurez une goutte de pootheen tout chaud pour votre patience. On sait que vous l'aimez, Jack, et vous ne ferez
pas trop la petite bouche !

Ces paroles étaient significatives; l'inconnu comprit
qu'on le prenait pour un autre, et que le hasard l'avait
conduit à une de ces distilleries clandestines fort en honneur parmi les proscrits du Cunnemara. La découverte
d'un pareil secret pouvait ne pas être sans danger pour
lui, car, dans ce vallon écarté, un crime avait bien des
chances de rester ignoré. L'étranger était un homme pacifique, et il n'avait aucune arme pour se défendre. Cependant une intrépidité naturelle, le désir d'obtenir des
renseignemens sur sa route, et d'un autre côté, le soupçon que la voix qui venait de frapper ses oreilles n'était
pas novelle pour lui, l'engagèrent à rester. Il attendit
donc, non sans quelque émotion, la fin de cette aventure.

Bientôt il lui sembla entendre un cliquetis de pierres,
comme si on eût été en train de refermer l'entrée d'une

grotte; puis, les arbustes s'écartant tout à coup, il se trouva en présence du personnage mystérieux dont la voix était parvenue jusqu'à lui.

C'était un homme, entre deux âges, portant le costume des gens du pays : vêtemens de peau de chèvre et toque montagnarde ; de longs cheveux flottaient sur ses épaules. Il tenait d'une main une petite outre remplie de la liqueur alcoolique, dont la fabrication était son occupation ordinaire; de l'autre, il traînait une vieille carabine, accessoire obligé de sa périlleuse profession. Il paraissait avoir largement usé des produits de son industrie, comme on en jugeait à ses traits enluminés et à une certaine faiblesse dans les jambes, qui ne lui permettaient pas de conserver exactement son centre de gravité. En apercevant le voyageur, il resta tout ébahi.

— Eh sirs ! — dit-il enfin, d'un air hébété, — ce n'est pas Jack... C'est un *hunter* ou un *sassenaeb*... Ogh ! — Puis, songeant sans doute que l'étranger avait découvert l'existence du laboratoire secret, il posa à terre sa petite outre, et, relevant sa carabine, il ajouta d'un ton qu'il voulait rendre ferme et résolu : — Eh ! l'ami, qui êtes-vous donc, pour vous promener ainsi dans des endroits où vous n'avez que faire? Vous mériteriez que je vous logeasse une balle dans la tête, si j'étais méchant; mais je ne suis pas méchant... Et pourtant, camarade, avant de nous séparer, il faudra que je vous regarde un peu dans le blanc des yeux et que je sache si vous avez sur la conscience du pudding d'avoine ou une mauvaise pensée!

Mais le voyageur ne s'effut nullement de ses menaces, quoique la pointe du fusil fût toujours dirigée contre sa poitrine. Il examinait l'ivrogne avec une extrême attention et semblait chercher à recueillir ses souvenirs.

— Je ne me trompe pas, — dit-il enfin, — vous êtes bien Tom Irwing, l'ancien tenancier de lord Avondale, dans la paroisse de Neath?

Le fraudeur pâlit visiblement, malgré les teintes vermeilles que son visage devait au wiskey de contrebande.

— Tom, Irwing ! — bégaya-t-il; — s'il plaît à Votre Honneur, vous vous trompez joliment! Je ne suis pas Tom Irwing; je m'appelle Dugald Mac-Carthy, et suis né dans les Highlands. J'habite la Cunnemara depuis... Mais que vous importe qui je suis? — s'interrompit-il brusquement.

— Ah çà! dites-vous, celui qui vient de parler écarta son manteau et montra les traits amaigris, mais toujours calmes et sereins, d'Angus O'Byrne. Irwing manifesta un vif étonnement mêlé de joie. Il laissa tomber sa carabine, et, s'élançant vers Angus, il s'écria transporté :

— Est-il possible! Sa Révérence, elle-même ! Ah ! quel bonheur ce sera pour...

Il s'arrêta interdit; le prêtre le regarda fixement.

— Eh bien ! que voulez-vous dire, Tom? Pour *qui* ma présence sera-t-elle un bonheur, dans ce pays maudit, où sans doute personne ne me désire, personne ne m'attend?

— Ma foi ! Votre Révérence, je voulais dire pour... pour ma femme, pardieu ! la pauvre Mary, qui est venue me joindre ici avec la vieille mère et toute la bande des petits enfans. Nous sommes établis de l'autre côté de cette montagne, dans un bon cottage; et si vous consentez à pousser jusque-là, vous verrez comme on vous fera fête! le commerce ne va pas mal dans ce canton...

Et le paddy se mit à rire.

— Le commerce ! — répéta Angus avec amertume ; — Dieu veuille que le commerce qui vous procure cette aisance soit honorable et conforme aux lois !

— Les lois sont ce qu'elles sont, Votre Révérence, répondit Irwing avec légèreté ; — mais on est bien obligé de travailler *sous terre*, quand il n'y a pas moyen de travailler *dessus*... Och ! il faut rire un peu, comme dit Jack.... Mais Votre Révérence paraît cruellement fatiguée, et on dirait que vous avez peine à vous mouvoir. Vous plairait-il un peu de ce wiskey, monsieur O'Byrne? Quoique vous en ayez répandu là-bas, sur les rochers de Saint-Patrick, plus d'un gallon qui, à la vérité, ne valait pas celui-ci, vous êtes trop sage pour ne pas savoir vous soumettre à la nécessité. — Il se baissa, remplit à moitié un gobelet d'étain du contenu de son outre, puis il présenta le gobelet à Angus. Celui-ci voulait refuser ; mais réellement son sang se glaçait dans ses veines, et il sentait la chaleur vitale l'abandonner. Il accepta donc, et avala avec répugnance une gorgée de la liqueur qu'il avait tant proscrite. Cette action parut comme une grande victoire à Tom Irwing, qui donna les signes d'une joie immodérée: — Il boit! il boit du wiskey, —dit-il en frappant des mains, — et du wiskey de contrebande encore! Là-bas, à Neath, ils ne voudraient jamais croire cela!.., Ah ! Votre Révérence, quand je vous disais que le wiskey ne pouvait faire de mal ! Tenez, voici déjà les couleurs qui reviennent sur vos joues. Mais Votre Révérence permet... Il ne faut rien perdre des biens de Dieu !

Et Irwing vida d'un trait la tasse que le prêtre venait de lui rendre encore presque pleine.

En dépit de lui-même, Angus O'Byrne se sentait un peu réconforté par les quelques gouttes de wiskey qu'il venait d'avaler. Il dit avec un nouveau sourire :

— C'est seulement l'abus que je blâme, Irwing ; si vous et tant de nos pauvres compatriotes vouliez vous contenter d'user modérément... Mais il ne s'agit pas de cela en ce moment. Puisque vous m'offrez l'hospitalité à votre cottage, j'accepte volontiers. Je suis épuisé de fatigue, car depuis ce matin j'erre dans ces campagnes sauvages. Mon poney ne sera pas fâché non plus d'avoir quelques poignées de paille ou de foin pour se restaurer ; la pauvre bête est sur les dents. Montrez-moi donc le chemin et partons.

— Oui, partons, Votre Révérence, — répliqua Tom; — nous ne sommes pas loin de chez moi, et la ménagère n'a pas oublié combien autrefois vous étiez bon pour elle et pour les enfans... Oui, nous et une autre personne... la pauvre chère fille! Mais elle est dans le pays des anges maintenant.

Le fraudeur reprit son outre, sa carabine, et se mit à marcher en avant, tandis que monsieur O'Byrne le suivait en tenant par la bride son cheval épuisé. Pendant quelques instans, les difficultés du sol rocailleux rendirent toute conversation impossible. Mais bientôt les voyageurs atteignirent un sentier durci par la gelée, où la marche devenait plus commode, et qui, tournant la base d'une des montagnes, semblait conduire à des régions plus favorisées.

Néanmoins, aucun d'eux ne se pressait de rompre le silence. Irwing était soucieux, évidemment certaines difficultés, auxquelles il n'avait pas songé d'abord, se présentaient maintenant à son esprit et le mettaient en garde contre les indiscrétions. De son côté, le prêtre catholique cherchait les moyens d'aborder un sujet pénible et délicat.

— Irwing, —dit-il d'un ton mélancolique, —avant d'arriver à votre cottage, où nous pourrons être troublés, j'ai d'importans renseignemens à vous demander. Malgré vos fautes passées, dont vous subissez si durement la peine, vous n'êtes pas méchant, comme vous le disiez tout à l'heure; vous répondrez donc avec franchise, je l'espère, aux questions que je vais vous adresser. Irwing, en vous rencontrant ici par hasard, la pensée m'est venue que vous pourriez me donner des nouvelles de mon malheureux frère et... d'une personne qui l'accompagne; me serais-je trompé?

Tom le regarda en dessous d'un air sournois, puis il répliqua résolûment :

— Votre frère, monsieur O'Byrne! Et comment saurais-je, moi, pauvre homme, ce qu'est devenu un grand lord comme votre frère? Il est en France peut-être, ou bien...

— Ne mentez pas, — interrompit Angus avec sévérité; — je sais d'une manière certaine que Richard est caché dans le voisinage, et vos mensonges ne serviraient qu'à perdre votre âme sans changer ma conviction. Tenez, Irwing, — ajouta-t-il d'un ton plus doux, — ne craignez pas de vous fier à moi; je suis venu ici pour accomplir une mission de salut. Vous n'ignorez pas sans doute quel danger court Richard et quelle condamnation terrible...

La voix lui manqua et ses yeux se remplirent de larmes.

— Oui, oui, — reprit le paddy avec émotion, — un déserteur nous a apporté dernièrement le journal de Dublin, et nous avons tous pu lire la sentence de la cour des sessions. Qu'on veuille envoyer par delà les mers un pauvre diable comme moi, ça se comprend, quoique personne ne puisse affirmer qu'on m'a vu tirer un coup de fusil ou arracher une poignée de cheveux à qui que ce soit; mais il y a la chose du cottage incendié, à laquelle je n'aurais rien à répondre... D'un autre côté, que Jack Gunn et tant d'autres aient été jugés bons pour être pendus, ils s'y attendaient, et la nouvelle n'a pas dû trop les surprendre; mais que ces lords de la cour aient osé condamner un homme comme le grand comte au supplice des coquins et des mendians, c'est une véritable infamie. Ensuite, me direz-vous, que peuvent attendre les francs Irlandais de ces juges venus d'Angleterre? Ah! Votre Révérence, le plus heureux dans tout ceci a été ce pauvre vieil aveugle, monsieur William Sullivan, celui qui avait fait un sort à mon petit Pat ; il est mort deux prisons après avoir témoigné hautement pour l'Irlande. — Ils marchèrent en silence, accablés l'un et l'autre par de douloureuses pensées. Le paddy reprit d'un air de défi : — N'importe! n'importe! On a beau condamner là-bas à Dublin, il peut y avoir loin de la corde au cou... Voyez-vous, monsieur O'Byrne, les gens de justice ne viennent pas souvent dans le Cunnemara, et, s'ils y venaient pour faire exécuter leurs fameuses sentences, ils pourraient bien ne se trouver ni les plus fins ni les plus forts.

— Ne vous y fiez pas, Tom, — dit Angus en hochant la tête ; — je connais l'espèce de privilége dont jouit ce pays, mais il est des cas où ce privilége n'arrêterait pas l'autorité. Richard n'est pas un ennemi ordinaire ; l'administration anglaise redoute extrêmement son influence, son habileté militaire, son indomptable courage ; elle veut se débarrasser à tout prix d'un conspirateur si dangereux. D'ailleurs, mon frère, s'emparant comme otage d'une jeune fille qui appartient à une des plus grandes familles d'Irlande, a soulevé des haines implacables. Je sais que lord Avondale presse le vice-roi de prendre des mesures énergiques pour retrouver miss Nelly et son ravisseur. Hier, à mon passage dans la ville de Galway, on préparait une nombreuse expédition dont le but était inconnu ; je tremble qu'elle ne soit destinée à fouiller ces montagnes, et que, d'un moment à l'autre... Je vous adjure donc, Irwing, si vous connaissez la retraite de Richard, de m'y conduire au plus tôt, afin que je lui donne les moyens de se sauver.

Tom Irwing manifestait beaucoup d'embarras et de malaise ; il regardait tantôt ses pieds, tantôt les nuages, et semblait fort en peine de sa personne.

— Que puis-je répondre, mon révérend monsieur? — répliqua-t-il enfin ; — je suis un homme simple, qui a de bonnes intentions, mais qui ne sait pas toujours agir pour le mieux. Mais venez avec moi : on ne m'a rien dit, et

cependant il serait possible... avec l'assistance de Dieu et de saint Kevin... Enfin, venez, venez!

— Vous vous défendez mal, Irwing, — s'écria Angus, — et vous savez, j'en suis sûr, ce que je vous demande... Eh bien! si vous êtes impénétrable au sujet de mon frère, parlez-moi du moins de cette infortunée jeune fille dont Richard s'est emparé avec tant de déloyauté. Si sa vengeance devait s'exercer sur quelqu'un, ne pouvait-il choisir une autre victime que la compagne, la meilleure amie de notre bonne sœur? Où l'a-t-il cachée? Comment la retient-il prisonnière dans cet horrible pays? N'y a-t-il aucun moyen de la voir, de s'entendre avec elle, de l'arracher à la captivité où elle languit sans doute? — Cette fois Tom sourit, et il parut griller d'envie de lancer quelque observation maligne; mais, se ravisant aussitôt, il se contenta de murmurer, avec sa réserve ordinaire, « qu'il ne saurait dire, » mots sacramentels d'un paysan irlandais quand il est pressé de questions auxquels il ne se soucie pas de répondre.

— Allons! je le vois, — dit Angus en soupirant, — on a exigé de vous quelque serment solennel, et vous avez raison de ne pas l'enfreindre... J'irai donc seul, puisqu'il le faut, et le ciel peut-être bénira mes efforts. Mais du moins, mon cher Tom, vous m'indiquerez bien où se trouve dans ces montagnes un lieu appelé Fairy-Mount?

Tom s'arrêta brusquement.

— Fairy-Mount! — répéta-t-il stupéfait; — qui vous a appris... mais vous savez tout alors?

— Hélas! je ne sais rien de plus que ce nom ; c'est celui du lieu où j'aurai, m'a-t-on dit, des nouvelles certaines de mon malheureux frère... Irwing, pouvez-vous me fournir des renseignemens sur cet endroit ?

Le paddy ne répondit rien et continua d'avancer en grommelant, comme s'il se parlait à lui-même :

— Ma foi! je m'y perds... Il sait et il ne sait pas... Heureusement nous voici au cottage, et je trouverai sans doute moyen de m'instruire... Ah! pauvre Tom! jamais la cervelle n'a eu tant d'occupations depuis six mois ! — Pendant cette conversation, ils étaient sortis de la sombre vallée des Trois-Sœurs et avaient pénétré dans un pays beaucoup plus habitable. Le gazon et les arbres étaient moins rares de ce côté; le soleil ne dédaignait pas d'éclairer certaines parties du paysage. Quelques troupeaux de chèvres, quelques vaches de petite taille, gardées par des pâtres invisibles, paissaient sur les versans. Au bord du sentier qui bordait un précipice, on voyait deux ou trois cottages d'assez pauvre apparence penchés sur l'abîme. On y arrivait par une étroite corniche où un faux pas devait coûter la vie. Des proscrits seuls avaient pu établir leurs demeures dans cette situation bizarre et dangereuse. L'un de ces cottages, le moins misérable, était occupé par Irwing et sa famille. Tom le montra de loin à monsieur O'Byrne avec satisfaction; et, afin sans doute de couper court à un entretien embarrassant pour lui, il se mit à exposer longuement les avantages de sa nouvelle habitation. Quand on n'en fut plus qu'à une courte distance, le fraudeur, pour annoncer son arrivée, poussa un cri particulier, de toute la vigueur de ses poumons. Aussitôt une vive agitation se manifesta dans les cottages; on vit apparaître aux portes, aux étroites fenêtres, des femmes et des enfans qui considéraient avec avidité les arrivans. Mais sans doute le signal de Tom n'était pas un signal d'alarme, car ces gens ne montraient aucune inquiétude, malgré la présence de l'étranger, et leur ardente curiosité prouvait seulement que la rareté de semblables visites. Angus n'avait pu se défendre d'un mouvement de surprise au moment où cette clameur bizarre avait été poussée tout à coup. Son guide le rassura : — Ah! Votre Révérence, — dit-il, — nous ne sommes pas ici en pays ordinaire! Si je n'avais eu la précaution d'avertir de notre approche, nous eussions pu recevoir une pierre ou une balle de fusil avant qu'on eût eu le temps de nous reconnaître.

— Et vous vous vantiez d'être si heureux! — remarqua le prêtre.

Irwing se tut, et on atteignit enfin son cottage.

Réellement cette habitation était beaucoup plus comfortable que l'ancienne. On y voyait quelques meubles grossiers, des ustensiles de cuisine, et même plusieurs de ces sacs de plume qui sont le coucher le plus délicieux dont les paddies du Sud aient l'idée. La famille Irwing était réunie : mistress Irwing d'abord, puis la vieille mère idiote, puis toute la ribambelle d'enfans, y compris notre ami Pat, encore vêtu de cet habit noir dont nous connaissons l'histoire. A peine Angus eut-il été reconnu que la joie la plus vive brilla sur tous les visages. Mistress Irwing, dans ses transports religieux, se jeta à genoux devant l'ancien directeur de sa conscience et lui demanda sa bénédiction. La vieille mère lui répéta pendant un quart d'heure le cead mile faite, en riant de son rire hébété ; les enfans eux-mêmes vinrent tour tour à tour baiser la main de Sa Révérence ; après quoi, Pat, toujours en habit noir, s'empressa d'aller prendre soin du poney, à qui il prodigua sous un hangar voisin la paille hachée et les soins affectueux.

Bientôt un grand feu brilla dans l'âtre, au détriment des yeux de l'assistance. Sur la table boiteuse, on dressa une pyramide de pommes de terre fumantes, une jatte de lait, du fromage, et un pot de wiskey auquel chacun était libre d'appliquer ses lèvres, car il n'y avait pas de verres. C'était le festin le plus somptueux que pût offrir un cottage de paddy dans le Cunnemara. Tom, en promenant son regard sur cette table ainsi chargée, paraissait gonflé d'orgueil et de plaisir. Il invita son hôte à prendre place, et lui-même, sans doute pour s'ouvrir l'appétit, attaqua distraitement le pot de whiskey. Mais Angus refusa obstinément de revenir à cette liqueur, dont il avait pourtant éprouvé les effets fortifians ; il se contenta de quelques pommes de terre et d'un peu de lait, qu'il mangea rapidement, pendant que mistress Irwing lui racontait comment ils s'étaient établis dans cet endroit.

L'histoire en était des plus simples. Après la dispersion des insurgés de Neath, Irwing et d'autres paddies, trop compromis pour courir les chances d'un jugement, s'étaient retirés dans le Cunnemara. En rôdant au milieu des montagnes, ils avaient trouvé par hasard ces cottages abandonnés et tombant en ruines. Les proscrits s'étaient unis pour les rendre habitables. Grâce à ce concours, grâce aussi à quelques ressources secrètes sur lesquelles mistress Irwing ne s'expliquait pas, Tom s'était trouvé seigneur et maître de l'une ces huttes. Alors il avait songé à mander sa famille, qui errait de ferme en ferme depuis son malheur. Mistress Irwing, avertie secrètement, se mit en route aussitôt avec son monde, voyageant à pied et mendiant sur les chemins. Enfin, depuis quelques mois, ils étaient installés dans ce logis, où ils n'avaient pas été inquiétés un seul instant, et leur prospérité toujours croissante donnait les meilleures espérances pour l'avenir.

En écoutant ce récit, Angus O'Byrne attendait impatiemment des aveux sur ce qui faisait l'objet de ses secrètes préoccupations ; mais sans doute la bonne femme avait été prévenue par son mari, car, malgré ces réticences embarrassées, elle ne prononça pas une parole compromettante. Le jeune prêtre commençait à désespérer d'obtenir aucun renseignement sur le sort de son frère, quand un voix forte et un peu émue s'éleva en dehors du cottage.

— Eh! Dugald Mac-Carthy, vieux blaireau enfumé, — disait-on, — ne sortirez-vous pas de votre tanière? Il y a de mauvaises nouvelles ce matin, et il va falloir dérouiller nos jambes d'ici à quelques heures.

Au premier appel, Tom s'était levé ; mais un commencement d'ivresse ne lui laissait pas sa lucidité d'esprit ordinaire. Il resta immobile en balbutiant :

— Eh! c'est monsieur Jack, je crois.

— Vous voulez dire Duncan Ruthwel, le pipper de la vallée, — interrompit sa femme en le regardant d'une manière significative ; — vous devriez aller au-devant de lui ; peut-être... enfin n'entendez-vous pas qu'on vous appelle?

— Oui, oui, c'est juste, — répliqua Tom, — c'est Duncan... je vais voir... que parle-t-il donc de mauvaises nouvelles?

Mistress Irwing lui adressa un nouveau signe qu'il ne comprit pas. Cependant il allait sortir, quand la porte fut poussée brusquement, et un homme entra dans le cottage. Il était vêtu de peaux de chèvre, comme Irwing lui-même, et paraissait fort agité. L'obscurité qui régnait dans la cabane l'empêcha d'abord de voir l'étranger ; il s'écria avec colère en s'adressant à Tom :

— Eh bien! méchant pot à wiskey, est-ce le moment de vous enivrer quand je m'égosille à vous appeler ? Voyons, tâchez de retrouver un peu votre raison, si vous l'avez égarée au fond de votre outre... Je vous dis qu'il ne s'agit pas de bagatelles aujourd'hui. Vous allez bien vite courir annoncer au laird de là-haut qu'il ait à se tenir sur ses gardes. Pendant ce temps, moi je répandrai l'alarme dans la vallée.... Où est votre trompe?

Et, sans attendre de réponse, il se dirigea vers une partie du cottage où, parmi d'autres ustensiles grossiers, était suspendu un de ces cornets dont se servent les pâtres montagnards pour réunir leurs troupeaux. Ces paroles inquiétantes, l'air effrayé du nouveau venu, frappèrent tellement Irwing et sa femme qu'ils oublièrent eux-mêmes la présence d'Angus.

— Mais que se passe-t-il donc, monsieur Duncan? — demanda la ménagère toute tremblante.

— Oui, — ajouta Irwing qui commençait à se dégriser, — que se passe-t-il ?

— Ma foi ! vous ne tarderez pas à le savoir à vos dépens, si vous ne bougez pas plus que le roc de Finn sur la brèche du Giants'-Cut. Les soldats sassenachs ont couché à Cong la nuit dernière, et ils s'avancent rondement de ce côté. On dit qu'ils en veulent surtout au laird et à la jeune dame ; mais si, en pêchant le gros poisson, ils trouvent le petit dans leurs filets, ils ne le rejetteront pas, soyez-en sûrs. Nous devons songer à ça, camarade ; car vous et moi... — Il s'interrompit; son regard venait de tomber sur Angus, qui, assis dans l'ombre, écoutait ces nouvelles avec un grand intérêt. —. Qui avons-nous ici ? — demanda-t-il avec un mélange de surprise et de colère.—Eh ! l'ami, vous n'avez pas besoin de cinquante paires d'oreilles, comme l'idole de Jagrenat, pour entendre mes paroles ; une bonne paire suffit, et vous ouvrez les vôtres... Qui êtes-vous donc? — continua-t-il en examinant sans façons l'objet de sa défiance ; — vous n'appartenez pas à notre association, je crois, et... Naboclisch! — ajouta-t-il en bondissant en arrière, —c'est le ministre, c'est monsieur O'Byrne lui-même !

Angus se leva.

— Vous m'avez reconnu, monsieur Jack Gunn, dit-il, — et moi, à mon tour, j'ai reconnu en vous le fidèle compagnon de mon frère... Votre présence ici me confirme dans le soupçon que m'avait inspiré d'abord la rencontre de Tom Irwing ; maintenant, j'en suis sûr, Richard est près d'ici.

— Votre Révérence peut se tromper, — répondit Jack Gunn ; — qui vous a dit... ?

— Ce n'est pas moi, — interrompit Irwing avec empressement ; — Votre Révérence me rendra ce témoignage que je n'ai pas trahi les secrets du laird.

Mistress Irwing poussa son mari du coude pour l'obliger à se taire. Angus reprit d'un ton persuasif :

—Jack Gunn, Irwing, n'essayez plus de nier : vous avez assez lutté pour défendre le secret de votre chef, de votre ami. Les momens sont précieux ; ce que j'avais prévu se réalise ; on a envoyé des troupes pour battre le pays. Richard, si bien caché qu'il soit, est perdu si on le sauve ; j'en ai les moyens. Conduisez-moi sur-le-champ près de lui ; je vous l'ordonne au nom de son salut!

Irwing et Gunn, ou plutôt Dugald et Duncan, comme on les appelait, se regardèrent avec angoisse.
— Hum! — fit Dugalde.
— Diable!.— fit Duncan.
Angus mit son manteau.
— Allons, mes amis, — reprit-il avec entraînement, — chaque minute qui se passe aggrave les dangers de Richard. Il me semble déjà entendre les trompettes de ces Anglais qui viennent l'arrêter...
— Les entendez-vous réellement? — demanda le prétendu Duncan, dont les traits s'animèrent; — autrefois, rien qu'au son des clairons, je pouvais reconnaître, à trois milles de distance, le numéro de n'importe quel régiment des trois royaumes ou des colonies. Eh bien! moi aussi, avec ce méchant cornet, je vais te régaler d'une fanfare qui leur fera dresser les oreilles... Allons, Votre Révérence, puisqu'il le faut, nous vous conduirons à Fairy-Mount: il n'appartient à personne, en effet, de se placer entre deux frères, deux hommes du même sang... Mais si le laird nous blâme, vous vous souviendrez que vous nous avez forcé la main, et surtout que nous n'avons trahi aucun de ses secrets?
— Il suffit... Mais partons, de grâce, et je réponds de tout.

Un moment après, Angus gravissait avec ses deux guides une rampe escarpée de la montagne voisine. Il avait laissé son poney au cottage d'Irwing, vu l'impossibilité de continuer sa route à cheval, et, malgré ses fatigues, il s'avançait d'un bon pas. De temps en temps, Gunn, portant le cornet à ses lèvres, en tirait des sons plaintifs qui se prolongeaient dans les gorges et les vallées.

Alors on voyait les têtes des pâtres se dresser avec inquiétude derrière les genêts; quelques-uns assemblaient précipitamment leurs troupeaux et les chassaient vers les hauteurs pour les mettre en sûreté. Des femmes couraient à toutes jambes dans la plaine, tandis que des montagnards, armés de fusils, s'embusquaient au haut des rochers. Bientôt les mêmes sons de trompe se répétèrent dans diverses directions, comme des échos lointains; des nuages de fumée parurent sur certains points désignés d'avance; au bout de quelques instans, il devint évident que tout le pays avait pris l'alarme.

XVI

LES PROSCRITS.

L'habitation de Fairy-Mount, vers laquelle se dirigeait Angus, était célèbre dans le pays, quoique son existence fût un mystère, même pour la plupart des proscrits. Sa situation exacte, les moyens d'y arriver, n'étaient connus en effet que d'un petit nombre de vétérans du Cunnemara, à qui elle servait de retraite dans les momens de danger. Elle avait été occupée par des rebelles illustres ou par des chefs de brigands qui, de là, avaient bravé pendant de longues années les atteintes de la justice. Aussi faisait-on les récits les plus étonnants sur les crimes dont elle avait été le théâtre, sur les obstacles qui en défendaient l'approche, sur les passages souterrains qui y conduisaient, et qui permettaient, en cas de siége, à ses habitans, d'aller sortir à une grande distance derrière les lignes ennemies.

Les aventures d'un certain Thomas Glendore, qui s'y était établi vers la fin du siècle dernier, avant l'insurrection de 1798, défrayaient surtout les légendes de Fairy-Mount. Cet homme, d'une force herculéenne, était un chef de white-boys, fort redouté des comtés voisins pour ses attaques et ses violences contre les riches landlords. On assurait qu'il en avait conduit plusieurs prisonniers

dans son repaire, et que, pour les obliger à se racheter ou pour venger d'anciennes injures, il les avait fait périr au milieu d'horribles tourmens. Suivant ces récits, les grilles de fer, les instrumens de supplice qui avaient servi à torturer ses victimes existaient encore et les traces de sang étaient demeurées visibles sur les parois des obscures cavernes où les malheureux propriétaires avaient été enfermés. Enfin Thomas Glendore avait été tué dans une escarmouche contre les soldat anglais; mais on prétendait que, depuis cette époque, son âme errait chaque nuit en proférant d'effroyables blasphèmes dans ces sombres lieux où s'était exercée autrefois sa cruauté.

Ces légendes donnaient à Fairy-Mount un caractère fantastique, surnaturel, que l'ignorance où l'on était de sa véritable situation tendait à exagérer encore. De leur côté, les proscrits qui avaient succédé plus tard à Glendore dans cette espèce de forteresse, n'avaient pas négligé de propager les contes absurdes où ils trouvaient des avantages pour leur sûreté. Aussi la police anglaise, déconcertée par les détails bizarres, souvent contradictoires, toujours incroyables, qui lui arrivaient sur cette retraite inconnue des rebelles, avait-elle fini par douter de son existence et par considérer comme des fables ce qu'on lui en rapportait.

Fairy-Mount existait pourtant réellement, et, pour preuve, nous allons, en vertu de notre omnipotence de romancier, y introduire le lecteur, avant même l'arrivée d'Angus et de ses compagnons

Cette ancienne demeure du farouche Glendore était située à peu près à mi-côte d'une des montagnes appelées les Trois-Sœurs. Aucun sentier n'y conduisait; les initiés seuls connaissaient les mille détours qu'il fallait prendre pour atteindre à cette élévation; un visiteur étranger se serait vu arrêté à chaque pas par des difficultés insurmontables. Vers le milieu du versant, on trouvait une sorte de terrasse qu'un parapet naturel de rochers empêchait de voir d'en bas; là s'élevait l'habitation de Fairy-Mount. Un petit bâtiment de forme basse, construit en pierres et voûté, était adossé à la montagne, qui, à partir de ce point jusqu'au sommet, paraissait tout à fait inaccessible. Le bâtiment, d'aspect fruste et grossier, à la porte solide, aux nombreuses meurtrières, cachait entièrement l'entrée des grottes immenses qui en étaient les dépendances. Tout, dans ce fort en miniature, témoignait des précautions imposées à ses habitans par leur sûreté. Le passage conduisant à la terrasse avait seulement la largeur suffisante pour une personne; il se fermait instantanément au moyen de grosses pierres mobiles disposées à cet effet et qu'un homme seul, armé d'un levier, eût aisément déplacées. On ne pouvait parvenir à l'habitation sans être exposé au feu d'une sorte de rempart qui commandait le chemin. Enfin, en cas de blocus, les habitans de Fairy-Mount n'eussent été privés ni d'air, ni de lumière, ni même de promenade; au delà du bâtiment, la terrasse s'élargissait de manière à former un jardin ombragé de nombreux arbustes; un bassin creusé dans le roc; et qui recevait les eaux venues du sommet de la montagne, offrait en toute saison une boisson pure, abondante et qui ne pouvait manquer.

Malgré l'aspect sévère de l'habitation et les affreux souvenirs qui s'y rattachaient, l'extérieur de Fairy-Mount n'avait donc rien de trop repoussant le jour dont nous parlons, au moment où Angus O'Byrne recevait l'hospitalité chez Tom Irwing. Le soleil, si avare de ses rayons pour les régions inférieures, se jouait parmi les arbres du jardin et dorait les extrémités de la corniche de rochers. Sous sa douce chaleur une mésange, pauvre petit oiseau égaré à cette hauteur, chantait dans un houx épineux dont elle égrenait les fruits vermeils. Une chèvre privée, qui errait en bondissant au milieu des halliers, lui répondait par ses joyeux bêlemens. Le bassin, gelé pendant la nuit précédente, fondait lentement sa plaque de cristal dont il était couvert, et l'eau scintillait en perles liquides par-dessus ses bords. Çà et là le gazon vert, les mousses et les lichens aux couleurs vives, égayaient le regard, qu'eût fatigué la brune monotonie des rochers.

A l'extrémité du jardin, du haut d'un bloc de basalte qui surplombait, on dominait un vaste et rude paysage. D'un côté était la vallée des Trois-Sœurs, avec son lac noir et immobile, sa cascade bruyante, ses ténèbres humides et sa solitude de mort; de l'autre, l'espèce de petite plaine où demeurait Irwing, avec ses précipices, ses cottages dont le toit fumait, ses troupeaux bariolés qui s'éparpillaient dans les pâturages. A l'arrière-plan, il y avait des monts majestueux dont les cimes, blanches de neige, se perdaient dans les pâles vapeurs d'un ciel d'hiver.

Une femme, appuyée contre ce bloc, contemplait tristement le chemin, invisible pour tout autre, qui montait à Fairy-Mount. Son grand châle était drapé autour de sa tête et de ses épaules, comme le plaid d'une Ecossaise. Néanmoins, au milieu des plis nombreux qui encadraient son visage, on distinguait des traits d'une beauté, d'une délicatesse que l'on ne devait pas s'attendre à trouver en pareil lieu. Immobile malgré le vent du nord qui, par moments, lui imprimait ses âcres baisers, elle semblait attendre quelqu'un avec anxiété, et des larmes coulaient lentement de ses yeux.

Enfin elle quitta son poste d'observation, et elle se mit à errer comme au hasard dans le jardin de Fairy-Mount.

— Il ne vient pas! — soupira-t-elle. — Je suis seule, toujours seule dans cette horrible maison, où je crois sans cesse entendre le râle des mourants, où les murs suintent le sang!... je ne l'accuse pas; c'est à lui de veiller à nos besoins, de pourvoir à notre sûreté. Mais qui m'eût dit, mon Dieu! que je pourrais supporter tant d'humiliations, tant de misères, tant de terreurs, sans mourir? — Elle s'arrêta et s'abandonna un moment à une irrésistible douleur. —Calmons-nous, —reprit-elle enfin ; — il peut venir d'un moment à l'autre, et il ne faut pas qu'il se doute.... Oui, oui, je lui cacherai mes souffrances; car lui mes yeux n'exprimeront que de l'amour, mes lèvres ne s'ouvriront que pour sourire. Il ne saura rien, il ne verra rien; il ne devinera rien. Je me le suis promis, je ferai mentir l'aveugle de Lady's-Church ! — Elle s'approcha du bassin, et, trempant l'extrémité de ses doigts dans l'eau, elle en humecta ses yeux et son visage pour effacer toute trace de larmes. Comme elle était encore occupée de ce soin, un sifflement aigu partit à quelque distance et se répéta jusqu'à trois fois. — C'est lui! — murmura-t-elle. Aussitôt elle traversa, légère comme un vanneau, le jardin et la cour de Fairy-Mount. Arrivée à un portique de rochers qui donnait accès dans cette singulière habitation, elle s'écria avec une gaieté effactée : — Oh! oh ! que de précautions aujourd'hui, mon cher Richard? Y aurait-il du nouveau dans la plaine? Entrez toutefois; vos ennemis ne sont pas ici.

Un homme vif et alerte, vêtu de peaux comme les gens du pays, et équipé en chasseur, un fusil sur l'épaule, s'élança d'un enfoncement où s'était tenu caché jusqu'à ce qu'on eût répondu à son signal. Bientôt il se trouva près de de la jeune femme; elle lui tendit la main, qu'il baisa chaleureusement.

— Ne vous effrayez pas, ma chère Nelly, — répondit-il; — en chassant, j'ai rencontré un pâtre qui prétend avoir aperçu ce matin un voyageur à cheval dans la vallée des Trois-Sœurs. Vous savez combien la présence d'un étranger doit être suspecte; c'est pour cela que tout à l'heure... mais il n'y a rien de sérieusement inquiétant, j'espère, dans l'apparition de cet inconnu. Jack Gunn est-il rentré?

— Non, Richard; je n'ai vu personne, et comme la frayeur me gagne quand je suis longtemps seule dans la salle de Fairy-Mount, je suis sortie pour prendre l'air sur cette terrasse.

— Enfant! qué pouvez-vous donc craindre ici?

— Excusez-moi, Richard; mais on fait des contes si affreux sur cette maison et sur les grottes qui s'étendent au-dessous d'elle... En vérité, j'ai honte de moi-même.

— Nelly! pauvre Nelly! — dit O'Byrne avec un soupir, — vous n'étiez pas née pour cette existence aventureuse... je m'en aperçois chaque jour davantage. — Tout en causant, ils s'avançaient vers l'habitation; Richard reprit d'un ton plus gai : — En attendant l'ennemi, s'il doit venir, il y aura fête aujourd'hui dans notre pauvre demeure... Imaginez, mon ange, que j'ai fait ce matin une chasse miraculeuse : quatre superbes canards sauvages abattus de mes deux coups sur le lac Noir! Nous voilà des provisions pour plusieurs jours, et Jack, notre cuisinier, va nous préparer un véritable festin... Mais vous ne me dites rien, ma chère? — En effet, Nelly avait été si émue des paroles précédentes du proscrit qu'elle craignait de se trahir par l'altération de sa voix. Richard la regarda en face. — Nelly, — dit-il, — vous avez pleuré.

— Moi, mon ami? je vous assure que vous vous trompez... Vous voyez peut-être sur mon visage l'effet de ce vent piquant auquel je me suis imprudemment exposée.

Richard secoua la tête d'un air sombre, mais sans prononcer une parole. Ils entrèrent dans une pièce voûtée, presque dénuée de meubles. Un bon feu de tourbe brûlait dans la cheminée, répandant autour de lui une bienfaisante chaleur et une vive clarté. Richard jeta sur un banc son carnier et son fusil; puis il vint s'asseoir auprès du feu en face de sa compagne. Tous les deux gardèrent un moment le silence.

— Nelly, — dit enfin Richard, — vous êtes malheureuse. — Et comme elle tentait un geste de dénégation. — Oh ! ne vous en défendez pas, — reprit-il ; — ces soupçons que j'ai conçus depuis longtemps déjà deviennent maintenant une certitude... Je savais bien que vous présumiez trop de vos forces, vous, si jeune et si délicate, vous habituée aux douceurs de la vie opulente, en voulant partager le sort d'un proscrit... J'avais prévu cet inévitable retour, quand je vous associais à mes malheurs, à mes dangers; et vous m'êtes témoin vous-même que, malgré les ineffables consolations que je devais trouver dans votre dévouement, j'éprouvais une sorte de remords à l'accepter !

— Ne dites pas cela, mon Richard, — reprit la jeune femme en passant un de ses bras autour du cou du proscrit et en donnant un libre cours à ses larmes.— Eh bien ! oui, je ne m'en cache plus... je pleure... oui, j'avoue qu'au milieu des privations, des terreurs, des souffrances qui m'accablent, je pense parfois au pays natal et qu'alors mon courage m'abandonne! Mais, Richard, me reprocherez-vous ces quelques larmes accordées à ma joyeuse et paisible enfance, à mon vieux père, dont j'oublie les torts pour ne me rappeler que ses soins et sa tendresse? Ne soyez pas jaloux de ces regrets, Richard, je vous aime toujours, et...

— Ce n'est pas votre amour que j'accuse,—reprit O'Byrne avec chaleur,—vous m'en avez donné trop de preuves pour que je puisse en douter encore... Mais que faire maintenant? Comment vous voir souffrir sans chercher à vous délivrer du fardeau qui vous tue? Il est donc vrai, chère et généreuse enfant, — ajouta-t-il avec attendrissement, — j'ai causé votre malheur, je vous ai entraînée dans l'abîme avec moi... j'ai donné une apparence de raison à ceux qui m'accusent de vous avoir choisie pour victime expiatoire de nos longues et cruelles dissensions de famille !

Il se cacha le visage dans les mains et étouffa quelques sanglots. Tout à coup Nelly se leva et essuya ses yeux.

— Pardonnez-moi, Richard, — reprit-elle d'un ton plus ferme ; — vous savez que j'ai toujours eu l'orgueil de me croire supérieure à la faiblesse de mon sexe et de mon âge ; excusez un instant de vertige dont je rougis. Les avantages que je regrette valent-il celui de vivre près de vous, d'être votre compagne, l'objet de toutes vos pensées? Et quant à mon père, ne m'a-t-il pas donné l'exemple de l'indifférence et de l'abandon?... Allons, c'est fini, Richard,

Voyez, je ne pleure pas, je souris, je suis heureuse... car jo t'aime, mon Richard, et je ne te quitterai plus!

Ces paroles affectueuses étaient prononcées avec tant de naturel et de sincérité que le proscrit tressaillit ; ses traits, si mornes tout à l'heure, s'illuminèrent d'espérance. Il prit la jeune femme dans ses bras, et la serra contre sa poitrine.

En ce moment, les sons d'une trompe retentirent au dehors. Les deux jeunes gens s'éloignèrent l'un de l'autre et écoutèrent.

— C'est une fanfare d'alarme! — dit Richard avec agitation ; — plus de doutes... ce voyageur à cheval qu'on a aperçu ce matin était un agent du gouvernement ou tout au moins un espion déguisé.

— Eh bien ! mon ami, qu'importe? — répliqua Nelly Avondale avec légèreté ; — vous êtes trop brave pour redouter un homme seul... Mais nous allons avoir des nouvelles précises, car le son paraît se rapprocher, et Jack Gunn, qui fait tout ce vacarme, vient certainement ici.

— C'est probable; cependant je vais me mettre en observation sur la terrasse. Dans notre position, on ne saurait prendre trop de précautions pour n'être pas surpris.

Il allait sortir en effet, quand trois hommes se précipitèrent dans la salle.

— Laird, — s'écria Irwing éperdu, — sauvez-vous bien vite avec la jeune dame... Nous avons vu les soldats rouges !

Nelly Avondale poussa un cri d'épouvante; mais Richard, qui se défiait de la simplicité de Tom Irwing, se tourna vers Jack comme pour lui demander ce qu'il devait penser d'un pareil rapport.

— Cela n'est que trop vrai, — dit Jack à son tour ; — les soldats arrivent bon train. On nous avait donné l'éveil ce matin, mais nous ne les attendions pas sitôt. Oui, ils sont à un demi-mille d'ici tout au plus, et ils forment un joli corps de troupes avec de la cavalerie et des nuées de constables et de policemen... Enfin ils sont trop pour nous ; voilà tout ce que je peux en dire.

— Fort bien, — répliqua le proscrit avec calme ;— mais rien ne prouve encore que ces troupes sachent la direction de Fairy-Mount, et...

En ce moment son regard s'arrêta sur Angus, qu'il avait pris d'abord pour un paddy de la vallée. Le prêtre, voyant que sa présence excitait la défiance de Richard, écarta vivement son manteau.

— Richard, — dit-il avec émotion, — vous pouvez parler sans crainte... Celui qui vous écoute est un frère qui vous aime et veut vous sauver.

En même temps il embrassa chaleureusement le proscrit sans que celui-ci cherchât à éviter ou à lui rendre ses caresses.

A peine Angus s'était-il fait reconnaître que Nelly Avondale s'était réfugiée, rouge et tremblante, dans le coin le plus obscur de la salle. Mais ni l'un ni l'autre des deux frères ne remarqua ces signes d'une profonde confusion. L'aîné se dégagea des étreintes du prêtre, et, se tournant vers Jack et Irwing, il dit d'un ton irrité :

— Vous avez contrevenu à mes ordres ; vous m'avez trahi ! Ne vous avais-je pas recommandé de ne révéler à qui que ce fût le secret de ma retraite, et surtout...

— Mon frère ! — s'écria Angus avec dignité, — n'accusez personne d'un tort dont je suis seul coupable. Depuis longtemps déjà j'avais le plus ardent désir de découvrir votre demeure ; mais je n'y fusse jamais parvenu peut-être si, dans un de mes voyages à travers les comtés voisins, un white-boy mourant, auprès duquel j'avais été appelé pour remplir les devoirs de mon saint ministère, ne m'avait donné quelques renseignemens incomplets sur le lieu où vous vous étiez réfugié. En rencontrant près d'ici Tom Irwing et Jack Gunn, dont je sais l'attachement à votre personne, je les ai forcés, par des considérations tirées de votre propre intérêt, à me conduire près de vous... Richard, j'avais espéré que vous trouveriez dans votre cœur des motifs d'excuse pour la faute de vos serviteurs!

Ces mots, prononcés d'un ton de reproche mélancolique, parurent toucher Richard.

— Vous avez raison, Angus, — dit-il en lui tendant la main, — et je vous remercie de votre dévouement. Vous saurez bientôt... Mais que faites-vous ici ? — s'interrompit-il en se tournant vers Gunn et vers Tom Irwing ; allez vous mettre en observation derrière les rochers de la terrasse : s'il arrive quelque chose de nouveau, venez me prévenir. Surtout, gardez qu'on ne vous aperçoive!

Il leur adressa d'autres recommandations rapidement, et ils sortirent avec leurs fusils.

Pendant cette conversation, Angus s'était approché de Nelly.

— Courage ! miss Avondale, —dit-il à voix basse ; — bientôt, je l'espère, vous serez libre. — La jeune fille le regarda fixement, comme si elle n'eût pas compris ces paroles ; mais aussitôt le prêtre s'éloigna et revint vers Richard, — lui dit-il d'un ton grave, — les circonstances où nous sommes n'exigent pas beaucoup de paroles. Vous voyez quel danger vous menace, car il est évident que c'est à vous particulièrement qu'on en veut. Il ne vous reste maintenant qu'un parti à prendre, c'est de fuir et de me laisser le soin de réparer une grande injustice, un crime dont je vous aurais cru incapable.

— Un crime, Angus?

— Oui, un crime... Comment appelleriez-vous autrement le sentiment qui vous a fait ravir une fille à son père, dans un but de haine et de vengeance, au risque de la déshonorer aux yeux du monde? Aujourd'hui vous portez la peine de cet acte coupable. On n'eût jamais songé à envoyer des régimens, presque une armée, dans ces montagnes inaccessibles, s'il n'y allait du sort d'une jeune dame de haute naissance, dont l'enlèvement a excité une extrême indignation dans les trois royaumes. J'ai la certitude que c'est lord Avondale qui a décidé le vice-roi d'Irlande à cette expédition, de laquelle sir Georges Clinton fait sans doute partie... Vous savez, Richard, à quoi vous devriez vous attendre si vous tombiez entre les mains de pareils ennemis ?

— Oui, oui, — répliqua le proscrit avec amertume, — je connais la sentence qui m'a frappé et à laquelle mon frère a applaudi peut-être... Mais rien ne prouve que le secret de ma demeure ait été révélé aux troupes royales ; les gens du pays sont liés par de formidables sermens, et le chemin de Fairy-Mount fût-il connu des Anglais, les moyens de défense ne me manqueraient pas, vous pouvez en donner l'assurance à vos amis.

— Ne me parlez pas ainsi, mon frère ! — s'écria Angus ému jusqu'aux larmes ; — ne dites pas que je pourrais partager les sentimens de ceux qui vous ont réduit à la condition misérable où je vous vois. Ne soyez pas injuste et cruel envers moi, quoique ce soit le tort ordinaire des malheureux aigris par la persécution d'accuser de leurs souffrances ceux qui en sont tout à fait innocens.... Raisonnons plutôt : Quel parti comptez-vous prendre? Essayerez-vous d'une résistance inutile ou bien profiterez-vous des passages inconnus dont ce bâtiment cache l'entrée, pour fuir et aller chercher une retraite à l'étranger ? Ce serait le parti le plus sage ; mais alors il faudrait renoncer à votre prisonnière ; car il serait inhumain, sinon impossible, de l'obliger à vous suivre.

— Eh bien ! mon frère, — dit Richard avec ironie, — puisque vous êtes en train de faire des suppositions, pourquoi n'entraînerais-je pas aussi miss Avondale dans ces souterrains, dont moi seul au monde, depuis la mort du vieux chef white-boy qui m'a conduit ici, je connais le secret? Pourquoi n'y la retiendrais-je pas jusqu'à ce que le canton fût débarrassé de ces Anglais qui nous cherchent? Cela serait facile, car il y a dans ces grottes des réduits introuvables où l'on pourrait, en peu d'instans, transporter les choses les plus nécessaires à la vie ;

ainsi je ne serais pas séparé de *ma prisonnière*, comme vous l'appelez, et je pourrais...

— n'acheva pas ; il avait vu Nelly reculer d'épouvante, et il souriait d'un sourire sardonique.

— Richard, — dit Angus, — ne prenez pas plaisir à paraître plus méchant que vous n'êtes.. Rien, ni vos douleurs passées, ni vos colères présentes, ne pourrait justifier un pareil traitement envers une jeune fille innocente, autrefois l'amie de notre pauvre sœur ! Laissez-moi vous exposer à mon tour le plan que j'ai conçu pour votre salut ; car en venant ici, Richard, je n'avais d'autre but que de vous soustraire au sort terrible qui vous menace. A vingt milles au plus d'ici, sur la côte de Kilkerran, au milieu des flots sans nombre qui couvrent cette partie de l'Atlantique, se trouve un petit navire français dont j'ai vu le capitaine il y a deux jours. Cet homme s'est engagé à vous recevoir à son bord et à vous conduire secrètement en France, où vous serez en sûreté. En marchant toute la nuit, vous vous trouverez demain matin sur la côte de Kilkerran ; vous remettrez au capitaine français une lettre que j'ai préparée d'avance et au moyen de laquelle vous serez admis sans retard sur son navire. Quant à moi, je prendrai miss Avondale par la main et je la conduirai sur-le-champ à l'officier supérieur qui commande les troupes anglaises. Cette satisfaction obtenue, l'expédition n'aurait plus d'objet ; je suis convaincu qu'on ne songerait pas alors à inquiéter sérieusement les autres proscrits qui habitent ce pays et qui ont gagné les montagnes au premier bruit d'alarme.

Richard écoutait avec attention et semblait hésiter.

— Angus, — dit-il enfin d'un ton cordial, — je m'étais encore une fois mépris sur vos intentions... Vous êtes un bon frère ; pardonnez-moi... Votre proposition est exécutable en tous points ; seulement, avant de répondre, je désirerais savoir ce qu'en pense miss Avondale.

La jeune fille parut d'abord étourdie de cette brusque interpellation ; puis elle courut à Richard, et, lui prenant la main, elle murmura avec égarement :

— Richard, vous savez bien quelle sera ma réponse. Jamais, je ne consentirai jamais...

Les sanglots qui la suffoquaient empêchèrent d'en entendre davantage.

— Que dit-elle ? — demanda le prêtre.

— Miss Avondale, — répliqua Richard avec un mélange d'ironie et de tristesse, — ne peut se défendre d'un peu de pitié pour un malheureux proscrit qui va rester seul au monde, sans consolation et sans espoir... Malgré cette longue captivité, où elle a supporté tant de privations et de souffrances, elle éprouvera peut-être un peu de regrets à quitter celui qui a été la cause de tous ses maux ; mais la joie de revoir sa famille, ses amis, de retrouver cette vie de luxe, ces satisfactions d'amour-propre auxquelles elle était habituée, chassera bientôt sans doute cet importun souvenir.

— Ne dites pas cela, Richard ! — s'écria la jeune fille impétueusement, — ou, dussé-je mourir de honte et de douleur aux yeux de votre frère... :

Elle s'arrêta encore.

— Richard, — reprit Angus en fronçant le sourcil, — que signifient ces paroles ? Comment miss Avondale peut-elle accueillir ainsi la nouvelle de sa prochaine délivrance ?

— La pauvre enfant n'était pas préparée à ce changement, — répliqua Richard, — et un peu d'égarement est bien naturel dans les premiers momens.

Miss Avondale était incapable de répondre aux sarcasmes du proscrit. Une lutte violente avait lieu dans son âme entre l'amour et le devoir, et elle ignorait encore elle-même lequel des deux allait l'emporter. Ce trouble extraordinaire augmentait les soupçons d'Angus, quand l'arrivée de Jack Gunn vint faire diversion à cette scène.

— Capitaine, — dit l'ancien trompette résolûment, — cette fois, tout est perdu : il y a un traître qui sert de guide aux Anglais. Irwing et moi, nous avons cru recon-

naître de loin cet extrait de coquin, Pat Firmont, le *brûleur* de barrières ; il indiquait aux policemen les rochers de Fairy-Mount.

— C'est en effet très probable, — répondit Richard tranquillement ; — je soupçonnais Pat depuis longtemps d'être capable d'une pareille trahison ; heureusement, il ne sait pas grand'chose... Eh bien ! je vais juger par moi-même des intentions de l'ennemi, puis nous agirons en conséquence. Venez, Angus, — ajouta-t-il en s'adressant à son frère ; — et vous aussi, miss Avondale : rien ne s'oppose à ce que vous puissiez jouir un moment plus tôt de la vue de vos libérateurs.

Les deux frères sortirent sur la terrasse, et Nelly les suivit machinalement. Ils trouvèrent Irwing, qui, embusqué derrière le parapet naturel, paraissait ajuster avec son fusil un objet éloigné.

— Malheureux ! ne tirez pas ! — s'écria Richard d'une voix contenue ; — on ignore peut-être encore où nous sommes ; ce serait nous livrer nous-mêmes.

Tom redressa son arme.

— Oui, oui, laird, — dit-il en grinçant des dents, — Votre Honneur a raison... Aussi bien une balle n'irait pas à moitié du chemin de la plaine. Mais il y a de quoi perdre la raison à voir les sottises de ces endiablés dragons... Tout à l'heure, il y en avait un qui poursuivait une pauvre Mary, une mère de cinq enfans, et c'est ce qui m'a tourné la tête. Les scélérats ! ils ne laisseront pas dans mon cottage une pomme de terre pour ma famille, et une goutte de wiskey pour... mes amis.

Sans répondre à ses doléances, Richard écarta doucement Tom, et se posta avec son frère et mis Avondale pour voir ce qui se passait.

La vallée des Trois-Sœurs était déjà plongée dans une obscurité complète, et c'était à peine si on entrevoyait sa cascade comme une longue traînée blanche et flottante ; mais au-dessous de Fairy-Mount, dans la plaine, un jour oblique et blafard permettait de distinguer, malgré la brume légère qui commençait à s'élever, les casques brillans, les uniformes écarlates des soldats anglais. Le gros de la troupe avait fait halte à quelque distance du cottage d'Irwing, où les officiers avaient élu domicile, comme on pouvait en juger aux tourbillons de fumée qui s'échappaient du toit. De leur côté, les cavaliers se préparaient à bivouaquer. Tandis que les uns établissaient les chevaux dans les creux des rochers et plaçaient devant eux des bottes de fourrage, les autres abattaient sans façon des sapins entiers afin d'entretenir un feu énorme pendant la nuit glaciale qui se préparait.

Outre le corps principal et quelques dragons isolés galopant à la poursuite des fuyards, on remarquait une troupe de gens à pied, composée de constables irlandais et de policemen, une soixantaine de personnes environ. Cette troupe semblait vouloir mettre à profit le peu de jour qui lui restait encore pour atteindre le but de l'expédition, et elle s'avançait vers Fairy-Mount. Au milieu d'elles se trouvait un personnage enveloppé de fourrures, qui semblait être le chef. Soit fatigue, soit faiblesse causée par l'âge ou la maladie, il s'appuyait sur deux robustes constables. A côté de lui se tenait un officier de cavalerie, l'épée nue, qui lui adressait fréquemment la parole. Un peu en avant, un homme ayant le costume d'un paddy marchait entre quatre soldats et servait de guide.

Au premier coup d'œil, Richard n'eut plus de doute sur la trahison. Les assaillans suivaient exactement la route sinueuse qui conduisait à Fairy-Mount. Parfois ils disparaissaient tout à fait dans les plis du terrain, et on pouvait croire encore qu'ils s'étaient égarés au milieu des obstacles dont le sol était hérissé ; mais cette erreur n'était pas longue : ils reparaissaient bientôt au point précis qui était seul praticable. Cependant ils avançaient lentement, soit à cause de l'incommodité du chemin, soit par mesure de précaution, car souvent les regards se tournaient d'un air soucieux vers la corniche de rochers, et on se montrait du doigt ces masses sombres d'où la mort pouvait sortir d'une minute à l'autre.

— L'attaque est bien combinée, — dit Richard froidement ; — des sentinelles ont été posées partout et gardent les passages des montagnes. Sans cette maudite grotte et ses souterrains inconnus, nous étions pris comme des renards dans leurs trous ! Ce guide a bien gagné son salaire.

En ce moment, l'homme qui marchait entre quatre soldats se trouvait à une courte distance en droite ligne de la terrasse, quoique le chemin fît encore de nombreux détours pour atteindre l'unique entrée de Fairy-Mount. Il s'en aperçut, et craignant sans doute que, en s'approchant trop, une balle ne vînt récompenser sa trahison, il s'arrêta et se contenta de désigner par signes le reste de la route à suivre. Ses craintes se trouvèrent confirmées par une tentation qu'éprouva l'un des assiégés.

— Milord, — dit Jack à voix basse en abaissant son fusil, — voici Pat Firmont qui vient à bonne portée ; je vais, avec votre permission, essayer ma poudre et mon plomb contre ce traître.

— Laissez-le, — répliqua Richard en haussant les épaules ; — un traître de plus ou de moins dans le nombre, qu'importe !

— Och ! milord, — dit Irwing à son tour, — nous ne leur permettrons pas d'entrer ainsi à Fairy-Mount ; je vais rouler les roches qui sont là-haut afin de fermer le passage, et, pour ce soir du moins, les sassenachs s'en retourneront comme ils sont venus.

— Non, Tom, — répondit le proscrit, — nous ne ferons pas de résistance ; je l'ai résolu.

Irwing et Jack se regardèrent stupéfaits. Tout à coup Nelly poussa une exclamation de joie :

— Richard, Votre Révérence, — s'écria-t-elle en désignant du doigt, à travers les créneaux naturels de la terrasse, le personnage enveloppé de fourrures que nous avons indiqué comme chef de l'expédition, — ne vous semble-t-il pas reconnaître... Ô mon Dieu ! serait-il possible ?

— C'est votre père, c'est lord Avondale lui-même ! — dit Angus avec chaleur. — Voyez, rien n'a pu l'arrêter, ni son âge, ni l'intempérie des saisons, quand il s'agissait de retrouver sa fille chérie !

— Il est vrai, — s'écria Nelly ; — pauvre père ! comme il paraît faible et chancelant !... Oh ! cet acte d'attachement et de courage efface le souvenir d'une autre époque... Il m'aime ! je suis sûr qu'il m'aime !

— Et n'avez-vous pas remarqué aussi, miss Avondale, — reprit Richard avec ironie, — cet officier qui accompagne votre père et semble nous menacer de son épée de parade ? Vous le connaissez aussi sans doute, et il partagera la joie de votre délivrance. — La jeune fille rougit et baissa les yeux. — Nelly, — ajouta le proscrit plus bas, — vous souvenez-vous des paroles que vous prononciez quand je vous emportai du cimetière de Rhefeart ? « Plutôt que de me remettre aux mains de ce monstre, — disiez-vous, « tuez-moi ! » Nelly, vous êtes bien changée !

— Vous vous trompez, — murmura miss Avondale avec énergie ; — celui-là, je le hais toujours.

Cependant les assaillants avaient sans doute aperçu quelque mouvement derrière les rochers, et, ignorant le nombre des ennemis qui les attendaient dans la petite forteresse, ils avaient fait prudemment halte pour concentrer leurs forces. Le danger devenait imminent.

— Mon frère, — reprit Angus avec agitation, — il n'y a plus un instant à perdre ; il faut songer à votre sûreté.

— Vous avez raison, Angus, — répondit Richard d'un ton ferme ; — il est temps de nous séparer. Gunn et vous, Irwing, vous m'accompagnerez, car, si l'on nous trouvait ici, vous savez quel sort vous attend. Irwing pourra se contenter de rester avec les soldats seront dans le pays ; après leur départ, il retournera à son cottage, où il n'aura plus à craindre d'être inquiété, du moins de longtemps. Quant à vous, mon pauvre Jack, — continua-

t-il en s'adressant à Gunn, — vous êtes libre de me suivre, si misérable que doive être désormais ma condition, y consentez-vous ?

— Comment, si j'y consens ! — s'écria l'ancien trompette avec effronterie ; — je voudrais bien voir que Votre Honneur allât quelque part sans traîner Jack à ses trousses ! Mes préparatifs, à moi, ne seront pas longs ; tout mon bagage tient dans mes poches ; on sonnera le boute-selle au premier commandement.

— Quoi ! — demanda Richard avec attendrissement, — vous êtes prêt à me suivre sans même vous informer où je veux vous conduire ?

— Puisque vous y allez, pourquoi n'irais-je pas ?... Tenez, capitaine, il est un endroit où nous pourrions bien aller de compagnie si nous laissions faire ces constables et ces gens de justice ; mais du diable si je refusais de vous suivre, du moment que vous montreriez le chemin !

— Ah ! Jack, vous m'aimez, vous ! — dit Richard. On rentra dans le bâtiment, dont la solide porte de chêne fut fermée avec soin, pour donner le temps aux fugitifs de terminer leurs dispositions. Tandis qu'Angus ajoutait rapidement quelques mots à sa lettre pour le capitaine français, et que Jack rassemblait les effets peu nombreux de son maître, Richard entraîna miss Avondale dans le coin le plus obscur de la salle. — Nelly, — lui dit-il à voix basse, mais avec une extrême douceur, — séparons-nous sans récriminations et sans plaintes. Ce qui arrive était peut-être inévitable. Ne soyez pas moins bénie pour l'affection, la générosité, la force d'âme que vous m'avez montrées dans les effroyables crises que nous venons de traverser ensemble, pour les consolations que vous avez données à un pauvre proscrit. Adieu ! puissiez-vous être heureuse ! et ne plus mais dans le cœur, à cette heure suprême, ni fiel ni colère contre vous. En quelque lieu que j'aille, je conserverai votre souvenir avec respect, avec reconnaissance ! et, si nous ne nous revoyons plus...

— Ne dites pas que nous ne nous reverrons plus, Richard ! — interrompit la jeune fille en sanglotant. — Les circonstances m'obligent aujourd'hui à me séparer de vous, mais des temps meilleurs viendront sans doute. Je n'oublierai pas que votre ange de sœur nous a fiancés, que nous sommes unis par des liens indissolubles... Quoi qu'il arrive, jamais je n'aurai d'autre époux que vous, je le jure de nouveau !

— Pas de serment, pauvre chère enfant ! — dit O'Byrne en lui posant une main sur la bouche ; — retirez cet engagement précipité, ne l'accepte pas... Savez-vous quelles exigences vous devez subir plus tard, à quelles nécessités, à quels devoirs il vous faudra vous soumettre ? Moi seul, moi qui suis affranchi de toutes les tyrannies sociales, je puis assurer que nulle autre femme désormais ne sera aimée de celui qui a obtenu un instant votre amour. Cette promesse de ma part me sera pas difficile à tenir ; quelle femme voudrait s'associer à ma triste destinée ?... Il ne me reste donc plus, Nelly, qu'une prière à vous adresser. Vous allez rentrer dans ce monde de grandeur où vous êtes née ; vous allez retrouver cette richesse, ces honneurs, cette autorité, l'apanage de votre rang. Dans le cours de cette heureuse existence qui vous attend, vous rencontrerez à chaque pas, sur cette déplorable terre d'Irlande, des souffrances à adoucir, des faiblesses à pardonner, des misères à soulager ; eh bien ! promettez-moi qu'en toutes circonstances les pauvres trouveront en vous une protectrice et une amie ; promettez-moi de vous souvenir que, vous aussi, vous avez été errante, sans asile et sans nourriture, que vous aussi vous avez partagé les privations et les angoisses du proscrit !

— Richard ! Richard ! — répliqua miss Avondale d'une voix brisée, — ces recommandations ne sont-elles pas une injure pour moi ? Depuis longtemps mon choix n'est-il pas fixé entre ces pauvres dont vous parlez et mes préjugés d'éducation, mes devoirs de famille, mon père lui-même ? D'ailleurs, Richard, vous oubliez...

Un grand bruit de voix et de pas s'éleva sur la terrasse.

Irwing, qui était en observation à la fenêtre, se retourna précipitamment.

— Partons, milord, partons, — dit-il d'une voix étouffée ; — ils entourent la maison, et cette porte ne saurait résister aux attaques de tant de personnes.

— Oui, partez, — dit Angus en embrassant Richard et en lui remettant la lettre qu'il venait d'achever ; — partez, et que le Seigneur vous protége !

Richard lui serra la main.

— Frère, — dit-il d'une voix altérée, — adieu pour toujours !... Quand vous prierez pour notre mère et notre sœur, priez aussi pour moi !

Gunn avait allumé des torches ; il en donna une à Irwing, tandis qu'il portait l'autre avec les bagages de son maître. On ouvrit une porte latérale et on se trouva dans une espèce de réduit obscur, adossé au flanc de la montagne. Là un solide treillage en madriers à peine équarris servait d'entrée aux vastes cavernes de Fairy-Mount. Un air lourd et humide s'en exhalait, comme l'haleine de ce gouffre ténébreux.

Gunn s'empressa de pousser les énormes barres de bois qui servaient de barrière ; en tournant sur leurs gonds rouillés, elles produisirent un grondement sinistre qui se prolongea dans l'immensité des galeries. La lumière des torches se brisait contre les roches abruptes qui formaient la voûte, et augmentaient encore leur apparence lugubre.

— Il est inutile d'aller plus loin, — dit Richard en s'arrêtant à l'entrée du souterrain ; — Angus, miss Avondale, séparons-nous ici. Ces lieux funestes où, dit-on, le sang a coulé bien souvent, ne sont pas faits pour plaire à un homme de paix, à une femme timide... Adieu donc encore une fois, et que le ciel vous accorde toutes sortes de prospérités !

Il s'éloignait déjà pour rejoindre ses deux compagnons, qui le précédaient en agitant leurs torches, quand miss Avondale, dans un transport irrésistible, s'élança vers Richard et se cramponna à ses vêtemens.

— Richard ! Richard ! — s'écria-t-elle, — tu ne me quitteras pas ! Richard, je t'aime !

Tout le stoïcisme du proscrit l'abandonna à ce cri spontané d'une passion au désespoir. Il serra Nelly contre son cœur avec une force extraordinaire.

— Eh bien ! donc, — s'écria-t-il impétueusement, — veux-tu me suivre, le veux-tu ? En dépit du monde entier, je t'emporterai avec moi, et rien ne nous séparera plus ! Parle, dis un mot, et l'enfer lui-même ne t'arracherait pas de mes bras !

Sa voix avait quelque chose de sauvage, ses yeux brillaient dans l'ombre, et il tenait la jeune fille suspendue en l'air comme une enfant. Nelly, électrisée, allait répondre, mais Angus, qui comprenait tout enfin, la saisit par le pan de sa robe.

— Miss Avondale, — s'écria-t-il avec autorité, — et votre père qui est là... qui vous attend !

Ce seul mot sembla rappeler Nelly à elle-même ; elle ferma les yeux et tenta un faible effort pour se dégager en balbutiant :

— C'est vrai... mon devoir est de rejoindre mon père !

Le sourire sardonique de Richard reparut sur ses lèvres ; cependant il déposa un baiser sur le front de la jeune fille, la plaça avec précaution sur ses pieds, puis, adressant un dernier signe d'adieu à Angus, il s'éloigna à grands pas avec ses compagnons.

Nelly, éperdue, voulut encore le rappeler, mais la voix expira dans son gosier, et elle ne put que pousser de sourds gémissemens.

Alors Angus l'entraîna rapidement en arrière, et, après avoir refermé la barrière, il ramena Nelly dans la salle sans qu'elle fît la moindre résistance. Puis, ouvrant la porte extérieure, que les assiégeans se préparaient à renverser, il dit à voix haute :

— Les rebelles sont en fuite, mais Nelly Avondale leur a échappé. Que lord Avondale vienne donc recevoir sa fille.

— Ma fille ! — s'écria le vieillard en écartant la foule des policemen qui l'entourait ; — où est-elle ? Dieu a donc enfin eu pitié d'une illustre famille qui allait s'éteindre !

Nelly tomba presque évanouie dans les bras de son père.

— Où sont-ils ? où sont ces traîtres, ces meurtriers, ces ravisseurs de femmes ? — s'écria sir Georges à son tour en s'élançant dans la salle. Un flambeau oublié lui montra l'entrée du souterrain. — Forcez cette barrière ! — s'écria-t-il en rugissant de rage ; — il y a un de ces scélérats qui me doit compte de plus d'une injure... Et, tenez, tenez, les voici encore ! — En effet, à une immense distance, on apercevait un dernier et pâle reflet des torches que portaient les fugitifs ; en même temps, un son lointain de trompe paraissait sortir des entrailles de la terre : c'était Gunn qui, pour braver ses adversaires, sonnait la retraite qui était en usage dans les régimens de cavalerie anglaise. — Qu'attendez-vous donc ? — reprit sir Georges en s'adressant aux constables qui écoutaient d'un air d'effroi ce bruit étrange ; les laisserez-vous s'échapper encore une fois ? serons-nous joués comme à Rheefeart ? Feu donc, feu sur eux ! ils s'enfuient !

Une douzaine de fusils partirent à travers les madriers ; sir Georges lui-même déchargea ses deux pistolets.

Cette explosion subite sembla devoir faire crouler la caverne sur les malheureux proscrits. Quand les mille échos éveillés par ce fracas épouvantable se furent tus de nouveau, et quand la fumée de la poudre se fut dissipée, la lueur des torches avait disparu au fond des souterrains ; mais on entendait encore vaguement les sons moqueurs de la trompe, comme une raillerie d'êtres surnaturels.

XVII

LES COLPORTEURS.

Les événemens qu'il nous reste à raconter se sont passés à une époque peu éloignée de celle où nous écrivons.

A la fin d'une belle journée d'été, deux hommes, ayant l'apparence de ces colporteurs qui parcourent les campagnes des trois royaumes pour approvisionner châteaux et chaumières de lingerie et de menue mercerie, s'étaient arrêtés en bas de la hauteur qui domine le village de Neath, en face de la grande avenue de Stone-House. Ils contemplaient d'un air de vif intérêt les lieux où s'étaient accomplis les faits principaux de cette histoire. Peu de changemens se remarquaient dans la vallée de Glendalough ; ses bruyères et ses bogs, ses ruines, son lac solitaire, avaient le même aspect mélancolique ; le village était aussi pauvre, aussi malpropre que par le passé, et l'église Saint-Patrice semblait toujours attendre la prochaine tempête pour s'abîmer dans le précipice sur lequel elle se penchait déjà.

En revanche, du côté de Stone-House, le coup d'œil était délicieux. Les grands arbres du parc, surchargés de feuillage et de fleurs, répandaient des parfums suaves. A travers la grille de fer ouvragée et dorée, on apercevait toujours ses allées au sable moelleux, ses boulingrins verdoyans, cette profusion de vases et de statues de marbre qui décoraient les quinconces et les parterres. Mais ce qui attirait d'abord l'attention, c'était l'habitation qui avait remplacé l'ancienne demeure des lords Avondale. Là où l'œil avait rencontré si longtemps une villa italienne, où plus tard se creusait un gouffre noir et fumant, s'élevait maintenant un petit château gothique, chef-d'œuvre de sculpture et de belle ordonnance. Tours et tourelles, fenêtres ciselées, ornemens bizarres sculptés dans les murs, chimères de plomb sur les toits, rien n'y manquait pour compléter une gracieuse miniature de ces nobles édifices bâtis par les barons du quinzième siècle.

On n'avait même pas oublié les moyens de défense en usage aux époques reculées : un fossé entourait le petit manoir ; un pont-levis, qu'il était facile de lever à la moindre alerte, y donnait seul accès. De la sorte le nouveau Stone-House était à l'abri des coups de main semblables à celui qui avait été si fatal à l'ancien deux années auparavant.

Malgré ces signes d'une secrète défiance, l'aristocratique demeure semblait vouée à la joie, aux plaisirs et aux fêtes. Par la belle soirée dont nous parlons, une grande animation régnait dans le parc et dans le château. D'élégantes calèches, de fringantes amazones parcouraient les allées ombreuses qui s'étendaient à perte de vue dans outes les directions. Sur le lac artificiel glissaient de jolies gondoles chargées de brillans cavaliers et de femmes éblouissantes de toilette. La brise tiède qui s'élève au lever du soleil apportait au passant des chants lointains, des sons de harpe et de piano, qui s'harmonisaient avec les modulations plaintives du rossignol dans les bois. Enfin on reconnaissait tout d'abord que Stone-House était habité par des propriétaires riches, hospitaliers, amis des divertissemens que procure l'opulence.

Les deux colporteurs observèrent un moment en silence ces frappans contrastes. Ils portaient le costume habituel des gens de leur profession : guêtres de cuir, blouse de toile et large chapeau rabattu ; ils conduisaient par la bride un fort cheval chargé d'un énorme ballot. L'un d'eux était de petite taille ; sa figure exprimait la vivacité et la bonne humeur, malgré les fatigues de sa vie nomade. Appuyé sur une demi-aune en guise de canne, il finit par siffloter, en attendant son compagnon, qui semblait absorbé par de sombres pensées. Celui-ci, au contraire, était un homme grand et robuste, qui conservait une sorte de noblesse sous ses vêtemens grossiers. D'épais favoris et de longs cheveux noirs flottans semblaient vouloir cacher son visage, qu'il était facile de lever à la réflexion et de tristesse. A la déférence que lui témoignait l'autre porte-balle, on jugeait que ce personnage était le chef de l'association. Enfin le plus petit des deux parut s'impatienter de la longueur de cette halte sur la voie publique.

— Maître, — dit-il à demi-voix, — il est temps de songer à trouver un gîte pour la nuit. On pourrait s'étonner de nous voir regarder le nouveau Stone-House comme si nous voulions l'acheter, et les constables sont, dit-on, très questionneurs par ici.

Son camarade tourna distraitement vers lui ses yeux pensifs, comme s'il n'eût pas entendu cette observation. Néanmoins, il se mit à monter la rue rocailleuse du village ; l'autre le suivit avec le cheval qui portait les marchandises.

Quelques paddies se mirent sur les portes, quelques visages hâves se montrèrent aux fenêtres sur leur passage ; mais, excepté de vieilles femmes et des enfans qui leur tendaient la main et auxquels le maître colporteur distribua deux ou trois schellings, les habitans de Neath ne semblèrent éprouver pour ces voyageurs inconnus qu'un vague sentiment de curiosité.

Ils arrivèrent ainsi au cottage de la veuve O'Flanagan, le cabaret ou l'auberge du village. Aucun signe extérieur n'annonçait un lieu public. A quoi eût servi une enseigne dans un pays où pas un étranger ne venait quelquefois en une année ? Néanmoins les colporteurs ne s y trompèrent pas et s'arrêtèrent devant la porte, au milieu de cette fange fétide qui avoisine toujours une habitation irlandaise. L'un d'eux allait entrer pour prendre langue, tandis que l'autre tenait le cheval, quand mistress O'Flanagan, la dame du logis, attirée par le bruit, parut elle-même sur le seuil de sa demeure,

La vieille cabaretière était peu différente d'autrefois,

sinon que son visage était plus rouge et son nez considérablement plus bourgeonné. A la vue de ces voyageurs bien couverts, suivis d'un cheval chargé, elle fut pénétrée de saisissement et de respect. Elle leur adressa sa plus gracieuse révérence, et, ôtant précipitamment la petite pipe qu'elle tenait entre ses dents noires. elle dit d'un ton respectueux :

— Que saint Kevin vous assiste, mes beaux gentlemen ! Que désirent Vos Honneurs d'une pauvre veuve ? Je ne me souviens pas de vous avoir vus encore dans cette paroisse...

— Eh ! la bonne mère, — dit le plus petit colporteur d'un ton jovial, — n'êtes-vous pas aubergiste ? Nous venons loger chez vous, donc ! Vous ne nous connaissez pas, mais vous avez connu au moins le prédécesseur de mon maître, monsieur Davidson, qui faisait autrefois une tournée tous les ans dans ces contrées ?

— Si j'ai connu Sam Davidson, de Belfast ! — répliqua la vieille, dont un sourire éclaira la laide physionomie ; — oui, oui, Votre Honneur, je l'ai connu, je puis le dire. C'était un bel homme et un joyeux convive ; il a vidé plus d'un verre de wiskey avec mon pauvre défunt. Si j'ai connu Sam ! Allez, il ne quittait jamais la maison sans laisser pour moi, après avoir honorablement réglé sa dépense, un coupon de toile ou quelques aunes de rubans. Oui, c'était un brave garçon... Mais où est-il maintenant ? Il ne doit pas être jeune non plus, l'honnête Sam !

— Il est mort, ma bonne femme, — répliqua le colporteur d'un ton délibéré, — et mon maître que vous voyez, monsieur Francis Foster, aussi de Belfast, a pris la suite de ses affaires... Moi, je suis James Kennedy, aide et premier commis de monsieur Foster. Nous venons donc loger chez vous, comme Sam Davidson ; et, si vous nous recevez bien, il pourrait arriver que demain, quand nous partirons, le coupon de toile et l'aune de ruban, et peut-être même les aiguilles et le fil que vous pourriez employer en trois mois, restassent ici pour vous laisser un bon souvenir de nous !

Les yeux de la vieille pétillèrent de plaisir. Néanmoins, elle éprouva certains scrupules de conscience.

— Ecoutez, maître James Kennedy, — reprit-elle avec embarras, — je vous traiterai de mon mieux, vous et monsieur Francis Foster ; mais, s'il faut l'avouer, l'année n'a pas été bonne, et nous voyons si peu de monde !... Enfin, pour le moment, l'auberge n'est pas des mieux fournies.

— Bah ! bah ! n'est-ce que cela, dame O'Flanagan ? Nous ne sommes pas difficiles, et nous nous contenterons de ce que vous pourrez nous donner.

— Dans ce cas, mes dignes messieurs, — reprit la cabaretière rassurée, — soyez les bienvenus chez moi. Tenez, faites le tour de la maison ; vous attacherez vous-même le cheval sous le hangar, et j'irai envoyer les petits Mac-Tool lui couper une botte d'herbe le long du chemin. Vous pourrez transporter votre ballot dans la seconde pièce du cottage ; c'est là que vous coucherez sur de bonne fougère fraîche... Pour votre souper vous aurez de la purée de pommes de terre au lait, des galettes d'avoine, et vous arroserez cela, si vous voulez, avec de petite ale que j'ai brassée moi-même... Allez, allez, on est pauvre, mais on n'est pas trop dépourvue non plus !

Elle rentra dans la maison, où se trouvaient déjà plusieurs personnes, et James Kennedy conduisit le cheval au hangar, suivant les instructions de la vieille. Quant à Foster, il n'avait pris aucune part à la conversation ; les yeux tournés vers la manse catholique, il semblait abîmé dans de sombres réflexions. Un léger coup de coude de son associé le rappela à lui. Alors il suivit Kennedy machinalement et, quand ils se trouvèrent seuls, de l'autre côté de la maison, on les entendit chuchoter avec vivacité, comme si l'un d'eux eût adressé à l'autre des avertissemens ou des reproches.

Après avoir déchargé le cheval et mis le ballot en lieu de sûreté les colporteurs entrèrent dans la salle com-

mune du cottage. Mistress Flanagan s'occupait effective-
ment des préparatifs de leur maigre souper. Quelques
hommes et deux vieilles femmes étaient assis devant des
tables branlantes. Cependant rien n'annonçait des consommateurs : les tables étaient nettes de pots et de verres. Les deux vieilles femmes filaient leurs quenouilles ;
les hommes, les mains appuyées sur leurs genoux, se regardèrent en silence. On devinait d'anciennes pratiques
à qui l'impitoyable cabaretière ne voulait plus accorder
crédit, et qui, par un reste d'habitude, venaient encore
s'asseoir, dans ce bouge fétide, à leur place accoutumée.
Ces pauvres diables se levèrent avec empressement, afin
de céder aux nouveaux hôtes la table la plus propre. Les
colporteurs s'y assirent ; Kennedy, le bavard, sur le premier plan, et son maître, silencieux, dans l'ombre.

— Eh ! mistress O'Flanagan, — dit Kennedy d'un ton
dégagé, — j'avais entendu dire à feu Davidson que le
wiskey, que vous autres gens du Sud appelez du poothen,
coulait chez vous comme de l'eau... Les choses ont bien
changé, à ce que je vois !

— Du poothen ! monsieur, du poothen ! — répliqua la
cabaretière, à qui les larmes vinrent presque aux yeux ;
— ah ! l'honnête Sam avait raison : autrefois il se débitait
chez nous plus de poothen qu'il ne s'y débite aujourd'hui
de petite ale... Il y avait bien Sa Révérence, monsieur
O'Byrne, l'ancien ministre de la paroisse, qui nous ser-
monnait quand on buvait trop le dimanche ; malgré cela,
les pauvres gens pouvaient se réchauffer d'une goutte de
wiskey de temps en temps, et ils ne s'informaient pas si la
liqueur avait acquitté ou non les droits de douane. Mais
il est venu ici, l'année dernière, un homme dont je ne
veux pas dire du mal, car c'est un ministre du Christ, un
saint père capucin, qu'on appelle le père Mathews. Il
prêche que les chrétiens ne doivent boire ni vin, ni bière,
ni wiskey, ni eau-de-vie, et, quand il est parvenu à tourner la tête à quelques-uns, il leur remet une médaille, un
pledge, pour qu'ils puissent se reconnaître et se surveiller
les uns les autres. Ah ! Votre Honneur, le père Mathews
a distribué beaucoup trop de *pledges* dans la paroisse de
Neath, et maintenant le cabaret de la pauvre O'Flanagan
est presque toujours vide.

— En effet, — dit Kennedy en ricanant, — tous les
aubergistes que nous rencontrons dans nos voyages ont
la même aversion pour le père Mathews. Néanmoins, —
ajouta-t-il en promenant son regard dans la salle, —tous les
habitans de la paroisse ne peuvent être partisans du *tee-
totalisme*... Voici, par exemple, de bonnes vieilles femmes
qui doivent avoir besoin parfois d'une goutte de poothen
pour se réconforter, et d'honnêtes paddies dont cette bienfaisante liqueur colorerait peut-être un peu les joues
pâles.

Un murmure d'assentiment s'éleva parmi les assistans.
Jenny, car c'était elle qui filait sa quenouille avec sa compagne Alison, se chargea de répondre.

— Oui, oui, maître Kennedy, vous avez bien raison, —
fit-elle d'un ton dolent ; — ainsi, Alison et moi, nous
avons pleuré toute la matinée aux funérailles du pauvre
Dick Mahony, un père de famille qui s'est pendu, il y a
deux jours, parce que les *middlemen* de milord allaient le
chasser de son cottage, et nous avons été obligées de
pleurer gratis. Nous n'avons pas eu une goutte de vin ou
d'ale pour nous donner du cœur à la besogne ; aussi notre bouche maintenant est-elle aussi sèche que nos yeux...
Mais comment boirait-on du wiskey quand on n'a pas
dans sa poche une pièce de deux pence pour empêcher le
diable d'y danser ?

Monsieur Foster, le maître colporteur, se pencha à l'o-
reille de son aide et lui dit un mot à voix basse. Kennedy
baissa la tête en signe d'assentiment.

— Mistress Foster, — reprit-il, — si vous avez rarement le débit de votre wiskey, il n'en doit être que plus
vieux et meilleur. Eh bien ! voici mon maître qui, pour
payer sa bienvenue à Neath, vous prie d'en servir à cha-

cun de ceux qui sont ici une petite mesure ; ni eux ni
vous ne refuserez de nous faire raison, je l'espère ?

Les assistans se répandirent en bénédictions et en remercîmens. L'hôtesse s'empressa d'exécuter les ordres des
généreux voyageurs, et bientôt chaque convive se mit à
déguster avec délices ce nectar précieux dont il était privé
depuis longtemps.

Alison et Jenny surtout ne tarissaient pas en éloges sur
la munificence des étrangers.

— Ah ! Votre Honneur, — dit Alison en faisant claquer
sa langue et en se tournant vers Foster, dont la portion
restait intacte devant lui, — voilà une belle action ! et
vous mériteriez de vendre ici vos marchandises avec de
gros bénéfices Malheureusement, il n'y faut pas compter,
voyez-vous ; le village est si pauvre que, excepté le révérend monsieur Bruce, le ministre de la religion établie,
et le père Gordon, le nouveau ministre catholique, pas
un habitant peut-être ne serait assez riche pour vous
acheter une douzaine d'aiguilles ou un écheveau de fil.

Le silencieux colporteur rompit enfin le silence obstiné
qu'il gardait depuis son arrivée.

— Ainsi donc, — demanda-t-il d'une voix vibrante, —
on est toujours misérable sur les terres de lord Avondale ?

— Vous pouvez le dire, monsieur ! — s'écria Jenny,
jalouse de payer son écot en renseignemens. — Nos souffrances deviennent de jour en jour plus grandes ; malgré
les aumônes du gouvernement, nous n'avons à manger
que la moitié de notre soûl, et nous sommes presque
nus... Aussi, la plupart d'entre nous se trouvent-ils très
contens quand on consent à les recevoir sur les navires
qui vont en Angleterre, ou en Amérique, ou plus loin
encore. Si on le voulait, nous quitterions tous ce malheureux pays, où nous mourrons de faim tôt ou tard.

— Et quelle est la cause de cette affreuse détresse ?

— Il y a d'abord la maladie des pommes de terre, Votre
Honneur ; puis les landlords de Stone House ont redoublé
de rigueur, depuis la dernière rébellion. Dame ! ils ont
bâti un château à la place de l'ancien cottage, et il a
fallu beaucoup d'argent pour cela... Aussi ont-ils complètement changé leur mode de régir leurs terres. Autrefois, le petit fermier traitait directement avec eux ou avec
leur intendant, et, si durs qu'ils fussent, il en tirait toujours quelque chose. Mais, depuis cette maudite insurrection, le landlord n'a plus voulu avoir affaire au simple
paddy ; il loue ses domaines à de gros spéculateurs, qui
sous-louent eux-mêmes à d'autres, et qu'on appelle des
middlemen (intermédiaires). Si bien qu'un pauvre homme
qui a besoin de quelques acres de terre pour nourrir sa
famille ne les obtient qu'à des prix exorbitans. A la première échéance, il ne peut payer son terme ; alors les
middlemen saisissent tout ce qu'il possède et le chassent
de son cottage avec sa famille. De la sorte, les maîtres
s'enrichissent et ne craignent rien, tandis que le paddy
se ruine et se trouve réduit à la mendicité.

— Et quel est le landlord, — dit Foster avec agitation,
— qui, dans la crise où nous sommes, applique encore
cet impitoyable système d'exploitation dans la paroisse de
Neath ? Je croyais que le vieux lord Avondale avait reçu
de trop sévères leçons pour...

— Le vieux lord ! — répéta Jenny à son tour ; — quoi !
Votre Honneur, ignorez-vous que le vieux lord est mort
il y a plus de deux ans, un peu après le mariage de sa
fille ?

Le colporteur fit un soubresaut.

— Lord Avondale est mort et sa fille est mariée? — dit-
il d'une voix altérée en pâlissant.

— Eh ! s'il plaît à Votre Honneur, c'est là une vieille
histoire. Miss Nelly a épousé sir Georges Clinton, son parent, qui, par suite de la mort du vieux lord, est devenu
pair d'Angleterre et comte Avondale.

Foster se renversa en arrière, comme s'il eût été pris
d'un malaise subit. Son compagnon lui toucha l'épaule et
l'obligea à boire tout d'un trait son verre de wiskey. Pen-

dant cette conversation, les habitués du cabaret s'étaient éclipsés un à un, par suite de la discrétion naturelle au bas peuple irlandais. Il ne restait dans la salle que la veuve Flanagan et ses deux amies, à qui l'obscurité toujours croissante avait dérobé l'émotion singulière du colporteur.

— Vous savez, mes bonnes femmes, — reprit bientôt Kennedy d'un air de simplicité, — que les gens de notre profession sont obligés de se renseigner aussi exactement que possible sur le caractère et les habitudes des personnes importantes du pays où ils s'arrêtent ; c'est ainsi que l'on parvient à contracter avec elles de bons marchés. Ne vous étonnez donc pas si mon maître et moi nous désirons savoir plus particulièrement ce qui concerne votre jeune lady.

— Il peut être dangereux de parler de certaines choses, ami Kennedy, — répliqua Alison ; — cependant, il faut l'avouer, le mariage de sir Georges avec miss Avondale a fait jaser dans le temps, et on n'y a cru que quand la chose a été entièrement conclue. On prétend que miss Nelly ne pouvait souffrir sir Georges, à cause de sa conduite dans une intrigue qui coûta la vie à une malheureuse jeune dame de ce village...

— Eh ! mais, commère, — interrompit Jenny à son tour en ricanant, — ce que vous ne dites pas, c'est que miss Avondale n'en devait guère à sir Georges ; car enfin une jolie fille comme elle qui est enlevée par les white-boys et qui reste prisonnière dans le Cunnemara pendant plus de six mois, ça paraît bien chanceux tout de même !

— Vous êtes une mauvaise langue, Jenny, — dit mistress O'Flanagan, qui, tout en retournant ses galettes d'avoine, ne perdait pas un mot de la conversation, — et vous allez donner une détestable opinion de vous à Leurs Honneurs... Qu'importaient les bagatelles dont vous parlez, quand il s'agissait d'une grande fortune comme celle des lords Avondale ! Si miss Nelly n'eût pas épousé sir Georges, au lieu de revenir, après la mort du vieux comte, le titre et la terre d'Avondale, il eût fallu lui payer un douaire de cinquante mille livres sterling ; or, sir Georges n'avait rien, et la construction du nouveau château avait coûté les yeux de la tête. Le vieux lord n'a vu d'autre moyen, pour conserver entiers les domaines de ses ancêtres, que de décider les jeunes gens à ce mariage ; il y est parvenu, non sans difficultés, dit-on ; ce qui n'empêche pas les époux de mener joyeuse vie.

— Oui, — dit Jenny, — mais le bruit court qu'ils ne sont jamais si heureux que quand ils sont éloignés l'un de l'autre... Ainsi, pendant que milord assiste aux courses d'Angleterre, milady est venue ici inaugurer le château avec une bande de jeunes gentlemen qui chassent et pêchent toute la journée, et de riches ladies qui galopent à cheval dans le parc, en riant comme des folles. Milady leur donne l'exemple, et ce n'est pas là la conduite d'une femme bien chagrine de l'absence de son mari.

— Vous n'y êtes pas, Jenny, — répliqua Alison en baissant la voix d'un air railleur ; sans vouloir médire de milady, j'ai entendu conter des choses... Vous avez vu ce beau gentilhomme français qui est toujours près d'elle ; qui l'accompagne à la promenade, qui tient la bride de son poney ? Je me suis laissé dire...

Les vieilles femmes, lancées à pleines voiles sur l'océan de leurs commérages habituels, oubliaient devant qui elles parlaient ; leur verve dénigrante n'était pas près de s'arrêter, quand monsieur Foster, remis enfin de son trouble, demanda avec un reste d'émotion :

— Mais du moins miss Nelly... je veux dire lady Clinton, sait compatir aux souffrances de ses tenanciers ? Elle était bonne autrefois ; maintenant qu'elle est maîtresse à Stone-House, elle doit répandre autour d'elle les aumônes et les bienfaits ?

— On voit bien que Votre Honneur ne connaît pas les grands ! — répliqua Jenny avec aigreur ; — oui, en effet, quand milady était encore jeune fille, elle se montrait assez compatissante pour le pauvre monde, et j'ai passé

bien des heures à la guetter, pour lui demander une pièce de six pence... Mais depuis qu'elle s'est échappée des mains des white-boys du Cunnemara, et surtout depuis son mariage, elle est bien changée. Elle ne vient que rarement à Stone-House, et, quand elle y vient, elle a toujours un cortége de ces grandes gens de Londres ou une garde de laquais galonnés qui empêchent de l'approcher. C'est une joyeuse dame, qui ne songe qu'à rire, chanter et se divertir. D'ailleurs, comment lui resterait-il de l'argent pour des aumônes ? on dit qu'elle dépense les yeux de la tête en parures, en carrosses et en dentelles, tandis qu'un milord se ruine de son côté en chevaux, en paris et en maîtresses. Le pauvre Dick Mahony, que nous avons enterré ce matin, a fait la malheureuse expérience que lady Clinton ne valait pas miss Avondale. Dernièrement, il est parvenu, je ne sais comment, jusqu'à elle, et il lui a exposé sa détresse, en lui insinuant que, s'il ne pouvait sortir d'affaire, il serait poussé peut-être à se détruire et à perdre ainsi à la fois son corps et son âme. Qu'a fait milady ? Elle lui a mis dans la main une demi-couronne en lui disant : « Tenez, mon pauvre Mahony, vos jérémiades vont m'attrister pour le reste de la journée... Je n'aime pas à entendre parler de la misère. » Là-dessus elle est allée, avec le beau Français, se promener dans le parc, et le lendemain on a trouvé Dick pendu à un arbre de son enclos.

Foster porta la main à son front, comme s'il venait d'y recevoir un coup violent. Afin qu'on ne remarquât pas cette rechute de son maître, Kennedy s'empressa de prendre la parole.

— Votre portrait de milady Clinton n'est pas flatteur, brave femme, — dit-il ; — nous avions l'intention d'aller à Stone-House lui offrir nos marchandises, mais vous ne nous encouragez pas à tenter une pareille démarche.

— Et vous aurez raison, maître Kennedy, de ne pas la tenter, car on vous chasserait impitoyablement aussitôt que vous auriez dépassé la grille. D'ailleurs quel besoin pourrait avoir milady de vos marchandises ? Vous n'auriez rien d'assez beau, d'assez cher pour elle. Ses acquisitions se font à Paris ou à Londres ; elle se croirait déshonorée d'acheter quoi que ce fût dans la pauvre Irlande. Croyez-moi donc ; demain, continuez votre route sans aller à Stone-House ; vous y seriez mal reçus, surtout si vous êtes Irlandais et catholiques, comme vous paraissez l'être.

Il y eut un moment de silence dans le cottage. Kennedy s'était tourné vers son maître, comme pour prendre son avis.

— Non, — dit enfin Foster avec effort, — je n'aurai pas affronté inutilement tant de fatigues, tant de dangers !... Il faut que je la voie, ne fût-ce qu'un instant !

— Votre Honneur devrait suivre le conseil de cette femme, — dit Kennedy d'un ton de regret ; — mais, puisque vous l'exigez absolument... Vous l'entendez, mes braves dames, — continua-t-il en s'adressant aux commères, — mon maître ne veut pas avoir perdu son temps et ses peines en venant dans ce pays. Et, au fait, si l'on ne vend rien à milady Clinton, on pourra vendre du moins aux autres dames de sa compagnie ou aux gens de service. Quelqu'une de vous ne saurait-elle trouver moyen de nous introduire au château ? Vous devez connaître un concierge, un domestique influent de milady, et peut-être parviendrait-on, grâce à son appui... Tenez, je suis sûr que mon maître ne refuserait pas de donner une belle robe de toile peinte à celle qui lui procurerait l'entrée de Stone-House.

Cette promesse excita au dernier point la convoitise des trois vieilles femmes. Aucune d'elles, dans sa longue existence, n'avait possédé une robe entièrement neuve ; la plus privilégiée, au temps de ses beaux jours, n'avait porté que ces méchantes robes de rebut que l'on va vendre en Irlande quand les femmes de chambre d'Angleterre n'en veulent plus. Malheureusement, ce splendide cadeau était à un prix auquel deux d'entre elles ne pouvaient atteindre.

— Ah ! pauvre *corps* que je suis, — commença Jenny en levant les yeux au ciel, — la belle robe ne sera pas pour moi... ! Tous ces domestiques du château semblent m'avoir en horreur ; l'autre jour, que je me tenais près de la grille, espérant voir passer le gentleman et les ladies pour leur demander de quoi acheter un peu de tabac, monsieur Clarence, l'ancien valet de chambre du vieux lord, aujourd'hui intendant de Stone-House, m'a menacée de sa canne s'il me voyait jamais à cette place... Je m'en suis allée sans rien dire ; mais on le connaît, cet insolent coquin qui vint donner la main aux rebelles quand ils brûlèrent l'ancienne maison, et qui a eu l'art de persuader au lord qu'il était resté pour la défendre.

— Et ce scélérat de Tyler, qui est aujourd'hui bailli de la terre d'Avondale, ne vaut pas mieux, voisine, — dit Alison d'un ton larmoyant ; — ne sait-on pas que ce fut lui qui dénonça au grand comte Richard O'Byrne le ministre Bruce, caché dans une garde-robe ? Eh bien ! Tyler, que je rencontrai l'autre jour en allant rôder autour des cuisines pour obtenir les restes dont ne voudrait pas la meute de milord, me chassa impitoyablement et me menaça de me faire conduire à la maison de correction, s'il me retrouvait dans l'enceinte de Stone-House, si bien que je lui dis...

— Allons ! commères, — interrompit mistress O'Flanagan, — pourquoi rompre les oreilles de ces gentlemen, si vous ne pouvez leur rendre le service qu'ils demandent ?... Quant à moi, pour être agréable à Leurs Honneurs, j'essayerai demain quelque chose. Je connais un peu mistress Jones, la première femme de milady ; c'est une bonne personne, pas fière, obligeante, qui parle avec tout le monde ; je lui demanderai si elle ne peut pas nous aider dans cette affaire.

— Et la robe sera pour vous, voisine, — dit Jenny avec un accent de jalousie ; — vous avez toujours eu du bonheur, vous !

— Oui, — murmura Alison ; — mistress O'Flanagan fait la pauvre, mais toutes les prospérités lui viennent l'une après l'autre ; ce n'est pas elle pourtant qui pleurerait les morts gratis ou qui donnerait un verre de wiskey à crédit !

— Allons, allons, voisines, — dit la cabaretière d'un ton aigre-doux, — ne nous querellons pas en présence de ces messieurs, qui sont des gens civils et bien élevés ; aussi bien voilà leur souper prêt, et ils désirent sans doute prendre leur repas en liberté... Bonsoir donc, voisines ; je ne tiens pas la robe encore, mais j'ose dire que, si je l'obtiens, je l'aurai méritée mieux que vous ; car, grâce à Dieu, il n'y a rien à dire contre la veuve O'Flanagan, pas même qu'elle est envieuse et mauvaise langue comme bien d'autres.

En même temps elle éconduisit, sans trop de cérémonie, les deux harpies, qui se retirèrent en grommelant et drapèrent sans doute d'importance *leur bonne amie* dès qu'elles se trouvèrent seules.

Les voyageurs soupèrent en silence, à la lueur d'un méchant bout de chandelle que l'hôtesse venait d'allumer. Kennedy mangea avec appétit ; son maître, au contraire, ne toucha pas aux mets servis devant lui, la cuisine peu délicate de mistress O'Flanagan n'étant peut-être pas de son goût. Le repas fini, ils entrèrent dans la chambre voisine, où ils devaient coucher auprès de leurs ballots, et la veuve, après avoir soupé ce qu'ils avaient laissé, se coucha à son tour.

Pendant quelques heures encore on entendit un chuchotement dans la pièce où s'étaient retirés les étrangers ; puis la porte de leur chambre, qui donnait sur la campagne, s'ouvrit doucement, et l'un des voyageurs sortit pour ne rentrer que fort avant dans la nuit.

Il n'était pas facile d'imaginer quel but pouvait avoir cette promenade. Cependant un paddy de Neath, qui était allé la veille à une ville voisine chercher l'aumône d'un

schelling, et qui voyagea toute la nuit pour revenir à Neath, assura plus tard avoir vu sortir du cimetière de Rhefeart une ombre noire qui, comme lui, se dirigeait vers le village. Le pauvre homme, assailli de craintes superstitieuses, eût voulu fuir et revenir sur ses pas, mais la fatigue l'accablait ; d'ailleurs, le misérable secours qu'il apportait était attendu à son cottage, où l'on souffrait de la faim, et le moindre retard pouvait avoir des suites funestes. En dépit de ses terreurs, il suivit donc l'ombre, et ses pieds nus ne produisant aucun bruit sur la route rocailleuse, il put s'en approcher plusieurs fois de très près. On eût dit d'un homme de haute taille, enveloppé d'un manteau, et le visage caché sous un large feutre. De temps en temps il s'arrêtait ; alors on entendait, au milieu du silence de la nuit, des soupirs et des sanglots. Arrivé en face de la grille de Stone-House, il fit une halte plus longue que toutes les autres, si bien que le paddy fut obligé d'attendre longtemps pour continuer sa route, n'osant prendre le pas sur cet être mystérieux. Enfin l'ombre gravit rapidement la grand'rue du village ; parvenue à la manse catholique, elle se mit à genoux sur le seuil, et on entendit de nouvelles plaintes, de nouveaux gémissemens. Puis, se levant comme avec effort, elle s'avança vers l'église en ruines de Saint-Patrick et disparut derrière les décombres. Le paddy rentra à son cottage, et il demeura persuadé qu'il avait vu le spectre d'un des anciens défenseurs de l'Irlande, à qui Dieu permettait de venir ainsi pleurer la nuit dans les lieux où il avait sans doute vécu et souffert.

Quoi qu'il en fût de ce récit, le jour était déjà haut le lendemain quand les deux colporteurs sortirent de leur chambre. Kennedy se montrait toujours gai et alerte ; mais son maître, monsieur Foster, avait le teint pâle, les yeux rouges et fatigués. Ils trouvèrent dans la pièce principale du cottage mistress O'Flanagan, qui, vêtue de ses habits les plus propres, semblait rentrer d'une excursion matinale.

— Cherchez bien vite la robe que vous avez promise, bons gentlemen ! s'écria la cabaretière rayonnante de joie et d'orgueil ; — j'ai réussi : vous voyez, milady.

— Comment ! — s'écria impétueusement Foster, —vous avez obtenu pour nous l'entrée au château ?

— Pas tout à fait au château, Votre Honneur, mais c'est tout comme ; vous allez voir : je suis donc allée ce matin trouver mistress Jones ; je lui ai exposé que vous veniez d'arriver dans le pays avec une balle remplie des plus belles choses du monde, et que vous désiriez montrer vos marchandises à milady. D'abord, mistress Jones m'a répondu que c'était impossible ; que milady avait expressément défendu de laisser entrer à Stone-House des personnes inconnues, qu'elles fussent du pays ou non. Cependant j'ai tant insisté qu'elle a fini par céder. « Ma chère mistress O'Flanagan, » m'a-t-elle dit d'un air gracieux, « je veux faire quelque chose pour vous. Écoutez : ma maîtresse m'a ordonné de préparer ce matin le thé au pavillon des Ruines ; elle y viendra elle-même seule personne, sans doute quelque dame de ses amies ; que vos protégés s'y rendent par la petite porte du parc, j'aurai soin de la laisser ouverte. Ils me trouveront au pavillon et ils pourront déballer leurs marchandises, d'autant plus que j'ai moi-même besoin de différens objets qu'on se procure difficilement par ici. Milady, je l'espère, ne se fâchera pas, et peut-être se laissera-t-elle tenter par l'occasion. Vous le voyez, ma chère mistress O'Flanagan, je me comprometts pour vous ; mais vous avez été pleine d'égards lorsque ma maîtresse et moi nous étions à Neath, chez monsieur Bruce, dans de fâcheuses circonstances, et je veux vous prouver que je n'ai pas oublié vos bons offices. » J'ai bien remercié mistress Jones, comme vous pouvez croire, et je suis accourue vous porter cette excellente nouvelle. Mais il n'y a pas de temps à perdre ; faites vite un ballot de vos articles les plus précieux, et je vous conduirai moi-même à la petite porte du parc...

— Je la connais, — dit Foster d'un air pensif ; — c'est

un lieu funeste et qui rappelle de douloureux souvenirs!
— Vous la connaissez? —demanda mistress O'Flanagan
avec surprise.

— Eh! ne devons-nous pas nous informer des plus petits détails pour réussir dans notre profession? — dit Kennedy avec empressement; — mais vous êtes une brave
femme, mistress O'Flanagan; suivez-moi donc dans l'autre pièce, vous choisirez vous-même la robe qui vous con-
viendra le mieux... oui... et vous aurez de plus quelques
aunes de linon pour faire une coiffe, puis un châle pour
vous garantir du froid l'hiver prochain.

— Une coiffe! un châle! — s'écria la cabaretière transportée;—oh! je serais trop riche, Votre Honneur; c'est pour
le coup que Jenny et Alison me reprocheraient d'accaparer
tout le bonheur de la paroisse! Eh bien! avec votre permission, le châle sera pour Alison et la coiffe pour Jenny;
elles me semblent parfois un peu méchantes, j'en conviens, mais ce sont de vieilles amies, et elles sont si mal-
heureuses!

Peu d'instans après, les deux colporteurs partaient pour
Stone-House, tandis que mistress O'Flanagan courait montrer à ses voisines les splendides cadeaux qu'elle venait de
recevoir. Kennedy portait sur son dos une balle qu'il manœuvrait avec aisance; Foster, toujours sombre, le précédait. Ils trouvèrent la petite porte ouverte, comme leur
avait annoncé la vieille hôtesse, et ils entrèrent sans difficulté dans le parc.

Ils prirent d'abord la jolie allée verte où Richard O'Byrne
avait pénétré autrefois à la suite de son frère et de sa
sœur. On était à peu près à la même époque de l'année,
et rien ne paraissait changé dans ce lieu de délices. C'était
le même aspect poétique, le même effet de soleil dans le
feuillage; c'étaient les mêmes senteurs d'ébéniers et d'a-
cacias, les mêmes chants d'oiseaux. Arrivé à l'endroit où
Richard s'était rencontré avec sa sœur, après la découverte
du billet adressé à sir Georges, Foster fut saisi d'une agitation extraordinaire. Il s'arrêta, ses yeux se remplirent de
larmes, et son compagnon l'entendit murmurer :

— Julia! pauvre Julia!

Bientôt ils se remirent en marche, mais ce fut pour s'arrêter de nouveau à l'endroit où Richard avait abattu un
cerf dix cors qui menaçait la vie de miss Avondale.
Cet endroit se reconnaissait facilement à la jeunesse des
taillis qui avaient remplacé ceux brisés par l'impétueux
animal. Là, les impressions du mystérieux porte-balle
semblèrent prendre un caractère différent. Son front se
crispa, ses lèvres se serrèrent, mais il ne prononça pas
une parole, et, à la première invitation de son compagnon,
il s'éloigna d'un pas rapide.

Ils atteignirent ainsi la grande avenue sablée qui conduisait du château au pavillon des Ruines. Ils venaient de
s'y engager quand tout à coup, au débouché d'une allée
latérale, ils se trouvèrent face à face avec deux gentlemen, vêtus de noir, qui se promenaient nonchalamment
appuyés sur leurs cannes à pomme d'or. On jugeait à
l'aisance affectée de leurs manières, à leurs airs importans, que ces promeneurs appartenaient à la haute domesticité du château; en effet, c'étaient monsieur Clarence et
monsieur Tyler, le nouvel intendant et le nouveau bailli
de Stone-House.

En apercevant les colporteurs, dont le costume et l'é-
quipage étaient caractéristiques, les deux éminens personnages parurent frappés d'indignation :

— Qui vous a permis d'entrer ici, coquins? — dit monsieur Clarence en les apostrophant avec arrogance; —
depuis quand de misérables vagabonds pénètrent-ils dans
le parc d'un pair d'Angleterre sans plus de cérémonie que
dans l'enclos d'un paysan?

— Voilà une audace sans exemple! — s'écria monsieur
Tyler à son tour; — et cela prouve peut-être que ce maudit esprit de rébellion, que l'on croit mort avec O'Connell,
subsiste toujours... Venez çà, drôles; qui êtes-vous?
comment vous appelez-vous? de quelle manière vous

êtes-vous introduits à Stone-House? Je suis magistrat et
j'exige...

— Certainement, — s'écria Clarence, — aucun portier
n'aurait osé vous laisser entrer ici, ou je le chasserais sur
l'heure.

Foster, irrité de l'insolence de ces questions, allait ri-
poster avec énergie; sous son ample chapeau, ses yeux
brillaient de fierté et de menace. Le prudent Kennedy se
hâta de le prévenir.

— S'il plaît à Vos Honneurs, — répliqua-t-il d'un air
de simplicité et d'humilité parfaitement joué, — nous
sommes ici parce qu'on nous a appelés... Nous n'avons
pas pénétré dans ce parc en passant par-dessus les murailles, comme des voleurs: mais nous y sommes entrés
par la porte, comme d'honnêtes sujets de la reine qui font
un commerce licite et qui sont sous la protection des lois
du royaume... La personne qui nous a mandés et qui nous
attend là-bas, au pavillon des Ruines, est mistress Jones,
la femme de chambre de milady; nous espérons aussi que
milady elle-même voudra bien nous accorder l'honneur
de sa pratique.

Cette réponse modeste et naturelle parut rabattre un peu
l'insolence des questionneurs. Cependant Tyler reprit d'un
ton gourmé :

— Je ne sais trop pourquoi on se permet de contrevenir
ainsi à l'ordre établi à Stone-House. Je suis délégué des
pouvoirs judiciaires de milord en son absence, et personne
que moi n'a le droit...

— Paix, bailli! paix, monsieur Tyler! dit Clarence en
lui faisant un signe de la main. —Ne nous mêlons pas de
cette affaire, croyez-moi. Mistress Jones est la favorite de
milady; ne nous brouillons pas avec elle, je vous prie...
Aussi bien il ne serait pas impossible que milady elle-
même se trouvât là-dessous, car je crois avoir entendu dire
qu'elle se rendrait ce matin au pavillon. Puisqu'il en est
ainsi, mes braves gens, — continua-t-il d'un air gracieux
en se tournant vers les colporteurs, — continuez votre
route; du moment que vous avez été mandés par mistress
Jones, personne n'a plus rien à vous dire. — Et il les con-
gédia d'un air majestueux. Foster voulut encore leur adresser la parole; mais son compagnon lui prit le bras et
l'entraîna brusquement en murmurant quelques mots en
guise de remercîment pour Leurs Honneurs. Clarence et
Tyler les regardèrent un moment s'éloigner. — Sur ma
parole! bailli, — dit enfin Clarence, — la figure de ces
hommes ne me revient pas du tout. Le petit a un air hypocrite qui n'inspire pas la confiance, et le grand m'eût
fait peur... si je pouvais avoir peur de quelque chose.

— Oui, oui, — répliqua Tyler, —ils m'ont paru suspects
tout de suite, et, si vous ne teniez pas tant à ménager
cette mistress Jones... Véritablement, les yeux de ce grand
escogriffe m'ont rappelé ceux d'une personne avec laquelle
ni vous ni moi, Clarence, n'aimerions à nous trouver en
tête à tête!

— De qui donc voulez-vous parler, bailli?

— Rien, rien; j'ai rêvé, monsieur Tyler; — quand on
a l'imagination frappée, on croit retrouver partout... Mais
il serait sage peut-être, Clarence, de surveiller ces drôles,
et de nous assurer s'ils nous ont dit la vérité.

— Volontiers, Tyler.

Et, au lieu de continuer leur route, ils s'enfoncèrent de
nouveau dans le fourré.

Les colporteurs s'avançaient rapidement vers le pavillon, sans paraître songer davantage à ceux qu'ils laissaient
derrière eux. Néanmoins Kennedy regarda furtivement
par-dessus sa balle et constata le changement de direction des deux fonctionnaires de Stone-House.

— Ils se doutent de quelque chose! — dit-il d'un ton
laconique.

— Je ne les crains pas, — répondit-on avec insouciance.

Au bout d'un moment, ils se trouvèrent devant ces
ruines où la fantaisie du feu lord Avondale avait établi
un réduit dans le goût du moyen âge. Lors de l'incendie

de l'habitation et de la dévastation du parc, le pavillon avait été religieusement respecté, en raison des souvenirs qui s'y rattachaient pour la famille O'Byrne. Il était donc absolument tel que nous l'avons dépeint, sauf que les plantes et les arbustes parasites semblaient vouloir le cacher sous leur luxuriante verdure. Le silence, l'abandon, la tristesse qui régnaient alentour contrastaient avec sa destination actuelle de plaisir et de frivole délassement.

Mistress Jones, qui sans doute guettait les voyageurs, sortit de la tour et accourut au-devant d'eux.

— Par ici, messieurs, — leur dit-elle. — C'est de vous que m'a parlé cette bonne vieille femme, mistress O'Flanagan? J'ai eu tort de céder à sa demande, et peut-être vais-je être bien grondée par milady... Entrez cependant, et nous tâcherons d'arranger les choses à la satisfaction de tous.

Les colporteurs saluèrent poliment et entrèrent dans le pavillon, tandis que Kennedy adressait à la gouvernante quelques remercîmens assez convenables sur sa complaisance.

Mistress Jones était une femme simple, de mœurs austères, et même un peu puritaine, comme on pouvait le reconnaître à ses manières raides, à sa mise où dominaient les couleurs foncées. Néanmoins elle était fille d'Ève, après tout, et elle grillait d'envie de voir les colifichets que contenait la balle tant vantée des colporteurs. Au premier désir exprimé par elle, Kennedy s'empressa d'ouvrir son sac et d'en tirer une foule d'objets qu'il se mit à vanter avec l'assurance et la volubilité habituelles de sa profession. Bientôt les meubles furent couvert d'étoffes, de broderies, de petits ustensiles à l'usage des femmes; l'industriel puisait toujours dans son énorme ballot sans que celui-ci en parût diminué. Livrée à l'agréable occupation de contempler ces belles choses, la gouvernante oubliait ses craintes au sujet de sa maîtresse et discutait avec vivacité le prix des marchandises dont elle désirait faire l'acquisition.

Monsieur Foster restait complètement étranger aux démêlés mercantiles de son compagnon et de mistress Jones. Debout près de la porte, il contemplait avec un intérêt profond la pièce où il se trouvait. Le pavillon, à l'intérieur comme à l'extérieur, n'avait subi aucune modification; c'était encore le même mobilier de chêne noir, les mêmes siéges à dossiers élevés, les mêmes tentures sombres. Sur la table aux pieds tors, un thé était préparé, comme le jour où miss Avondale avait attendu en cet endroit l'infortunée Julia, qui ne devait plus se rendre à ses invitations. Deux tasses de vieux Sèvres étaient disposées de chaque côté d'une fontaine d'argent où frémissait l'eau bouillante, et dont le murmure monotone avait quelque chose de mélancolique.

Tout à coup Foster tressaillit. Un bruit léger, qui avait échappé à Kennedy et à la gouvernante, venait de frapper son oreille. Il se redressa et jeta un regard vers la porte restée ouverte.

Deux personnes montaient le sentier sinueux qui conduisait à la tour: un jeune homme d'une suprême élégance et une jeune femme éblouissante de beauté, de parure et de grâce. Elle s'appuyait sur le bras de son cavalier, qui, se penchant à son oreille, lui parlait bas avec vivacité. Elle ne répondait pas et elle tenait ses yeux baissés vers la terre; cependant, à son sourire à peine formulé, au coloris de plaisir et de pudeur qui se répandait sur son charmant visage, on devinait qu'elle écoutait sans colère de tendres paroles d'amour. C'étaient lady Clinton et le jeune Français dont les assiduités auprès d'elle défrayaient déjà la malignité des commères de Neath. Les deux promeneurs, tout occupés d'eux-mêmes et de leur conversation confidentielle, arrivèrent à la porte du pavillon sans savoir où ils étaient. Mais, au moment d'entrer, le cavalier ne put retenir une exclamation de surprise et de mauvaise humeur.

— Ah! milady, — s'écria-t-il en anglais avec un accent qui trahissait sa nationalité, — vous m'aviez dit que nous déjeunerions seuls!

Lady Clinton ne comprit pas d'abord la cause de ce mécontentement. Puis dardant son œil perçant dans l'intérieur du pavillon, elle aperçut, malgré la demi-obscurité qui y régnait, des personnes étrangères. Aussitôt un pourpre foncé remplaça le léger incarnat de son visage, son front se plissa, ses narines se gonflèrent.

— Qu'est-ce ceci? — s'écria-t-elle d'un ton d'autorité; — qui s'est permis d'entrer ici malgré mes ordres? A quoi pensez-vous donc, mistress Jones?

— Milady, — s'écria la gouvernante accourant éperdue, — je vous supplie de m'excuser...! Ce sont d'honnêtes colporteurs que j'ai pris la liberté d'introduire ici pour...

— Et de quel droit mistress Jones a-t-elle permis un semblable étalage de friperie dans le pavillon où je dois venir prendre le thé? — demanda Nelly avec hauteur.

— Milady, — balbutia la pauvre femme, que sa maîtresse n'avait jamais parlé sur ce ton de dureté, — j'espérais que vous-même vous auriez pour agréable de faire un choix...

— Je n'achète rien à de pareilles gens... Ils peuvent se retirer. Quant à mistress Jones, elle se souviendra désormais que je n'autorise personne à prendre avec moi ces insolentes privautés.

La pauvre Jones fondait en larmes et les sanglots lui coupaient la parole.

— Allons! dit le cavalier d'un ton léger, — il n'y a pas grand mal; nous serons bientôt débarrassés de ces espèces-là... Eh! camarades, — ajouta-t-il en se tournant vers les colporteurs, — vous avez entendu milady? Décampez, et lestement, ou je vais appeler les gens, qui vous pousseront plus rudement que vous ne voudriez.

Kennedy se dépêchait de son mieux, entassant les marchandises pêle-mêle dans le ballot; mais Foster s'approcha de lady Clinton, et lui dit d'un ton où l'ironie se mêlait à l'humilité:

— Que Votre Seigneurie me pardonne si j'ose élever la voix en sa présence, mais le plus faible ver de terre se redresse quelquefois sous le pied qui l'écrase... Je ne suis sans doute qu'un vagabond de porte-balle irlandais, vivant péniblement de mon travail, repoussé de porte en porte, et je dois être habitué à l'outrage; mais est-il raisonnable que lady Clinton fasse aussi retomber sa colère sur une femme qui la sert depuis vingt-cinq ans et qui est seulement coupable d'avoir suivi les inspirations de son bon cœur envers de pauvres marchands ambulans?

Le son de cette voix avait d'abord paru impressionner milady; néanmoins elle lança un regard de froid dédain à celui qui venait de parler.

— Mistress Jones n'aura rien à gagner à votre intervention, l'ami, — répondit-elle; — vous êtes, je crois, un de ces diseurs de choses sentimentales, comme l'espèce commence à se répandre dans le pays! Je vous félicite, mon cher; mais réservez ces sermons pour vos chapelles papistes ou pour vos meetings en plein air. — Puis, se jetant dans un fauteuil d'un air ennuyé: — Ah! vicomte, — ajouta-t-elle en s'adressant au Français, — par pitié, débarrassez-moi de ces importunités!... Cela devient intolérable!

— Oui, oui, milady, — répondit le vicomte avec empressement. — Allons! hors d'ici, vauriens, ou je m'abaisserai moi-même à vous jeter à la porte!

Il voulut joindre le geste à la parole, et leva la main sur Kennedy, qui se trouvait le plus près de lui. Mais Kennedy venait d'achever sa balle et l'avait chargée prestement sur son épaule; il fit un formidable moulinet avec sa demi-aune, et le frêle vicomte ne jugea pas à propos de pousser plus loin ses démonstrations menaçantes. Mistress Jones se hâta de se placer entre eux et supplia le colporteur de s'éloigner.

Pendant ce temps Foster, s'adressant toujours à lady Clinton, avait repris de sa voix stridente :

— Je comprends l'impatience qu'éprouve cet honorable gentleman de se trouver ici en tête-à-tête avec Votre Seigneurie ; c'est un bonheur que l'univers entier envierait à ce Français... Mais si pressés que vous soyez l'un et l'autre d'écarter des témoins importuns, lady Clinton entendra ce qui me reste à lui dire : Nelly Avondale, qu'êtes-vous devenue ?

Ces derniers mots étaient prononcés avec un accent de profonde douleur, presque de désespoir. Milady essaya de distinguer les traits de l'inconnu.

— Vous n'êtes pas un colporteur ! — dit-elle avec effroi ; — qui êtes-vous donc ?

— Moi, rien... un fantôme du passé peut-être, un souvenir, un remords qui vous apparaît au milieu de votre existence actuelle, pour vous rappeler combien lady Clinton est déjà loin de Nelly Avondale. Quoi ! jeune femme, l'orgueil, l'ambition, l'amour du luxe et les joies mondaines ont-ils étaient sans retour des sentiments purs, les nobles aspirations de votre jeunesse ? Avez-vous donc oublié Richard O'Byrne, et Julia, sa malheureuse sœur, et les solitudes du Cunnemara, et vos souffrances, et vos sermens ? — Nelly poussa un cri d'horreur et recula précipitamment son fauteuil. — Je vous fais peur, — reprit Foster, dont la voix devenait de plus en plus triste. — Oh ! cela n'est pas ma volonté, j'en prends Dieu à témoin ; non, je ne suis pas ici pour vous adresser des reproches qui aigriraient encore votre cœur, irriteraient votre fierté... Nelly Avondale, vous étiez bonne autrefois, vous étiez pleine de pitié pour ces grandes infortunes qui pullulent autour de vous. Dans cette terrible lutte qui dure entre nos deux nations depuis tant de siècles, vous n'osiez détester les vainqueurs, mais vous aimiez les vaincus. Vous vous êtes un moment associée aux désirs des plus faibles, à leurs espérances. Pourquoi n'en est-il plus de même aujourd'hui que vous avez en main la richesse et la puissance ? Pourquoi faites-vous couler les larmes au lieu de les essuyer ? Pourquoi affligez-vous au lieu de consoler ? Nelly Avondale, je vous en conjure, soyez encore compatissante pour la pauvre Irlande ; méritez les bénédictions dans ces chaumières où Julia répandait les douces paroles et les bienfaits. Les vaincus maintenant n'ont plus de ressource que la pitié des vainqueurs ; soyez généreuse pour les infortunés tenanciers du clan d'O'Byrne... Voilà ce que j'avais à dire à Votre Seigneurie, milady, — continua Foster avec un accent plus ferme ; — quant aux autres souvenirs que je pourrais peut-être invoquer, c'est à votre conscience seule que je laisserai ce soin.

Lady Clinton était comme frappée de la foudre. Pâle, le front baissé, les yeux à demi fermés, elle éprouvait d'inexprimables angoisses. Tout à coup elle se dressa sur ses pieds.

— Qui êtes-vous donc ? — balbutia-t-elle. — Une seule personne au monde... je n'ose croire... Qui êtes-vous ?

— Je n'ai aucune raison de me cacher à vos yeux, milady, — reprit le mystérieux colporteur ; — aussi bien ma tâche est finie, et je vais m'éloigner pour toujours... Regardez-moi donc puisque vous le voulez ; et vous verra la seule vengeance que je retirerai de vous pour le mal que vous m'avez fait.

Il ôta son chapeau, puis, écartant ses longs cheveux, il montra des traits nobles et beaux encore, trop caractérisés pour qu'on pût les oublier quand on les avait vus une fois. Lady Clinton chancela.

— C'est lui ! — s'écria-t-elle ; — c'est bien lui !

Et elle tomba évanouie.

Mistress Jones et le vicomte s'empressèrent de la secourir.

Foster avait remis son chapeau ; mais il ne se retirait pas encore ; il contemplait en silence la jeune femme privée de sentiment.

— Infâme vagabond ! — s'écria le vicomte en s'adressant à lui, — vous devez être content de votre ouvrage...

Sortez ! sortez donc ! où je ne réponds pas de ma colère ! — Foster demeura calme à cette menace ; néanmoins, cédant aux instances de Kennedy, qui le suppliait à voix basse de s'éloigner, il allait enfin prendre ce parti, quand deux hommes parurent tout à coup à la porte du pavillon. C'étaient Tyler et Clarence. A la vue de ce renfort, le vicomte redoubla d'assurance. — Arrêtez ces hommes ! — s'écria-t-il, — ce sont des malfaiteurs ; voyez dans quel état ils ont mis votre maîtresse !... Oui, je parierais que ce sont là de ces white-boys qui autrefois entraînèrent milady dans leurs repaires.

— Je m'en doutais, — répliqua Tyler. — Aidez-moi, monsieur Clarence, et nous allons...

Mais monsieur Clarence ne se pressa pas d'obéir aux réquisitions du bailli. Mistress Jones, cessant de s'occuper de sa maîtresse évanouie, vint se placer devant les porte-balles.

— Qu'ils partent ! qu'ils partent ! — dit-elle avec émotion ; — monsieur le vicomte, messieurs, laissez-les se retirer ; je l'exige au nom de milady, qui, j'en suis sûre, ne me contredira pas.

De son côté, Kennedy s'était remis en défense et brandissait sa demi-aune.

— Ne nous touchez pas ! — s'écria-t-il ; — malheur à celui qui portera la main sur nous !... White-boys ou non, nous avons été soldats, et nous ne souffrirons pas d'insultes.

Quant à Foster, il n'avait pas prononcé une parole, mais il avait tiré de sa poche une paire de pistolets.

Le vicomte et ses deux acolytes, interdits également et des ordres de mistress Jones et de la contenance ferme des colporteurs, étaient irrésolus. Kennedy profita de ce moment ; il prit son maître par le bras et l'entraîna hors du pavillon sans que personne songeât à s'y opposer...

Cependant, avant qu'ils eussent atteint le bas de l'éminence, on put voir Foster se retourner plusieurs fois d'un air calme et fier, comme pour braver ses adversaires. Bientôt il disparut derrière les arbres avec son compagnon.

— Vous êtes des lâches ! — dit le vicomte avec indignation aux deux fonctionnaires de Stone-House.

— Rien n'est perdu, monsieur le vicomte, — répondit Tyler ; — je vais courir au château dépêcher à la poursuite de ces vauriens des gardes et des constables. Je réponds de les amener avant une heure pieds et poings liés à milady.

— Il y a un moyen plus sûr, — proposa Clarence ; — en suivant le mur du parc, nous arriverons avant eux à la petite porte par laquelle ils sont entrés ; de la sorte il nous sera facile de les arrêter.

— Que personne ne bouge ! — s'écria mistress Jones avec une autorité singulière ; — laissez-les partir, et, pour le repos de milady, souhaitez qu'ils ne reviennent jamais ici... Deux lions furieux enfermés dans le parc de Stone-House seraient moins redoutables pour elle que ces deux hommes.

Et elle continua à donner ses soins à lady Clinton, sans qu'on osât contrevenir à ses ordres ou lui en demander le motif.

La journée était assez avancée quand mistress O'Flanagen rentra à son cottage. Les colporteurs étaient absents ; le cheval, qu'elle avait laissé attaché sous le hangar, avait disparu. Sur la table elle trouva une demi-couronne pour prix de la dépense de ses hôtes, et leur énorme ballot de marchandises, auquel était attaché un papier. La cabaretière, ne sachant pas lire, dut recourir aux lumières supérieures d'une jeune fille du voisinage, qui parvint à déchiffrer ces mots écrits au crayon :

A mistress O'Flanagan, pour être distribué aux pauvres de Neath.

Tous les habitans du village eurent part au cadeau des bienfaiteurs inconnus, et toutes les pauvres familles les bénirent sans savoir leurs noms.

CONCLUSION.

Le lendemain, vers le soir, les deux personnages qui, déguisés en colporteurs, avaient visité Neath et Stone-House, étaient assis sur la jetée de Kingstown, le port de Dublin. Le soi-disant Foster avait quitté sa blouse et ses guêtres de cuir; il portait maintenant une redingote fort simple, mais dont la coupe annonçait un gentleman. Kennedy n'avait plus rien non plus de l'effronterie et de la rusticité des manières qui distinguent le marchand ambulant. Il se tenait respectueusement derrière son maître, et semblait veiller sur deux modestes valises déposées à ses pieds. A quelques pas, le long du quai, le steam-packet d'Holy-Head lançait la vapeur avec un formidable ronflement par sa cheminée de fer, tandis que le tintement d'une cloche à bord annonçait son prochain départ.

Le temps était brumeux et sombre. Quoiqu'on fût en été, la brise qui soufflait de la mer était très froide. Sous cet horizon bas et humide, la baie de Dublin, la plus magnifique et la plus sûre de l'Europe après celle de Naples, s'étendait à perte de vue en demi-cercle; les côtes qui l'entouraient se confondaient presque entièrement avec les brouillards flottans de l'atmosphère. De grosses lames, chassées par le vent et la marée, accouraient au centre du bassin et se ruaient, à intervalles réguliers, contre le quai de Kingstown, dont elles inondaient d'écume les larges dalles. On apercevait vaguement dans le lointain la capitale de l'Irlande. Plus près du spectateur, le hameau de Kingstown, avec ses cales, ses chantiers, son embarcadère de chemin de fer, où l'on entendait incessamment le sifflet aigu des locomotives, complétait le tableau.

Mais ce vaste ensemble, vu surtout par ce ciel nébuleux, aux approches de la nuit, avait un caractère frappant de désolation et de tristesse. Cette baie si belle, qui eût pu contenir tous les vaisseaux de la terre, était déserte; outre le steam-packet, aux flancs noirs, on apercevait seulement deux ou trois gros navires qui se balançaient pesamment sur leurs ancres à une courte distance du rivage. Encore ces bâtimens étaient-ils près d'appareiller, et leurs embarcations, amarrées aux quais, semblaient attendre l'arrivée prochaine de leurs dernières marchandises ou de leurs derniers passagers. Mais il n'en résultait ni plus d'animation ni plus d'activité sur la jetée solitaire de Kingstown, dont ce petit nombre d'hommes désœuvrés ne pouvait peupler l'immensité. Les chantiers étaient silencieux, comme abandonnés; les grues de fer et les autres puissantes machines destinées à charger et à décharger les vaisseaux dormaient sur leurs bases de granit. A pareille heure, un port d'Angleterre eût encore retenti du bruit des marteaux, des cris des ouvriers, du chant des matelots : une foule bruyante et joyeuse eût fourmillé sur terre, des milliers de chaloupes se fussent croisées sur les flots. Mais nous sommes en Irlande, où tout semble maudit, où tout semble voué à l'inaction, à l'impuissance, à la ruine. La majestueuse baie de Dublin présentait à peine le mouvement et la vie d'un pauvre port pêcheur de la Manche.

Depuis quelques instans déjà, les deux personnages dont nous avons parlé contemplaient cette scène navrante, quand le prétendu Kennedy s'approcha de son maître.

— Capitaine, — lui dit-il, — voilà la seconde fois que la cloche sonne à bord du steam-packet... il est temps de nous embarquer.

— Encore un instant, Jack, — répondit son compagnon d'une voix étouffée; — laisse-moi fouler encore une fois la terre d'Irlande, respirer encore une fois son air, contempler ses vertes montagnes; tu sais bien que ce sera la dernière !

— Och ! milord, — répliqua Jack d'un ton délibéré, —

je ne vois pas trop ce qui pourrait maintenant vous retenir dans ce pays. Ni vous ni moi ne sommes ici en odeur de sainteté, comme on dit, et les gens de justice de Dublin n'ont pas à notre égard les intentions les plus charitables... A vous parler net, je serais enchanté pour ma part de me retrouver en France, et de savoir le détroit entre nous et les Iles Britanniques. Mon amour pour ma patrie ne va pas jusqu'à désirer d'y séjourner au risque d'être... hum ! à moins que vous ne me montriez le chemin, auquel cas, vous savez, j'ai promis de ne pas rester en arrière.

Richard, car on l'a reconnu sans doute depuis long-temps, sourit tristement au fidèle Gunn. Après avoir jeté un dernier regard sur ce qui l'entourait, il allait se diriger vers le paquebot, quand une grande agitation se manifesta du côté du railway de Kingstown à Dublin et attira son attention.

Une foule considérable sortait par toutes les larges issues de la gare et s'écoulait lentement vers le quai. En ce moment, une pluie fine et pénétrante commençait à tomber : l'obscurité toujours croissante ne permettait plus de distinguer nettement les objets un peu éloignés. Cependant, à mesure que cette masse compacte approchait, Richard O'Byrne examinait avec autant d'étonnement que de tristesse les élémens dont elle se composait.

C'étaient des hommes, des femmes, des enfans, empaquetés dans des haillons ou presque nus. Les visages étaient blêmes, les cheveux en désordre ; les yeux flamboyaient de fièvre ; les corps maigres chancelaient, épuisés de fatigue et de faim. Ces malheureux s'avançaient par groupes ou par familles; on eût dit des bandes de bohémiens, moins l'astuce et la méchanceté peintes sur les traits des réprouvés gitanos. On voyait de pauvres mères traînant par la main des grappes de petits enfans qui pleuraient tout bas, tandis qu'elles pressaient le dernier-né contre leur sein flétri. Des paddies portaient dans leurs bras des amis malades à qui leurs jambes refusaient le service ; de jeunes filles, toutes honteuses de l'insuffisance de leurs vêtemens, soutenaient les pas tremblans de leur vieux père. Quelques uns, c'étaient les riches, avaient des paquets, mais si exigus et si légers qu'ils ne pouvaient contenir des objets bien précieux. Enfin l'imagination de Callot lui-même n'eût pu imaginer des figures plus sombres, de plus affreuses personnifications de la misère et du désespoir.

Cette foule passa très près de Richard et se porta en droite ligne vers les nombreuses embarcations amarrées au port. O'Byrne, muet de surprise et de douleur, la suivait des yeux, ne sachant de quoi il s'agissait. Enfin il se décida à interroger un vieillard qui, enveloppé d'un sordide manteau de femme, les pieds nus et appuyé sur un bâton, s'avançait seul et péniblement vers la mer. Il lui mit dans la main une pièce de monnaie et lui demanda qui ils étaient et où ils allaient.

— Nous sommes de pauvres émigrans, Votre Honneur, — répliqua le vieillard avec cette humble politesse du mendiant Irlandais ; — nous allons nous embarquer sur ces bâtimens que vous voyez là-bas dans la baie.

— Vous paraissez bien nombreux pour un si petit nombre de navires.

— Oh ! Votre Honneur, on n'y regarde pas de si près avec de pauvres gens, et on nous entasse, sauf votre respect, comme des harengs dans la caque. Mais il faut bien se résigner à souffrir, il y en a tant d'autres qui attendent ! A Galway, où se rendent la plupart des émigrans, la gêne est bien plus grande sur les vaisseaux. On assure que, mes compagnons et moi, nous aurons assez de place dans la cale pour nous coucher tous, et nous serons bien heureux si l'on ne nous a pas trompés.

— Vous semblez venir de fort loin. Comment avez-vous trouvé des ressources pour faire le voyage ?

— Dieu le sait, Votre Honneur. Quand les paroisses ne peuvent plus nous nourrir, elles font marché avec les compagnies de chemin de fer et les capitaines de navire pour nous transporter où l'on voudra... On dit que nous coûtons par tête une demi-couronne, et les clercs de paroisse, qui sont Anglais, poussent de gros soupirs en dépensant tant d'argent pour se débarrasser de nous.

— Et où pensez-vous qu'on va vous transporter ?

— Je ne saurais dire à Votre Honneur... Peut-être à Londres, peut-être en Amérique, peut-être aux Indes... Cela nous importe peu, à nous autres, pourvu que nous trouvions quelque part de quoi manger et aussi de quoi nous vêtir, si la chose n'est pas tout à fait impossible.

— Ainsi donc, — dit Richard en détournant les yeux, — vous n'êtes même pas sûrs de trouver dans votre exil les premières nécessités de la vie ?... Mais vous êtes bien vieux, bonhomme, pour vous expatrier ainsi ? N'avez-vous pas de regrets de quitter cette Irlande où vous êtes né, où vous avez vécu pendant tant d'années ?

— Dieu est partout, Votre Honneur, — répliqua l'émigrant en levant les yeux au ciel, — et les vieux comme les jeunes sont sensibles à la faim, au froid, au découragement... Mais que Votre Honneur me pardonne!—ajouta-t-il en jetant un regard inquiet vers la mer,—voilà les autres qui s'embarquent déjà, et, si je ne me hâte, je serai obligé d'attendre le retour des barques par cette froide pluie... Que Dieu accorde de longs jours à Votre Honneur! Et il s'éloigna de toute sa vitesse.

Richard restait immobile, le visage inondé de larmes. Les embarcations, chargées de monde, commençaient à quitter le rivage et voguaient, à grand renfort de rameurs, sur les eaux moutonnantes de la baie.

— Ils partent tous ! — murmura-t-il avec un accent de désespoir ; — bientôt l'émigration et la famine auront dépeuplé ce malheureux pays... Il y aura encore une Irlande, mais il n'y aura plus d'Irlandais, et la *verte Erin* sera devenue une colonie de l'Angleterre !

En ce moment, la cloche du paquebot tinta pour la troisième fois. Jack entraîna son maître vers le bateau à vapeur, qui peu de minutes après s'écarta en grondant de la terre.

Tant que l'obscurité toujours croissante le permit, un homme, debout sur le pont, suivit des yeux ces barques pesantes qui transportaient une portion des émigrans aux navires ; les autres malheureux, accroupis et grelotants sur le rivage, attendaient tristement leur tour.

FIN DU DERNIER IRLANDAIS.

TABLE DES CHAPITRES CONTENUS DANS CET OUVRAGE.

Paris. — Imprimerie J. Voisvenel, rue du Croissant, 15.

www.ingramcontent.com/pod-product-compliance
Lightning Source LLC
Chambersburg PA
CBHW060642100426
42744CB00008B/1733